粤语

语法讲义

颖 著

南方传媒
广东人民出版社
·广州·

图书在版编目（CIP）数据

粤语语法讲义 / 邓思颖著. —广州：广东人民出版社，2024.4
大湾区专项出版计划
ISBN 978-7-218-15676-7

Ⅰ. ①粤… Ⅱ. ①邓… Ⅲ. ①粤语—语法 Ⅳ. ①H178

中国国家版本馆 CIP 数据核字（2024）第 093430 号

YUEYU YUFA JIANGYI

粤语语法讲义

邓思颖 著

出 版 人：肖风华

责任编辑：裴晓倩
封面设计：奔流文化
责任技编：吴彦斌

出版发行：广东人民出版社
地　　址：广州市越秀区大沙头四马路 10 号（邮政编码：510199）
电　　话：（020）85716809（总编室）
传　　真：（020）83289585
网　　址：http://www.gdpph.com
印　　刷：广州市豪威彩色印务有限公司
开　　本：889mm×1194mm 1/32
印　　张：16 **字　　数**：411 千
版　　次：2024 年 4 月第 1 版
印　　次：2024 年 4 月第 1 次印刷
定　　价：88.00 元

如发现印装质量问题，影响阅读，请与出版社（020-85716849）**联系调换。**
售书热线：（020）87716172

《粤语语法讲义》出版说明

《粤语语法讲义》是为数不多的系统、全面地讨论粤语语法理论的学术著作，作者为香港著名语言学家邓思颖先生。该书 2015 年由商务印书馆（香港）有限公司出版后多次加印，并于 2017 年荣获第十七届北京大学王力语言学奖二等奖，这是内地语言学界的权威奖项，也是首度有香港学者获此殊荣。

立足粤港澳大湾区建设，大湾区合作出版计划于 2021 年启动，广东人民出版社等三家内地出版社跟香港出版总会定下出版合作机制，将香港优质的原创出版内容引入内地。《粤语语法讲义》因其超高的学术价值和出版价值入围该合作出版计划，本书中文简体字版由广东人民出版社及香港商务印书馆在内地联合出版、发行。

该书最初在香港出版，因此保留了不少港版图书的特点和话语特色。简体字版书稿在处理过程中遵循以下原则：一是在不影响阅读理解的前提下，尽量保留粤语书写的话语特色；二是在不改变文意和规范的前提下，尽量帮助内地读者理解香港的学术规范表达。简体版基本保留原书的体例格式，主要对个别漏字、错别字、资料错误进行了处理；将港版正文中叠用的双层圆括号，外层改用方括号以示区分，而对句法分析中叠用的方括号予以保留；改动参考文献的页码格式，如：改“页

28-31”为“第28—31页”；在全书四大篇的每篇开头增加了篇章页。

为方便读者阅读本书，作出如下说明：

1. 脚注每章从①开始依次排序。

2. 正文使用香港语言学学会设计的粤语拼音方案对粤语用字进行标音，部分内容涉及国际音标用方括号标示。

3. 正文资料出处采用著者-出版年制，对应的详细信息可参照文后“参考文献”部分。“fn”标示文献出处的脚注序号，“§”标示文献出处所在章节。

4. 正文列举大量例句进行理论阐释，并在一些例子的开头作出标记说明例子是否符合语法：

* 表示不能说、不能接受、不合语法。

?? 表示接受度比 * 好一点，但有一种奇怪的感觉，较为别扭，不太能说。

? 表示比较勉强，能说但是不自然。

（?）表示该例子部分人能够接受，但也有部分人勉强能接受，有不同的反应。

序

从 20 世纪中期开始，汉语语法渐渐成为研究中国语言学的重要范畴。1968 年赵元任先生出版的《中国话的文法》是众多著作中的扛鼎巨著。在他之前有王力等先生的语法，开辟蓝缕，在他之后有 Li & Thompson 等先生的研究，继往开来。这些都是大部头的著作，对汉语语法展开全面性的描述。前修未密，后出转精。条分缕析，在理论层面建立语法研究的整体架构。80 年代以后，这样综合性的研究，并不多见。这不是说后来学者学养不精，功力不够。倒过来说，是后来者的研究重点放在个别课题之上，钻研越深，问题越多。宏观论述，不及兼顾。其实前人所见，往往有所匮乏，这正是从未密走向转精的路向。我们现在对汉语语法的认识，无论是在具体分析上还是在理论拓展方面，成绩都是更上层楼。我们回头看汉语方言语法的研究，也是呈现同样的发展轨迹。

汉语方言众多，各有独特的语法现象，而其中粤方言最能引起学者的兴趣。20 世纪曾出版一系列比较成系统的研究，包括 1972 年的《香港粤语语法的研究》、1980 年的《广州方言研究》和 1994 年的 *Cantonese: A Comprehensive Grammar*。近年来，粤语的研究更是蔚然成风。鸿文短制，遍见海内外各期刊学报。数十年的努力，硕果丰收，我们通过这许多精细微观的分析，对粤语语法的操作和演变，有了更深刻的了解。但是我们更期待的是全面性的宏观讨论，让我们可以把各种语法现象放在一个更新而且更有系统性的理论架构中加以观察，一步步探索，以窥全豹。就在这关键时刻，邓思颖先生编写《粤语语法讲义》，凡数十万字，付印在即，我们深感庆幸。

《粤语语法讲义》，全书分导论、词法、句法和理论四篇，共十三章。虽然全书以粤语为重点，但导论部分却是入门台阶，对什么是语言学、什么是语言和方言、如何界定粤语、如何研究方言语法等课题都有详尽的解释。只有掌握这些基本知识之后，才能进入探讨粤语语法的堂庑。书后附录包括粤语的音系一节，对研究语法和语音之间的互动，也提供必需的音韵知识。就这一点来看，思颖先生的讲义是为初入门的学子而编写的。全书文字浅易清晰，所有专门术语都有所说明。讨论语法变化，列举例句，反复说明所以，而且所举粤语例句，都附有相对应的汉语句子，避免不必要的误读。导论之后，词法和句法两篇是全书重头大戏，而最后一篇则采用形式语法理论观点，简单介绍句子的核心结构和边缘层次。讲义全书对词的构成和类别，对句子的结构和变化，按各纲领逐一细细讨论。先举例说明现象，并交代前人是如何处理这些例子，然后再一点一点指出现象背后呈现的许多语法、语义、语用的问题，从而提出另一种处理模式，深化我们对现象的了解。有心者在小心阅读之余，自能体会到更重要的一点，这就是作者要让我们知道语言分析并不是一家之言，只有从不同角度和层次切入，采用不同理论模式分析，我们才会有更大更有意义的发现。假如说作者讨论问题是深入浅出，读者的收获则是浅入深出，从易处切入，满载而归。

思颖先生研究粤语多年，发表文章不能细数。书中各章都载有他的研究心得和发现。其中以动词后缀和助词两章最能看到他许多独特的看法。动词后缀一章列举约四十个不同的词缀，分成六大类：体、事件、程度、变化、量化、情态。不同类型的词缀可能共用一个标记符号，但功能迥异。例如“亲”可以表变化，也可以表量化；“翻”可以表事件，也可以表情态。书中举例具体说明两者形同而事实相异的细微之处。助词一章共开列四十八个助词，分成事件、时间、焦点、情态、疑问、祈使、感情七大类。每一类用法又可以再按其他条件细分。形同实异的情形也并不罕见。我们且以“先”为例。前人都认为这是副词后置的典型例句。但作者举出以下的例子，说明粤语有三个不同的“先”，语义极不相同，使用场合也很不一样。

1. 佢行先。(他先走。)

2. 边个最叻先?(到底谁最聪明?)

3. 等我叹翻杯茶先。(让我先好好地喝一杯茶。)

第一句的“先”表示事件先后；第二句的“先”表示疑问，“带有质疑、不满、不耐烦等味道”；第三句的“先”表示祈使。这种观察，也许不是作者第一个提出，但是他确实是第一个把这种种现象很有条理地分立、剖析入微、处理得体的。而且表示疑问的“先”句子，前边常带有“究竟”一类的副词；表示祈使的“先”句子，前边可以和祈使的副词“不如”连用；表示事件先后的“先”有时候也可以和副词“先”连用。例如：

4. 究竟边个最叻先？（到底谁最聪明？）

5. 不如你搞掂呢啲嘢先。（不如你把这些事搞好……然后再说。）

6. 佢先行先。（他先走。）

这种前后搭配的句式，也就是作者提出的所谓“框式结构”，在汉语中屡见不鲜，在粤语中尤为常见。他专章论述，值得细读。一般而言，语言贵精简，忌冗叠。但是汉语不嫌前后配搭，自有一定的语法规范。思颖先生建立框式结构，在语法分析上意义重大。词与句本来属于两个语法范畴，但在句式使用、语义表达上，词和句层层相关，互为表里。前后标志分别属于不同词类，虽然语义相类似，但语法上并不重叠，在语用上更能加强表达语气，更能清楚说明话语的意思。框式分析，对我们研究粤语或其他方言，无论在理论上，还是在实际操作上，都有很大的启发。思颖先生在这一方面的贡献，功不可没。

我 1969 年写成《香港粤语语法的研究》，半个世纪前的旧作，今天翻阅，不足之处，遍拾皆是。拜读思颖先生的讲义，别有领悟，得益良多。很多久思不得其解的问题，现在终于有了新头绪，可以再继续努力。思颖先生的大作，以“讲义”为名，应该是根据课堂讲授所得，撰写成文。但细究内容，体大思精。征引文献包括几十年来中外学者的著作，而且凡征引部分，必有评述，言不虚发。语料部分既有旧日粤语，更多的是时下年轻人的话语，隽语妙句，另添趣味。尤其是新旧对照之际，更能看出粤语历时的变化。助词一章所举的例子，我很多都没听过，更遑论如何理解，如何使用。我曾经研究过 19 世纪粤语的语末助词，无论从数量多寡、从使用变化来看，今天的粤语特别显得繁复灵活。我们可以很肯定地说，香港粤语已经发展出自己独特的语言生命力，在整个汉语方言的大园地中，生根吐叶，另放奇葩。这个活生生的语言，我们要是不好好掌握时机，深入探讨，细细体会，实在可惜。思颖先生给我们提供最新的研究方法，具体示范如何切入问题，如何进行分析，如何把方言研究放在更大的语言理论架构中找寻根据，如何利用我们对一己方言的认识来进一步推动语言学的总体研究。西方有一句话，只有站在巨人的肩膀上才能看得更远。思颖先生的研究，综合前人各家之说，开发自己的路向，研究有成。今天他发表大作，我们也可以借用他的肩膀提升自己，开拓视野，更上层楼。

我认识思颖先生多年，对他的学养十分佩服。他 2010 年出版的《形式汉语句法学》一书，荣获李方桂学会 2012 年最佳学术论著奖，最能说明学术界对他研究成绩的肯定。我和思颖先生也曾经共事，忝为同寅。今思颖先生大作付梓，索序于余。我不揣谫陋，略书数语，是为序。

张洪年

乙未年初春序于加州小山城

目　录

导论篇

词法篇

句法篇

理论篇

导论篇

一、语言学与粤语

1.1 语言学与语法学

我们离不开语言。无论是写还是读，无论是听话还是说话，我们每天都使用语言，语言也伴随我们成长，好像就是我们身体的一部分。语言甚至是人类独有的能力，只有人类能拥有这种复杂的能力，表达复杂的概念。这种与生俱来的能力，成为人类的特点，跟其他物种有所区别。因此，我们对语言产生好奇心，是理所当然的。

什么是“语言”？根据《现代汉语词典》（第六版）的解释，语言就是“人类所特有的用来表达意思、交流思想的工具，是一种特殊的社会现象，由语音、词汇和语法构成一定的系统”。这样的定义，比较容易理解，从语言的构成（“由语音、词汇和语法构成一定的系统”）到语言的功用（“用来表达意思、交流思想的工具”）这两方面，说明了语言的本质。简单来讲，语言是一个系统，有复杂的组织，而这个系统可以用来沟通，作为传情达意的工具。

根据这样的定义，我们对语言有个初步的认识。要深入认识语言，需从多方面作科学的研究、系统的分析，才能做到认识语言，掌握语言知识。Chomsky（1986：3）曾提出过三个研究语言知识的基本问题：一、怎样构成语言知识？二、怎样获得语言知识？三、怎样使用语言知识？“语言知识的构成”，就是研究系统的组成，跟结构组织有关；“语言知识的使用”，顾名思义，就是研究怎样用语言来沟通的问题；至于“语言知识的获得”，就是探索这种知识在大脑中形成的过程，通过什么方法学来的。假如我们对这三个问题都能有充分的认识，就应该可以通过解开语言的奥秘，认识人类，回答简单但深奥的问题：“我是谁？”

“语言学”（linguistics）是一门研究语言的科学，包括研究语言知识的构成、获得、使用等问题。更准确地说，语言学就是一门以系统的方式研究语言本质和使用的学科。

至于语言知识的构成，可谓语言学研究的“核心”部分。起码我们要知道语言到底是怎样组成的，知道它是什么样子，对系统本质有基础的了解，才容易回答语言知识的获得、使用等问题。探索语言知识的构成，成为语言学研究的核心范畴，语言学之下的几门重要学科，包括“音系学”（phonology）、“词法学”（morphology）、“句法学”（syntax）等学科。

音系学（有些文献也称为“音韵学”）关心音和音的组合；词法学（有些文献也称为“形态学”）主要研究语素和语素的组合、语素和词的组合、词和词的组合等问题；句法学研究词、短语、句子等成分的组合问题。这几门学科，都着重组合的问题，通过组合的关系，找出语言规律。这几门学科构成语言学研究不可或缺的部分，组合问题可谓形成语言系统的关键。由此可见，语言学的核心研究就是研究规律。研究语言知识的构成，就是尝试回答一些跟组合相关的问题：到底我们掌握了一些什么规则？我们怎样可以通过规则说出无穷尽的语句？怎样通过规则理解、判别语言的正误歧义？

词法学和句法学可以统称为“语法学”（grammar）。词法学研究词的内部构造，以语素作为基本单位；句法学则研究句子的内部构造，以词作为基本单位。由词法学和句法学组成的语法学，主要研究语言结构的问题，是一门关心语素、词、短语等成分组合的学科。通过语法学的研究，找出语素、词、短语等组合的规则，从这些方面了解人类语言复杂的一面。

朱德熙（1982：25）对词法学和句法学的关系有个很清楚的表述。根据他的表述，稍作修改，如（1）所示。[①] 词法学所研究的对象是语素和词，研究语素和语素的组合、语素和词的组合、词和词的组合等问题；句法学所研究的对象是词和短语、句子，研究词、短语、句子等成分的组合问题。语法学就是研究词法和句法的学科，词法学和句法学的研究有分工，研究对象不一样，但它们所研究的现象，都算是语法现象。

（1）
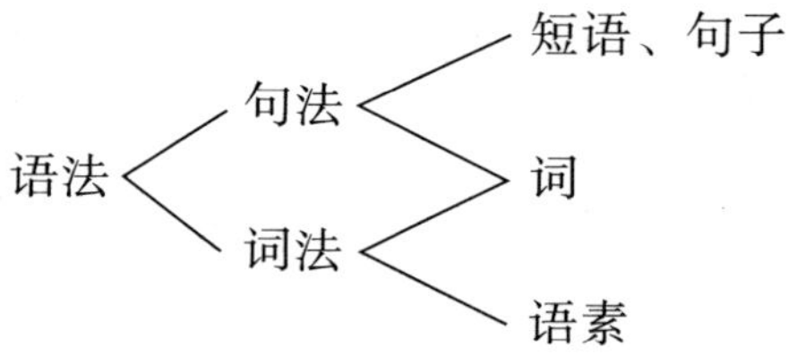

以下例子就是说明语法学研究的多样性，也说明词法学和

① 朱德熙（1982：25）的句法部分只有“词”和“句子”。（1）把“短语”加进来，更为全面。为了更清晰表示词法和句法的关系，（1）把“语法”加进来。

句法学的区别。我们会感觉到例子（2）是粤语能够接受的说法，可以称为合语法的例子。（3）虽然不太符合大多数广东人的生活习惯，但仍然是合语法的句子。从各个成分的组合关系来讲，完全可以接受，只是跟常识不符，但不属于语言问题。（4）说起来非常奇怪，有违现实生活，但各个成分的组合关系没有问题，仍然属于合语法的句子。用语法学的术语来说，这个句子仍由三个部分组成，可称为“主语”“述语”“宾语”，即作为主语的“海鲜”、作为述语的“钟意”（喜欢）、作为宾语的“广东人”。（5）和（6）读起来相当别扭，不能接受（星号“*”表示不能接受、不合语法）。虽然（5）仍可依稀分析为三个部分，各自由一个短语组成，但组成每个短语的词的组合方式不正确，我们不说“*人广东”“*意钟”“*鲜海”，这些词违反了粤语的词法。不合词法要求，也就是不合语法。至于（6），它根本没有办法成句，不能分析为主语、述语、宾语等句法成分，无法形成合适的语法关系。即使每个词的组成符合词法要求，但违反句法要求，无法成句，因此（6）不合语法，无法接受。

（2）广东人钟意食海鲜。广东人喜欢吃海鲜。

（3）广东人钟意食辣椒。广东人喜欢吃辣椒。

（4）海鲜钟意食广东人。海鲜喜欢吃广东人。

（5）*人广东意钟食鲜海。

（6）*海鲜食广东人钟意。

综上所述，语法学就是一门研究语素、词、短语等组合规律的学科，可划分为词法学和句法学两个范畴，分别研究词法问题和句法问题。本书题为《粤语语法讲义》，这里所讲的

“语法”，就是以此为基础，从语法学的角度，介绍粤语语素、词、短语等的特点，并讨论它们组合的规律。

1.2 语言与方言

从语法学的角度来研究粤语，就是利用一套科学、客观的工具帮助我们了解粤语语素、词、短语等成分所组合的结构。通过了解粤语真实的面貌，为粤语正确定位，证明粤语跟其他人类语言一样，有严谨的组织，从而揭开人类语言的奥秘。

根据汉语语言学惯常的分类，粤语是汉语的一种方言。所谓“方言”（dialect），按照方言学一般的理解，“方言是同一个语言的地方变体，特别是语音方面，往往是其他地方的人觉得难于听懂的”（袁家骅等 2001：1）。方言是语言的“变体”（varieties），即“any particular kind of language”，而变体是“grammatically（and perhaps lexically）as well as phonologically different from other varieties”（Chambers and Trudgill 1998：5）。沿着这种思路，不同的方言仍属同一种语言，既然属同一种语言，方言的差异只不过是同一种语言内不同变体的差异，并非不同语言的差异。

事实上，这种把方言与语言区分的考虑，并非纯粹按照语言特征来划分，而是主要基于语言演变的规律，并且按照非语言的因素（例如政治、社会、地理、文化等方面）来划分。正如赵元任（2002：83）所说，“平常说方言，是同一族的语言，在地理上渐变出来的分支；分到什么样程度算是不同的语言，这个往往受政治上的分支的情形来分，与语言的本身不是一回事儿”，他（2002：84）最后总结认为“在中国，全国方言都是同源的语言的分支，虽然有时候分歧很厉害，我们认为是一个语言的不同的方言”。由此可见，有关方言的定义，所考虑的判别标准主要是非语言的因素（例如政治、社会、地理、文化等方面）。粤语跟汉语是同源，在历时上有密切的关系，可以视作汉语的分支，再加上政治、社会、地理、文化等非语言因素的考虑，粤语因而应分析为中国境内的一种汉语方言。

语言学对“语言”的定义，一般理解为一个拥有音系、词法、句法等的系统。只要完整具备这个系统的各个元素，就是一个语言。正如 Chomsky（1988：36）指出，语言是一种个人的现象，存在于每个人的大脑里，在大脑里形成系统（an individual phenomenon，a system represented in the mind/brain of a particular individual）。按照这样的理解，定义语言的独立性，纯粹考虑系统的完整性，即是否齐全包含音系、词法、句法等部分，有紧密的组织，而并非由社会政治和规范性因素（obscure sociopolitical and normative factors）来界定（Chomsky 1988：37），这是生成语法学（generative grammar）的观点。既然粤语拥有齐备的音系、词法、句法等部分，构成一个严谨的系统，按照这样的定义，粤语毫无疑问是一个独立的语言。

根据上述两种不同的考虑、不同的定义，粤语既是独立的语言，又是汉语的方言，两者并没有矛盾（邓思颖 2003a）。

已知语言是一个拥有音系、词法、句法等的系统。根据这样的定义，系统内存在任何有规律的差异，都会形成不同的系统，也就是说，形成不同的语言。比如说，广州话和苏州话在音系上有显著的分别，在词法和句法上也有差异，它们显然应该属两个不同的系统，而不是一个系统。按照上述的定义，广州话和苏州话既然分属两个不同的系统，就应该分属两种不同的语言，而不属于同一个语言。从系统的角度考虑，广州话和苏州话的确是两个不同的系统，是两个不同的语言；按照非语言的因素（例如政治、社会、地理、文化等方面）考虑，广州话和苏州话有历史的渊源，作为汉语的变体，同属一个语言，是汉语的两个变体，即两个方言。

由此可见，所谓语言与方言划分的问题，只是划分标准的不同。广州话既可以理解为汉语的一个方言，又可以理解为一个独立的语言，这种想法并没有矛盾。既然我们可以把方言理解为拥有完整系统的语言，方言比较也就是语言的比较，正可以把比较语言学的基本概念，套用到方言语法研究中（邓思颖 2003a）。

语法学的研究，正是希望通过一套科学、客观的工具，让我们了解语素、词、短语等的组合规律，描绘语言的结构，并寻找造成语言差异的原因。从语法学的角度思考汉语方言的特点，目的就是了解方言真实的面貌，为方言正确定位，证明方言跟其他语言一样，拥有严谨的组织，也希望进一步窥探形成差异的原因，了解汉语的发展。比较方言语法的方法，其实跟比较不同语言语法的方法基本上是一致的，而方言语法研究实际上就是语法学的研究，只不过所研究的语料来自方言而已。

1.3 粤语

“粤语”一词，是学术上较为通用的叫法。如果着重在汉语方言的定位，粤语也可称为“粤方言”。事实上，“粤语”一词的涵盖面可以很广，包括好几个的方言片（李荣 1989a，1989b；余蔼芹 1991；詹伯慧主编 2002a 等）。根据这样的理解，“粤语”在英语可以称为“Yue Dialects”。

在汉语方言学界，一般以“广府片”（又称为“粤海片”）作为粤语的代表。“粤语”一词，在学术界里因而有一个狭义的理解，就是专指广府片。由于广府片以广州话为典型代表，“粤语”在学术文献的用法几乎跟“广州话”“广府话”等术语等同。至于在日常生活里，普罗大众常用“广东话”“白话”等名称，专指广州话。按照这种狭义的理解，“粤语”在英语可以称为“Cantonese”。

虽然“粤”是广东省的又称，但广东省内除了有粤语外，还有其他方言，如客语，属于闽语的潮州话、汕头话等，而粤语也在广西壮族自治区流通，不限于广东省。因此，“粤语”跟“广东方言”并非同义，前者是指以广州话为代表的方言，而后者是指广东省内的方言，包括粤语、闽语、客语等。“广东方言”在英语可以称为“dialects of the Guangdong Province”，跟上文提到的“Yue Dialects”和“Cantonese”都不一样。

“粤语”跟“广东话”严格来讲并非等同，以“粤语”一词专指广州话（以广府片为代表的粤语）在学术界已有认受性，而“广东话”这种叫法则为普罗大众所接受。然而，这两个词的唯一区别，就是前者是学术界的术语，而后者是社会上普罗大众的习惯用语。本书是语法学学术著作，根据学术界的惯例，采用“粤语”一词，而不用普罗大众习惯的“广东话”，就是这个道理。

广州粤语和香港粤语虽然同属广府片，都算是粤语典型的代表，但由于地域上的不同，两者始终在读音、词汇、语用等方面，有一定的差异（郑定欧 1998a）。本书所研究的粤语语料是来自香港粤语，而所讨论的粤语例子，也是以香港粤语母语者的语感为准。尽管本书所描述的现象也基本适用于广州粤语或其他广府片的方言，但难免会有差异。为了避免造成不必要的混淆，本书不用“广州话”或“广府话”的叫法，而采用“粤语”一词，并以狭义的理解来定义这个名称，即以“粤语”专指广府片，以香港粤语为准，英语则称为“Cantonese”。本书题为《粤语语法讲义》，“粤语”就是指香港粤语，可以当作“香港粤语”的简称。

本书主要介绍粤语语法特点，还介绍语法学理论的基本原理。通过这些特点，领略语法学研究的乐趣。

二、研究入门

2.1 方言语法研究

目前汉语语法学的研究，焦点往往集中在现代汉语共同语，也就是普通话的研究，主要以普通话作为汉语语法学的研究对象。在学术研究的层面，一方面可通过普通话语法的研究，建构现代汉语语法学的理论体系，而另一方面可以通过普通话跟其他语言的比较，找出汉语的特点，甚至尝试通过比较研究引介新的语言学理论，丰富汉语语言学的知识。作为中国境内民族共同语，普通话的研究有它的重要性，这是无可厚非的，社会上也普遍把普通话视作现代汉语的代表，作为规范、标准的依据，甚至给“现代汉语”一词赋予狭义的理解，跟普通话等同起来。

重视普通话的研究，并不意味轻视方言。事实上，方言对汉语语法学研究有非常重要的贡献。方言语法现象丰富复杂，跟汉语的发展息息相关，正是语法学研究的宝库。[①] 朱德熙（1980）经典的“的”字研究，就是利用方言语料，通过方言

① 本章部分内容主要根据邓思颖（2011，2013a）修改而成。

比较，发现了新的现象，解开了困惑汉语语法学学界多年的难题。普通话副词性、形容词性、名词性的后缀都读成轻声的“de”，可写成“的”。到底是一个“的”还是三个不同的“的”，在文献上有不少的争议，也有不少讨论。事实上，这三种用法，一到了粤语，就非常清楚，绝不含糊。这三个“的”在粤语有清晰的分工：副词性的后缀说成“噉”(gam2)，② 如（1）；形容词性的后缀说成“哋”（dei2），如（2）；名词性的后缀说成“嘅”（ge3），如（3），这三个例子都引录自朱德熙（1980：162—163）。从粤语的例子所见，这三个后缀的形式不同，功能不同，绝不混淆。方言语料，正好可以用来解决汉语语法学或普通话不少令人困惑的难题。

（1）佢成日唔停噉讲。他整天不停地说。

（2）呢个人高高哋，肥肥哋。这个人高高的，胖胖的。

（3）黑板上边写嘅字系白色嘅。黑板上写的字是白的。

方言语法研究，无论对方言本身还是对作为共同语的普通话而言，都有重要的价值。方言语法研究越来越受到学界的重视，确实是一个可喜的现象。毋庸讳言，方言语法研究也面临不少困难，窒碍了初学者的兴趣。

从认识的角度来看，相比起其他的语言特点，方言语法特点往往不太显著，容易忽略。吕叔湘（1982：80）曾经指出：“方言的差别最引人注意的是语音，划分方言也是主要依据语音。这不等于不管语汇上和语法上的差别。事实上凡是语音的

② 朱德熙（1980）原文写作“咁”。不过，根据目前学界的惯例，“gam2”写作“噉”，而“咁”用来代表“gam3”。

差别比较大的，语汇的差别也比较大。至于语法，在所有汉语方言之间差别都不大，如果把虚词算在语汇一边的话。”不少方言学者也持这种观点，例如詹伯慧（1985：9）认为：“方言之间的差异突出地表现在语音方面，词汇方面的差别或大或小，语法方面也有大同中的小异。”

在汉语方言学界，方言语法研究相对不发达确实是一个事实。詹伯慧等（1991：240）早已指出：“汉语方言语法的调查研究工作，比起语音、词汇方面要薄弱得多。”汉语方言语法的研究虽然在近年来较受重视，但在方言学界中还是属“少数派”。比如说，1979年至2002年《方言》有关语法的论文只占22%（包括词法、句法和其他）。在语法的论文当中，词法占了大多数，而句法只占少数（张振兴2003b）。

就汉语语法学界而言，方言研究比较少，这是事实；就汉语方言学界而言，语法研究也比较薄弱，这也是事实。虽然方言语法研究在汉语语言学的研究中好像是“少数派”，但正好给我们一个重要的启示，那就是方言语法研究有广阔的探索空间，仍有不少有趣但不为人知的语言事实正等待挖掘、整理、分析，是一个极具挑战性的研究领域。

2.2 研究方法

方言语法研究有什么具体的困难呢？从技术的层面来考虑，方言语法调查很难模仿语音调查那样，用一个调查表就可以搜集大量语料。“一种方言的语法现象非常复杂，很难设计一种像《方言调查字表》那样周密的统辖全域的语法调查表格”（游汝杰 2004：106）。“比起语音、词汇来，语法处在语言结构较深的层次，因而也较为抽象。目前我们还缺乏成熟的语法调查表格。因此，方言语法的调查客观上有一定难度”（李小凡、项梦冰 2009：102）。Yue-Hashimoto（1993）、黄伯荣等（2001）、刘丹青（2008）等学者所编制的语法调查手册，对方言语法调查肯定有帮助。

不过，光靠表格所列的例子去调查方言语法，所得的语料仍然不足够，不容易找到组合的限制、语法的规则，从而发现方言语法的特点。至于粤语语法的研究，调查手册的作用显然不能满足需要。以助词的研究为例，我们无法根据任何单一的表格，收录所有粤语的助词，并且找出助词的语法特点，作准确的分类和分析。黄伯荣等（2001）按照功能把助词（他们称为“语气助词”）分为五个大类：陈述语气、疑问语气、祈使语气、感叹语气、其他语气。根据这五个大类，我们实在难以穷尽粤语所有的助词。刘丹青（2008）对于助词（他称为“语气词”）的调查方法，作了以下的介绍。

> 首先要确定一种语言、方言是否有语气词，然后再在搜集到的语气词用法的基础上给特定语言、方言的语气词下操作性定义。语气词因为有依附性，较难独立调查，最好有条件搜集相当规模的真实语料，在发音人的帮助下归纳其中的语义用法，并进而给出定义。有些语气词涉及语言行为类型（疑问、祈使等），可以从相关句类出发询问，但很多更主观的语气词必须在大量语料基础上才能发现和描写。（刘丹青 2008：283）

由此可见，语法研究离不开大量的语料，而语料的搜集不能光靠表格，需要通过语法学研究常用的途径，如通过所谓“内省法”，凭母语者的语感，按照调查目的的需要，自造例子，或以田野调查的方式访问母语者，直接检查语感，或建立语料库，从中总结规律。

李如龙（2007：217—218）详细罗列了方言语法研究的五点困难：一、调查量大；二、调查语法材料必须先有方言语音和词汇的对应规律；三、语法规律是抽象的；四、不同方言的语法范畴，形式和意义不一定是一对一的；五、还有许多理论、方法上的问题没解决。总而言之，这些问题是方言语法研究所面对的困难，也是令人却步的原因。

不过，值得我们深思的是：同样的问题会出现在其他语言的语法研究中吗？以普通话语法研究为例，虽然我们对普通话有一定的认识，但语料数量之多，来源之复杂多变，搜集合适的语料用来做分析研究也不见得容易。不少普通话语法研究的“老问题”（如“把”字句），数十年来仍然有不同的语料、不同的语感，争议不绝。至于语言比较的研究，例如汉英语法比较，我们更难为此设计一份简单的语法调查表格，期望在短时间之内穷尽语法的语料。因此，这些问题不光是方言语法研究独有的，也是语法学研究的共同问题。

要解决上面所提到的方言语法研究的难题，最根本的方法，就是要正确地为方言语法研究定位，意识到方言语法研究跟语法学研究的本质是一样的，而比较方言语法的方法跟比较不同语言语法的方法也是一致的。方言语法研究实际上就是语法学的研究。

既然方言语法研究就是语法学研究的一部分，我们该用语法学常用的方法来研究问题，例如通过内省法，自造例子，凭母语者个人的语感判断来搜集大量的语料，并辅以田野调查和语料库以作补充。不仅要罗列合语法的例子，也要找出不合语法、不能接受的例子，用作验证分析。

除了基本的语言学训练以外，我们当然要系统地学习语法学的知识，包括基础的语法学和当代的句法学理论，做好语法学研究的准备。在基础语法学的框架下，掌握好基本的概念和分析，例如词类划分、各种基本的结构等，并且多思考问题，比较各家的异同，并尝试了解异同的结果，从而加深对普通话语法特点的认识。

研读粤语语法的入门别无他法，首先要学懂汉语语法学的基础知识，尤其是对普通话语法的特点要有基本的认识，如阅读朱德熙（1982）等语法著作。掌握好普通话语法之后，要知道怎样认识粤语语法的基本全貌，如阅读张洪年（1972/2007）、Matthews and Yip（2011）等粤语语法专著。

至于学习当代句法学理论，尤其是在生成语法学理论框架下提出的句法分析，初学者应研读适合自己程度的参考书，从中了解理论的理念、所解决的问题，可先从影响力较广的教科书、参考书入手，如 Fromkin、Rodman 和 Hyams（2011）所编的语言学教科书，Larson（2010）对生成语法学（generative grammar）由浅入深的介绍，Haegeman（1994）、Radford（2004）等畅销的句法学导论，Huang、Li 和 Li（2009）以生成语法学描述汉语句法的论著，还有介绍生成语法学的中文专书，如系统地介绍“管辖与约束理论”（government and binding theory）的徐烈炯（2009）、介绍生成语法学历史沿革的石定栩（2002）、通过汉语语法学框架介绍形式句法学的邓思颖（2010）等。学会一定的句法学理论后，带着理论的问题去搜集语料，效果会很不一样。

在阅读的过程中，最好带着具体的问题来思考理论的合理性。以粤语的“得”为例，表示“只有”的“得”（dak1）是粤语的后缀，黏附在动词后。如果是粤语母语者，可以用内省法问自己以下的问题；如果用田野调查的方式去访问母语者，也可以提出以下的问题：“得”跟前面的动词在搭配上有什么语法限制？（4）可以说，（5）能不能说？如果（5）不能说（已标上星号“*”），怎样区别（4）和（5）？后缀跟宾语有没有关系？跟主语又有没有关系？（4）的“得”指向宾语“一个苹果”，可以接受，但（6）的动词“食”后面没有宾语，“得”能说的话，只表示“能够、可以、允许”，但原来“只是”的意思消失了。为什么会这样？根据总结得来的规律，我们又能否准确预测“得”的分布？从而通过语法学理论，能否合理解释合语法的例子和不合语法的例子？

（4）佢食得一个苹果。他只吃了一个苹果。

（5）*呢个系得一个苹果。这只是一个苹果。

（6）呢一个苹果食得。这个苹果能吃/*只有一个苹果吃了。

当我们掌握了一定的语法学理论以后，可以带着理论来观察粤语语法现象，反问自己：理论可以怎样帮助我们考察某些词类的分布，例如怎样解释（7）合语法，但（8）却不合语法？只有这样做，我们才能事半功倍，并能发现粤语有趣的语法现象。

(7) 边个讲完咁滞呢? 谁快说完呢?

(8) ＊边个讲完呢咁滞?

除了具备基本的理论知识以外，我们还要培养对粤语的敏锐力、富有联想的创造力、热诚投入研究的活力。这是不同学科都应具备的基本条件，粤语语法研究和其他方言语法的研究也不例外。在研究的过程当中，我们要力求平衡承传与创意这两方面的要求，才能渐臻佳境，让语法研究成为乐趣。

2.3 研究的课题

即使掌握了基本的知识，具备了敏锐力、创造力、活力，也不能保证找到好的研究课题。因此，找什么题目来研究往往成为粤语语法研究入门的头号难题。

粤语语法研究不是字词考源，跟考本字、写掌故无关，也不是探究字词的本义，语法研究不是编写词典。对于语法现象，我们应常问为什么，例如为什么一个句子这样说? 为什么不是那样说? 能否自造不合语法的"星号"例句，之后我们又能否解释那些"星号"例句，从中找到规律? 语法学研究的目的，就是寻找形成语素、词、短语等组合的规律。

我们可以通过实词来发现语法规律吗?③ 虽然不能说完全不可能，但不容易从实词中找出语法规律。比如说，当比较粤

---

③ "实词"包括名词、区别词、数词、量词、代词、动词、形容词; "虚词"一般包括副词、介词、连词、助词。

语的名词“雪柜”和它的普通话对应词“冰箱”时，能发现什么语法规律吗？可以找到粤语和普通话对应的语法规律吗？即使找到规律，我们可以推测粤语的名词“雪耳”（银耳、白木耳）在普通话该怎么说吗？“雪柜”和“冰箱”的问题肯定是语言的问题，但只是词汇对应的问题，并非语法问题，也不存在什么组合规律。

相对而言，粤语的语法特点往往可以通过虚词和表示语法作用的词缀来显现，虚词、词缀的研究是粤语语法研究的最佳入门途径。

以粤语和普通话的语法对比为例，为什么粤语的后缀“嘅”（ge3）和普通话的后缀“的”有异？为什么普通话的（9）能说成粤语的（10），但普通话的（11）却不能说成粤语的（12）（邓思颖 2008f，2009b，2010）？到底是“嘅/的”的问题还是其他的句法问题？由此引起兴趣和好奇心，就是语法研究的开始。

（9）他的老师

（10）佢嘅老师　他的老师

（11）他的老师当得好。

（12）＊佢嘅老师做得好。他的老师当得好。

又例如为什么普通话的被动句（13）可以说成粤语的（14），但普通话的被动句（15）却不能说成粤语的（16）（邓思颖 2000b，2003a；Tang 2001a）？假如普通话的“被”跟粤语的“畀”一样，为什么后面的“人”在粤语中不能省略？到底是“畀/被”的问题还是与其他的句法问题相关？讨论普通话被动句的文献多的是，现成的理论又能否解释粤语的现象？粤语的现象能否对汉语被动句的分析有贡献？粤语的分析又是否可以适用于其他的汉语方言被动句？沿着这些方向去思索，我们研究的范围就可以跳出粤语，研究的视野也可以提高到一个新的台阶。

(13) 他被人骂了。

(14) 佢畀人闹咗。他被人骂了。

(15) 他被骂了。

(16) *佢畀闹咗。他被骂了。

语言有共性的一面，也有个性的一面。生成语法学理论认为"原则"(principles)决定共性，"参数"(parameters)决定个性，而参数的差异往往体现在虚词。事实上，粤语的后缀、助词等成分数量特别丰富，形式较为复杂，正好可以作为研究粤语语法的切入点，从而发现更多有意思的语法现象。以粤语作为基础，我们可以进一步去问：普通话和其他方言的后缀、助词丰富不丰富？丰富的话，反映什么问题？不丰富的话，其他语言所缺少的成分，又怎样体现出来？

除了丰富的词缀、虚词外，粤语所谓"后置成分"往往能够找到对应的前置成分（如副词），形成意义"冗余"的"框式结构"（邓思颖 2006c 等）。通过语言比较，我们可以思考：为什么粤语有大量的框式结构？普通话和其他方言有没有呢？其他的语言（如英语）又有没有呢？有的话，反映什么问题？没有的话，又反映什么问题？

以上的问题，都是语法学值得研究的课题。一方面，有扎实的粤语语法知识作为基础，从粤语的视野，我们可以发现普通话、其他方言和语言所缺乏的现象，在比较之下，更容易发现其他语言的有趣现象，探索人类语言的共性和个性。另一方面，装备好语法学理论，从一个宏观的框架，我们以此描述粤语的语法现象，能更清楚地观察到粤语的特点，解释问题，跟更多的现象联系起来，加深对粤语的认识。

语法学研究的乐趣，就在这里。

词法篇

三、粤语的词语

3.1 词的定义

语法研究可划分为词法研究和句法研究两部分，而词无论在词法和句法上都有重要的地位。词法研究当然离不开词，以词作为考察的焦点，而句法研究也从词出发，以词作为研究的基础。

“词”可以定义为“最小的能够独立活动的有意义的语言成分”（朱德熙 1982：11）。根据这样的定义，“马”有独立活动的能力（如能单独用来回答问题），又具有一定的意义（表示一种哺乳动物），肯定分析为词（称为“名词”）。这里所说的“独立活动”，可以理解为单说（如单独成句）或单用（即单独做句法成分）（黄伯荣、廖序东 2007a：218）。“马拉松”的“马”就不是一个词了，既没有独立活动能力，不能单说或单用，又缺乏任何意义，“马拉松”的“马”只是用来对译英语“marathon”的一个音节，跟动物无关，因此，“马拉松”的“马”不算是一个词。至于“马拉松”本身，它有独立活动的能力，又有意义，应该分析为一个词（名词）。

上述对词的定义只是一个参考，碰到一些具体的例子，我们还需要作适当的补充。有些语言成分，例如“喇”（laa3），虽然有一定的意义（如表示事件的变化、实现，还有一定的语气意义），但活动能力有限，只能依附在别的成分之后，例如“食饭喇”（吃饭了），不能单说。不过，“喇”能单独起语法作用，也算是能单用（黄伯荣、廖序东 2007a：218）。假如我们把“独立活动”理解为单说或单用，“喇”也算是一个词（称为“助词”）。

“马场”是不是一个词呢？按照上述定义，“马场”能独立活动，能单说、单用，又有意义，肯定是一个词（名词）。“马场”的“场”算不算是一个词？“场”虽然有一定的意义（表示比较大的地方），但（在普通话里）不能单说，不能单独用来回答问题，又不能单用，“马场”的“场”不担任任何句法成分，也没有起任何语法作用。严格来讲，“马场”的“场”（在普通话里）不是词，只是一个语素，一个不能成词的语素。[①]

再举个例子，“落咗一场雨”（下了一场雨）的“场”又算不算词呢？这个“场”有意义，跟活动次数的意义有关，能够单用，起语法作用（如量化活动次数）。按照上述定义，这个“场”应该分析为一个词（称为“量词”）。虽然书写上“马场”的“场”和“一场雨”的“场”都用相同的汉

---

① 能成句的语素可称为“自由语素”，不能成句的语素可称为“黏着语素”（朱德熙 1982：9）。“马场”的“马”和“场”分别是自由语素和黏着语素。

字，但它们有不同的活动能力、不同的意义，应该理解为两个不同的语言成分、两个不同的语素。

又例如“你钟意咩”（你喜欢什么）的“咩”和“你钟意佢咩”（你喜欢他吗）的“咩”，虽然一般书写上都用同一个字，但它们不是相同的。前者可以单说（如“咩?”），也可以单用（如作为“钟意”的宾语），用来问事物（称为“代词”）；后者不能单说，只能单用，起语法作用，表示疑问语气（助词）。况且它们的读音也不一样，问事物的“咩”，元音拉长，甚至可读成“me1 e3”，由两个音节组成，可理解为“乜嘢”（mat1 je5）（什么）的合音；表示疑问的“咩”，读成“me1”，元音较短。虽然一般书写上都写成“咩”，但语法、意义、读音都不相同，应该分析为两个不同的词。

词的划分，不是光看汉字。上述“场”和“咩”这些例子显示了一个汉字可代表不同的语素、不同的词。也有些情况是同一个语素或词用不同的汉字表示，例如“攰”和“癐”（累），这两个字都可以用来表示粤语的“gui6”。虽然字有两个，但只代表一个语素、一个词。

3.2 粤语词的数量

现代汉语到底有多少个词呢？以《现代汉语词典》作为参考，20世纪70年代的第一版只有五万六千个，90年代的第三版收录了六万余个，2005年的第五版经过增删后收录了六万五千个，2012年的第六版扩展到六万九千多个。虽然当中还包括了一些方言词、文言词，但六万九千多个这个数字应该代表了目前普通话的词汇量，反映了当前现代汉语共同语词汇的基本面貌。

《现代汉语词典》（第六版）收录了一些方言词，但为数不多。例如“埋单”一词，是一个方言词，表示“在饭馆用餐后结账付款，泛指付款”，并明确说明“原为粤语，传入北方话地区后多说买单”。“埋单”普通话说成“máidān”，“mái”跟原来粤语“maai4 daan1”的“maai4”声调不合。把“埋单”读成“买单”（mǎidān），跟原来粤语的声调比较吻合。因此，“买单”在北方话地区也流行起来。“埋单”是粤语词汇，但“买单”却不是。

又如“搞掂”一词已被《现代汉语词典》（第六版）收录，是一个方言词，表示“搞定”，该词典也明确说明“原为粤语，传入北方话地区后多说搞定”。“搞掂”粤语读“gaau2 dim6”，普通话读“gǎodiān”，读音不一样。“掂”在普通话意谓“用手托着东西上下晃动来估量轻重”，跟原来粤语“掂”表示妥当之义不符。改为“搞定”，“定”的普通话读音“dìng”跟粤语“掂”的读音“dim6”较为接近，也有妥当的意思，“搞定”较容易成为共同语词汇。“搞掂”是粤语词汇，但“搞定”却不是。

《现代汉语词典》所收录的方言词条不多，不少是已在北方话地区流行，又可能为共同语所接受。至于粤语独有而还没有在北方话地区流行的词汇，一般不会收录在《现代汉语词典》，例如“嘅”（ge3）（的）。[②] 有些收录在《现代汉语词典》的词条表面上粤语也有，但这种例子粤语只是借用字形，而不算是粤语的词汇。例如上述提到的“咩”，《现代汉语词典》只标注为“形容羊叫的声音”，并没有问事物或表示疑问语气的用法。严格来讲，《现代汉语词典》的这个“咩”不算是粤语的词汇。[③]

《现代汉语词典》所收录的大部分的词，在粤语也会使用，如活用在粤语口语的“火车、打官司、解释、大胆、如果”等。有些属于专业术语，例如“电子书、海王星、主语”等，也可算作粤语口语。有些虽然较为“文”，一般在书面语出现，但在粤语口语也不是完全不用，例如“夫妻、诉讼、变幻莫测、假若”等。有些词语，只属于普通话的词汇，粤语口语不说，例如“打瞌睡（粤语说“瞌眼瞓”）、“老半天”（粤语说“成日”或“好耐”）等。《现代汉语词典》的六万九千多个词当中，除了部分只用于普通话的词汇、其他方言的方言词、文言词等以外，被粤语口语所接受的词汇也应有不少，成为粤语的一部分。

事实上，有异于普通话的粤语独有方言词，数量也不少。我们不妨参考几本较为常用的粤语词典，出版年代由 20 世纪 80 年代到 21 世纪初，编者有广州的学者，也有香港的学者。

---

② 虽然“嘅”也收录在《现代汉语词典》，但作为“慨叹”的“慨”的异体字，跟粤语的“嘅”毫无相关。“慨”在粤语念“koi3”。

③ “咩”在粤语可构成词，例如“羊咩”，表示羊，尤其是幼儿语（张励妍、倪列怀 1999：171）。

根据我们的统计，饶秉才等（1981）约收五千多个，至于饶秉才等（2009）的修订版，扩充至八千两百多个；郑定欧（1997）约收六千四百多个；张励妍、倪列怀（1999）约收六千个；麦耘、谭步云（1997/2011）约收七千多个；刘扳盛（2008）收录了九千多个；李荣主编（1998）收录了一万一千多个，是目前收词最多的粤语词典。④

当然，这六本粤语词典，所收录的词语并不完全一样，也不完全重复。我们曾就这六本词典所收的词条作整理工作（邓思颖 2014a），合并重复的词条，统计出粤语词语的数量，一共得出 23, 472 个词。在这两万多个词当中，只有 944 个词语同被收录于这六本词典中。这九百多个词，应在粤语具有一定代表性，为广州、香港等地所接受，流传时间也较久，较为常用，例如“寻日”（昨天）、“打交”（打架）、“乜嘢”（什么）等。至于两万多个词，这个数字比较大，应可反映从 20 世纪 80 年代到 21 世纪初粤语方言词的总词汇量。⑤

除了粤语词典外，有些跟香港用语相关的词典，也值得我们注意。吴开斌（1991，1997）这两本词典各收录约四千个词条；田小琳（2009）只收录了两千个。有些词典，所收录的是香港和台湾两地的用语，例如黄丽丽等（1990）收录近

---

④ 饶秉才等（2009）封底说该书收录了九千多个；郑定欧（1997）的凡例说该书收录了八千个；张励妍、倪列怀（1999）的凡例说该书收录了七千余个，但封底却说六千余个；刘扳盛（2008）说该书收录了八千个。正文所列的数字以我们实际统计的为准。

⑤ 即使是收词最多的李荣主编（1998），也未及粤语词汇量的一半，而至今还没有一本全收录这两万多个粤语方言词的词典。

四千个；朱广祁（1994）约收录五千个。这两本辞书，虽然包括香港和台湾两地的用语，但跟地域用语相关，词条的数量也值得我们参考。

3.3 方言词、社区词、通用词

就这些有地区特色的词语而言，我们还可以划分为两个类别："方言词"和"社区词"。上述提及的饶秉才等（1981）、李荣主编（1998）等工具书，属于粤语词典，所收的主要是方言词；至于吴开斌（1991，1997）等工具书，属于香港词语词典，所收的主要是社区词。方言词和社区词的概念不完全一样，前者"因地域不同而形成"，后者"因社会制度、社会背景的不同而形成"（田小琳 2009：1）。香港所使用的社区词，进入书面语，呈现地方特色，可称为"港式中文"，石定栩、邵敬敏、朱志瑜（2014：6）指出，"港式中文"具有"某些香港地区的特色"，"带上浓郁的社区色彩"，成为"具有香港地区特色的汉语书面语"。

方言词可用方言语素构成，有些例子跟共同语词语不同，而社区词基本上是以现代汉语的通用语素构词，构词方式跟共同语词语相同（程祥徽、田小琳 2013：264）。例如，"马骝"（猴子）是方言词，而"马会"是社区词。有些方言词，流通范围较广，例如"劏死牛"（拦路抢劫），但有些方言词却较有地域性，流通范围有一定的局限，例如"劏房"（分间楼宇以作出租之用的单位）一词，只在香港使用。当然，在有些情况下，方言词和社区词也不一定能截然划分，也有重叠之处。

根据上述提及的概念，我们在研究粤语词之前，应先对词语的来源、使用情况有基本的认识，把词的类别划分好，如划分为地域较窄的方言词、地域较广的方言词、社区词。除此之外，我们还应该把粤语口语能用的共同语词语包括进来，共同构成粤语口语词汇。这些借用共同语的词语、跟共同语通用的词语，为了方便讨论，不妨称为“通用词”。

按照这样的分类，我们不妨把这三种词排列成（1）这样。方言词是方言独有的词汇，由方言语素构成，也是方言“典型”的词汇；通用词来自共同语，属于共同语的词汇；社区词好像夹在两者之间，既有地域的特色，也较容易进入共同语，慢慢成为通用词。这三者的关系比较微妙，界线比较模糊，（1）这样的表达，可方便我们认识粤语口语的面貌。

（1）方言词↔社区词↔通用词

以香港的语言状况为例，香港社会流行的所谓“潮语”（潮流用语），属于地域较窄的方言词，例如“升呢”（升级），是近年香港社会流行的用语，在上述提到的方言词典或社区词词典都没有收录。地域较广的方言词就是一般的粤语词，如“寻日”（昨天）、“打交”（打架）、“乜嘢”（什么）等，这几个词都收录在上述提及的六本粤语词典。社区词有社区特色而且较容易进入共同语，可能成为规范词语的一部分，如“立法会”，虽然属于香港、澳门的词汇，而《现代汉语词典》（第六版）也没有收录，但应可被北方话地区所接受，能成为共同语的一部分。

粤语口语能用的词语，除了方言词和社区词外，还包括不少通用词，跟共同语通用，如来自共同语的基本词语（如“大学、我、写、打官司、大、一、二、三、如果”等）、成语熟语（如“何足挂齿、变幻莫测”等）、外来词（如“幽默、奥林匹克、逻辑”等）。虽然这些通用词不被粤语词典、社区词词典所收录，但确实活用于粤语口语，可用粤音读出来，属于粤语的一部分。

语言不断变化，随着社会的变化，词汇会不断增加，也会消失。要穷尽粤语词汇，实际上是做不到的。我们只能就研究的课题，设定一个可以操作的范围，搜集适当的词汇，作为研究对象。如果研究对象只针对地域较窄的方言词，词汇量肯定不会太多。例如香港社会流行的所谓“潮语”，数量不多，只有两百多个（邓思颖 2009d，2014a）。社区词的数量可多可少，我们所见的香港社区词词典，所收的词条就是由两千到四千不等。地域较广的粤语方言词，大致上有两万多个，而较有代表性的方言词约有九百多个。如果要涵盖所有能用在口语的词语（包括通用词），词条数量应该不少。以《现代汉语词典》（第六版）的六万九千多个为基础，假设只有一半能为粤语口语接受，成为通用词，也有接近三万五千个词，跟两万多个方言词和几千个社区词加起来，估计粤语口语的总词汇量达六万多个。

粤语语法研究，不是编词典，不必穷尽所有粤语的词汇，也不必为每一条词语下定义，找用例。实际上，我们也不太可能穷尽所有的粤语词。以共同语的词语为例，根据《现代汉语词典》的出版说明，第六版增收了近三千条。从 2005 年到 2012 年这七年间，平均每年产生了四百多个新词。如果比较饶秉才等（1981）和（2009）两个版本的粤语词典，两者相隔28年，新增了三千多条，增幅达百分之六十几，远超《现代汉语词典》1983年第二版到2005年第五版的增幅（只有16%）。按照这样预测，词典所收的词汇量只会越来越多，不会越来越少。

然而，语法学的研究目的不是搜集词语，不是编词典，而是寻找规律。虽然不能穷尽所有例子，但粤语语法学所总结出来的规律，应该适用于两万多个方言词，甚至是设想中的六万多个口语词汇，还有将来更多更多的例子。通过语法规律，我们能够解释例子所呈现的种种现象。

四、词类

4.1 划分方式

粤语的方言词起码有两万三千多个，加上社区词、通用词，粤语口语的总词汇量肯定超过六万个。要准确描述这数以万计的词，我们需要有客观、科学的分类。认识词汇的方法之一，就是考察词类。

词类（part of speech）就是词的分类，也可以称为词的“范畴”（category）。汉语语法学一般根据词的语法功能来划分词类，属于一种形式的划分，而不是按照意义来划分。所谓“语法功能”，就是指“词在句法结构里所能占据的语法位置”（朱德熙 1982：37）。语法位置包括句法成分，例如主语、谓语、宾语等，也包括跟其他语言成分的组合能力，例如能不能受程度副词修饰等。

汉语的词可以划分为实词和虚词。根据朱德熙（1982）所提出的标准，实词是个开放类，能够充任主语、宾语或谓语，绝大部分能单说（如单独成句），位置不固定，可以前置，也可以后置，而意义上，实词主要表示事物、动作、行为、变化、性质、状态、处所、时间等。至于虚词，是个封闭类，不能充任主语、宾语或谓语，绝大部分不能单说，位置是固定的，而意义上，虚词只起语法作用，本身没有什么具体的意义，有的表示某种逻辑概念。[1]

实词之下，可以划分为“体词”和“谓词”。体词的主要语法功能是做主语和宾语，一般不作谓语；谓词的主要语法功能是做谓语，同时也能做主语和宾语（朱德熙 1982：40）。虚词就没有体词和谓词的区分。

朱德熙（1982）把汉语的词类划分为十七类，包括名词、处所词、方位词、时间词、区别词、数词、量词、代词、动词、形容词、副词、介词、连词、助词、语气词、拟声词、感叹词。实词包括名词、处所词、方位词、时间词、区别词、数词、量词、代词、动词、形容词这十种词类，虚词包括副词、介词、连词、助词、语气词这五种词类。拟声词和感叹词既不是实词，又不是虚词，属于比较特殊的词类。在这十种实词词类当中，名词、处所词、方位词、时间词、区别词、数词、量词、体词性代词属于体词，而谓词性代词、动词、形容词属于谓词。

以粤语为例，按照朱德熙（1982）的划分，“马骝”（猴子）是名词，名词是个开放类，新的名词比较容易创造。“马骝”（猴子）能充任主语或宾语，也只能充任主语或宾语，如位于主语的“只马骝见到我”（那只猴子看见我）、位于宾语的“我见到一只马骝”（我看见一只猴子），也能够单说，属

---

① 实词和虚词的划分，跟“词汇词”（lexical words）和“功能词”（functional words）的划分差不多，详见邓思颖（2010：§3.4）的介绍。

于实词中的体词。“发梦”（做梦）是动词，新的动词可随意创造，是个开放类。“发梦”（做梦）能充任谓语，如“佢发梦”（他做梦），也能单说，属于实词中的谓词。“食饭喇”（吃饭了）的“喇”（laa3）是助词，助词是个封闭类，新的助词不太容易随意创造。“喇”不能充任主语、宾语或谓语，不能单说，只能单用，即单独起语法作用，属于虚词。

4.2 粤语的词类

专门为粤语划分词类的专著有张洪年（2007）、高华年（1980）、李新魁等（1995）、徐芷仪（1999）。

张洪年（2007：§9—10）把粤语的词类基本划分为十三种，[②] 包括名词、姓名词、处所词、时间词、定词、量词、方位词、代词、谓词、介词、副词、连词、叹词。虽然这两章以“词类”为题并没有提到助词，但另辟一章专门介绍助词。按照他的分析，粤语应一共有十四种词类。“定词”（determinatives）是个大类，包括“呢（这）、吖（那）”等“指示性定词”、“每、今”等“特指性定词”、“两、三”等“数字性定词”。从这些例子所见，“定词”即一般文献所说的指示代词和数词。

高华年（1980）所提出的粤语词类一共有十二类，包括名词、动词、形容词、数词、量词、代词、副词、介词、连

② 张洪年（2007）在“重版序”中提到“词类”一章早在1972年出版前已经写好。不过，“因为篇幅种种原因”，没有收录在1972年的版本中。

词、叹词、象声词、语气词。按照实虚的划分，名词、动词、形容词、数词、量词、代词属于实词，副词、介词、连词、叹词、象声词、语气词属于虚词。

李新魁等（1995）将粤语词类划分为十二种，包括动词、形容词、名词、数词、量词、代词、副词、助词、介词、连词、叹词、谓词形尾。按照实虚的划分，动词、形容词、名词、数词、量词、代词属于实词，副词、助词、介词、连词、叹词、谓词形尾属于虚词。

徐芷仪（1999）以1984年公布的《中学教学语法系统提要》为纲，把粤语的词类划分为十二类，包括名词、动词、形容词、代词、数量词、副词、介词、连词、助词、语气词、叹词、拟声词。

学者对粤语词类的划分，大致上得出十二、十三类词类。朱德熙（1982）对普通话词类的划分最为细致，一共有十七类。我们认为以下（1）的分类，应该足以充分描述粤语的词类，并且跟汉语语法学一般的分类有可比性，方便比较普通话和其他方言的词类。

（1）粤语的词类

名词、区别词、数词、量词、代词、动词、形容词、副词、介词、连词、助词、拟声词、感叹词

参考朱德熙（1982）对实词、虚词的划分，粤语的十三类词类可以重新整理如下：

（2）粤语词类的架构

实词	体词	名词、区别词、数词、量词、体词性代词
	谓词	动词、形容词、谓词性代词
虚词		副词、介词、连词、助词
其他		拟声词、感叹词

以下的表，总结了朱德熙（1982）的汉语词类及张洪年（2007）、高华年（1980）、李新魁等（1995）、徐芷仪（1999）四种粤语词类系统。本书所采用的分类，也加入这个表，方便读者比较。

（3）词类比较

	朱德熙	张洪年	高华年	李新魁等	徐芷仪	本书
名词	√	√	√	√	√	√
姓名词		√				
处所词	√	√				
方位词	√	√				
时间词	√	√				
区别词	√					√
数词	√	定词	√	√	数量词	√
量词	√	√	√	√		√
代词	√	√/定词	√	√	√	√

（续表）

	朱德熙	张洪年	高华年	李新魁等	徐芷仪	本书
动词	√	谓词	√	√	√	√
形容词	√		√	√	√	√
副词	√	√	√	√	√	√
介词	√	√	√	√	√	√
连词	√	√	√	√	√	√
助词	√				√	
后缀	√	词尾	词尾	谓词形尾	词尾	√
语气词	√	助词	√	助词	√	助词
拟声词	√		象声词		√	√
感叹词	√	叹词	叹词	叹词	叹词	√

根据（3）这个表的比较，有几点值得我们注意，并将在以下各个小节讨论。

第一，名词与姓名词、处所词、方位词、时间词的关系。

第二，动词与形容词的关系。

第三，区别词的地位。

第四，语气词与助词的关系。

第五，后缀的地位。

4.3 名词与其他体词

按照朱德熙（1982）的分类，名词、时间词、处所词、方位词是不同的词类，不是名词之下的小类。以普通话为例，时间词的例子如“宋朝、一九三〇年、立春、星期一、刚才”等。处所词的例子如地名“中国、重庆、长安街”、地方机构“学校、公园、图书馆”、合成方位词“里头、前边、背后”等。方位词分为单音节的单纯方位词，如“上、下、前、后、里、外”，双音节的合成方位词，如“上边、下面、前头”。除了时间词、处所词、方位词以外，张洪年（2007）还有姓名词一类，如“张三、李四”。

虽然把时间词、处所词、方位词、姓名词划分出来，能仔细描述语言现象，但是划分的方式仍有问题。朱德熙（1982：43）认为时间词“是能做‘在’‘到’‘等到’的宾语，并且能用‘这个时候’‘那个时候’指称的体词”。至于处所词，他（1982：42）认为“是能做‘在、到、往’的宾语并且能用‘哪儿’提问，用‘这儿’‘那儿’指代的体词”。按照他的标准，时间词和处所词都能做“在、到”的宾语，例如“在今天”（时间词）和“在图书馆”（处所词），光凭语法功能难以区分这两个词类的差异。如果以能否用“这个时候”“这儿”指称来判断，这已经偏向意义的考虑。朱德熙（1982：43）甚至认为有些处所词属于“名词兼处所词”，作为政治单位或机构是名词，作为地方是处所词。这里所说的“政治单位、地方”，是意义的概念，不是语法功能的概念，有违汉语词类划分的大原则。姓名词的考虑也差不多，朱德熙（1982）在名词之下已设立了“专有名词”一个小类，这个小类已可承载姓名词、表示地名的处所词，而不必另立姓名词、处所词了。

兼类的情况也显示了设立这些词类的问题。除了上述提到“名词兼处所词”以外，朱德熙（1982：43）把合成方位词如“里头、前边、背后”也归入处所词之内。由此看来，处所词和方位词是可以合在一起的。

至于单音节的单纯方位词，如“上、下、前、后、里、外”，朱德熙（1982：44）明确指出它们是后缀，有些例子如“里、上”，甚至可以任意在名词后头加上。既然它们是词缀，就不是词。严格来讲，不是词，就谈不上词类。

综上所述，我们认为时间词、处所词、合成方位词、姓名词都属于名词，是名词下的小类，而不是独立的词类；单纯方位词是后缀，不是词。

4.4 动词与形容词

传统汉语语法学都把动词和形容词区分开来，作为两个独立的词类。张洪年（2007）却把动词和形容词都归入“谓词”，形容词只作为谓词的一个小类，称为“不及物性质谓词”。把汉语的形容词当作动词来分析，Chao（1968）早已提出，Li and Thompson（1981）也持这种观点，分析普通话语法。Matthews and Yip（1994，2011）把形容词并入动词，方便解说这两类词在粤语中的相似性。我们也曾从形式句法学的角度，说明合并动词和形容词的好处，并指出理论上的优点（邓思颖 2010：§3）。

虽然我们赞同动词和形容词应合成一类，但为了方便跟大多数汉语语法学著作比较，也方便跟汉语方言的其他研究成果对照，本书还是沿用传统的做法，把动词和形容词当作两个独立的词类。

至于动词和形容词划分的标准，我们认同朱德熙（1982）的做法，比较简单，容易操作。他提出的标准，略作修改，可适用于粤语。

（4）a. 凡受程度副词修饰而不能带宾语的谓词是形容词。

b. 凡不受程度副词修饰或能带宾语的谓词是动词。

粤语的程度副词，包括“好、非常、最”等，“好”等于普通话的“很”。用程度副词“好”和能不能带宾语做测试，可以有这样的情况。我们可以说“好惊佢”（好怕他）、“好憎佢”（很讨厌他），“惊、憎”可以受“好”修饰，而“惊、憎”带宾语。“唱、睇（看）”要带宾语，如“唱一首歌、睇一本书”，但不能受“好”修饰，“＊好唱一首歌、＊好睇一本书”是不能说的。[③]“咳、喊（哭）”不能带宾语，也不能受“好”修饰，“＊好咳你、＊好喊你”是不能说的。“靓

③ “你好睇书”（你应看书）是可以说的，但这个“好”是能愿动词，表示情态，跟程度副词“好”不一样。粤语能愿动词“好”的介绍，详见蒋旻正（2014）。

(漂亮)、攰(累)”能受“好”修饰，但不能带宾语，我们可以说“好靓”(很漂亮)、“好攰”(很累)，但不能说“*靓你、*攰你”。④

根据(4)这两条标准，我们可以得出以下(5)的四种情况。“+”表示可以接受，“-”表示不能接受。

(5) 粤语的动词与形容词

	加“好”	带宾语	例子
动词	+	+	惊，怕，憎，钟意，信，同意
	-	+	唱，睇，杀，买，讲，食，写，拣
	-	-	咳，醒，飞，喊，死，游水
形容词	+	-	靓，大，红，远，肥，攰，饱，干净

如果从分的话，“靓”(漂亮)一类的词是形容词，其他三类属于动词；如果从合的话，这四类都属于动词，是动词的小类。为了方便比较，本书从分不从合。

4.5 区别词

朱德熙(1982：52—53)把区别词当作独立的词类，有异于形容词和名词，并提出以下的划分标准：只能在名词或“的”前边出现；只能修饰名词或在“的”字前头出现；不受

---

④ “肥你”是可以说的，但这个“肥”是外来词，即英语的“fail”，表示“让你不及格”之义，是动词，跟表示肥胖的形容词“肥”不一样，是两个不同的词。

数量词、程度副词“很”修饰；不能做主语、宾语、谓语。从意义来讲，区别词所表示的是一种分类标准。以普通话为例，单音节区别词不多，例如“金、银、男、女、正、副”等，双音节区别词的数量比较多，例如“彩色、野生、法定、国产、外来、微型、初级”等。在其他汉语语法学著作里，这类词也称为“属性词”（吕叔湘、饶长溶 1981）。由于它们显著的特点是不能充当谓语，因此也称为“非谓形容词”（吕叔湘、饶长溶 1981，胡裕树等 1995 等）。⑤

过往文献从来没有为粤语设立区别词一类，也没有讨论过粤语到底有没有区别词。温欣瑜（2013）对粤语词类作深入探讨，是研究粤语区别词的首篇论文。她根据吕叔湘、饶长溶（1981）所列的四百多个普通话区别词例子，把粤语口语能接受的例子（即“通用词”）作为分析语料，共得 285 个。根据她的研究，我们认为粤语区别词的划分标准可以总结如下：

（6）粤语区别词的划分标准

a. 能做定语

b. 不能与程度副词“好”结合，充任谓语

c. 不能充任主语、宾语

d. 否定用“唔系”，而不用“唔”

根据这些标准，285 个例子当中，有 187 个确定为粤语的区别词，而其他的例子在粤语则用作形容词、名词、动词、副

⑤ 我们曾根据理论的考虑，对词类划分重新整理，把汉语的形容词并入动词，而把区别词称为“形容词”（邓思颖 2010）。

词。确定为粤语区别词的例子，例如单音节的“正、副、单、双、男、女”等、双音节的“唯一、亲生、国产、非法、旧式”等、三音节的“半自动、多民族、非正式”等。这些例子，在粤语中只能做定语用来修饰名词，例如“副校长、亲生哥哥”，却不能受“好”修饰，用作谓语，“*个校长好副、*哥哥好亲生”都不能说，也不能充任主语、宾语，“*副走咗、*亲生走咗”都不能说。只能用“唔系”否定，“唔系副、唔系亲生”可以说，但“*唔副、*唔亲生”不能说。

用相同的标准，温欣瑜（2013）考察了饶秉才等（2009）所收录的八千二百多个粤语方言词，发现这五个方言词例子“过气、疏堂、原盅、原装、正牌”符合区别词的定义，只能用作定语，例如“过气老倌”（曾红极一时的老艺人，引申指失去权势地位的人）、“疏堂兄弟”（堂兄弟）、“原盅燕窝”（用瓷盅炖成的燕窝）、“原装电脑”（由生产厂家装配出厂的电脑）、“正牌货”（真正原厂出品的货品），都应该分析为粤语的区别词。

我们发现“过气、疏堂”这两个词都被饶秉才等（1981/2009），郑定欧（1997），麦耘、谭步云（1997/2011），李荣主编（1998），张励妍、倪列怀（1999），刘扳盛（2008）这几本词典所收录，算是粤语方言词最有代表性的区别词。除了饶秉才等（2009）外，“原盅、正牌”也见于李荣主编（1998），“原装”也见于张励妍、倪列怀（1999）。

“过气”作为粤语方言词最有代表性的区别词之一，有两种用法值得我们注意。第一种用法是表示“用油煎、炸的食物凉后失去香味和松软的口感”（张励妍、倪列怀 1999：134，也见饶秉才等 1981/2009)、“错过了最佳时刻，多用于食物”(李荣主编 1998：50)；另一种用法是指“过时的、以前的”(张励妍、倪列怀 1999：134，也见饶秉才等 1981/2009)，⑥例如“过气药”，也指“过去流行而现在不流行的”(麦耘、谭步云 2011：186)、“不时髦的”(李荣主编 1998：50)，例如“过气嘢”，并引申为“形容某人从事业的最高峰滑坡”(郑定欧 1997：51)，例如“过气主任、过气议员”。用于形容食物的“过气”，除了定语的用法外，粤语词典还收录了可以做谓语的例子，例如“啲饭冻咗就过气嘞”(饭凉了就没有香味)(李荣主编 1998：50)，“过气”的“过”还可以加上“咗”(了)，例如“过咗气就唔好食嘞”(过时了就不好吃/不要吃)(李荣主编 1998：50)。不过，跟食物相关的“过气”在目前粤语口语中很少用作谓语，上述的例子其实有点别扭。至于表示“过时的、以前的”的“过气”，却好像能做谓语，并受程度副词“好”修饰，如“？个主任过咗气、？个主任好过气”，麦耘、谭步云(2011：186)也举了这个“过气”作为谓语的例子：“呢种裤而家过咗气喇”(这种裤子现在过时了)。因此，粤语应该有两个“过气”，一个是能充任谓语的形容词，表示过时，多数指人；另一个是只充任定语的区别词，多指食物。

⑥ 饶秉才等(2009：87)认为“过气”能表示“药物存放过久，失去效力”的意思。事实上，这个意思只用在“过气药”，而且可以按照“过时”一义去理解(张励妍、倪列怀 1999：134)。

4.6 语气词与助词

“语气词”“助词”等术语，在汉语语法学的文献里常常有不同的定义，用来指称不同的词，往往引起读者的混淆。

朱德熙（1982）所说的“语气词”，是指普通话句末的“了、来着、呢、吗、吧、嘔、啊、欸、呕”等虚词。相比起来，粤语句末成分特别丰富，也特别引起学者的注意，有不少的研究。粤语句末成分的叫法有多种，例如“语气词”（袁家骅等 1960/2001，高华年 1980，徐芷仪 1999 等）、“助词”（张洪年 1972/2007，李新魁等 1995，彭小川 2010 等）、“语助词”（梁仲森 2005 等）、“语气助词”（施其生 1995）、“句末助词”（邓思颖 2002b，2006b 等）、“句末语气助词”（方小燕 2003 等）。由于英语缺乏这种成分，没有现成的术语可以对应，叫法也有多种，较为常见的如“particle”（张洪年 1972/2007）、“sentence-final particle”（Law 1990；Matthews and Yip 1994，2011；Fung 2000；Leung 2006；Sybesma and Li 2007；Wakefield 2010 等）、“sentence particle”（Kwok 1984；Matthews and Yip 1994，2011 等）、“utterance particle”（Luke 1990，梁仲森 2005 等）。

把粤语这种虚词称为“助词”，主要描述它们不能自由运用的一面，较为中性。正如张洪年（2007：180）指出，“助词是一种不能独立的虚词，只出现在句子或词组的末端，和整个词组句子结合”，用“particle”一语也可以笼统包含这类虚词的特点。冠以“句末、sentence-final”，侧重形式上的特点，强调这类虚词出现在宾语之后的位置。冠以“语气、utterance”，侧重语用上的特点，强调这类虚词所承载的功能。

朱德熙（1982）所讲的“助词”，跟上面所讲的句末虚词不一样。他的“助词”是用来指普通话的“的”字结构的“的”“所”“得”“似的”。

所谓“的”字结构，是体词性成分或谓词性成分加上“的”的用语，例如普通话的“木头的、便宜的、看电影的”。徐芷仪（1999）把粤语表示领属关系的“嘅”（的）和所谓“嘅”字结构的“嘅”都分析为结构助词。我们认为所谓“的”字结构的“的”跟附加在定语之后的“的”（如“木头的桌子”的“的”）都是一样的（Tang 2011）。定语后的“的”当作后缀（朱德熙 1982，邓思颖 2010），所谓“的”字结构的“的”也应该当作后缀。既然“的”是后缀，就不是词。不是词，就不应该分析为助词。套用在粤语的情况中，“高嘅、矮嘅”的“嘅”（的）是后缀，不是助词。

“所”加在及物动词前头，例如“我们所反对的”，是古汉语遗留的用法。朱德熙（1982）认为普通话的“所”是助词，但也有学者认为是词缀（张静等 1980：90）、附着形式（clitic）（Ting 2003，2005，2008），甚至是副词（张洪年 2007：298）。“所”在粤语口语中基本上不用，即使能用，往往受到语体所限，通常用在较为接近书面语的语境。虽然“责备”和“话”（waa6）意义差不多，但“我所责备嘅人”和“*我所话嘅人”有明显的差别；“食”和“嶙”（leon1）（细细地啃）都跟吃有关，但“我所食嘅嘢”比“*我所嶙嘅嘢”好得多。假如我们把“助词”这个术语留给句末的虚词，

“所”这种较为特殊的用语则不称为助词，把它当作词缀也有合理之处。

朱德熙（1982：125）把可能补语的“得”当作助词，例如“看得见”的“得”。至于状态补语的“得”，例如“看得多”的“得”，他当作动词后缀。我们认为可能补语的“得”和状态补语的“得”都应该分析为词缀（邓思颖 2010）。这两种补语的“得”（dak1），粤语也有，而且形式上也有分别。“打得烂”是可能补语，“唱得好”是状态补语。在否定式中，状态补语“唱得好”说成“唱得唔好”，可能补语“打得烂”可以说成“打唔烂”或“打唔得烂”，但不能说成“＊打得唔烂”。[7] 此外，状态补语“得”之后可以有个停顿，例如“唱得呢，几好听啊”，但可能补语“得”之后绝对不能有停顿，“＊打得呢，烂啊”不能说（张洪年 2007：132）。我们假设状态补语的“得”是后缀（朱德熙 1982），依附在动词之后，而“得”后面的补语（如“唱得好”的“好”）是一个短语，短语可以扩展（如加上否定词），短语之前也可以有停顿；假如可能补语“打烂”本来就是一个词（述补式复合词），“得”是一个中缀（张洪年 2007：125），[8] 插进“打烂”的中间。[9] 既然“打得烂”的“烂”原来只是“打烂”这个复合词的一部分，“烂”不是短语，无法扩展（如不能加上否定词），也不能有停顿。作为中缀的“得”，可以解释“打”和

---

⑦ “打唔烂”的“唔”，“打唔得烂”的“唔得”都应当作词缀。

⑧ 张洪年（2007：125）原用“词嵌”一词来对应“infix”。

⑨ 也可参考邓思颖（2010：§7）从形式句法学的角度分析这个问题。

“烂”之间的紧密程度，解释更为合理。按照这样推论，可能补语和状态补语的“得”不同，前者是中缀，后者是后缀。“得”是词缀，不是词，也不是助词。

至于“似的”，如用在“像雪似的那么白”“仿佛睡着了似的”等普通话例子，朱德熙（1982）把它当作助词。我们假设普通话的“……似的”本来是一个包含动词“似”的小句，再加上后缀“的”，用来修饰后面的成分。进一步虚化后，“似的”重新分析为一个后缀，就好像英语作为后缀的“-like”一样（邓思颖 2010：39）。粤语没有“似的”，能对应的成分是“咁”（gam3）和“噉”（gam2），例如“像雪似的那么白”在粤语可以说成是“好似雪咁白”，而“仿佛睡着了似的”可以说成“好似瞓着咗噉”。“咁”和“噉”的分工清晰，不能互换，如果上述两个例子说成“＊好似雪噉白”、“＊好似瞓着咗咁”，都不能接受。徐芷仪（1999）认为“咁”（她不区分“咁”和“噉”）是粤语的比况助词，本书把“咁”和“噉”分析为指示代词，跟助词无关。

经过我们的重新分析后，朱德熙（1982）所讲的“助词”，其实都可以分析为词缀，不构成一个独立的词类。因此，我们可以借用“助词”这个术语，来指称他所讲的“语气词”而不会产生混淆。

粤语还有一些虚词，出现在宾语之后，例如“食饭先”（你先吃饭）的“先”、“饮多碗添”（再多喝一碗）的“添”。这些在宾语后的虚词，往往称为“后置成分”，在普通话里是找不到的，成为粤语语法的一个特色。粤语这些“后置成分”在文献上有不同的叫法，例如“助词”（张洪年 1972/2007，李新魁等 1995，施其生 1995，张双庆 1997 等）、“语气词”（徐芷仪 1999）、“副词”（袁家骅等 1960/2001，高华年 1980），或冠以“后置”之名，称为“后置副词”（曾子凡 1989，蔡建华 1995a，邓思颖 2006c 等）、“后置状语”（曾子凡 1989，黄伯荣主编 1996，张双庆 1997，张振兴 2003a，李如龙 2007 等），以示跟一般前置的副词、状语不同。

我们认同张洪年（1972/2007）等的做法，把粤语这种所谓“后置”的虚词和表示语气的虚词统称为“助词”。粤语的助词是一个大类，之下可以按照句法、语义、功能、语用等因素，划分为事件类、时间类、语气类（邓思颖 2008，2009a；Tang 2009 等），而语气类再可以细分为五个小类：焦点、情态、疑问、祈使、感情。

4.7 后缀

“谓词形尾”是李新魁等（1995）的术语，用来指称依附在动词后面的成分，例如表示体貌的“紧”（gan2）、“住”（zyu6）、“实”（sat3）、“咗”（zo2）、“起身”（hei2 san1）、“起”（hei2）、“开”（hoi1）、“过”（gwo3）；表示范围的“埋”（mai4）；表示重复的“过”（gwo3）；表示程度的“得滞”（dak1 zai6）、“过头”（gwo3 tau4）、“晒”（saai3）、“极”（gik3）；表示可能和必然的“得”（dak1）、“梗”（gang2）；表示结果的“亲”（can1）。他们注意到这些所谓“谓词形尾”跟助词相似，但又略有不同，处理方法是置于虚词的章节之下，当作一种词类来排列。

施其生（1995）对粤语的“形尾”有比较清晰的讨论，明确把“形尾”和属于虚词的“助词”区分开来，前者属于“修饰性虚词素”，后者才算是词，是词类的一种。

除了“形尾”的叫法外，比较常见的叫法是“词尾”（袁家骅等 1960/2001；张洪年 1972/2007；高华年 1980；徐芷仪 1999；邓思颖 2000a，2006c）。所谓“词尾”，就是英语的“suffix”（张洪年 1972/2007），“suffix”又称为“后缀”。其实“词尾”和“后缀”，所指的都是一样，只不过是翻译的不同。

把粤语“咗、紧、过”等成分分析为词尾，或称为后缀，正好符合朱德熙（1982）的分类，他把普通话的“了、着、过”当作动词后缀，并非组成独立的词类。后缀是词缀的一种，属于附加成分，不是词，不构成独立的词类。

4.8 小结

本书把粤语的词类划分为十三类，包括：名词、区别词、数词、量词、代词、动词、形容词、副词、介词、连词、助词、拟声词、感叹词。这些词类，可以划分为实词、虚词、其他三大类，名词、区别词、数词、量词、代词、动词、形容词属于实词，副词、介词、连词、助词属于虚词，拟声词、感叹词属于其他。实词当中，名词、区别词、数词、量词、体词性代词是体词，动词、形容词、谓词性代词是谓词。粤语的词类可总结如下表，并附加例子作为参考。

（7）粤语词类表

<table>
<tr><td rowspan="8">实词</td><td rowspan="5">体词</td><td>名词</td><td>书　水　兄弟　自由　张三　香港　今日　上面</td></tr>
<tr><td>区别词</td><td>正　副　唯一　亲生　非正式　过气　疏堂　原盅</td></tr>
<tr><td>数词</td><td>一　二　两　几　百　半　零　第一</td></tr>
<tr><td>量词</td><td>个　只　班　公斤　啲　下</td></tr>
<tr><td>代词</td><td>我　你　佢　呢　吖　乜嘢　边</td></tr>
<tr><td rowspan="3">谓词</td><td>动词</td><td>憎　睇　咳　游水　系　有　应该</td></tr>
<tr><td>形容词</td><td>靓　红　企理　红红哋　论论尽尽　臭崩崩</td></tr>
<tr><td>代词</td><td>咁　噉　点　几</td></tr>
<tr><td colspan="2" rowspan="2">虚词</td><td>副词</td><td>好　唔　仲　先　啱啱　差唔多　净　唔通　究竟</td></tr>
<tr><td>介词</td><td>喺　从　同　用　畀</td></tr>
<tr><td colspan="2" rowspan="2">虚词</td><td>连词</td><td>同埋　或者　定　因为　虽然　如果</td></tr>
<tr><td>助词</td><td>先　添　咁滞　嚟　咋　啩　咩　呙　罢啦　啊</td></tr>
<tr><td colspan="2" rowspan="2">其他</td><td>拟声词</td><td>嘭　嘟　叮当　时时沙沙　呼令嘭冷</td></tr>
<tr><td>感叹词</td><td>咦　啊　嘘　喂　吓　嗬</td></tr>
</table>

五、实词与虚词

5.1　实词——体词

粤语的词类可以划分为实词、虚词、其他三大类。①

实词是个开放类，能够充任主语、宾语或谓语，绝大部分能单说（如单独成句），位置不固定，可以前置，也可以后置，而意义上，实词主要表示事物、动作、行为、变化、性质、状态、处所、时间等（朱德熙 1982：39—40）。实词之下，可以划分为体词和谓词。体词的主要语法功能是做主语和宾语，一般不做谓语（朱德熙 1982：40）。

粤语实词包括：名词、区别词、数词、量词、代词、动词、形容词。实词当中，名词、区别词、数词、量词、体词性代词是体词。

名词　名词可以受数量词修饰，但不受副词修饰，例如"三本书"可以说，但"＊很书"却不能说。意义上，名词主

① 本章所引录的粤语例子大多数来自文献（如张洪年 1972/2007，高华年 1980，李新魁等 1995 等），各词类的定义和描述主要参考朱德熙（1982），或根据黄伯荣、廖序东（2007b）作适当的补充，不再一一注明出处。

要表示人、事物、时间、处所、方位等。名词可以划分为以下几个小类：

a. 表示人和事物：

可数名词　　书、衫（衣服）、飞机、马骝（猴子）

不可数名词　水、牛肉、声音

集合名词　　兄弟、父母、书本、诗词歌赋

抽象名词　　自由、文化、恩怨

专有名词　　张三、阿张

b. 表示时间：寻日（昨天）、而家（现在）、以前、立春

c. 表示处所：中国、香港、香港中文大学

d. 表示方位：上面、里面、出面（外面）、前便（前边）、中间

区别词　区别词只能做定语，不能与程度副词“好”（很）结合，不能充任谓语、主语、宾语，否定用“唔系”（不是），而不用“唔”（不）。从意义来讲，区别词所表示的是一种分类标准。粤语区别词的例子，有单音节的“正、副、单、双、男、女”等；双音节的“唯一、亲生、国产、非法、旧式”等，还有属于方言词的“过气、疏堂、原盅、原装、正牌”等；三音节的“半自动、多民族、非正式”等。

数词　数词通常跟量词结合。意义上，数词表示数目、次序。粤语的数词大致上可以划分为两个小类：基数词和序数词。基数词表示数量多少，例如系数词“一、二、两、三、几、半”；位数词“十、百、千、万”；概数词“几、零（leng4）”。序数词表示次序，例如加上前缀“第”的“第

一、第三”，由前缀“初”组成的“初一、初二”，由后缀“嚟”（lei4）组成的“一嚟（一来）、二嚟（二来）”列举理由。

粤语的“零”稍作说明。“零”读作“ling4”是系数词，如用在“五百零八”；读作“leng4”是概数词，如用在“十零”（十来）。张洪年（2007：337）认为“‘十几’可以指十一至十九之中任何一个数值，但‘十零个’就不会超过十五”。我们一般习惯说“无三不成几”，“十几”的数量最好是十三或以上，偏向多，而“十零”则偏向少。“千几”和“千零”的差别比较明显，“几”代表的系数词最好是三或以上，但所代表的数值是三百或以上；“零”所代表的系数词偏向小，最好是一，甚至是零，即在一千一百以下。“松啲”（sung1 di1）是个更小的概数词，“一千松啲”最好是一千零几，比一千略多一点。这三个概数词所强调的量不同，“千几”偏向多，“千零”较少，“千松啲”更少。此外，这三个概数词的分布不同。“松啲”可直接在系数词之后出现，如“五千三松啲”（李新魁等 1995：462），但“几、零”却不可以，“＊五千三几、＊五千三零”是不能说的。“二千几万”偏向多，“二千零万”偏向少，“二千万松啲”是比两千万略多一点。

量词 量词出现在数词之后。意义上，量词表示计算单位。粤语的量词可以划分为几个小类：个体量词“一个人、一只狗”；集合量词“一班人、一对筷子”；度量词“公斤、呎”；不定量词“啲”（di1）（些）；临时量词“一碗饭”（比较“一个碗”）、“一枱人”（比较“一张枱”）；动量词“睇一下、去一次”（专用动量词）、“踢一脚”（借用名词）、“睇一睇”（重复动词）。

大多数的粤语量词都是单音节，多音节量词为数不多，主要是度量词，如“公斤、公尺、公升、厘米、平方米”；由量词组合而成的复合量词，如“人次、架次”。高华年（1980：100—101）举了三个双音节的例子：“一串联珠仔”（一串小珠子）、[②]“一 kwaang3 laang3 猪肉”、[③]“一堆雷（deoi1 leoi1）虫仔”（一堆小虫）。麦耘、谭步云（2011）还举了“咁溜”（gau6 lau6）（团）、“坺泖”（paat6 laat6 或 pet6 let6）（摊）、“排赖”（paai4 laai4）（排）、“半卖”（bun3 maai2）（较小的一份）。不过，这些例子已经不常用。

代词 代词有代替、指示的作用。有的代词是体词性，有的是谓词性。代词可以划分为三个小类：人称代词、指示代词、疑问代词。人称代词是体词性的代词，语法功能跟名词相似，例如“我、你、佢（他）”，复数形式加上后缀“哋”（dei6），例如“我哋、你哋、佢哋”。粤语没有普通话的“您”，不过，香港粤语口语可以用“阁下”作为敬称式。“阁下”只有单数形式，没有复数形式。粤语没有普通话“我们”和“咱们”之别，但“我哋”（我们）和“大家”有比较接近的效果，如在这个例子“你哋系山东人，我哋系广东人，大家都系中国人”，“我哋”不包括听话人在内，“大家”包括

---

② 按高华年（1980：100）的记音，“串联”读做“cyun3 lyun3”。

③ 饶秉才等（2009：119）读做“kwang3 lang3”，麦耘、谭步云（2011：336）读做“kwang3 nang3”。

听话人在内。其他的人称代词还有第三人称的“人哋”（人家）、[④] 反身代词“自己”。“人哋”既可表示单数又可表示复数，“自己”也可指单数和复数，不能加“哋”，“＊自己哋”是不能说的。

属于体词性的指示代词有“呢”（ni1）（这）、“嗰”（go2）（那）。跟不同的量词搭配，可以表示不同的意义，例如表示时间的“嗰阵”（go2 zan6 或 go2 zan2）（那会儿）、“嗰阵时”（go2 zan6 si4）（那个时候）、[⑤] “呢排”（ni1 paai6 或 ni1 paai2）（近来）、“嗰排”（go2 paai6 或 go2 paai2）（那段时间）、“呢匀”（ni1 wan4）（这次）等，表示处所的“呢度”（这里）、“嗰度”（那里）。

属于体词性的疑问代词有“乜嘢”（mat1 je5）（什么）、“边”（bin1）（哪）、“几多”（多少）、“几”。“乜嘢”也可以省略为“乜”，可以用来问人“乜嘢人、乜水”（谁），[⑥] 问事物“乜嘢嘢”（什么东西），问时间“乜嘢时间”（什么时间）、“乜嘢日子”（什么日子），问处所“乜嘢地方”（什么

---

④ 张洪年（2007：354）还提到“第个”（dai6 go3）（别人）是人称代词。李新魁等（1995；467）认为这个“第”是“第二”（dai6 ji6）的合音。我们认为这个“第二”应为序数词，引申有“另外”之义，跟人称代词无关。相似的搭配还有“第二件事、第二样嘢”。

⑤ 高华年（1980：123）还举了“呢阵”（ni1 zan6）（这会儿）、“呢阵时”（ni1 zan6 si6）（这个时候）。现在香港粤语一般说“而家”（ji4 gaa1）或“依家”（ji1 gaa1），属于时间名词。比较旧式的说法还有“家阵”（gaa1 zan2）、“家下”（gaa1 haa2），都属于时间名词。

⑥ “乜水”（谁）较为俗，不能扩展为“＊乜嘢水”。

地方)。“边”跟不同的量词搭配，可以问人“边个、边个人”(谁、哪个人)，问事物“边本书”（哪本书)，问时间“边年”，问处所“边度”(哪里)、“边处”(bin1 syu3)(哪里)。单用“边”也可以问处所，但只能放置在宾语位置，例如“去边”(去哪) 可以说，但“＊边有人”(哪里有人)却不能说。[7]“几多”和“几”都可以问数量。“几多”通常跟量词结合，也可省略为“几”，例如“几(多)个人”。“几多”也可以直接和名词结合，例如“几多树”（李新魁等 1995：474)。在有些语境，量词可以省略，“几多”直接出现在主语或宾语位置，例如“几多先至够”(多少才够)、“要买几多”(要买多少)。这个时候，“几多”不能省略为“几”，如“＊几先至够、＊要买几”是不能说的。在一般的度量词前，“几多”可省略为“几”，如“几(多)磅、几(多)呎、几(多)公升”。由度量词组成的数量词，用作状语的话，只能用“几”来问，不能用“几多”，例如“几高”(回答：六呎高)，但不能说“＊几多高”。[8]序数词只能被“几”询问，不能被“几多”询问，例如“第几、初几”可以说，但“＊第几多、＊初几多”不能说。“几多年”和“几年”，前者所问的是基数词(如三年)，后者所问的是年份，由可表示次序先后的数词组成，属于序数词一种(如一九四五年)，其他相

---

⑦ “边有人吖”可以说，但“边”表示否定意义。详见 Cheung (2009) 相关的讨论。

⑧ “几高”的“几”也可能是谓词性疑问代词，可用谓词性指示代词“咁”(那么)回答，如“咁高”(那么高)。

似的情况如“几多个月”（多少个月）和“几月”（哪个月）、“几多日”（多少天）和“几号”（哪一天）。⑨ 跟一些表示时间语素的结合，也只能用“几”，例如“几时”（什么时候）、“几耐”（多久）、“几大”（多大）。

由系数词和位数词所组成的数词，可称为“系位构造”，如“四千”；几个系位构造可组成“系位组合”，如“四千三百二十一”（朱德熙 1982：46）。要询问当中的系数词，应该用“几多”，也可省略为“几”，如“四千几多百二十一”。要询问当中的系位组合，可用“几多”，也可省略为“几”，如“四千几（多）”。如果有系数词“零”（ling4），“四千零几多”所问的数值可由 4001 到 4099，而“四千零几”似乎倾向问 4001 到 4009，可能受到音节的制约，“几”倾向问单音节的系数词，“几多”可问多音节的系位组合。

纯粹用系数词构成的数词，如“四三二一”，要询问当中的系数词，只能用“乜嘢”（什么），不能用“几多”，如“四乜嘢二一”可以说，但“＊四几多二一”不能说。不过，“乜嘢”和“几”都好像可以用来问最后一个位的数词，如“四三二乜嘢、四三二几”都可以，“？四三二几多”的接受度稍差。询问序数词当中的数字，只能用“几”或“几多”，不能用“乜嘢”，例如“一九四几年”能说，但“＊一九四乜嘢年”不能说。可能受到音节的制约，“一九四几年”（用来

⑨ 问年份也可以说成“边（一）年”（哪一年），当中的“一”快读时可以省略。问月份只能说“边（一）个月”而不能说“＊边月”，问日子只能说“边（一）日”而不能说“＊边号”。

问“一九四五年）可以说，但“＊一九四几多年”不能说，因为“一九四几多”超过了原来“一九四五”的音节数目。又如“一九几多年”能说（用来问“一九四五年”），但“＊一九几年”反而不好。⑩

5.2 实词——谓词

谓词是实词的一种。谓词的主要语法功能是做谓语，同时也能做主语和宾语（朱德熙 1982：40）。

粤语的谓词包括：动词、形容词、谓词性代词。

动词 动词常做谓语或述语，有些动词可加“咗、紧、过”等后缀，有些能带宾语。意义上，动词表示动作、行为、心理活动或存在、变化、消失等。动词可以划分为以下几个小类：

a. 动作行为：唱、睇（看）、食（吃）、喊（哭）、游水（游泳）

b. 心理活动：怕、憎（讨厌）、钟意（喜欢）、信（相信）

c. 存在变化：喺（hai2）（在）、有、生、死、扯（走）

d. 判断：系（hai6）（是）、姓

e. 能愿：会、肯、好（应该）、应该、可以、可能、要

f. 趋向：嚟（lei4）（来）、去、入去、出去

⑩ 如果“一九几年”用来问2世纪的年份，而不是20世纪的年份，则没有问题。

动词也可以按照带不带宾语，划分为及物动词和不及物动词。不带宾语的动词是不及物动词，带宾语的动词是及物动词。粤语的不及物动词如“喊（哭）、喐（juk1）（动）、跳”。及物动词可以分为两类，一类是带体词性的宾语（如名词短语），一类是带谓词性的宾语（如动词短语）。带体词性宾语的动词如“唱一首歌、睇杂志（看杂志）、食拉面（吃拉面）、憎你（讨厌你）”中的“唱、睇、食、憎”，带谓词性宾语的动词如“觉得好攰（觉得很累）、会去、应该去”中的“觉得、会、应该”。

形容词 形容词是受程度副词修饰而不能带宾语的谓词。意义上，表示性质、状态。形容词可以划分为性质形容词和状态形容词，性质形容词单纯表示事物恒久的属性，是静态的，可以受程度副词修饰，如“好靓”（很漂亮）、“几企理”（挺整齐）；状态形容词有描写性，表示短暂的变化，是动态的，不再受程度副词修饰，“＊好红红哋、＊好论论尽尽”是不能说的。形容词可以划分为以下几个小类：

a. 性质形容词：

单音节	靓（漂亮）、红、慢
双音节	企理（整齐）、鬼鼠（鬼祟）、干净

b. 状态形容词：

单音节形容词重叠式	慢慢（maan2 maan6）、红红哋[11]

---

⑪ 高华年（1980：62）举了三叠式的例子“白白白”（baak2 baak6 baak6），但他也指出这种说法“在日常说话里用得不多”。

双音节形容词重叠式	论论尽尽、稳稳阵阵
双音节	雪白、冰凉、火热
带后缀的形容词	凉浸浸（loeng4 zam3 zam3）、臭崩崩、静英英
带前缀的形容词	闪闪烚（sim2 sim2 ling3）、𢰸𢰸烚（laap3 laap3 ling3）、卜卜脆（bok1 bok1 ceoi3）、浸浸凉（zam6 zam6 loeng4）⑫

代词 代词有代替、指示的作用。有的代词是谓词性的。谓词性代词只有指示代词和疑问代词两类。属于谓词性的指示代词有“咁”（gam3）（这么、那么）、“噉”（gam2）（这样、那样）。“咁”表示程度，如“咁高”（那么高）。我们认为“好似雪咁白”（像雪似的那么白）的“咁”也是属于指示代词。“噉”表示方式，如“噉讲”（这样讲），也可以说成“噉样讲”。“好似瞓着咗噉”（仿佛睡着了似的）的“噉”跟“噉讲”一样，也是指示代词，“好似瞓着咗噉”也可以说成“好似瞓着咗噉样”。“慢慢噉行”（小心地走）的“噉”，也可以说成“噉样”，也应该分析为指示代词。

属于谓词性的疑问代词有“几”（gei2）（多）、“点”（dim2）（怎么）。“几”表示程度，如“几高”（多高），可用“咁”回答，如“咁高”（那么高）。“点”表示方式，如“点

⑫ 高华年（1980：66）还举了“闪闪光、卜卜胀、崩崩臭”，不过，这些例子现在已经不用了。

讲”（怎样讲），也可以说成“点样讲”，可用“噉”回答，如“噉讲”（这样讲）。“点”也可以跟“解”组成“点解”（dim2 gaai2）（为什么），用来问原因，如“点解讲”（为什么讲）。

代词也可以用来替代整个谓语，如“噉嘅嘢”（这样的东西）的“噉”、“呢本书，点呀?”（这本书，怎样啊）的“点”都用来替代形容词短语。“咪噉啦”（别这样子吧）的“噉”、“佢钟意点就由佢点啦”（他喜欢怎么样就怎么样吧）的“点”、“不如等我嚟啦”（不如让我来吧）的“嚟”，都是用来替代动词短语（张洪年 2007：358）。

5.3 虚词

虚词，是个封闭类，不能充任主语、宾语或谓语，绝大部分不能单说，位置是固定的；而意义上，虚词只起语法作用，本身没有什么具体的意义，有的表示某种逻辑概念（朱德熙 1982：39—40）。

粤语的虚词包括：副词、介词、连词、助词。

副词 副词只能充任状语，主要功能就是用来限制、修饰谓词。副词大致上可以划分为以下几个小类：

a. 方式：一气（一连）、起势（拼命）、特登（特意）

b. 处所：周围（到处）

c. 程度：好（很）、劲（非常）、太、至（最）

d. 范围：都、冚唪呤（全）、净（只）、斋（只）

e. 时间：先、仲（还）、再、啱啱（刚刚）、间中（偶尔）

f. 否定：唔（不）、冇（没）、未（还没）、咪（mai5）（别）
g. 情态：梗（一定）、实（一定）、直头（简直）
h. 语气：不如、唔通（难道）、乜（干吗、难道）、究竟

朱德熙（1982：192）曾指出“副词是黏着的，不能单独成句”，不过，他也注意到普通话的“‘不’‘也许’等是例外”。普通话的“不”可以单用回答问题，跟“不”对应的粤语否定副词“唔”（m4）却不能单用，如（1）的回答。有意思的是，“唔”后面加上助词“喇”（laa3），就可以接受。至于其他的否定副词，“冇”（mou5）（没）和“未”（mei6）（还没）可以单用，如回答问题，单用“咪”（mai5）（别）却不能接受，无法形成祈使句。

（1）甲：你去唔去啊？你去不去？
　　乙：＊唔。不。
　　乙：唔喇。不。

普通话的“也许”在粤语可以说成“或者”，光说“或者”好像不太自然，但加上助词“啦”（laa1），感觉就好得多，如（2）。至于其他的情态副词，如“梗”（一定）、“实”（一定）、“直头”（简直）等，都不能单用。

（2）甲：你去唔去啊？你去不去？
　　乙：?? 或者。也许。
　　乙：或者啦。也许吧。

介词 介词的作用在于引出与动作相关的对象以及处所、时间等。粤语的介词有表示与动作相关对象的“同”“对”；表示时间、处所的“喺”（hai2）（在）、“从”、“到”；表示方式的“用”；表示目的的“为咗”（为了）；表示终点的“畀”（bei2）（给）。

连词 连词起连接作用，连接词、短语、分句和句子等，表示并列、选择、递进、转折、条件、因果等关系。连词可以划分为两类，一类连接短语，如“同埋”（和）、“同”、“或者”、“抑或”（或）、“定”（还是）；另一类连接小句，如“因为”“虽然”“如果”等。

助词 助词出现在句末位置，主要表示事件、时间、语气等意义。粤语的助词大致可以划分为以下几类：⑬

a. 事件：先、添、乜滞（mat1 zai6）、嚟（lei4）、法、吓（haa5）

b. 时间：住、咁滞（gam3 zai6）、嚟（lei4）、喇（laa3）、未

c. 焦点：咋（zaa3）、呢（ne1）、啰（lo1）、吖嘛（aa1 maa3）、啦嘛

d. 情态：啫（ze1）、之嘛、啩（gwaa3）、添、咧（le5）、嚊（be6）、㗎喇、得㗎（dak1 gaa2）、定啦

⑬ 本书的分类可以跟邓思颖（2010）对句末虚词的分类对应：本书的时间助词等于“时间词”（T），焦点、情态、疑问、祈使、感情这五类助词统称为“语气词”（F），焦点助词属于“焦点类”，情态、疑问、祈使助词都属于“程度类”，感情助词属于“感情类”。事件助词是粤语独有的，在邓思颖（2010）中没有讨论到。

(ding2 laa1)

e. 疑问：吗 (maa3)、咩 (me1)、呀 (aa4)、话 (waa2)、嘅 (ge2)、先、嚱 (he2)、哦嗬 (o3 ho2)、吓话 (haa6 waa5)

f. 祈使：啦 (laa1)、咧 (le4)、喎 (wo5)、嚩 (bo3)、先、罢啦 (baa2 laa1)、好过 (hou2 gwo3)、好喎 (hou2 wo3)、系啦 (hai2 laa1)、吖嗱 (aa1 laa4)、喇喂 (la3 wei3)、啊嗄 (a3 haa2)

g. 感情：啊 (aa3)、-k

事件助词跟事件发生的先后次序、动作次数相关，如表示先后的“先”。时间助词跟谓语所表达的体、时相关，如表示过去时的“嚟”（来着）。焦点助词跟小句内某个范围相关，跟句内谓语的关系比较密切，如表示限制焦点的“咋”（只）。情态助词、疑问助词、祈使助词、感情助词都笼统跟语气、口气有关。情态助词表达了说话人的主观认定，有一个评价或一种认识，如表示揣测的“啩”。疑问助词和祈使助词跟说话人的言语有关，表达实施一个行为，用说的话来改变外界事物的状态，即所谓“言语行为” (speech act)，如表示疑问的“吗”(maa3)、表示祈使的“罢啦”。感情助词与说话人的态度、情感有关，如“啊”。

5.4 其他词类

其他词类包括拟声词和感叹词。

拟声词 拟声词是模拟声音的词。拟声词可以做状语、定语，可以单独成句，也好像可以做谓语。粤语的拟声词可以按音节的数量划分为几个小类：

a. 单音节：嘭（paang4）、当（dong1）、揼（dam4）、嘟（dyut1 或 dut1）、吱（zi1）

b. 双音节：骑骑（声）（ke4 ke4）、隆隆（声）（lung4 lung4）、叮当（ding1 dong3）、呯嘭（ping4 paang4）、池嚓（ci4 caat4）

c. 三音节：汪汪汪（wong1 wong1 wong1 或 wou1 wou1 wou1）、叮叮叮（ding1 ding1 ding1）、查笃撑（caa4 duk1 caang3）⑭

d. 四音节：吱吱喳喳（zi1 zi1 zaa1 zaa1）、时时沙沙（si4 si2 saa4 saa4）、呯令嘭冷（ping4 ling1 paang4 laang4）

黄伯荣、廖序东（2007b：23）注意到拟声词跟形容词有相似的功能，似乎可以归入形容词。以粤语的“吱吱喳喳”为例，能做定语，如“吱吱喳喳嘅叫声”；能做状语，如“吱吱喳喳噉叫”；能做谓语，如“啲雀仔喺度吱吱喳喳”（小鸟在叫）。不过，拟声词不受程度副词修饰，“＊好吱吱喳喳”

---

⑭ “查笃撑”在麦耘、谭步云（2011：349）写作“镲督铮”，意谓“锣鼓声（一般指唱戏的锣鼓声）”。高华年（1980：191—192）还列举了“嘻哈哈”（ki1 haa1 haa1）、“呯嘭嘭”（ping1 paang1 paang1）、“时沙沙”（si4 saa4 saa4）等从四音节“压缩而成”的三音节例子。不过，四音节比较顺口：“嘻嘻哈哈、呯呯嘭嘭、时时沙沙”。

是不能说的。即使把多音节的拟声词当作状态形容词看待，作为不能受程度副词修饰的原因，但单音节的拟声词也不能受副词修饰，“＊好嘭、＊好嘟”是不能说的。拟声词能做谓语、状语，跟名词、区别词又不一样。拟声词不能作主语、宾语，虽然有些例子能做谓语，但能做谓语的例子不算很多。不能做主语、宾语，少数能做谓语这一点，把拟声词当作实词好像不太合理。因此，把拟声词当作“其他词类”也是一种权宜之计。

感叹词 感叹词是用来表示感叹和呼唤、答应的词。粤语的感叹词大致上可以划分为以下三类：

a. 疑问：吓（haa2）

b. 祈使：喂（wai3）、嗱（naa4）、呢（ne2，ne1）、嘘（syu4）

c. 感情：啊（aa3，aa4）、哎哟（aai3 jo3，aai3 jo4）、哎呀（aai3 jaa4）、嗯（ng4）、哦（o4）、嘶嘶（s s）、唉（aai3）、唔（m4）、哗（waa3，waa4）、咦（ji2）、咦（ji5）、哼（hm1，hng1）、啧（z）、啧啧（z z）、咗（ce1）、扯（ce2）、呸（pei1）、啋（coi1）、哈（haa1）、哈哈（haa1 haa1）、嘻嘻（hi1 hi1）

感叹词不做主语、宾语。虽然感叹词往往指向说话人，但感叹词前面不能补上主语，如“＊我哎哟”是不能说的，说明了感叹词不是在谓语的位置。感叹词既然不能做主语、谓语、宾语，就不符合实词的定义。感叹词可以出现在句首，跟状语相似，但也能单说，独立性很强，有“代句”的功能（Chao 1968，张洪年 2007，刘丹青 2011 等），这又跟副词和其他虚词有异。因此，把感叹词当作“其他词类”是有道理的。

六、词的构造

6.1　语素

词由语素组成。语素是最小的、有意义的而且具备形式的语言成分，是最小的语法单位。所谓“形式”，可以体现为语音，也就是文献一般所说的语素是“最小的音义结合体”。[①] 由一个语素构成的词，称为“单纯词”。由两个或以上的语素构成的词，叫做“合成词”。

以粤语中的“马”为例，“马”是一个语素，包含了形式（即语音部分“maa5”）和意义（如定义为“哺乳动物，头小，有四肢，每肢各有一蹄”等意义）。当我们说“马”的时候，这个符号就是粤语的一个语素。虽然每个语素都包含形式和意义两个成分，但它们的关系不能割裂，而每个部分不能再进一步切割。如果我们光说“maa5”这个音而没有赋予这个音任何的意义，它仍然不算是一个语素。从语音学的角度来

① 词法术语的定义主要参考朱德熙（1982），或根据黄伯荣、廖序东（2007b）作适当的补充，本章所引录的粤语例子大多数来自语法专书和词典，不再一一注明出处。

看，“maa5”这个音可以进一步切割为双唇鼻音“m”（[m]）和开元音（低元音）“aa”（[a]）这两个成分，还有低升调（阳上声）“5”这个声调（[13]调），“马”在语音上可以分割为三个部分，但每个部分却不代表任何意义，“m”没有意思，“aa”没有意思，低升调“5”也没有意思，它们在这个例子中都不算语素。“马”的意义可以分解为“哺乳动物，头小，有四肢，每肢各有一蹄”等元素，但每个元素没有对应的形式，如“哺乳动物”这个元素在粤语中不能发音，读不出来。虽然“哺乳动物”算是“马”的最小意义单位，却不算是语素。

6.2 单纯词

粤语的语素绝大部分是单音节的。单音节语素，例如“天、地、行（走）、佢（keoi5）（他）、揾（wan2）（找）、咗（zo2）（了）、唔（m4）（不）、咩（me1）”等。有些语素是多音节的，例如“啰唆、laau2 gaau4（或读作 laau2 gaau6）（乱七八糟）、骑呢（ke4 le4）（奇怪）、茄喱啡（ke1 le1 fe1）（无关紧要的小角色）、乌哩单刀（糊里糊涂）”等。“laau2 gaau4”是所谓有音无字的例子，词类上属于形容词，“laau2”和“gaau4”拆开后就没有意义。虽然口语有时可以说“laau2 咁 gaau4”，表面好像加上“咁”（那么），让“laau2”可以成为状语，用来修饰“gaau4”。事实上，疑问代词“几”（多）不能用来问“laau2 咁”这部分，“* 几 gaau4”是不能说的（试比较用“雪咁白”来回答“几白”）。

此外，“laau2 咁”也不能用来修饰别的形容词，“＊laau2 咁乱、＊laau2 咁忙”都不能说。② “骑呢、茄喱啡”或许有历史来源，原来由不同语素组成，但从共时的角度来考虑，以现代的粤语为标准，“骑呢、茄喱啡”不能分拆，分拆后就没有意义，“骑呢、茄喱啡”只能当成是一个多音节的语素。四音节的“乌哩单刀”不是一种刀，里面的“刀”完全没有意义。

多音节的音译外来词只能当做一个语素，例如“琵琶、梳化（so1 faa2）（沙发）、朱古力（zyu1 gu1 lik1）（巧克力）、云呢拿（wan6 lei1 laa2）、奥林匹克”等。“琵琶”是早期西域传入的乐器，是音译外来词，跟其他几个例子一样，拆开以后，每个音节（或每个字）都没有意义，跟整个词的意义无关。

单纯词由一个语素构成。合成词由两个或以上的语素构成。粤语单音节语素又能成词的如“佢、揾、咩”等，多音节语素能成词的如“laau2 gaau4、梳化、朱古力、乌哩单刀”等，这些例子都属于单纯词。

根据我们所统计的六本粤语词典（饶秉才等 1981/2009，郑定欧 1997，麦耘、谭步云 1997/2011，李荣主编 1998，张励妍、倪列怀 1999，刘扳盛 2008），在他们所收录的 23,472 个词条当中，粤语的单音节的单纯词一共有 3,067 个。此外，我们根据《粤语拼音字表》（第二版）的音节表统计，粤语的音

---

② 这里的“咁”应该是个中缀，插入“laau2 gaau4”中间，相似的例子如双音节单纯词“le2 he3”（狼狈），可说成“le2 咁 he3”。“咁”也可插入合成词“晨早”（一早），如“晨咁早”。见欧阳伟豪（2012）的介绍。

节数量有667个（不考虑声调），这667个是能成为语素的音节。当中213个音节是入声字，即以塞音作为音节尾（韵尾），454个是非入声字。假如每个入声字音节有三个声调（即阴入、中入、阳入），③ 而每个非入声字音节最多有六个声调（即阴平、阴上、阴去、阳平、阳上、阳去），按照这样推算，入声字有639个音节，非入声字最多有2,724个音节，两者加起来，理论上粤语最多有3,363个不同的音节可以使用。跟粤语单音节词的数量相比，粤语可提供使用的音节数量比单音节词还要多。当然，3,067个单音节词只是方言词，还没有包括通用词。《粤语拼音字表》（第二版）收录了一万一千多个字，《现代汉语词典》（第六版）收录了一万三千多个单字。假如这一万多个字大部分是单音节语素，并且成为粤语单音节通用词，粤语三千多个音节还是不够用，同音词应该不少。

6.3 合成词

合成词由两个或以上的语素构成。合成词有三类：附加式、重叠式、复合式。

附加式由“词根”和“词缀”构成。词根（root）表示词的基本意义，意义较为“实”的词汇意义，是词的“核心”部分。词缀（affix）表示一些附加的意义，例如一些较为“虚”的语法意义，形式上词缀有黏着的特性，不能单独使

③ 有些入声字（中入和阳入）还允许高升变调（如“刷”读“caat2”，“鹿”读“luk2”），入声字所提供的可能音节数量应不止于639个。

用，必须跟别的语素合成一个词。把词缀黏附在词根上的构词方式，叫做附加式。词缀可以按照出现的位置分为三个小类：黏附在词根前的词缀叫做“前缀”（prefix），黏附在词根后的词缀叫做“后缀”（suffix），④ 插入在词根中间的叫做“中缀”（infix）。

以粤语为例，“第一、第二”的“一、二”是词根，表达数这个基本意义，“第”黏附在词根之前，属于前缀，构成序数词。“食咗（吃了）、喊咗（哭了）”的“食、喊”是词根，表达行为动作这个基本意义，“咗”表达体的概念，不能单独使用，只能黏附在词根之后，属于后缀。可能补语“打得烂”的“打烂”是词根，“得”插入词根之中，属于中缀。

按照词根的词类，粤语部分词缀的例子罗列于下，方便参考：

前缀

阿　阿陈、阿哥哥、阿主任（名词）；阿边个（代词）

老　老陈、老千（名词）

第　第一、第二（数词）

初　初一、初二（数词）

所　我所责备嘅人（动词）

XXA　卜卜脆（形容词）

后缀

哥　鼻哥、膝头哥（名词）

头　膝头（tau4）、铺头（tau2）（名词）

---

④ 后缀在有些文献也称为“词尾”。

仔　烟仔、歌仔（名词）

度　枱度、图书馆度（名词）⑤

处　枱处、心处（名词）

嚟　一嚟、二嚟（数词）

哋（dei6）　我哋、你哋、佢哋（代词）（按："哋"在本书也写作"地"）

嘅　哥哥嘅（名词）；正牌嘅（区别词）；我嘅（代词）；飞嘅（动词）；高嘅（形容词）

咗　去咗（动词）；靓咗（形容词）

过　去过（动词）；靓过（形容词）；再做过（动词）

紧　去紧（动词）

住　带住副眼镜（动词）；食住饭等（动词）

实　望实幅画（动词）

起上嚟　讲起上嚟（动词）

起　讲起呢件事（动词）

吓（haa2）　食食吓饭、行吓行吓（动词）

吓（haa5）　睇吓、读过吓（动词）

两　做两做（动词）

翻　睇翻本书（动词）；高翻一时（形容词）

亲　吓亲、郁亲就痛（动词）

---

⑤　张洪年（2007：325）认为"呢度、吘度、边度"的"度"也属于后缀。不过，"度"之前可以加上数词，例如"呢一度、吘一度、边一度"。我们认为代词后的"度"是量词，不是后缀。同样的分析也适用于"呢、吘、边"后面的"边、面、点"。

埋　食埋（动词）

开　食开呢只药（动词）；嚟开沙田（动词）

极　做极都唔识（动词）；贵极都有限（形容词）

着　识着你（动词）

定　做定（动词）

落　煮落饭、食落（动词）

晒　走晒（动词）；黑晒（形容词）

噉　食噉一个（动词）；咸噉啲（形容词）

得　唱得好（动词）；食得一碗（动词）；食得龙虾（动词）；煮得饭嚟我都做好（动词）

到　行到好攰（动词）

硬　赢硬（动词）

梗　赢梗（动词）

得滞　高得滞（形容词）

过头　热过头（形容词）

吓（haa2）　几靓吓（形容词）

哋（dei2）　高高哋（形容词）

AXX　臭崩崩（形容词）

AXY　圆咕碌（形容词）

中缀

得　打得烂（动词）

唔　打唔烂（动词）

咁　laau2 咁 gaau4（形容词）；晨咁早（名词）

鬼　黐鬼线、走鬼咗（动词）；是鬼但（形容词）⑥

乜鬼嘢　奶乜鬼茶（名词）；钟乜鬼意（动词）；麻乜鬼烦（形容词）⑦

重叠式由相同的词根语素重叠构成。粤语通过重叠式构词的词类主要是名词、量词、动词、形容词。⑧

粤语重叠式名词主要是亲属称谓，例如“爸爸”是由“爸”这个语素重叠构成。⑨ 其他的例子还有“妈妈、哥哥、姐姐、弟弟、妹妹、爷爷、嫲嫲（奶奶）、公公、婆婆、叔叔、伯伯、姨姨”等。有些例子，当重叠后，第二个音节变调，读成高平调，而第一个音节读成低降调，如“爸爸、妈妈、哥哥、姐姐、公公、婆婆”；也有些例子，第二个音节读成高升调，而第一个音节读成低降调，如“弟弟、妹妹、爷爷、婆婆”；有些例子则不变调，如“嫲嫲、叔叔、伯伯、姨姨”。也有些人会把重叠式的两个音节全读成高平调，如“姐姐、妹妹、爷爷”，不过，全读成高平调后，或有辨义作用，读做“ze4 ze1”的“姐姐”指胞姊，而读做“ze1 ze1”指家庭女佣。读做“mui4 mui2”的“妹妹”指胞妹，而读做

⑥ 粤语粗话“lan2、gau1”的分布跟“鬼”差不多，都可分析为中缀。可参考欧阳伟豪（2012）的介绍。

⑦ “乜鬼嘢”也可以省略为“乜鬼、乜嘢”，或把“乜嘢”合音成为“咩”（me1e3）。

⑧ 粤语缺乏重叠式副词，普通话的“常常、稍稍、渐渐、恰恰”都不说。粤语“啱啱”（ngaam1 ngaam1）（刚刚）虽然是副词，但“啱”其实是形容词。

⑨ 如果“爸”加上前缀“阿”形成“阿爸”，就是通过附加式构词。

“mui1 mui1”可泛指小女孩。⑩ 人名也可以通过重叠的方式表示昵称，例如“珊珊、盼盼、敏敏”。如果本调是低降调（阳平声），第二个音节高升变调，如“琳琳（lam4 lam2）、玲玲（ling4 ling2）”。有些人也喜欢把重叠后的两个音节都读成高平调，如把“美美”读成“mei1 mei1”，把“玲玲”读成“ling1 ling1”。其他重叠式名词不多，如“星星”。成人对幼儿说话时常常习惯把单音节名词重叠，如“波波（球）、杯杯、车车、船船、猫猫、水水、奶奶（naai1 naai1）、mam1 mam1（食物）”等，有些可以变调读成高平调，如“鱼鱼”（jyu1 jyu1），或把第二个音节高升变调，如“牛牛”（ngau4 ngau2）、“虫虫”（cung4 cung2）。这些重叠式名词，是只对幼儿说的，成人之间的谈话是不用的。⑪

重叠式量词表示全称量化的意思，如个体量词“个个人”、集合量词“对对筷子”、度量词“呎呎地方”、临时量词“碗碗饭”、动量词“次次”。这些例子都可以改说成“每个人、每对筷子、每呎地方、每碗饭、每次”。至于不定量词“啲”（di1）（些）和通过重复动词形成的动量词“睇一睇”，就不能形成重叠式量词，“＊啲啲书、＊睇睇”都不能说（比较：也没有“＊每啲书、＊每睇”的说法）。至于通过借用名

---

⑩ “婆婆”可以两读“po4 po1”或“po4 po2”。在文读的语境，“爸爸、妈妈、哥哥、公公”全读成高平调。

⑪ “猩猩”的“猩”在粤语不单说，“猩猩”属于音节的重叠，不是语素的重叠（朱德熙 1982：26），仍属于单纯词，可称为“叠音词”（黄伯荣、廖序东 2007a：222）。相似的例子还有“pu1 pu4”（大便），来自英语的“poo poo”，是只对幼儿说的，也可以做动词，如“pu1 pu4 咗”。

词而形成的动量词，有些可以重叠，如“拳拳都打得好”（“打一拳”的“拳”）；有些比较勉强，如“？脚脚都踢得好”（“踢一脚”的“脚”）；有些则不能说，如“＊眼眼都睇”（“睇一眼”的“眼”）。双音节量词不能重叠，“＊公斤公斤、＊咀溜咀溜（gau4 lau4 gau4 lau4）（团）”是不能说的。

重叠式动词只有单音节动词的重叠式。动词重叠表达动作时间的短暂，如“睇睇”，也可以当作“睇一睇”的省略。重叠后中间加上“呀”（aa3），表示多次的动作（高华年 1980：55），如“洗呀洗”（洗了又洗）、“睇呀睇”（看了又看）。重叠后中间加上“两”，表示尝试体，并引出负面或出人意料之外的结果（郑定欧 1996），如“行两行”（走了一下），第一个动词后也可以加上后缀，如“赞咗两赞”（表扬了两句）、“做得两做”（干了不大一会儿）（郑定欧 1997：304）。在重叠后加上“……嚟……去”，表示动作的反复多次（高华年 1980：55），如“揾嚟揾去”（找来找去）。在重叠后加上“吓”（haa2），表示动作的进行，如“行吓行吓”（走着走着）。粤语没有双音节动词重叠式，普通话的“ABAB”式（如“活动活动、高兴高兴”）在粤语是不能说的。

重叠式形容词可划分为几类：单音节形容词重叠，第一个音节变调，读成高升调，表示形容的程度，如“慢慢（maan2 maan6）、细细（sai2 sai3）、红红（hung2 hung4）”。另一种方式，单音节形容词重叠后，第二个音节变调，读成高升调，并加上后缀“哋”（dei2），如“红红哋（hung4 hung2 dei2）、冻冻哋（dung3 dung2 dei2）”。如果形容词的本调是高平调，就没有高升变调，如“光光哋、黑黑哋”。这两种重叠方式意义不同，“红红（hung2 hung4）”是“很红”，而“红红哋（hung4 hung2 dei2）”中的“哋”表示“略、稍微”的意思（袁家骅等 2001：215）。双音节形容词可重叠形成“AABB”形式，如“论论尽尽（笨拙）、稳稳阵阵（稳当）”。双音节形容词重叠后没有变调，这种重叠式表示略微加强形容的程度（袁家骅等 2001：215）。就程度而言，“好论尽”好像比“论论尽尽”的程度较高。不过，如果把这种“AABB”重叠式的第二个音节的读音拉长，如“论论尽尽”（加底线表示拉长），也有一种加强程度的效果。这种拉长，往往带有一点贬义，“论论尽尽、麻麻烦烦”可以说，但“？稳稳阵阵、？整整齐齐”则有点别扭。

复合式由两个或以上的词根结合而成，由这种方式产生的合成词称为“复合词”。复合词内语素所组合的关系，可以用语法关系的术语来描述，包括主谓式、述宾式、述补式、偏正式、联合式五种。粤语的复合词，主谓式如“火滚（恼火）、口痕（嘴巴痒痒）、眼瞓（困倦）”等；述宾式如“拜山（扫墓）、爆肚（临时编台词）、搏懵（占便宜）”等；述补式如“吹胀（奈何）、打沉（打败）、睇死（看扁）”等；偏正式可分为“定中式”（即被修饰的词根是体词性）和“状中式”（即被修饰的词根是谓词性），定中式如“波衲（球衣）、暴雨、屎片（尿布）”等，状中式如“粗著（平日穿的衣服）、倒扱（下巴前突，下齿比上齿更靠前）、好瞓（睡得香）”等；联合式如“茶芥（茶和芥末的合称）、蠢钝（愚钝）、斤两（份量）”等。

6.4 复合词的不对称现象[12]

复合词的五种类型，即主谓式、述宾式、述补式、偏正式、联合式，是组成复合词的基本词法结构，也构成句法层面的基本语法关系。虽然这五种类型都是常见的复合词，但它们的分布却并不平均，呈现不对称现象。汤廷池（1989）指出，主谓式的数量较少，远远比不上其他四种结构。他分析普通话新造复合词时，发现普通话常以偏正式和述宾式来造新词，并倾向以偏正式来创造名词，以述宾式来创造动词，主谓式、述补式、联合式造新词的机会较少。周荐（2004）统计《现代汉语词典》的“双字格”复合词，发现除了述补式以外，主谓式属于“少数派”。朱彦（2004）对《汉语水平考试词典》《现代汉语新词词典》和《现代汉语词典》的双音节复合词作了详细的分类，发现主谓式较少，而述宾式的数量就多得多。主谓式和述宾式的差异，正好反映了普通话复合词主宾语不对称的现象。

我们根据饶秉才等（1981/2009），郑定欧（1997），李荣主编（1998），张励妍、倪烈怀（1999），刘扳盛（2008），麦耘、谭步云（1997/2011）六本词典所整理出来的23,472个粤语方言词词条，剔除了短语、小句等例子后，余下的词条有19,791个，发现复合词占了大多数，有13,750个，占69.5%。当中双字格一共有9,301个，占复合词的总数约67.6%。按照

---

⑫ 本节内容主要引录自邓思颖（2014a），并作适当的修改。

词根之间的语法关系，双字格复合词的分布总结在表（1）。

（1）粤语双字格复合词的构词类型和例子数目（共 9,301 个）

构词类型	例子数目
主谓式	219（2.4%）
述宾式	2,569（27.6%）
述补式	388（4.2%）
偏正式（定中）	4,924（52.9%）
偏正式（状中）	470（5.1%）
联合式	731（7.9%）

从上述的数字所见，偏正式占大多数，述宾式次之，而主谓式是极少数。主谓式的所谓主语，其实也可理解为定语，如"天旱"（很长的时间不下雨）的"天"、"鼻塞"（鼻子不通）的"鼻"，以"天"修饰"旱"，以"鼻"修饰"塞"，或理解为状语，如"口痕"（嘴巴痒痒）的"口"表示"痕"的处所，"肚饿"（饿）的"肚"表示"饿"的处所。如果这样的理解是对的话，复合词的所谓主谓式也有重新分析为偏正式的可能性。

我们也发现有些疑似施事主语的主谓式例子，例如"鬼打、鬼迷、鬼责、天收、蛇脱、蝉蜕、人话、羊咩、蚊瞓"。不过，这些词的分析值得斟酌。

"鬼打"一词，饶秉才等（2009：84）认为是"骂人的话，近似'活见鬼'、'鬼迷心窍'等意思"；"鬼迷"一词，饶秉才等（2009：84）认为是“骂人糊涂”。这两个用语的用例如下（引自饶秉才等 2009：84）。从这些用例来看，（2）和（4）明显可以补上宾语“你”，因此“鬼打”和“鬼迷”有可能是主谓短语的省略，不一定是真正的复合词。骂人话一般指向听话人，在语境清晰的情况下，宾语“你”可以省略，形成貌似复合词。

（2）鬼打你咩，一下就整烂咗。真活见鬼，一下子就给你弄坏了。

（3）鬼打呀，噉都唔识计！鬼迷了你心窍吗，这样都不算贵！

（4）鬼迷你咩，搞成噉！你中了魔了吗，弄成这个样子！

至于“鬼责”，表示“魇”的意思，即“梦中惊叫或觉得有东西压着身体，不能动弹”（饶秉才等 2009：84）。粤语的“责”（zaak3）是动词，即普通话的“压”。“鬼责”一般用于被动句式，例如“畀鬼责”，即普通话“被鬼压着”的意思。“鬼责”本来是短语，通过省略形成。

“天收”的情况跟上述的“鬼打”差不多，按李荣主编（1998：344）的解释，“天收”是骂人话，表示“天杀”的意思，如“我唔收你天收你”（我不惩罚你，天来惩罚你），这个例子可以补上宾语“你”，形成完整的主谓句“天收你”，“天收”应该是主谓短语的省略。

“蛇脱”一词，按照麦耘、谭步云（2011：54）的解释，是“蛇蜕（蛇脱下的皮）”；“蝉蜕”一词，按李荣主编（1998：304）的解释，是“蝉的壳”。按照这种解释，“蛇脱、蝉蜕”的“脱/蜕”转喻为脱下的皮，[13] 已成为名词，“蛇脱、蝉蜕”因而可重新分析为偏正式。

李荣主编（1998：332）把“人话”理解为“人家说，据说”，并举了“人话南园几好喎！”（人家说南园很好）。“人话”有可能分析为短语，而“南园几好喎”是动词“话”的宾语。如果这个分析是正确的话，“人话”应该是短语，不算是复合词。

“羊咩”一词，李荣主编（1998：397）理解为“羊的俗称”。“咩”虽然是羊叫，但也可以理解为羊叫的声音。如果是这样的话，“羊咩”可以分析为偏正式，即羊的叫声，再从羊的叫声转喻为羊的统称。

至于“蚊瞓”，饶秉才等（2009：154）指出：“字面上是‘蚊子睡’的意思，用来指人行动过分缓慢，有‘太晚了’、‘太迟了’等意思。”不过，在特定的语境里，副词“都”可以插进“蚊瞓”，扩展成为“蚊都瞓”，即“连蚊子也睡着了”。既然可以加入副词，“蚊瞓”有可能在句法层面形成，应分析为短语，而并非真正的复合词。

粤语复合词的特点，可以通过跟普通话的比较，突显出来。以下普通话例子的统计，来自周荐（2004）双字格复合词的研究，他的例子从《现代汉语词典》收集得来的，我们

---

⑬ 《现代汉语词典》（第六版）中“蜕”的释义之一为“蛇、蝉等脱下的皮”。

选择了 30,431 个例子作为比较（邓思颖 2009d）。[14] 普通话双字格复合词的分布，总结表（5）。

（5）普通话、粤语复合词构词

构词类型	普通话	粤语
主谓式	380（1.2%）	219（2.4%）
述宾式	5,030（16.5%）	2,569（27.6%）
述补式	300（1.0%）	388（4.2%）
偏正式	16,411（53.9%）	5,394（58.0%）
联合式	8,310（27.3%）	731（7.9%）

根据上述的比较，普通话和粤语复合词的相同之处，是偏正式都占大多数，而主谓式是极少数，其他的分布都差不多。[15] 不过，联合式的数字值得我们注意。联合式在普通话复合词约占三分之一，但粤语的联合式不到十分之一。

我们对粤语的语料作进一步的整理，抽取了同时被那六本粤语词典收录的词条，作为粤语的"常用词"，共得 316 个"常用"双字格复合词。虽然数量不多，但都被那六本粤语词典共同收录，有一定的代表性，在粤语地区的使用应有普遍

---

⑭ 周荐（2004）原本收集了 32,346 个例子，为了方便本文的比较，我们把当中的 1,915 个所谓"递续格""重叠格"和"其他"没有包括在内。他所讲的"陈述格、支配格、补充格"即本文的"主谓式、述宾式、述补式"。

⑮ 有兴趣的读者，可参考邓思颖（2008a，2008b，2009d）从形式句法学的角度分析主谓式贫乏的原因。

性，能反映一些重要的语言事实。各类复合词的分布重新统计，数字总结在表（6）。

（6）粤语“常用”双字格复合词的构词类型和例子数目（共 316 个）

构词类型	例子数目
主谓式	11（3.5%）
述宾式	108（34.2%）
述补式	8（2.5%）
偏正式（定中）	151（47.8%）
偏正式（状中）	8（2.5%）
联合式	30（9.5%）

从表（6）所见，主谓式与非主谓式的不对称现象依然可见，仍然以偏正式（包括定中和状中）和述宾式占大多数。至于联合式，数字稍为增加了，约占“常用”复合词的十分之一。这些“常用”的联合式例子包括名词的“坑渠”（沟渠），动词的“找赎”（找换），形容词的“安乐”（舒服、美满）、“阴湿”（阴险狡猾）等。根据这个“常用”复合词的数字，粤语联合式始终比普通话的少，跟普通话联合式占复合词总数近三分之一的数字相比，仍然有一段距离。[16]

---

[16] 我们曾从另一个角度重新分析普通话和粤语的复合词，认为联合式也属于“广义”偏正式的一种，而普通话和粤语“广义”偏正式数量上也差不多，没有什么分别（邓思颖 2014a）。

七、动词后缀

7.1　定义与特点

动词后缀就是黏附在动词后的语素，以动词作为词根，构成附加式合成词，例如“食咗”的“咗”，“吓亲”的“亲”。本章所讨论的“动词后缀”，也包括黏附在形容词之后的后缀，如“高得滞”（太高）的“得滞”；有些动词后缀也可以黏附在形容词之后，如“靓咗”（漂亮了）。

张洪年（2007：148—149）举了六个有关粤语动词后缀的特点：灵活性、黏附性、虚空性、互排性、能性式、述宾和述补结构。①

灵活性　动词后缀差不多可以跟任何的动词结合，甚至可以将后缀的能否出现作为判断词类的参考。“食”能加“咗”，因此“食”是动词。“一架车”不能加“咗”，因为在量词后的“车”是名词，不是动词。如果我们说“我车咗佢”，这个能加上“咗”的“车”应该是动词，表示接载的意思。“一架

① 张洪年（1972/2007）原文用“谓宾和谓补结构”，本书改称“述宾和述补结构”，跟本书所用的术语一致。

车”和“我车咗佢”的“车”分属两个不同的词类。当然，动词后缀的出现也不是完全自由，动词甚至是谓语的选择也许要考虑，如“咗”能加在动作动词之后（如“食”），但不能加在判断动词（如“系”）和能愿动词（如“会”）之后。况且，动词后缀的灵活性跟述补式复合词的情况有些交叉之处，粤语的“完”也可以跟不少动作动词结合，跟“咗”相似，如“食完、唱完、睇完（看完）、喊完（哭完）”。因此，光凭灵活性这一点很难准确地把后缀从其他成分中区别出来。

黏附性 后缀不能单说，必须黏附在词根之后，这是判断后缀的重要标准。“咗”不能单说，必须跟动词结合，组成合成词（如“走咗”）。试比较粤语这两个“得”：“写得一个字”（只写了一个字）的“得”，表示范围，黏附在动词“写”之后，是后缀；“我得五分钟”（我只有五分钟）的“得”，表示只有，能充当谓语，是动词。这两个“得”，虽然读音一样，又用同一个字，而意义又很接近，但属于不同的语素，前者是后缀，后者是动词。

虚空性 动词后缀缺少较为实在的意义。所谓“实在意义”，应该理解为词汇意义。“食咗”的“咗”表示体的概念，“吓亲”的“亲”表示受影响的概念，“郁亲就痛”（一动就痛）的“亲”量化事件的次数、频率，都属于语法的概念，不是词汇意义。跟述补式复合词比较，“食完”的“完”表达了词汇意义（如结束、完结），甚至可以改写为谓语，用谓语的形式来表示，如“食完”的“完”可以说成“呢件事完咗喇”（这件事情完了）；“打烂”的“烂”可以说成“呢样嘢烂咗喇”，但“食咗、吓亲、郁亲就痛”不能用这种方式把后缀改写为谓语。

互排性 张洪年（2007：149）认为动词后缀“大部分是互相排斥的”，并以此区别由后缀形成的附加式（如“食咗”）和复合词的述补式（如“食完”），前者不能加其他后缀，但后者可以（如“食完咗”）。不过，我们注意到以下的例子，（1）的“过”表示体，“晒”有全称量化的作用；（2）和（3）的“亲”表示受影响意义；（4）的“埋”表示扩充范围；（5）的“翻”表示回复本有性状。这些成分，都属于动词后缀。然而，“过晒、亲晒、亲咗、埋晒、翻晒”的连用是可能的，（5）的“翻”出现在述补式复合词“洗干净”之后，甚至呈现了“补语+后缀+后缀”这样的排列。除了“晒”外，张洪年（2007：175）注意到“吓”（haa5）能出现在“过”和“咗”之后，如（6）和（7）。“吓”表示尝试的意思，跟“过、咗”一样都是动词后缀。（8）和（9）“两”应分析为后缀，表示尝试的意思。跟“吓”一样，也能紧贴另一个动词后缀。

（1）佢地去过晒北京。他们都去过北京。

（李行德 1994：131）

（2）佢吓亲晒我地。他把我们都吓倒了。

（李行德 1994：131）

（3）你吓亲咗佢。你把他吓倒了。

（Matthews and Yip 2011：262）

（4）佢睇埋晒啲嘅嘅书。他偏偏看那些（不应该看的）书。

（5）佢洗干净翻晒啲衫。他把衣服都重新洗干净。

（6）读过吓英文。曾经念过一点儿英文。

（张洪年 2007：175）

（7）佢谂咗吓先至话……他想了想才说……

（张洪年 2007：175）

（8）瞓咗两瞓就有电话嚟。刚躺下不久就有人打电话来。

（郑定欧 1996：16）

（9）瞓得两瞓就天光。才睡一会儿天就亮。

（郑定欧 1996：16）

反观粤语其他后缀，连用的现象也能找得到。如“膝头”（膝盖）的“头”是名词后缀，后面可以再加上后缀“哥”，说成“膝头哥”，甚至再加上表示方位的“度”，说成“膝头哥度”，形成后缀连用的现象。名词前缀也允许连用，如“老陈”的“老”是前缀，前面可以再加上“阿”，说成“阿老陈”（高华年 1980：18）。理论上，词缀是可以连用的，互排性好像不能作为判断粤语动词后缀的一个标准。

能性式 张洪年（2007：149）提出了“得、唔”的插入可以区分附加式和述补式合成词，如“写紧”（在写）不能说成“＊写得紧、＊写唔紧”，但“写完”可以扩充成“写得完、写唔完”，因此“咗”是后缀，“完”构成可能补语。不过，有三个问题值得注意。一、有些后缀允许“得”的插入，如（10）的“亲”、（11）的“晒”、（12）的“翻”。虽然张洪年（2007：149）认为（10）的用法“比较少见”，是“一种例外”，但黄富荣（2009）在香港的报刊上找到许多“唔亲”的例子，如“饿唔亲、饱唔亲”。[②] 二、有些述补式复合词不接受“得、唔”的插入，如“改良、激奀（气坏）、吓窒（吓呆）、阴干（慢慢减少）”不能说成“＊改得/唔良、＊激得/唔奀、＊吓得/唔窒、＊阴得/唔干”。[③] 三、“得、唔”作为中缀，它们的插入与否并不能显示合成词内各成分的紧密度。同属中缀，“鬼”却可以插在后缀前，如“写鬼咗”，也可以插入部分述补式复合词，如“激鬼奀、吓鬼窒”。由此可见，有些情况“得、唔”的插入不能准确区分两类合成词，也不能证明合成词的紧密度。

（10）你估你吓得亲我咩？你认为你可以把我吓倒吗？

（张洪年 2007：149）

（11）佢食得晒碗饭。他能把那碗饭吃完。

（12）佢饮得翻水。他能再喝水。

述宾和述补结构 张洪年（2007：149）指出只有述宾或述补整个“当复合词使用时”，后缀才可以黏附在后面，如

---

② 从 1998 到 2008 年的报刊黄富荣（2009：441）找到 1 例“V 得亲”、48 例“V 唔亲”。

③ 有些复合词却只有可能补语的形式，“得/唔”都不能省略，如“对得/唔住（对得/不起）、受得/唔住（能消受/吃不消）、受得/唔起（能消受/吃不消）、衰得/唔起（承担失败/不能承担失败）、顶得/唔顺（顶得/不顺）、叻唔切（迫不及待地表现自己）、赶得/唔切（赶得上/来不及）、嚟得/唔切（来得/不及）、做得/唔过、谂得/唔过（划算/划不来）、制得/唔过（划得/不来）、睇得/唔出（看得/不出）、合得嚟（合得来）、做得/唔嚟（有能力做/不会做）、差唔多（差不多）、大唔透（还没长大）”等，这些补语成分主要跟“住、起、顺、切、过、出、嚟”等有关。这种形式可称为“词语性的能性补语”（张洪年 2007：128）。

“留心咗、失望过、饿坏过、搞掂埋（办妥）”等。严格来讲，这一点是后缀的应用，跟述宾和述补的性质有关，而并非作为定义后缀的标准。

汉语述宾式复合词和述宾结构之分，即划分词和短语的界线，历来是个头疼的问题，在汉语语法学界里是一个不容易解决的问题。以粤语“咗”作为测试，有些成分的组合关系比较密切，应分析为复合词，除上述的例子外，还有“担心咗、注意咗、投资咗、动员咗”等，这些例子不算很多，而且都是从书面语借过来的；有些例子里，“咗”的位置好像有自由，如“出版咗/出咗版、出席咗/出咗席、列席咗/列咗席、毕业咗/毕咗业、比赛咗/比咗赛”等。Matthews and Yip（2011：229—230）还举了这些例子：“回流咗/回咗流、移民咗/移咗民、退休咗/退咗休、升呢咗/升咗呢”。陈晓锦（2008：27）注意到“咗”在海外的粤语能放在述宾之后，跟广州粤语、香港粤语不同，如“出身咗、炒鱿鱼咗”（吉隆坡粤语）、“判刑咗”（曼谷粤语）。但大多数的例子，“咗”还是放在述语之后。[④] 通过语码混合（code-mixing）（即所谓“中英夹杂”）进入粤语口语的双音节外来词，“咗”一般黏附在整个词之后，如“submit 咗（提交了）、design 咗（设计了）、copy 咗（拷贝了）”等。不过，“present”（报告）比较特殊，“present 咗”和“pre 咗 sent”都可以说。

---

④ “过”的情况也差不多。张洪年（2007：383）举了这个例子“都贪过靓嘅（也曾经爱过漂亮）”。“贪靓”是述宾式复合词，目前粤语口语只能说“贪靓过”。

述补式复合词的情况本来比较简单，后缀基本上黏附在整个复合词之后。不过，“翻”却是一个问题。文献一向把粤语动词后“翻”当作虚词（詹伯慧 1958 等），不是实词，不构成述补式复合词。假定“翻”是后缀，（13）的“翻”在复合词“医好”之后，符合规律。然而，（14）的“翻”却可以在“好”之前，跟一般的后缀有异。除了“医翻好”之外，“整翻靓（重新美化）、写翻整齐（再写得整齐）、行翻坏（腿再走坏）、托翻高（再提高）、煮翻热（再煮热）”等都可以说。[⑤] 如果有“咗”，“咗”只能出现在“好”之后，如（15）。除了“咗”以外，“晒、埋”等后缀也只能黏附在复合词之后，如（16）和（17）。表示可能的“得”可以插入，出现在“翻”之前，如（18）。

（13）呢只药医好翻个病人。这种药医治好那个病人。

（14）呢只药医翻好个病人。这种药医治好一个/那个病人。

（15）呢只药医翻好咗个病人。这种药医治好了那个病人。

（16）佢洗翻干净晒啲衫。他把衣服都重新洗干净。

（17）等我搞翻掂埋啲嘢。让我继续把事情搞妥吧。

（18）呢只药医得翻好个病人。这种药可以救活那个病人。

解释方法一，把“翻”当成实词，构成述补式复合词或

---

⑤ 虽然这些例子都可以说成“整靓翻、写整齐翻、行坏翻、托高翻、煮热翻”，但好像以“翻”字放在前比较顺口。有些例子没有这种自由变换的可能，如“救翻生（救活）”不能说成“＊救生翻”。至于“搓翻匀”（搓均匀）说成“搓匀翻”，有些人能接受，有些却不能。

述补结构。不过，汉语的补语一般只有一个，[⑥] 允许超过一个补语的可能性不大。因此，这个解释方法并不可取。解释方法二，维持“翻”作为后缀的分析，[⑦] 只不过在特殊情况下可以黏附在述补式复合词的第一个语素后，貌似中缀。好处是把“翻”和可能补语“得”的解释办法统一起来：可以加入“得”的述补式复合词，都允许“翻”提前，如“缩细”（缩小）：“缩得细、缩翻细、缩得翻细”；不可以加入“得”的述补式，“翻”的提前都不允许，如“改良”：“*改得良、*改翻良、*改得翻良”，只能说“改良翻”。

综上所述，粤语动词后缀的六种特点：“灵活性、黏附性、虚空性、互排性、能性式、述宾和述补结构”，只有“黏附性”才是最重要的特点，作为判断后缀的形式标准。“虚空性”是动词后缀的语义特点，说明它们跟比较抽象的语法概念有密切关系。粤语动词后缀的特点，跟人类语言的词缀的特点差不多，那就是形式上有黏着的特性，不能单独使用，必须跟别的语素合成一个词；表示一些附加的意义，如较为“虚”的语法意义。

---

⑥ 这里说的单一补语包括述补式复合词和“黏合式述补结构”的情况（朱德熙 1982）。这个“翻”跟方向补语“行翻落去”的“翻”不同（张洪年 2007：122）。

⑦ 这种“翻”的用例，张洪年（2007：129—30）把它称为“回复补语”，而“翻”是回复补语的“标志”。他所说的“标志”，应可理解为词缀。

7.2 动词后缀的分类

粤语的动词后缀的数量比较多，比普通话的动词后缀也丰富得多。常见于粤语语法学文献的加起来近四十个。按照意义和功能，粤语动词后缀大致可以划分为六类：体、事件、程度、变化、量化、情态。事实上，动词后缀往往有多种功能，表示多重意义，身兼多类，很难纯粹根据意义把它们截然区分。这只是一个粗略的分类，让读者对粤语动词后缀有个整体的认识。

（19）粤语动词后缀

体	咗、过、落、定、紧、吓（haa2）、住、实、生晒、衡晒、起上嚟、起、得、落、开
事件	翻、过、嚟……去
程度	吓（haa5）、两、得、得滞、过头、极、吔
变化	亲、着、到
量化	埋、晒、亲、极、嚟……去、啲、得
情态	得、硬、梗、翻

7.2.1 体

体（aspect），也称为“动貌、体貌、动态”等，就是通过特定的形式，表示说话者如何观察事件的内部结构，着眼点是行为动作的开始、进程、结束。表达体的粤语动词后缀主要有：“咗、过、紧、吓（haa2）、住、实、起上嚟、起、落、定、开”。体可划分为完成体（perfective）和未完成体（imperfective）两大类，前者常指动作的完成，后者表示动作持续，不指明完成。粤语的完成体可通过“咗、过、落、定”等来表达，而未完成体可通过“紧、吓（haa2）、住、实、起上嚟、起、落、开”等来表达。这些动词后缀，可命名为“体类”。

咗（zo2） “咗”所表达的体一般称为“完成体”（袁家骅等1960/2001，张洪年1972/2007，高华年1980，植符兰1994，李新魁等1995，张双庆1996，徐芷仪1999，彭小川2010等），表示动作的完成、实现，属于完成体，跟普通话的动词后缀“了”（一般称为“$了_1$”）差不多。“咗”黏附在动词或形容词之后，如（20）和（21）。

（20）佢写咗一本书。他写了一本书。

（21）佢靓咗。她漂亮了。

过（gwo3） “过”所表达的体一般称为“经历体”（袁家骅等1960/2001，张洪年1972/2007，高华年1980，李新魁等1995，张双庆1996，徐芷仪1999，彭小川2010等），表示动作曾经发生、完成，也表示了经验、经历的意思，跟普通话的“过”差不多。“过”黏附在动词或形容词之后，如（22）和（23）。

（22）佢坐过飞机。她过飞机。

（23）佢曾经靓过。她曾漂亮过。

落（lok6） “落”表示动作的实现，结果能有延续性，可称为“实现体”（郑定欧1998b）。“落”黏附在动词之后，表示事件早已实现、完成。可加在动作动词，如（24）的

“煮”之后；也可加在言谈动词，如（25）的“教”之后。有些动词所表示的事件没有结果，或结果没有延续性，“落”就不能出现，如“＊睇落书（看书）、＊学落英文、＊听落歌”都不能说。不过，“落”不能黏附在能表示结果的述补式复合词之后，“＊蒸热落条鱼”（煮熟那条鱼）是不能说的。事实上，“落”能附加的动词选择不多，限制也比较大。

（24）我煮落饭。我早已煮了饭。

（25）老窦教落……。爸爸早就教训说……。

（郑定欧 1998b：88）

定（ding6）　“定”有“预先”（饶秉才等 2009：47）、“（预先准备）妥当”（张励妍、倪列怀 1999：46）、“预先做好某事”（刘扳盛 2008：79）等意思，如（26）。这个“定”的用法，跟上述的“落”有点相似，都表示事件早已实现，“落”比较“抽象”，而“定”比较“具体”（郑定欧 1998b）。上述（24）的“落”也可以换成“定”，说成（27），表示准备妥当的意思。

（26）行定出嚟。提早出来。

（27）煮定饭。预先煮好饭。

“定”的分布比“落”更自由，“睇定呢本书（预先看这本书）、学定英文（先学英文）、听定呢首歌（先听这首歌）”都可以说。“定”也可以加在述补式复合词之后，如（28）和（29）。虽然有点啰嗦，但可以接受。

（28）蒸热定条鱼。先煮熟那条鱼。

（29）拆走定个书架。先拆走那个书架。

“定”所强调的是事件的实现，不一定是完结。“睇咗呢本书”（看了这本书）和（30）的“睇定呢本书”（预先看这本书）相比，前者表示看这本书已完成，后者可以表示完成，也可以表示开了个头。（31）的“跑步”是没有完结的事件，加上了“定”以后，（31）只表示提早做跑步这件事，却没有说跑步这件事完成了没有。由此可见，“定”跟事件的完结与否没有关系。⑧

（30）睇定呢本书。预先看这本书。

（31）跑定步先。先跑步。

粤语的“坐定”是有歧义的，“定”可理解为动词后缀，表示预先，如“坐定出嚟”（先出来坐好）；也可以是述补式复合词的一部分，表示稳定、固定，如“坐得定（坐得安静）、坐定定（坐得稳稳）”。

紧（gan2） “紧”所表达的体一般称为“进行体”（袁家骅等 1960/2001，张洪年 1972/2007，高华年 1980，植符兰 1994，李新魁等 1995，周小兵 1995，张双庆 1996，张世涛 1998，徐芷仪 1999，彭小川 2010 等），表示动作行为正在进行中，属于未完成体，功能跟普通话的“在、正在”相似。“紧”黏附在动词之后，如（32）。

（32）我写紧一本书。我正在写一本书。

吓（haa2） “吓”表示正当某动作进行之际，突然发生了另一件事，黏附在重叠的单音节动词之后（张洪年 2007：172），如（33），在这种分句内的“VV 吓”，所表达的体可称为“进行体”（张双庆 1996），也有称为“短时体”（高华年

---

⑧ 有关后缀“定”的语法特点，可详见黄诚杰（2015）的讨论。

1980，植符兰1994）、“持续体”（彭小川2010），甚至称为“持续进行”（李新魁等1995）。（33）的“食食吓饭”也可以换成“紧”，如（34），意义差不多，都属于进行体。“VV吓”可换成“紧”，但并非所有“紧”都能换成“VV吓”。只有在表示动作进行之际的从句内，“紧”才可以换成“VV吓”。

（33）食食吓饭，忽然有人嚟揾我。正在吃饭，忽然有人来找我。（张洪年2007：172）

（34）食紧饭，忽然有人嚟揾我。正在吃饭，忽然有人来找我。

“VV吓”也可以出现在主句，如（35）。跟从句的“VV吓”不同，主句的“VV吓”不能带宾语。主句的“VV吓”还可以根据语境，突显谓语所隐含的情状意义，如（35）有种四处张望之意，而（36）有种随意之意（彭小川2010：92），带点“玩世不恭”的味道。

（35）有个伯爷公响度望望吓。有个老爷爷在那儿张望着。（李新魁等1995：427）

（36）佢只不过玩玩吓。他只是玩玩而已。

至于“V吓V吓”，跟主句的“VV吓”差不多，两者基本可以互换，如（35）可说成（37）。“V吓V吓”所增加的意义，是一种“相对缓慢些的感觉”（彭小川2010：93），（35）原来那种四处张望的意义在（37）通过读音的拉长更为明显；假如（36）说成（38），那种“玩世不恭”的味道仍然存在，但（36）的“玩玩吓”强调态度，可指单一事件，而（38）的“玩吓玩吓”强调多次事件的重复。就这个特点而言，“V吓V吓”也可以表示事件的次数。

（37）有个伯爷公响度望吓望吓。有个老爷爷在那儿张望着。

（38）佢只不过玩吓玩吓。他只是玩玩而已。

顺带一提，一说单音节动词重叠加“贡”（gung3）表示“动作正在进行”（高华年 1980：45）、“动作不断重复”（李新魁等 1995：428），属于进行体的一种，并有责备之意，如“郁郁贡”（老动个不停）。张双庆（1996：149）指出，跟“VV 贡”模式相似的，还有“搞搞震（胡闹）、跳跳扎（活泼乱跳）”，并认为不宜把这些例子都当作进行体。除了“郁郁贡”外，“跳跳贡（跳来跳去）”（高华年 1980：46，李新魁等 1995：428）、“踢踢贡（踢来踢去）”（李新魁等 1995：428）等例子，在香港粤语已经不说。“跳跳贡”在香港粤语说成“跳跳扎”或“扎扎跳”。比较“VV 吓”和“VV 贡”两者，“VV 吓”仍然常用，但“VV 贡”的用法几乎消失，“贡”已失去它的词缀地位。

住（zyu6）　“住”所表达的体可称为“存续体”（张洪年 1972/2007，张双庆 1996，徐芷仪 1999），也可称为“持续体”（詹伯慧 1958，袁家骅等 1960/2001，彭小川 2010）、“进行体”（高华年 1980，植符兰 1994）、“保持体”（李新魁等 1995）等，表示行为动作保持一种存在、持续的静止状态，黏附在动词之后。出现在表示可均质持续进行的动词之后，“住”表示行为动作所形成的状态的存在、持续，如（39）；⑨出现在有附着意义的动词之后，“住”表示动作完结后所遗留

⑨ 所谓均质是指动词所表示的情状，在整个过程内的各个点，所呈现的性质都是完全一样的。

的状态的存在、持续，如（40）；“住”黏附在静态动词之后，所表达的是行为、情状的存在、持续，如（41）（彭小川 2010）。[10] 除了时间的概念外，（41）的“住”所强调的更偏向空间方面（严秋燕 2001）。

（39）佢攞住一本书。他拿着一本书。

（40）个花樽插住好多花。花瓶插着很多花。

（41）间屋对住个海。房子对着海。

有些动词表示的行为动作有时间过程的变化，“住”本来不能出现，如（42）的“食饭”（吃饭）有时间的推移，并非一种均质持续进行的动作（彭小川 2010：25），但加上助词“先”，如（43）（张洪年 2007：160），或加上一个动词短语，如（44），就能说了。这里“住”的用法其实跟事件类动词后缀的功能差不多，即连接两个事件，一先一后，或以第一个谓语的事件为先，作为修饰后面的谓语，或表示两个事件的同时并行，加上“一路……一路……”（边……边……），如（45），更能突显这个意思。

（42）*你食住饭。

（43）你食住饭先。你先吃饭。

（44）你食住饭等我。你边吃饭边等我。

（45）一路食住饭一路等。边吃边等。

（张双庆 1996：160 fn11）

实（sat6）　“实”跟“住”差不多，都表达存续体。

---

⑩ 粤语动词后缀“住”与动词的分类，可参考严秋燕（2001）、彭小川（2010）。

张洪年（2007：161）注意到粤语的“实”已经“由实转虚”，常跟“住”交换使用，如（46）。不过，“实”仍保留作为形容词那种坚实、牢固之意，不少“住”的用例不能替换为“实”，如上述的（39）、（40）、（41）、（43）、（44）。[11]

（46）佢望实幅画。他盯着那幅画。

生晒（saang1 saai3） “生晒”黏附在动词之后，表示“动作正在进行，并继续进行着”（植符兰 1994：156）、“动作不断重复，令人厌烦”（饶秉才等 2009：196）、“动作不断重复，令人生厌”（张励妍、倪列怀 1999：287）、“对该动作的延续感到厌烦”（刘扳盛 2008：329），如（47）。“生晒”是一个后缀，当中的“晒”不能丢失，（48）是不能说的。

（47）个细路仔嘥度嘈生晒。那个小孩子在吵个不停。

（48）＊个细路仔嘥度嘈生。

植符兰（1994：156）认为“生晒”好像表示“正在进行”，但动作其实不一定正在进行。（49）所描述的警钟不一定每天 24 小时在响，而说这句话时警钟也不一定在响。“生晒”所强调的是发生频率之高，而且不断重复。

（49）个警钟成日嘈生晒。警钟经常响个不停。

能带“生晒”的动词不多，除了“嘈”外，还有“讲生晒”（说个没完）（饶秉才等 2009：196，张励妍、倪列怀 1999：287）、“喝生晒”（瞎吆喝）（刘扳盛 2008：329）、“嗌生晒”（瞎叫唤）（刘扳盛 2008：287）、“催生晒”（老催着）（饶秉才等 2009：196）、“弹生晒”（乱指责）（刘扳盛 2008：

[11] 动词后缀“实”和动词的分类，可参考黄卓琳（2007）。

368）、“唱生晒”（瞎嚷嚷，到处散播）（刘扳盛 2008：36）、“闹生晒”（在骂人）（植符兰 1994：156）、“搅生晒”（捣乱）（李荣主编 1998：179）等，动词所表示的动作基本上跟说话有关。“搅生晒”比较特别，不一定跟说话有关，李荣主编（1998：179）指出，这个例子也可以说成“搅住晒”，可见“生晒”跟表示存续体的“住”也有点关系。不少例子在香港粤语已经很少用，如“喝生晒、弹生晒、闹生晒、搅生晒”。

衡晒（hang4 saai3） “衡晒”黏附在动词之后，表示“动作正在进行，并继续进行着”（植符兰 1994：156）、“动作正在紧张地进行着”（饶秉才等 2009：96）、“动作正紧张地、持续地进行”（张励妍、倪列怀 1999：142）、“动作正在紧张进行”（刘扳盛 2008：172），[⑫] 如（50）。

（50）佢喺度冲衡晒。他在极紧张地赶着。

“衡晒”跟“生晒”有点相似，但两者的侧重不同。“衡晒”没有“生晒”的贬义，也没有令人厌烦的意思，而“衡”的词汇意义仍然保留，尤其是强调紧张之意。粤语的“衡”（hang4）是形容词，表示绷紧、拉紧的意思，麦耘、谭步云（2011：297）甚至认为“衡晒”跟形容词“衡”是一样的，而“晒”表示非常。（50）的“冲衡晒”也可以说成“冲到衡晒、冲到衡”，“衡晒/衡”以状态补语的形式出现。可见“衡晒”目前仍游离于形容词（补语）和后缀之间。

除了这个例子外，能带上“衡晒”的还有“催衡晒”（老

---

⑫ “衡晒”也写作“揈晒”（刘扳盛 2008：172）。

催着）（饶秉才等 2009：96，张励妍、倪列怀 1999：142，刘扳盛 2008：172）、“逼衡晒”（紧紧地逼着）（饶秉才等 2009：96，张励妍、倪列怀 1999：142）、“车衡晒”（尽吹牛）（饶秉才等 2009：96）、“噏衡晒”（老在说）（植符兰 1994：156）、“跟衡晒”（紧跟不舍，亦步亦趋）（刘扳盛 2008：172）。

起上嚟（hei2 soeng5 lei4） 又可以省略为“起嚟”，所表达的体一般称为“开始体”（袁家骅等 1960/2001，张洪年 1972/2007，高华年 1980，植符兰 1994，李新魁等 1995，张双庆 1996，徐芷仪 1999），表示动作或变化的开始，跟普通话的“起来”差不多。“起上嚟”黏附在动词或形容词之后，如（51）和（52）。⑬

（51）佢喊起上嚟。他哭起来。

（52）最近嘅天气热起上嚟。最近的天气热起来。

张洪年（2007：162）注意到如果有宾语的话，宾语在“起”和“上嚟”之间出现，如（53）。不过，这个例子好像不完整，还没说完，多加一句会比较好，如（54）。⑭

---

⑬ 李新魁等（1995：556）还提到“起身”能表示开始体，如“两公婆打起身喇”（两口子打起来了）。饶秉才等（2009：95）与麦耘、谭步云（2011：145）还收录了“起身嚟”。表示开始体的“起身”，在香港粤语已经不用，不过，仍保留在某些粤语方言里，如廉江话（林华勇 2014：§3.1）。

⑭ 高华年（1980：47）、李新魁等（1995：422—423）把“落嚟、落去”分析为动词后缀。我们同意张洪年（2007：163—164）的看法，“落嚟、落去”应为趋向补语，不是后缀。

（53）我嬲起你上嚟。我生起你的气来。

（张洪年 2007：162）

（54）我嬲起你上嚟，就乜都唔理。我生起你的气来，就什么都不管。

起（hei2）　“起”的用法跟“起上嚟”有点相似，也可表示开始体（植符兰 1994），如（55）。这个“起”是动词后缀，黏附在动词之后，后面有宾语（高华年 1980：45）。这种加“起”的用法往往表示每次的意思，动词前也可以加上“一”，如“一讲起”，宾语后也可以补上“上嚟”。“起”所黏附的动词很有限制，除了及物动词，最好是跟言谈（如“讲”）、心理［如“谂”（想）］有关。[15] 黏附在不及物动词后的“起”，表示时间和处所的开始（张洪年 2007：171，李新魁等 1995：422），如（56）。如果是及物动词，后面不能再带宾语，比较（57）和（58）。这种“起”后面不能加“上嚟”。

（55）佢讲起语言学就唔停得。他一讲起语言学就停不下来。

（56）响呢处掘起。从这儿挖起。　（李新魁等 1995：422）

（57）呢本书，我从第一页睇起。这本书，我从第一页读起。

（58）＊我从第一页睇起呢本书。

得（dak1）　“得”黏附在复句内的从句动词之后，属于动词后缀，跟助词“嚟”一起出现，跟开始体相关。加上

---

⑮ 张洪年（2007：170）认为这个“起”表示谈及、想起，不过，高华年（1980：45）曾举出“佢开起工就龙精虎猛嘞”（他一开工就像生龙活虎似的），可作参考。

“得”的部分不能单说，后面一定要带上一个小句，如（59），意思是等你把事情做好的时候，已经太晚（张洪年 2007：129）。如果有宾语的话，宾语出现在“得”和“嚟”之间，如（60）（张洪年 2017：129）。单韵鸣（2012）注意到有宾语的时候，只要把宾语的最后一个音节稍微拉长（以“—”表示），形成一个停顿，“嚟”可以省略，如（61）。[16]

（59）做得嚟就迟喇！等把事情做完，就已经迟了。

（张洪年 2007：129）

（60）食得饭嚟，就冇时间睇戏。把饭吃了，就没有时间看电影。

（张洪年 2007：129）

（61）食得饭—时间啱啱好。吃完饭的时候，时间刚刚好。

（单韵鸣 2012：260）

欧阳伟豪（2012）认为（62）的“得”侧重于动作的完成阶段，以（62）为例，烫衣服和炒牛肉这两个动作哪个先完成，却不容易分辨。“得”侧重完成的说法值得斟酌。“得”要求黏附的动词必须是动态，静态动词不能说，如（63）。动态事件必须有过程，表示瞬间的达成事件，除非事件理论上可以重复，如（64）的“爆”，否则不能说，如（65）的“死”。即使有过程，述补式复合词可以说，如（66）的“改良”，所谓黏合式述补结构却不能说，如（67）的“写完”。除了“改良”和“写完”在形式上不一样外，“良”和“完”的词汇意义也不一样，“完”表示结果，但“良”不表示结果，甚至可以加上表示结果的“好”，如“改良好”。“得”

[16] 从形式语义学的角度分析“嚟”，可参考 Lai（2014）。

所侧重的并非事件的完成阶段，表示结果的（67）不能说，反而没有结果的活动事件能说，如（68）的“散步”。“得”所侧重的应该是从句动作的开始，属于开始体的一种，跟“起上嚟”和“落”相似。（66）表示改良的开始，并非完成阶段，（68）则表示散步的开始。

（62）佢烫得啲衫嚟你就炒好碟牛肉。当他烫衣服的时候你就把牛肉炒好。（欧阳伟豪 2012：103）

（63）＊佢系得学生嚟我都走咗。当他是学生的时候，我已离开了。

（64）个炸弹爆得嚟我都走咗。当那个炸弹爆炸的时候，我已经离开了。

（65）＊佢死得嚟我都走咗。当他死的时候，我已离开了。

（66）个方法改良得嚟我都走咗。当那个方法改良的时候，我已离开了。

（67）＊本书写完得嚟我都走咗。当那本书写好的时候，我已离开了。

（68）佢散得步嚟我都走咗。当他散步的时候，我已离开了。

至于从句和主句发生时间的先后问题，可以是从句在先，主句在后，如粤语惯用语（69）；也可以主句在先，从句在后，如（70）；但好像不能同时发生，（71）是不能说的。这个动词后缀“得”，一方面承载开始体的功能，一方面用来表示复句和主句两个事件的先后关系。有些惯用语好像用来指两件同时发生的事情，如“顾得头嚟脚反筋”（刘扳盛 2008：144）、“顾得优鞋又甩髻”（麦耘、谭步云 2011：176），都好像有难以兼顾、捉襟见肘的意思，但严格来讲，两件事情不是同时开始，从句应该在先，主句在后。虽然单韵鸣（2012：260）注意到（72）的上班和读书两件事情好像同时做，[17] 但侧重点在兼顾两件事情的能力，而不是说两件事情同时进行，跟（71）的情况不同。

（69）上得床嚟掀被冚。得寸进尺。

（70）你开得枪嚟佢已经死咗。当你开枪的时候，他早已死了。

（71）＊佢唱得歌嚟亦都喺度跳舞。当他唱歌的时候，也正在跳舞。

（72）翻得工嚟又读到书，佢真系叻仔啊！既能工作，又能读书，他真厉害！

落（lok6）　除了表示实现体外［如（24）、（25）］，“落”还可以表示开始体，跟“起上嚟”有点相似。“落”不仅表示动作的开始，还引介一种主观判断（郑定欧 1998）。“落”之前的部分有话题的功能，而后面的部分好像有评价的作用（谭雨田 2013）。（73）的“谂”（想）和（74）的“摸”都是及物动词，后面的宾语，要么省略（如［73］），要么移前［如（74）的“呢停布”］。“落”不能黏附在不及物动词后，如（75）。如果不及物动词能带上宾语（处所宾语），句子就能接受，如（76），而（77）和（78）的差异更能突显这一点要求。这种句子的主语不一定是无生命的，（79）就是最好的例子。

---

⑰ 原例句为“上得班嚟”，今改为“翻得工嚟”，更符合香港粤语的习惯。

（73）谂落好牙烟。想起来很可怕。　（郑定欧 1998b：88）

（74）呢停布摸落几软熟。这种布摸起来很柔软。

（郑定欧 1998b：88）

（75）＊佢喊落好得人惊。他哭起来很可怕。

（76）呢个地方住落都好舒服。这个地方住起来很舒适。

（77）＊我瞓落唔错。我睡起来不错。

（78）呢张床瞓落唔错。这张床睡起来不错。

（79）佢睇落几好。他看起来挺好。

谭雨田（2013）认为粤语这种有“落”的句子跟英语的“中动句”（middle construction）有点相似，如（80），形式上是主动句，动词“reads”是主动形式，但意义上又好像是被动句，主语“the book”是受事，是被读的对象，所以这种句式称为“中动”。上述（78）的主语“呢张床”、（81）的“呢本书”跟（80）的“the book”确实有点相似。

（80）The book reads easily.

（81）呢本书睇落几好睇。这本书读起来很好看。

“落”后面评价的部分不能缺少，就好像英语的中动句一样（谭雨田 2013），如粤语的（82）和英语的（83）都不能说。

（82）＊呢本书睇落。＊这本书看起来。

（83）＊The book reads.

开（hoi1）　“开”所表达的体可称为“持续体”（张洪年 1972/2007，张双庆 1996），也有称为“进行体”（袁家骅等 1960/2001，高华年 1980，植符兰 1994）、“始续体”（李新魁等 1995），或区分为“始续体”和“惯常体”两类（彭小川2010)，甚至分析为“类指量化词”（generic quantifier）(P. Lee 2012)。“开”的意思是“动作已经开了头，并且有继续下去的趋势”（李新魁等1995：423)，可理解为“向来”的意思。所谓“继续下去的趋势”，不是维持现状，跟存续体的“住”不同；不是动作的进行，跟进行体的“紧”不同。以下三个例子所表达的意思是不同的，(84）强调向来有吃血压药的习惯，(85）强调处于吃药的状态，达到把血压降低的目的，(86）强调吃药的动作正在发生。

(84）佢食开血压药。他一向吃血压药。

(85）佢食住血压药。他不断吃血压药。

(86）佢食紧血压药。他在吃血压药。

Yue-Hashimoto（1993：73）提到“开”表示惯常体（habitual)，彭小川（2010）认为“开”能表示始续体和惯常体两种意思，前者是“动作行为在此前已开始并持续了一段时间”，而后者是“动作行为或情况在过去一段时间内经常发生”，不同之处，是前者“具有希望持续下去或必须持续下去的倾向”。彭小川（2010：80）认为（87）是始续体，（88）是惯常体。事实上，那种所谓“具有希望持续下去或必须持续下去的倾向”并非由“开”所承担，而是通过句子的其他部分表达出来。如果只考虑“着开件新衫”和“着开长裙”，是无法辨别两种体的差异的。因此，“开”只有一个，所谓始续和惯常之别，只是通过别的方法（如语用）表达出来。

(87）个细路女着开件新衫就唔肯除落嚟。那个小女孩穿上了新衣服就不肯脱下来。

(88）着开长裙，你而家叫佢着超短裙，佢点会习惯啊？

一向穿长裙子，你现在让她穿超短裙，她怎么会习惯呢？

“开”还有一种用法，较为侧重动作的开始，应算做开始体，如（89）。欧阳伟豪（2012）认为“开”表示炒菜动作一开始，煮鱼就接着进行。（90）的“开”也表示了回来校园的想法在先，找“我”在后。这两个例子都跟上述持续体“开”的向来、习惯无关。（91）是粤语的惯用语，意谓“说起来、话说回头”。细心分析，第一个“讲”所表示的动作一开始（说第一件事情），第二个动作就接着来（说第二件事情）。饶秉才等（2009：79）收录了“讲起又讲”，跟（91）应可互换，足见“开”这种用法，跟“起”差不多，都表示开始体。Matthews and Yip（2011：242）认为（91）的“开”表示“progressive-inchoative”的意思。

（89）你炒开啲菜就蒸埋条鱼。你开始炒菜的话也把鱼煮好。

（欧阳伟豪 2012：103）

（90）你翻开嚟校园就顺便揾我。你回来校园的话就顺便来找我。

（91）讲开又讲，…… 说起来呀，……

7.2.2 事件

有些动词后缀跟事件发生的次数有关，表示事件的重复发生。主要的例子有：“翻、过、嚟……去”。跟这种功能相关的动词后缀，称为“事件类”。不少文献把这一类后缀的意义当作体，不过，这类后缀所观察的着眼点并非事件的内部结构，跟行为动作的开始、过程、结束没有关系。因此，这一类还是独立于体类动词后缀。

翻（faan1） “翻”黏附在动词或形容词之后。[18] 文献的分析很多，有分析为表示回复体的“词尾”（袁家骅等1960/2001，高华年 1980）、“回复补语”（张洪年1972/2007）、“助词/补语”（饶秉才等 1981/2009，张励妍、倪列怀 1999）、表示“多回体”的后缀（植符兰 1994）、“回复体”的助词（彭小川 2010）。詹伯慧（1958）把“翻”的用法描述为五点：一、放在动词的后面，表示某项已经中断或者暂时停止的动作、行为恢复或者继续进行，例如（92）；二、放在动词后面，表示动作的结果使得某种事物恢复另外一种状态或者回到原来的处所，如（93）；三、放在形容词的后面，表示形容词所表达的性状过去曾经失去过，现在又恢复了，如（94）；四、放在形容词的后面，表示“再、更”的意思，如（95）；五、可有可无的“口头禅”，如（96）和（97）。

（92）你仲系教翻书好。你还是再教书好了。

（93）畀翻十个银钱过佢。还给他十元钱。

（94）我嘅病好翻啲嘞。我的病好一些了。

（95）呢条裤长翻一吋就啱嘞。这条裤子再长一吋就合适了。

（96）今晚我要睇翻出戏。今天晚上我要看一部电影。

（97）得闲嚟倾翻几句啦。有空来聊几句吧。

基于詹伯慧（1958）的观察，张洪年（2007：131）把“翻”进一步总结为两类，一类表示“回复本有性状”，即回

---

[18] “翻”有写作“番”，应来自动词“返”，“翻”或“番”只不过是同音假借。

复到一种本有的动作或者情态，包括（92）、（93）、（94）三种情况。在（92），他本来教书，中断后再恢复。另一类表示“回复应有状态”，如（95）［见本章（280）的讨论］，也应包括所谓“口头禅”的用法。表示回复本有性状的“翻”属于事件类动词后缀，表示回复应有状态的“翻”属于情态类动词后缀。所谓“回复本有性状”，就是比较两个事件，一个是过去发生的事件，另一个是回复发生的事件。“翻”就是表示这两个事件的关系。

詹伯慧（1958）、张洪年（1972/2007）等学者认为“翻”的第三种用法有表示回复本有性状的意思。不过，“翻”黏附在形容词后其实有两种不同的情况（邓思颖 2001：52）。（98）隐含着那条柱子原来是高的，不过后来可能给砍短了，现在又恢复它的高度；（99）却没有这个意思，那条柱子原来不高，不过可能根据某些建议，现在把它加高了，达到应有的高度。按照张洪年（1972/2007）的分类，（98）表达了本有性状的意思，而（99）表达了应有状态的意思［又见本章（288）和（289）的讨论］。

（98）呢条柱高翻啰嚼。这条柱子高了。

（99）呢条柱高翻啲啰嚼。这条柱子高了一点了。

除了本有性状和应有状态两种意思外，“翻”还有一种比较特殊的用法，如（100），能黏附的动词相当有限，一般只有“得、剩、剩低、留、留低”。彭小川（1999：66，2010：99）认为“翻”的这种“回复”意义只是“纯主观的一种意念活动”，假设说话者的钱包原来有一笔钱，需要消费时，已做好支出的准备。钱用了后，剩下的又回复到他原来所有的。

这种一来一回的回复概念比较虚，因此她称为“意念上回复本有”。不过，方秀莹（2007：290）指出，假设（101）本来有三只杯子，现在剩下一只杯子，似乎没有一来一回的回复概念。她认为“翻”所比较的好像是多于一只杯子的“本有状态”和只有一只杯子的“现有状态”。本有状态的数量比现有状态的数量多，但具体的数字，并非“翻”所关心。以（102）为例，说话者根本忘记或者不知道本有状态应有多少天，只知道现有状态只剩下一天。“翻”所比较的，就是多于一天的本有状态和只有一天的现有状态。这种用法，似乎有比较两个事件的功能，应属于事件类动词后缀。

（100）我个银包得翻三蚊。我的钱包只剩下三块钱。

（101）张枱上面得翻一只杯。桌子上只剩下一只杯子。

（102）吓？得翻一日咋？什么？只剩下一天？

过（gwo3） 黏附在动词之后的“过”，除了之前提及过作为体类后缀之外，还可以表示“重新再做一遍”（张洪年2007：156）、“重新做某事”（李新魁等1995：561）、“重新、再次做某事”（邝永辉1998：167）、“重做一次”（徐芷仪1999：114）、“表示整个动作过程从头重复”（陈晓锦、林俐2006：119），如（103），听话者被要求重新再写。这个例子，动作是重复，两次的主语都是相同的人，而又有相同的经历；而（104）两次买书的主语不同（别人买第一次，说话者买第二次），但买书的经历却是相同的（张双庆1996：156）。严丽明（2009：136）进一步提出这个“过”不是纯粹表示动作的重复，还表示“对相关动作行为不如意结果的修正”。“过”的作用，确实联系了两个事件，一个是带出不如意结果的事件，一个是被修正的事件，由此引申出那种“重新再做”的意思。

（103）唔该你写过佢啦！请你把它再写一遍。

（张洪年 2007：156）

（104）借畀我嘅书唔见咗，我买过一本畀翻你。借给我的书不见了，另外买一本还给你。（张双庆 1996：155）

嚟……去（lei4…heoi3）　“嚟……去”黏附于重叠式动词，“嚟”在重叠式动词的第一个音节后，而“去”在第二个音节后，形成“V 嚟 V 去”的形式，可当作一种特殊的复合词，称为“并立式复合词”（朱德熙 1982：36）。表示“动作的反复多次”（高华年 1980：55）、“动作的多次重复”（李新魁等 1995：430），甚至可称为“多回体”（高华年 1980：55，植符兰 1994：158），如（105）。“嚟……去”对动词的词汇意义也有一定的要求，重复的动作，最好是能左右往返、来回摆动等动态动作。（107）和（106）比较，太阳跟鱼不一样，太阳不能摆动。严格来讲，“喊”（哭）只是流泪和发声，并不隐含身体的摇动，（108）还是不能说。“嚟……去”有动作上的要求，应来自表示往返的动词“嚟、去”的本义，跟普通话“来、去”的情况一样。

（105）我搵嚟搵去都搵唔到。我找来找去也找不到。

（高华年 1980：55）

（106）条鱼喺度游嚟游去。那条鱼在游来游去。

（107）＊个太阳升嚟升去。＊太阳升来升去。

（108）＊佢喊嚟喊去。＊他哭来哭去。

加上“嚟……去”的及物动词，不能再带宾语，也不能单独成句，可比较（109）和（110），后面必须接上另一个部分，如（105）的“都揾唔到”（都找不到）。跟不及物动词比较，如（106）的“游”和（111）的“跳”，及物动词和不及物动词两者明显有异。宾语也可以另一种方式出现，如（112）的话题。

（109）＊我揾嚟揾去吓本书。＊我找来找去那本书。

（110）＊我揾嚟揾去。＊我找来找去。

（111）佢跳嚟跳去。他跳来跳去。

（112）吓本书，我揾嚟揾去都揾唔到。那本书，我找来找去也找不到。

加上“都”的例子，“嚟……去”的理解跟量化类动词后缀“极”好像差不多，如（113）［可见本章（211）的讨论］。虽然（112）的“嚟……去”和（113）的“极”都有全称量化的功能，表示“每”的意思，但“嚟……去”所量化的对象是动作的次数，而“极”所量化的对象是方法，（113）的意思是指说话者用尽各种方法也找不到那本书。（114）和（115）比较，前者所量化的是吃面包的事件；后者所量化的是吃的方法，必须有多种吃的方法。由动作的量化，可引申出排他的意义，如（114）表示他只吃面包，不吃别的。

（113）吓本书，我揾极都揾唔到。那本书，我怎么找也找不到。

（114）佢食嚟食去都系面包。他吃来吃去都是面包。

（115）佢食极都唔饱。他怎么吃也吃不饱。

跟不及物动词的情况不同，能加上“嚟……去”的及物动词不一定要跟重复来回的动作有关，如（116）的“信”（信仰）是比较静态的事件。当然，这里所说的信仰也可理解为立场摇摆，是来回的引申义。

（116）佢信嚟信去都系咁嘅教。他信来信去都是这样的宗教。

黏附于不及物动词和及物动词的“嚟……去”应属于两个不同的类，前者是典型的事件类，表示动作的反复来回，可以单独成句；后者属于量化类，表示动作的次数，后面必须紧接另一个部分，构成复句。

7.2.3 程度

跟程度相关的动词后缀包括：“吓（haa5）、两、得、得滞、过头、极、哋”。这些动词后缀，主要跟动词或谓语所表示的程度、状态有关。这种功能相关的动词后缀，简单命名为“程度类”。

吓（haa5）　“吓”黏附在动词之后，如（117）。“吓”所表达的体可称为“尝试体”（张洪年 1972/2007）、“轻量体”（李新魁等 1995）、“短时体”（彭小川 2010）等。“吓”由“一下”省略而来，“一下”的“下”本来是动量词，用来量化动作的次数。虽然（117）的“吓”可以说成“一下”，但有些用例，如（118），“吓”不能被“一下”替换，说明粤语的“吓”已成为一个独立的语素，而不是在语音的层面由“一下”省略而来。粤语的“V 吓”跟普通话动词重叠的作用差不多，（117）的“睇吓”可以对应为普通话的“看看”，都表示尝试意义（Chao 1968，张洪年 1972/2007）。这种尝试意义应来自原本“一下”所表示的动量之小，或时量之短（李新魁等 1995：425）。（119）的“郁吓”（动动）不一定只动一下，也不一定指很短的时间，这里的用法，其实是指行为动作的程度之轻，“吓”有稍微之意。

（117）睇吓呢本书。看看这本书。

（118）我间中都睇吓报纸㗎。我有时候也看看报。

（张洪年 2007：174）

（119）我要郁吓。我要稍微动一下。

两（loeng5） 粤语单音节动词重叠后，中间可以加入“两”（郑定欧 1996），表示尝试体，形成“V 两 V”，如（120）。“V 两 V”跟“V 吓、V 一下”有点相似，形式上有个数词，意义上，都表示尝试体。第一个动词后也可以带上其他后缀，如（121）的“咗”和（122）的“得”。（122）的“得”应该理解为构成状态补语的“得”［见（126）的讨论］，说明“做”表达了一种状态，而“两做”就是用来描写这种状态。郑定欧（1996：17）把“两”当作“中嵌”（即中缀），不过“＊做得做”不成词，还是把“两”分析为后缀比较合宜，黏附在光杆动词（如“瞓”）或带上后缀的动词（如“赞咗、做得”）之后。“两”后的动词是所黏附的动词的重叠形式，该重叠形式可当作由重复动词形成的动量词演变过来。

（120）瞓两瞓就跎起身。还没有怎么睡就坐了起来。

（郑定欧 1996：16）

（121）畀人赞咗两赞就飘飘然。让人表扬两句就忘乎所以。

（郑定欧 1997：304）

（122）做得两做就话攰。才干不大一会儿就说累。

（郑定欧 1997：304）

跟“吓”不同，加上“两”的谓语只能用于复句内的分句，单独使用是不能说的，只能从属于后面的小句，如（123）。郑定欧（1996）认为包含“两”的从句和后面的主句跟“预期性”相关，（120）的“V 两 V”强调动作的方式，而“V 咗两 V”和“V 得两 V”侧重短时动作，由这几种方式形成的从句都能引出意料之中或意料之外的结果，甚至是负面的结果，由主句表示，并由语境决定。

（123）＊佢做两做。

加上“两”的谓语，所表示的意义不止于时间之短，还表示程度之浅，并由此引申出尝试的意思。“笃”（duk1）的意思是“戳、刺”，动作过程本来就很短，这里的“两”所强调的是动作的程度，有稍微之意，（124）的“轻轻力”和（125）的“大大力”突显了程度之异。

（124）佢轻轻力笃两笃就好翻。他轻轻地戳一下就好了。

（125）?? 佢大大力笃两笃就好翻。他用力地戳一下就好了。

得（dak1）　“得”是黏附在述补结构的述语之后的后缀，构成状态补语的一种。状态补语表示由动作、性状而呈现出来的状态，可以进一步划分为“描写补语”和“结果补语”两类（Huang 1988，邓思颖 2010）。（126）的补语“几好”（挺好）属于描写补语，跟述语“瞓”（睡）之间有一种情状的关系，“瞓”表达了静态的状态，“几好”就是用来描写这种静态的状态（Li and Thompson 1981：624—625）。

（126）我瞓得几好。我睡得挺好。

得滞（dak1 zai6）　“得滞”表示过分的程度，程度极深，相当于普通话的“太”（袁家骅等 1960/2001，饶秉才等 1981，麦耘、谭步云 1997，郑定欧 1997，李荣主编 1998，张励妍、倪列怀 1999 等）。“得滞”的语法性质，学者曾提出过不同的分析，有认为是副词（袁家骅等 1960/2001，高华年 1980，蔡建华 1995a，Peyraube 1997）、补语（张洪年 2007，黄伯荣 1993）、后缀/词尾（李新魁等 1995，张双庆 1997，邓思颖 2006a，Tang 2009）。我们把“得滞”分析为后缀，只黏附在形容词之后，如（127）；不能黏附在动词上，例如（128）。当“得滞”黏附在形容词之后，程度副词［例如（129）的“好、太、几”］、否定词［例如（130）的“唔”］不能再修饰形容词。“得滞”是一个表示程度的后缀，跟其他同样表示程度的成分有互排作用（邓思颖 2006a，Tang 2009）。

（127）佢恶得滞。他太凶恶。

（128）*佢笑得滞。

（129）*佢好/太/几恶得滞。

（130）*佢唔恶得滞。

过头（gwo3 tau4）　“过头”，表示程度过分（李新魁等 1995：561），相当于普通话的“太”（高华年 1980：145），黏附在形容词之后，如（131），或当作副词看待（蔡建华 1995a）。李新魁等（1995：561）认为“过头”跟“得滞”意义相近，两者一般可以互换。不过，我们觉得“过头”不光表示“太”，而且有超越预设标准的意思。（132）只是描述她太漂亮，不一定有贬义，只是有点夸张；但（133）所说的漂亮好像有点不正常，超出了标准。“过头”也可以说成“过龙”。[19]

（131）佢饱过头。他太饱了。

（132）佢靓得滞。她太漂亮。

（133）佢靓过头。她漂亮得太过分了。

极（gik6）　“极”主要黏附在形容词之后，部分动词也可以，[20] 表示“性质或状态达到任何高限度”，而后面的谓语用作“对此限度作贬抑”（李新魁等 1995：562），如（134）和（135）的“都有限”用作限制“叻”（聪明）和“钟意”（喜欢）的程度，表示“叻、钟意”所达到的最高程度。限制程度这部分不能少，“极”不能单独成句，（136）是不能说的。“极”可以黏附在双音节动词和形容词之后，如（135）的“钟意”和（137）的“论尽”（笨拙）。加了“极”以后，形容词不再受其他表示程度的成分修饰，如（138）的程度副词“好”（很）和否定副词“唔”（不）。所黏附的动词必须表示程度，不表示程度的动词，“极”是不能出现的，如（139）的“踢”。当“极”黏附在不表示程度的动词之后，则属于量化类［见（211）的讨论］。

---

[19] 李新魁等（1995：562）认为“行过头”的“过头”是补语，跟形容词后缀不同。我们认为“行过头”是“行+过头”的“紧缩形式”，跟普通话的“抽上瘾了”的组合方式差不多（朱德熙 1982：139），可重新分析为“行过+头”。如果有“咗”，只能说“行过咗头”。“头”也可以省略，可光说“行过咗”。“过龙”的分布跟“过头”相似。

[20] 这个“极”应有别于作为补语的“极”，如“靓极”（极美）（张洪年 2007：115）。

(134) 佢叻极都有限啦！他再聪明也是有限的。

(135) 佢钟意极都有限啦！他再喜欢也是有限的。

(136) ＊佢叻极。

(137) 你论尽极都冇佢咁论尽。你怎么笨拙都没他那么笨拙。

(138) ＊佢好/唔叻极都有限啦！

(139) ＊佢踢极都有限。

哋（dei2） “哋”黏附在单音节形容词重叠后所形成的词根，是形容词后缀，表示“略、稍微”的意思（袁家骅等2001：215），如“红红哋（hung4 hung2 dei2）、冻冻哋（dung3 dung2 dei2）”。单音节形容词重叠后，第二个音节变调，读成高升调。

除了形容词外，袁家骅等（2001：218—219）还列举了“佢会会哋打波”（他有点儿会打球）、“我敢敢哋食辣椒”（我有点儿敢吃辣椒），显示了“哋”也能黏附在重叠的助动词之后。[21] 张洪年（2007：172）也举了“哋”黏附在动词之后的例子，如“会会哋游水”（有点会游泳）、“食食哋辣”（能吃点辣）、“伤伤哋风”（有点伤风）。除了“会”以外，曾子凡（1989：366—367）还举了一些助动词重叠的例子，如“敢敢哋、识识哋、肯肯哋”，表示减弱的程度。除了助动词外，这种例子局限在述宾式复合词，述宾短语是不能接受

---

[21] 袁家骅等（2001：218—219）认为重叠后的助动词也要高升变调。“敢”本调是高升调“gam2”，本来已是高升调，看不出变化；“会”的本调是低平调“wui6”，他们把“会会哋”的读音标为“wui6 wui2 dei2”。现在香港粤语把“会”读成低升调“wui5”。

的，如“＊食食哋呢碗辣椒面”。此外，这种例子很例外，一般能表示程度或隐含能力的述宾式复合词也不能加“哋”，如“＊发发哋烧、＊煮煮哋饭（煮菜）、＊唱唱哋歌”不能说。张洪年（2007：172）指出“偶尔也会听到”表示程度的双音节动词（非述宾式复合词）和形容词能加入“哋”的例子，如“钟钟哋意、干干哋净”。除了这两例，我们觉得“火火哋滚（恼火）、牙牙哋烟（危险）、麻麻哋烦、论论哋尽（笨拙）”等也好像勉强可以接受。

7.2.4　变化

有些动词后缀表示事件的参与者有变化，受动作的影响。因事件的出现或变化受影响的参与者，可称为“感事”（experiencer）或“蒙事”（affectee）（以下统称“蒙事”）。跟蒙事有密切关系的动词后缀有“亲、着、到”，称为“变化类”。

亲（can1）　“亲”黏附在动词之后，表示“一种被动动作和行为，多少带有动作、行为虽已结束，但是动作、行为的影响却还存在着的意思”（詹伯慧 1958：119），“动作在比较急遽的情况下完成，完成后仍继续存在。带这个‘亲’的动词多数是表示感受的”（袁家骅等 2001：217），“谓词所引起的一种不如意的感受”（张洪年 2007：165），“动作已经完成……‘亲’往往用于表示感觉的动词后面”（高华年 1980：51），“表示动作、行为有某种后果或影响，而这后果或影响总是不好的”（李新魁等 1995：565），如（140）的“我”是蒙事，受“吓”的影响。如果有主语和宾语，“亲”指向宾语，如（141）的“我”才是蒙事，主语“只狗”不能是蒙事。在（140），不及物用法的“吓”属于“非宾格动词”（unaccusative）；在（141），及物用法的“吓”属于“使役动词”（causative）。“亲”不能黏附在其他不及物动词之后，如（142）的“喊”（哭）［可比较（206）］，属于“非作格动词”（unergative）（Gu and Yip 2004）。

（140）我吓亲。我给吓了一跳。

（141）只狗吓亲我。那只狗吓了我一跳。

（142）＊我喊亲。我哭了。

张洪年（2007：166）认为，如果宾语是无生命的物体，“亲”就指向主语，如（143）和（144）。事实上，这两个例子非常例外。无生命的宾语换成有定的话，“亲”只能指向宾语，并得出很奇怪的意义（用“??”表示），如（145）。即使沿用无定宾语，换成别的名词，“亲”也只能指向宾语，不是主语，如（146）。詹伯慧（1958：119）所用的例子是（147），宾语是光杆名词“石头”，并认为“亲”后面的宾语除了是“影响者”外，还可以是“接触者”。袁家骅等（2001：217）描述为“所触及的物体”。不过，宾语换成别的光杆名词，如（148）和（149），语感依然不好。

（143）我撞亲道门。我撞到一扇门。

（袁家骅等 2001：217）

（144）佢踢亲咁石。他踢到一块石头。

（张洪年 2007：166）

（145）??我撞亲呢道门。我撞到这扇门。

（146）??我撞亲架车。我撞到一辆车。

（147）佢撞亲石头。他碰着了石头。（詹伯慧 1958：119）

（148） ＊我撞亲门。我撞到门。

（149） ＊我撞亲车。我撞到车。

“亲”所指向的宾语，不能成为话题。（150）是话题句，原本是宾语的“我”移到句首，成为话题，而原来位置只剩下一个空位“____”。移位后，这个例子不能接受。不过，相比之下，被动句的接受度明显好得多，（151）是被动句，“吓亲”后面的“____”是指向“我”的空位，而“亲”能指向这个空出来的宾语。[22]

（150） ＊我啊，只狗吓亲____。我啊，那只狗吓了我一跳。

（151） 我畀只狗吓亲____。我被那只狗吓了一跳。

着（zoek6） “着”黏附在动词之后，表示结果（欧阳伟豪2008，2012），如（152）。[23] 当中的“玩”（难倒、作弄），有一种致使意义，事件呈现变化。“着”除了表示事件变化的结果外，还指向宾语“我”，“我”受动作的影响，是蒙事。“玩着我”也可以用另外一种方式表示，如（153）。在（153），致使意义仍然存在，只不过用了动词“攞”（拿）来承担，“着”所黏附的对象是“攞”，不是“玩”。“我”是“攞”的宾语，“着”指向宾语。“着”能黏附的动词，除了“玩”外，还有“搞”等，但为数不多。

（152） 你噉样即系玩着我啫。你这样做把我难倒了。

㉒ 形成话题句和被动句的方式有分别，详见邓思颖（2009e）的讨论。

㉓ 高华年（1980）认为“点着火、瞓着觉”的“着”表示继续体，张双庆（1996：155）认为这个“着”应该是补语。意义上，这个“着”跟这里的变化类动词后缀“着”不同。

（欧阳伟豪 2012：106）

（153）拶着我嚟玩。把我难倒了。

另一个“着”，也黏附在动词之后，不过指向主语，主语才是蒙事，如（154）的“我”。跟（155）比较，差异很明显，在（154），不幸的是说话者；在（155），不幸的是听话者。这种“着”能黏附的动词比较多，除了“识”外，还有“买、嫁、娶、做、教、住”（欧阳伟豪 2008，2012）。

（154）我识着你，真系唔好彩。我认识你，是我的不幸。

（155）你识着我，真系唔好彩。你认识我，是你的不幸。

“着”的出现表示事件有变化（如从无到有），不能黏附在形容词和静态动词之后，如（156）和（157）。（154）的“识”有动态的理解，可当作“交朋友”的意思，跟纯粹静态的心理活动动词，如（158）的“怕”是不同的。动作动词当中，“着”黏附在及物动词，如上述的“识”，不及物动词不能说，如（159）。不及物动词后有表示处所的补语，“着”能说，如（160）；如果没有处所补语，则不能说，如（161）。及物动词当中，宾语应能提供一个清晰的范围，光杆名词“字典”和无定名词“两本字典”是不能说的，如（162）。这些特点都说明“着”黏附的动词，所表示的事件，都必须是动态、有变化的，而主语就是事件变化的蒙事。这个“着”的用法，还往往隐含一个巧合的时空意义，如表示一个机会、一个偶然的情况、漫不经意的行为，如（154）、（155）的认识，可能是机缘凑巧；（160）坐在垃圾桶旁，绝对不是悉心安排的，只可能是一个意外；（162）所查的字典，也可能是偶然、不经意的发现，而不是故意的。加上副词“咁啱”

(gam3 ngaam1)（凑巧）和“特登”（故意）的（163），更能突显“着”的偶然意思。

（156）＊我肥着，……。

（157）＊你姓着陈，……。

（158）＊我怕着你，……。

（159）＊我喊着/＊我吓着，……。

（160）我坐着系个垃圾桶隔篱，……。我坐在一个垃圾桶旁边，……。

（161）＊我坐着/＊我坐着三分钟，……。

（162）我查着＊字典/＊两本字典/呢两本字典，……。

（163）我咁啱/＊特登查着呢两本字典，……。我凑巧/故意查这两本字典，……。

到（dou3）　“到”是黏附在述补结构的述语之后的后缀，构成状态补语的一种。状态补语表示由动作、性状而呈现出来的状态，可以划分为“描写补语”和“结果补语”两类（Huang 1988，邓思颖 2010）。在（164），“跳”的动作到了某一点后，呈现出一个状态，即动作所产生的结果，“好攰”（很累）就是表达了这种结果状态的补语，这种补语表达了事件到了某个程度后而呈现的结果状态（Li and Thompson 1982：626），属于结果补语。“我”是事件的参与者，受“跳”的变化影响，是事件的蒙事。“到”的使用，表示了事件的变化，也引导蒙事的出现，跟受影响意义有密切关系。

（164）我跳到好攰。我跳得很累。

7.2.5　量化

有些动词后缀跟谓语内的成分有密切关系，有量化的作用。量化的概念，包括范围扩充、全称量化、部分量、限制焦点等。跟量化概念相关的动词后缀，如“埋、晒、亲、极、噉、得”，前文提及的“嚟……去”，黏附在及物动词之后的［见（105）］，都应该属于量化类。跟这种功能相关的动词后缀，称为“量化类”。

埋（maai4）　“埋”黏附在动词之后，用来表示“扩充范围”（詹伯慧 1958，袁家骅等 1960/2001）。詹伯慧（1958：121—122）把“扩充范围”分为两种，一种可理解为普通话的“连……也”，另一种是“把某项进行中的动作、行为进行完毕”。前者指“指行为动作所及的事物、面积”（张洪年 2007：168）、“范围扩大至某一对象”（李新魁等 1995：559），后者指“动作本身而言，把已在进行中的动作，继续进行直至完毕为止”（张洪年 2007：168）、“动作等待继续完成”（高华年 1980：48）、“将动作或变化进行到底”（李新魁等 1995：559）。扩充事物的“埋”如（165），完成动作的“埋”如（166）。[24]（165）所比较的，可以是张三、李四，最后扩充至听话者。（166）的“食埋碗饭”除了指这个动作本身，表示继续完成的意思，也可以指宾语，如比较好几道菜，如前菜、汤、肉，最后扩充至饭。“埋”也可以指谓语所代表的动作，如（167）比较讲故事、唱歌，最后扩充至跳舞。这两种用法的“埋”也可以统一分析为“加添量化词”（additive quantifier）（P. Lee 2012）。

㉔ 詹伯慧（1958：121）原例子作“来”，今统一写作“嚟”。

（165）唔啱你去埋啦！不如你也去吧。

（詹伯慧 1958：121）

（166）你食埋碗饭就嚟嗮。你吃完这碗饭就来吧。

（詹伯慧 1958：121）

（167）唔单止要讲古仔、唱歌，仲要跳埋舞。不仅要讲故事、唱歌，还要跳舞。

“埋”黏附在表示取得义的动词后，表示“动作使得所及的对象积聚增加”（李新魁等 1995：559），如（168）。不过，他们所说的“积聚增加”，意义来自“咁多”（那么多）。如果换成（169）“呢本书”，就只有扩充事物范围的意思，没有增加之意。其实（168）的“埋”也属于扩充事物范围一类，所比较的对象，除了原来已有的物件外，还扩充至更多同类的物件。

（168）要埋咁多做乜嘢？要下那么多干什么？

（李新魁等 1995：559）

（169）要埋呢本书做乜嘢？要下这本书干什么？

“埋”也可以表示“动作的范围只及于某一对象”，而“所说行为多为说话人所不赞同”（李新魁等 1995：560），如（170），好像表示动作限于某个范围，跟期待的情况有异，有“专门、偏偏”的意思。这种所谓“专门、不赞同”的意思，引申自“埋”原本扩充事物范围的功能。通常扩充范围的对象，是最后的一个可能性，而可能性一般不高。如果这个最低的可能性一般人不做，由此容易引申出说话者的主观评价，或带有贬义。其实上述的（167），跳舞的可能性是最低的。在特定的语境下，跳舞并非一般人所为的话，说话者可对跳舞作出负面的评价。

（170）你条友乜做埋啲嗽嘅事啊？你这小子怎么专干这样的事？（李新魁等1995：560）

如果宾语包含了负面色彩的成分，如（170）的指示代词“嗽嘅”（这样的）、（171）的“隔夜饭”（剩饭），“不赞同”义比较容易突显。只说“饭”，“不赞同”义消失了，如（172）。复数量词“啲”（些）也起作用。没有“啲”的（173）只表示普通的扩充事物范围或继续完成的意思。换成无定“一啲”（一些）和有定“呢啲”（这些），都缺少了“专门、不赞同”的意思，如（174）和（175）。如果“连”把宾语提前，如（176），“不赞同”义消失了，只剩下范围扩充的意思。

（171）佢食埋啲隔夜饭。他连剩饭也吃/他吃完剩饭/他专门吃剩饭。

（172）佢食埋啲饭。他连剩饭也吃/他吃完剩饭。

（173）佢食埋隔夜饭。他连剩饭也吃/他吃完剩饭。

（174）佢食埋一啲隔夜饭。他连剩饭也吃/他吃完剩饭。

（175）佢食埋呢啲隔夜饭。他连剩饭也吃/他吃完剩饭。

（176）佢连啲隔夜饭都食埋。他连剩饭也吃。

“埋”的所谓“专门”义，应跟“啲”有关。“啲”除了表示复数外，还可以表示类指（Au Yeung 1997，Cheng and Sybesma 1999）。（171）“啲”和（174）“一啲”有别，前者表示类，后者表示无定的复数。连一般人所不为的类都去做去选择的话，就容易引申出一种排他意义，即排除了其他一般人所为的类，得出“专门”义。“晒”表示全称量化，“埋”加上“晒”的话，如（177），动作的重复致使宾语的量得到积累（莫华 1993），更容易突显由全称意义而引申出的排他意义（李新魁等 1995：502），即只吃剩饭，不吃别的，得出那种“专干某事，又表示这个行为全部及于某一对象”之意（李新魁等 1995：560）［又见本章（194）的讨论］。只有“晒”没有“啲”，如（178），虽然比不上（177）顺口，但还是有那种“专门”义。（179）的“连”把宾语提前，“专门”义消失了，“晒”的全称意义跟“埋”的扩充事物范围不兼容，“晒”的完结义又跟“埋”的继续完成不兼容，结果（179）不能说。

（177）佢食埋晒啲隔夜饭。他专门吃剩饭。

（178）佢食埋晒隔夜饭。他专门吃剩饭。

（179）＊佢连啲隔夜饭都食埋晒。

加上“埋”的动词还可以重叠，形成“V 埋 V 埋”和“VV 埋埋”的形式，都表示动作行为的重复和量的积累（莫华 1993：82）。李新魁等（1995：430）认为这两种形式所表示的多次反复过程，“V 埋 V 埋”侧重于“过程的长时间持续”，“VV 埋埋”则侧重于“过程的完成及动作对象的全部聚拢”。动作的重复通过“V 埋 V 埋”和“VV 埋埋”的形式表达出来，能使宾语的量得到积累，效果跟“晒”差不多（莫华 1993），也能突显上述提到的排他意义，如（180）和（181）。

（180）佢食埋食埋啲隔夜饭。他专门吃剩饭。

（181）佢食食埋埋啲隔夜饭。他专门吃剩饭。

晒（saai3）　“晒”黏附在动词和形容词之后，表示

“全盘概括，一体皆然”（张洪年 2007：169），相当于普通话的“全、都、光、完”，跟粤语“冚唪呤”（ham6 baang6 laang6）意义相近（袁家骅等 2001：222）。李新魁等（1995）把“晒”分为两类，一类表示“范围涉及全部对象，即所涉及的对象有周遍性”（李新魁等 1995：502），如（182）；另一类表示“程度深，或者某种状态达到完全、彻底的地步”（李新魁等 1995：562），有“加强语气的作用”（饶秉才等 2009：193），如（183）。就第一类用法而言，“晒”表示概括、全部的“周遍性”意义，意思是说（182）的那三个苹果全被吃光，“晒”可以视作谓词演算里的“全称量化词”（universal quantifier）（李行德 1994；Tang 1996a，1996b；P. Lee 2012；李宝伦 2012 等），而（182）“晒”的量化对象是宾语“吓三个苹果”。

（182）佢食晒吓三个苹果。他把那三个苹果都吃光了。

（183）多谢晒！非常感谢！

“晒”的量化受语法条件的限制，可总结为以下几点：可分割性、有定限制、谓语制约、量化方向（莫华 1993；李行德 1994；Tang 1996a，1996b）。被“晒”所量化的名词必须可以分割，如（182）的复数“吓三个苹果”，虽然（184）的“杯水”不算是复数，但一杯水可以分割为若干等分，“晒”就是量化一杯水的各等分。被“晒”量化的名词必须是有定，如（182）的“吓三个苹果”；如果是无定，接受度稍逊，如（185）。

（184）我饮晒杯水。我把那杯水喝光了。

（185）？佢食晒三个苹果。他把三个苹果都吃光了。

"晒"所出现的谓语，必须表示变化的事件，包括完结事件［如（182）］和达成事件［如（186）］，没有自然终结点的活动事件［如（187）］和状态［如（188）］都不能说。㉕ "晒"的量化方向是"先宾后主"，先指向宾语［如（182）］；如果句法上没有宾语，才可指向主语［如（186）］。（189）之所以不能说，是因为宾语不符合可分割性和有定限制的要求，但在有宾语的情况下，"晒"又不能指向主语。㉖

（186）佢地死晒。他们死光了。

（187）＊佢地喊晒。他们都在哭。

（188）＊佢地系晒大学生。他们都是大学生。

（189）＊佢地摘晒一朵花。他们都摘了一朵花。

"晒"不仅量化名词，还有一种对事件和事件参与者的匹配作用（Tang 1996b）。（190）和（191）这组例子突显了"晒"的匹配作用。假设"呢两个人"指张三和李四，在（190），张三可跟李四结婚，但在（191），张三不能跟李四结婚，他们只能分别跟别的人结婚。"晒"量化"呢两个人"，根据可分割性的要求，把"呢两个人"分割为张三和李四两个成分，每个成分各跟一个结婚事件匹配，最终得出两个不同的结婚事件。由于每个结婚事件都包含两个人，结果产生两对

㉕ 如果（187）理解为由不哭到哭，事件有变化，则可以接受。"喊晒"也能用来形容伤心的程度，表示极度之深，而并非表示每个人都在哭。

㉖ 文献对"晒"的量化方向问题有不少的讨论，可见欧阳伟豪（1998），彭小川、赵敏（2005：337），彭小川（2010：59），李宝伦、潘海华（2007），P. Lee（2012）等。

不同的组合：第一个组合是张三和某人结婚，第二个组合是李四和另一个人结婚。

（190）呢两个人结婚。这两个人结婚了。

（191）呢两个人结晒婚。这两个人都结婚了。

“晒”还有一种排他意义（Tang 1996a，1996b）。（192）好像有一种排他意义，即小明只挑选苹果，没有挑选别的。“晒”这种用法其实隐含了一个时空成分，这个时空成分作为“晒”的量化对象（Tang 1996b）。以（192）为例，“晒”预设了一个空间，并量化这个空间，分割为若干份（如一个袋子的所有容量、100 元的每分每毫），每份都匹配到一个挑选苹果的事件。穷尽了所有匹配的可能，都是挑选苹果，因此产生出只挑选苹果的排他意义。（193）也有相似的情况，“晒”预设了一个时间，并量化这个时间，分割为若干份（如一天的 24 小时），每份都匹配到一个逛街的事件，由于每个小时都用来逛街，得出只逛街而没做别的的排他意义。“埋”和“晒”的连用，更能突显这种排他意义，（194）的“晒”预设了一个时间，每段时间（如每天）都匹配到吃剩饭的事件，结果好像只吃剩饭而不怎么吃别的［又见本章（177）的讨论］。

（192）小明拣晒苹果。小明只挑选苹果。

（Tang 1996b：318）

（193）佢去晒街。他把时间都用来去逛街。

（194）佢食埋晒啲隔夜饭。他专门吃剩饭。

加深程度的“晒”主要黏附在形容词之后，如（195）的“冻”（凉），也可以黏附在表示程度的动词之后，如（183）

的“多谢”，跟程度的量化相关（P. Lee 2012）。“晒”虽然能表示程度深，而词典一般用普通话的“太、非常”等来对应（饶秉才等 1981/2009，郑定欧 1997，麦耘、谭步云 1997/2011，李荣主编 1998，张励妍、倪列怀 1999，刘扳盛 2008 等），但不是所有受“太”修饰、表示程度深的例子都可以随意替换为“晒”。（196）不能说，不能用来表示绿的程度。（195）和（196）的分别，就是前者有变化的过程（由热变凉），但后者没有，因为海本来就是绿色。（197）的“得滞”和“过头”都表示程度深［见本章（127）、（131）的讨论］，跟“晒”不同之处，是“得滞”和“过头”描述静态的程度，而“晒”侧重变化的过程。

（195）碗汤冻晒。这碗汤都凉了。

（196）＊个海绿晒。海太绿了。

（197）个海绿得滞/过头。海太绿了。

表示程度的动词，也不一定能加“晒”，能加的为数不多，如（198）和（199）。（200）是不能说的，其他不能说的例子还有“惊、怕、钟意、同意”等。

（198）我服晒佢。我非常佩服他。

（199）我信晒佢。我非常相信他。

（200）＊我憎晒佢。我非常憎恨他。

述宾式复合词的情况较为特殊，不少能加上“晒”。有些能表程度（受程度副词修饰）如“捞晒命”（要命），有些不表程度（不能受程度副词修饰）如“拍晒手、笑晒口”（欧阳伟豪 2008：51）。徐芷仪（1999：38）认为述宾式复合词的“晒”属于中缀。Matthews and Yip（2011：256—257）则认为

"离晒谱、抓晒头、踢晒脚"等例子属于惯用语（idiom）。

根据欧阳伟豪（2008：50—51）所罗列的25个例子，我们重新整理，发现"晒"在述宾式复合词中的出现有一定的规律，并非无迹可寻。构成这种复合词的名词都跟人体部位有关，如头、五官、四肢、身躯等，所发出的动作，理论上都是能看得到的情状，如"掠晒头、反晒面、咪晒眼、眨晒眼、反晒白眼、笑晒口、拍晒手、踢晒脚、起晒杠、拍晒心口、拗晒腰、乌晒身、喘晒气、扯晒火、拶晒命"。"杠"（gong6）是螯，人虽然没有螯，但也是肢体的一部分。"气"和"火"虽然比较抽象，但一般认为可通过五官散发出来。"命"跟整个身体都有关。至于"拍晒枱、摞晒地、腾晒鸡、发晒癫、发晒烂渣、发晒狼戾"，虽然跟身体部位没有直接关系，但也可通过手（"拍晒枱"）和整个身体（"摞晒地、腾晒鸡、发晒癫、发晒烂渣、发晒狼戾"）的动作体现出来。这些复合词主要用来形容"形诸外"的动作情状，有用力、起劲的意思，也带点夸张色彩，而且往往可以加上指示代词"噉"（gam2）（那样），如"笑晒口噉"（面露微笑那样），有一定的指称能力。至于"离晒谱、黐晒线、转晒軚、硬晒軚"的"谱、线、軚（方向盘）"，都跟身体无关的，算是"特殊"的例子，可用来形容较为抽象的情况，并非用来形容动作。

除了这25个例子外，我们还找到不少能加上"晒"的述宾式复合词，如"拧晒头、开晒口、开晒声、O晒嘴、伸晒脷、流晒口水、起晒瘀、标晒汗、举晒手、耍晒手、反晒肚、瞓晒身、摆晒甫士、作晒状、扮晒嘢"等，"甫士"（pou1 si2）来自英语"pose"，跟"作状"（做作）的"状"、"扮嘢”（装样子）的“嘢”的意义都差不多，跟姿势有关。“收晒火”的“火”跟上述“扯晒火”的“火”一样，是身体内较为抽象的成分。“搭晒糖”的性质跟上述“拍晒枱”差不多，都是通过身体动作体现出来。这个“晒”跟用力、起劲等情状有关，而且往往带点夸张之意，应该是形容程度的一种引申用法。

“晒”还能黏附在所谓“表示感谢意义的动词”（饶秉才等2009：193）或“抱歉意义的动词”（莫华1995：63）后面，如“多谢、唔该（谢谢）、多得、麻烦、滚搅、失礼”等（李荣主编1998：106），有“太、非常”的意思，用来加强语气。欧阳伟豪（1998）认为事情完成后这种“晒”才可以说，并举出（201）的对话来说明。当甲开始提出请求时，搬走桌子的事情还没出现，他不能说“唔该晒”，只能待乙答应后或事情完成后，甲才可以说“唔该晒”。[27] 彭小川、赵敏（2005：337）、彭小川（2010：59）也认同“晒”的感谢内容应已实现。

（201）甲：唔该你帮我搬走张枱，好唔好呀？请你帮我搬走这张桌子，好不好？

乙：好呀！好啊！

甲：唔该晒！谢谢！　　（欧阳伟豪1998：62）

“晒”这种用法，应该理解为感叹，跟动词构成感叹句，甚至跟动词重新分析成为感叹词的一种。由于句类的限制，

---

[27] 石定栩（2010：90）认为“唔该晒”不宜只感谢一件事情。（201）的语境所示，“唔该晒”所感谢的显然只有一件事情。

“晒”不能进入祈使句。(201) 甲说的第一句话是祈使句，所以“唔该晒”不能说；甲的第二句话是感叹句，能用“唔该晒”。

即使乙已答应搬桌子，或搬桌子已完成，(202) 还是不能用来复述 (201) 所发生的事情。(202) 是陈述句，跟只用于感叹句的“唔该晒”句类不符，因此不能说。(203) 是疑问句，不能接受的原因也跟句类有关。

(202) *阿甲唔该晒阿乙。甲非常感谢乙。

(203) *系唔系失礼晒啊？ *是不是不成敬意呢？

莫华 (1995：63) 认为这个“晒”所黏附的动词是一个“封闭系统”。事实上，跟感叹相关的“晒”，所黏附的动词不止于所谓“感谢动词”或“抱歉动词”，凡说话者表示感叹的谓词，尤其是跟感觉、身体状况相关的，“晒”都能出现，如“顺晒、爽晒、掂晒、舒服晒、安乐晒”等，往往是正面的谓词，负面的也有，不过为数不多，如“散 (saan2) 晒”(太累了)。

这个表示感叹的“晒”，可能从时空量化引申到表示程度之深。文映霞 (2010：96) 根据“晒”具时空量化的特点 (Tang 1996b)，进一步假设“晒”用了“时间”线上的持续，表示“程度”线上的加强，并引述有些粤语母语者会用“好耐都唔该”来表达“唔该晒”的意思，用“好耐”(好久) 来对应“晒”，正好证明了这种所谓加强程度的“晒”与时空量化的关系。如果这个思路是正确的，加强程度的“晒”也跟量化有关。

亲 (can1)　“亲”黏附在动词之后。除了表示事件的变化和蒙事不如意的感受外，“亲”还表示一种一经发生，马上就会引起的某种相应后果（詹伯慧 1958：119，袁家骅等 2001：217，张洪年 2007：166），短暂的动作（植符兰 1994：159），某种结果的动作实现（李新魁等 1995：564），有“每次、每当”的意思（詹伯慧 1958：120，袁家骅等 2001：218，张洪年 2007：166，高华年 1980：54），如（204）。“亲”在这种句子的用法，表达了事件的次数，有全称量化的作用，也就是“每次、每当”的意思。

（204）佢郁亲就痛。他一动就痛。

除了静态动词之外［如（205）］，“亲”能黏附在大多数的动态动词之后，包括及物动词和不及物动词，如（206）和（207）。虽然“亲”在这些用例仍然带有一点不如意的意思［见（140）和（141）的讨论］，句中的主语“佢”（他）可理解为蒙事，但“亲”也可以跟无生命的主语一起出现，如（208）的“个窗”，甚至在无主句出现，如（209）。“亲”所量化的对象是事件，事件必须能反复出现，“死”只能发生一次，因此，除非（210）是用来描述演员角色，否则是不能说的。

（205）*佢系亲学生都……。他每次是学生，……。

（206）佢喊亲就好痛。他一哭就很痛。

（207）佢睇亲呢本书都好唔开心。他每次读这本书都很不开心。

（208）个窗渗亲水都会烂。那个窗每次渗水都会烂。

（209）落亲雨都唔停。每次下雨都不停。

（210）??佢死亲都好惨。每次他死都死得很惨。

极（gik6）　“极”黏附在动词之后，表示“竭尽全力或用尽任何办法做某事”，后面的部分“对此努力或办法作贬抑”（李新魁等 1995：563），一般带“都”和“唔”（不）（高华年 1980：145），如（211）表示无论用什么办法教他，他也不会。“极”有一种全称量化的作用，指向隐含教他的方法，可理解为普通话“无论怎么、无论用什么方法”的意思。“极”后面的谓语或小句不能缺少，“极”不能单独成句，（212）是不能说的。“都”一定出现，但却不一定要有否定副词，（213）是可以说的。跟黏附在形容词和表示程度的动词之后的“极”不同［见（134）和（135）的讨论］，不表示程度的动词后的“极”，后面的部分不表示程度的限制，而是表示动作的结果。“极”所量化的是方法，不是事件本身，（214）不是说他死了很多次，而是说他用了很多方法去死。

（211）佢教极都唔识。怎么教他也不明白。

（212）＊佢教极。

（213）做极都系芝麻官嘅喇。再怎么做，也只是当芝麻官了。

（李新魁等 1995：563）

（214）佢死极都死唔去。他无论用什么方法去死也死不去。

“极”一般黏附在单音节动词之后，双音节的稍为别扭，（215）的“倾”（谈）和（216）的“讨论”意义差不多，都有讨论之意，但两者还是有些差别。“极”可以黏附在述补式复合词后，如（217），但形容词构成的黏合式述补结构，有些可以，如（218），有些不可以，如（219）。“缩细”（缩小）和“煮熟”的差别是形容词“细”（小）可以有不同程度的小，但“熟”只有一个绝对的程度，要么是熟，要么是不熟。动词构成的黏合式述补结构，“极”都不能出现，如（220）。

（215）我地倾极都倾唔完。我们怎么谈都谈不完。

（216）我地讨论极都讨论唔完。我们怎么讨论都讨论不完。

（217）个办法改良极都冇用。那个办法怎么改良都没用。

（218）张纸缩细极都唔啱标准。那张纸怎样缩小都不符合标准。

（219）＊碗面煮熟极都唔好食。那碗面怎样煮熟都不好吃。

（220）＊佢杀死极都冇事。怎么杀他都没事。

“极”所黏附的动词，可以是及物动词，如（211）的“教”，也可以是不及物动词，如（214）的“死”。受事可放在动词之前，如（211）的“佢”（他），也可以在原来宾语的位置，如（221）。如果同时有主语和宾语，“极”后面的谓语只能指向宾语，在（221），不明白的是宾语“佢”，不是主语“我”。（222）的“唔攰”（不累）只能指向宾语“呢个波”（这个球），不能指向主语“我”。然而，语用上，人才会累，球不会累，结果（222）不能接受。（223）“极”后面的谓语换成“唔烂”（不破），可以指向宾语，也只能指向宾语，可以接受。如果要指向主语，宾语必须省略，如（224）。“极”也隐含受影响的意义，“极”后面的谓语，所指向的论元，其实就是蒙事。下列例子的谓语“唔识（不明白）、唔烂（不破）、唔攰（不累）”，就是动作“教、踢”出现后所产生的结果，这个结果指向与“极”相关的蒙事论元，如（221）的宾语“佢”（他）、（223）的宾语“呢个波”（这个球）、（224）的主语“我”。

（221）我教极佢都唔识。怎么教他也不明白。

（222）＊我踢极呢个波都唔攰。我怎么踢这个球也不累。

（223）我踢极呢个波都唔烂。我怎么踢这个球也不破。

（224）我踢极都唔攰。我怎么踢也不累。

噉（gam2） “噉”黏附在动词和形容词之后，如（225）和（226），[28] 有一种“完成”“达到某种程度”的意思（饶秉才等 1981/2009，陈慧英 1994，张励妍、倪列怀 1999），表示一种跟量化有关的概念，如“部分量”（partitive）（Yue-Hashimoto 1993，邓思颖 2003b）、“部分完成”（张双庆 1996）、“数量减少”（麦耘、谭步云 1997/2011）。“噉”的用法颇为灵活，甚至可以黏附在从英语借来的外来词之后，如（227）的“send”（送、寄）。

（225）佢食噉一个苹果。他吃了一个苹果。

（226）杯咖啡热噉啲。那杯咖啡热了一点。

（227）你最好 send 噉啲嘢。你最好把这些东西送出去。

“噉”有量化的功能，核心意义是表达了现状跟预设的数量或跟预设的程度不一致（邓思颖 2003b）。表示预设数量和预设程度的“噉”，分布是有条件性的，黏附在动词后，受量化的成分是预设集的一个子集；黏附在形容词后，隐含了一个应有的、理想的预设程度，而现状则偏离了这个预设的程度（邓思颖 2003b）。以（225）为例，说话者在心目中基本上有一个预设的集（set），而受量化的成分是“噉”后面的宾语“一个苹果”，属于该集的子集（subset）。实际上隐含着从一

---

[28] “噉”也可以读作“gan2”，音节尾的双唇鼻音变化为齿龈鼻音。

堆预设的苹果中吃掉了其中的一个，受量化的名词短语“一个苹果”就是预设的苹果的一个子集，得出所谓部分量的意思，可对应为普通话的“其中”。在（226）中，“嘞”黏附在形容词“热”后，说话者预设“咖啡”应该有一定的温度，而“嘞”的作用就是表达了事实上那杯咖啡比应有的温度热了一点，目前的温度跟预设的温度有一个距离。这里“嘞”的用法，大概可以对应普通话的副词“太、稍”（邓思颖2003b）。

“嘞”的量化受语法条件的限制，可总结为以下几点：量化方向、数量要求、无定限制、谓语制约等（邓思颖 2003b）。“嘞”只能量化后面的成分，如（225）的宾语，不能量化主语，只有主语的（228）是不能说的。虽然形容词谓语只有主语，不能带宾语，但（226）的“啲”不能缺少，（229）是不能说的。这个“啲”表示了形容词所描述的程度，作为补充形容词的功能，（226）的“嘞”实际上就是量化“啲”，即形容词所描述的程度。

（228） ＊啲细路仔笑嘞。（部分）小孩子笑了。

（229） ＊杯咖啡热嘞。那杯咖啡热了一点。

受“嘞”量化的成分必须是有数量的体词，如上述（225）的“一个苹果”。表面上没有数词的（230），可以理解为是数词“一”的省略；（226）的量词“啲”也可以理解为“一啲”的省略，仍包含了数量。除了“啲”，其他表示数量的成分也可以在“嘞”后出现，如（231）。（232）的光杆名词“苹果”是不能说的。受“嘞”量化的体词必须是无定，（233）的指示代词“吓”（那）表示有定，不能接受。

（230）佢食嗮个苹果。他吃了个苹果。

（231）小明矮嗮两吋。小明矮了两吋。

（232）＊佢食嗮苹果。他吃了苹果。

（233）＊佢食嗮吓个苹果。他吃了那个苹果。

跟“嗮”搭配的动词谓语往往表达了一个有时空变化的事件，（225）的吃那个苹果是一个有过程、有变化的动态事件；虽然（234）和（235）的事件都有过程，但前者没有终结点，没有变化，后者的终结点通过“走”来表示，属于有变化的事件。静态的（236）不能接受。形容词谓语的要求不一样，仍属于静态的事件，不需要表示动态的变化。

（234）＊佢揸嗮一架车。他开了一辆车。

（235）佢揸嗮一架车走。他开了一辆车走。

（236）＊佢似嗮一个人。他像一个人。

“嗮”不能跟否定词共用，如（237）的“冇”（没有）和“未”（还没有）、（238）的“唔”（不）。“冇、未”是用来否定事件的发生的。假设“嗮”强调事件的结果，从功能角度来考虑，从没发生的事件就根本不可能有结果，因此（237）不能接受。“唔”基本上是用来否定状态。假若“唔”所否定的不是形容词所表示的状态，而是由一个听不见的助动词所表示的情态的意义，如（239），就没有问题。这个听不见的成分也可以补出来，如（240）的“肯”。

（237）＊佢冇/未食嗮一个苹果。他没有/还没有吃一个苹果。

（238）＊佢唔瘦嗮啲。他不瘦。

（239）如果你唔瘦嗮啲，就会连条裤都着唔落。如果你不肯瘦一点儿，就会连这条裤子也穿不下。

（240）如果你唔肯瘦啲啲，就会连条裤都着唔落。如果你不肯瘦一点儿，就会连这条裤子也穿不下。

得（dak1）　“得”黏附在动词之后，表示“只有”的意思（T. Lee 1995，陆镜光 1999，邓思颖 2000a，Tang 2002，李宝伦、潘海华 2007），有一种量化的作用，表示限制焦点，如（241）。㉙

（241）佢睇得一本书。他只看了一本书。

“得”的量化受语法条件的限制，可总结为以下几点：量化方向、数量要求、谓语制约等（邓思颖 2003b，Tang 2002）。“得”的量化方向受制约，（242）的“得”只能量化宾语，不能量化主语，这个例子只表示“只有两份报告”，却没有“只有三个学生”的意思；（243）没有宾语，但“得”不能量化主语，因此不能接受。㉚（244）的“一次”表示动量，（245）的“三个钟”表示时量，严格来讲，不属于宾语，或称为“准宾语”（朱德熙 1982），但它们在“得”之后，仍可被“得”量化。“得”只能量化表示数量的体词。无论是有定［如（246）的“吓一本书”］还是无定［如（241）的“一本书”］，都能受“得”的量化。

（242）三个学生写得两份报告。三个学生只写了两份报告。

（243）＊吓三个学生去得。只有那三个学生去。

㉙ 出现在句首的“得”，如“得一本书佢睇咗”（只有一本书他看了），虽然也表示“只有”的意思，但属于动词，跟这里的后缀形式不同。详见邓思颖（2003b）、Tang（2002）的讨论。

㉚ 假如（243）能说，“得”只表示可以的意思，属于不同的语素。

（244）佢去得一次。他只去了一次。

（245）佢瞓得三个钟。他只睡了三个小时。

（246）佢睇得吖一本书。他只看了那一本书。

“得”要求谓语能表示有变化的事件，如（241）的看一本书，或事件有个范围，（247）的“喊”（哭）所表达的虽然是没有自然终结点的活动事件，但“半分钟”为哭的过程标示清晰的范围。（248）的形容词“红”并非表示静止的状态，该句隐含花朵曾经红过但现在已不再红的意思，经历了变化，有动态的理解。（249）并非说小明只有三呎高，而是只长高了三呎，形容词“高”表达了动态的事件。

（247）个啤啤喊得半分钟。那个婴儿只哭了半分钟。

（248）朵花红得两日。那朵花只红了两天。

（249）小明高得三呎。小明只长高了三呎。

7.2.6 情态

有些动词后缀表示情态、能愿意义，跟允准、必要、可能、能力、评价、意愿等概念相关。这类动词后缀有“得、硬、梗、翻”。跟这种功能相关的动词后缀，称为“情态类”。

得（dak1）　“得”黏附在动词之后，表示“事件或动作发生的可能性”（张洪年 2007：125），表示动作是“可能实现”，包括“有主观能力、有客观可能、客观情势许可”（李新魁等 1995：563），如允准、能力/功能/性能、可能、准备就绪、条件已具备或条件成熟等各种意义（陆镜光 1999）。这些意义都算是情态意义（邓思颖 2000a，Tang 2002，Cheng and Sybesma 2004）。如（250）的“得”，可表示允准，也表示可能；（251）的“得”，能力的意义比较明显。事实上，“得”的各种情态意义不容易截然区分，一般由语境决定，正如陆镜光（1999：219）所说，“在某语境中，当说话人有权允许或阻止对方做某件事的时候，‘V+得’往往可以理解为‘准许’的意思。反过来说，如果说话人无权允许或阻止对方做某件事的时候，而当时的情况让我们想到主体应有能力去做某事时，就有‘能力’义”。以语境作为标准，（250）的吃饭有可能被阻止，“得”偏向允准义；（251）的吃辣不需得到别人的允许，“得”则偏向能力义。

（250）我食得饭。我可以吃饭。

（251）我食得辣。我能吃辣。

语法条件对“得”的理解有一定的作用。如果宾语是有定，如（252），“得”可表示允准或可能。在特定语境下，（252）的“得”也可以表示能力（如有钱可以吃饭）。如果宾语是无定，尤其是有数词的出现，如（253），情态意义减弱，焦点意义则比较明显（陆镜光 1999，邓思颖 2000b，Tang 2002）。粤语的量名短语（“量词+名词”组合），既可表示有定，又可表示无定。如果宾语是量名短语，如（254），似乎只能理解为有定，而“得”的允准义和可能义比较明显。

（252）我食得呢碗饭。我可以吃这碗饭。

（253）我食得一碗饭。我只吃了一碗饭。

（254）我食得碗饭。我可以吃这碗饭。

至于光杆名词，“得”的理解比较自由，可以表示允许、可能、能力等［如（250）和（251）］。在粤语熟语中，一般是类指意义的光杆名词，表示可能的（255）、表示能力的

（256）和（257）。

（255）泥水佬开门口——过得自己过得人。自己过得去，也让人家过得去。

（256）入得厨房，出得厅堂。形容女子既美丽又能操持家务。

（257）食得咸鱼抵得渴。做好承受后果的准备。

“得”也可以黏附在动词之后而后面没有宾语。张洪年（2007：127）把这种“V 得”分为两类，一种表示“可以”，如（258）；一种表示“能够”，如（259），可以指那个人不能玩，玩玩就累，玩玩就不想玩，或不能跟他开玩笑。

（258）呢啲嘢，唔玩得！这些东西，玩不得。

（张洪年 2007：127）

（259）呢个人，唔玩得。这个人，不能玩儿。

（张洪年 2007：127）

除了意义不同外，这两种“V 得”应该由两个不同的“得”构成：一个“得”黏附在动词之后，维持动词的词类，也维持原来“可以”的意义（为方便讨论，写作“$得_V$”）；另一个“得”黏附在动词之后，但能改变词类，由原来的动词变为形容词，只表示“能够”的意思，并且可表示程度（为方便讨论，写作“$得_A$”）。如果把宾语补回去，（260）维持原来“可以”的意思，（261）也只有“可以”的意思，“能够”的意思消失了。（261）带宾语的“V 得”是动词，不是形容词。

（260）唔玩得呢啲嘢。这些东西，玩不得。

（261）唔玩得呢个人。不能跟这个人开玩笑。

张洪年（2007：127）也注意到表示“能够”的“V 得”

可被程度副词修饰，“用法有点像形容词”，如（262）。受副词修饰的“V 得”是形容词，不能带宾语，（263）是不能说的。表示“可以”的“V 得”不表示程度，不能被副词修饰，如（264）。及物动词加上了“$得_A$”以后，原来的主语可继续做主语，如（265），原来的宾语也可以成为主语，如（266），（267）的“佢”有歧义，可以是原来的主语（能打人），也可以是原来的宾语（能挨打）。

（262）呢个人好玩得。这个人很能玩。

（263）＊好玩得呢个人。

（264）＊呢啲嘢好玩得。这些东西很能玩。

（265）佢好食得。他很能吃。

（266）呢本书好卖得。这本书卖得很好。

（267）佢好打得。他很能打。

不少动态动词都能加“$得_A$”，改变词类，表示“能够”的程度，如“行得、生得、踢得、洗得、卖得、睇得、讲得、饮得”；来自英语的外来词也能加“$得_A$”，如“sell 得、talk 得”。不过，有些动词虽然意义接近，但还是不能受副词修饰，如“去得、死得、喊得、杀得、扫得、买得、望得、听得、闻得、吞得”等，这些例子的“得”都是“$得_V$”，不改变词类，只表示“可以”的意思。音节数量也可能是一个限制，双音节动词只能加“$得_V$”，如“报告得、处理得”等，来自英语的双音节外来词也不例外，如“copy 得（可以拷贝）、present 得（可以报告）”等，也只能加“$得_V$”。加上“$得_A$”的动词，由于已改变词类，不能再带宾语，例外的例子不多，如“几见得人（能出大场面）、几讲得笑（能开玩笑）”。

至于出现在状态补语的“得”，如“打得烂”（打得破）的“得”（为方便讨论，写作“$得_{VV}$”），虽然也表示情态意义，但跟上述的“$得_V$”和“$得_A$”都不一样。“$得_{VV}$”的否定式是“打唔烂”或“打唔得烂”，“$得_V$”和“$得_A$”的否定式都是“唔去得、唔打得”，而不是“＊去唔得、＊打唔得”。“$得_{VV}$”应该是一个中缀，插进“打烂”的中间，[31]跟后缀的“$得_V$”和“$得_A$”在词法上不一样。

硬（ngaang6）　“硬”黏附在动词之后，表示“必然”（郑定欧 1997：259），如（268），跟情态意义有关（Tang 2003）。（268）这个例子通过“硬”可表达两个意思，一个是指主语“佢”（他）本人对事情的评价，有肯定的决心；另一个意思是指说话人对“佢做”（他做）这个事情的评价，认为这个事情的发生是无可避免的。把主语换成无生命的“条铁路”（那条铁路），如（269），歧义消失。由于无生命的铁路不能作评价，“硬”只表示说话人对兴建铁路的评价。

（268）佢做硬。他一定做。（Tang 2003：245）

（269）条铁路起硬。那条铁路一定兴建。（Tang 2003：246）

“硬”的分布受语法条件的限制，对谓语所表达的事件有一定的要求。基本上，“硬”要求事件有过程，有变化（Tang 2003）。（268）的“做”和（269）的“起”（兴建），所表示的事件都有过程，并呈现变化。（270）和（271）不能说，

---

[31] Cheng and Sybesma（2004）尝试用统一的方法分析“$得_V$”、“$得_A$”和“$得_{VV}$”的句法结构。

“慢慢行”（慢慢走）虽然有过程，但没有变化；“系总统”是静态谓语，没有过程，也谈不上变化。（272）来自香港特区政府的宣传口号，“take 嘢”指吸食毒品，形容词“衰”本指倒霉、糟糕，这里所表达的意思是动态的，理解为因吸食毒品而变坏，有过程，也有变化，能跟“硬”搭配。相比之下，（273）的“高”是静态的，不会有变化，不能跟“硬”搭配。

（270）＊佢喺校园度慢慢行硬。他一定在校园里慢慢走。

（271）＊佢系硬总统。他一定是总统。

（272）Take 嘢衰硬。吸食毒品一定没有好下场。

（273）＊呢座山高硬。这座山一定很高。

梗（gang2） 粤语还有一个表示情态意义的动词后缀“梗”（gang2），如（274），跟“硬”的意义和用法差不多（Tang 2003；Wong 2009，2012），（274）和（275）两句基本上能互用。“梗”也受制于相同的谓语制约，上述（270）和（271）不能说，以下的（276）和（277）也不能说。唯一的不同，主要是语用上的细微差异，“硬”比“梗”较为口语化。对某些人来说，“硬”的说法比较新。

（274）佢赢梗。他一定赢。

（275）佢赢硬。他一定赢。

（276）＊佢喺校园度慢慢行梗。他一定在校园里慢慢走。

（277）＊佢系梗总统。他一定是总统。

翻（faan1） “翻”黏附在动词之后。詹伯慧（1958）把“翻”的用法概括为五点，包括恢复进行中断的动作、恢复另外一种状态或者回到原来的处所、恢复过去的性状、“再、更”的意思、可有可无的“口头禅”。所谓“口头禅”

的用法，如（278）和（279）两例，袁家骅等（2001：217）认为“翻”的回复意味“微乎其微，几乎令人觉察不出”，甚至把它当作动词的一个“形态标志”。植符兰（1994：159）也同意这个“翻”只作为动词的“形态标志”。高华年（1980：56）也有类似的看法，他认为这种“翻”的用法“并没有‘回复’的意思，也不表示什么语法意义”。张双庆（1996：157）也认为这种用法的“翻”已经“虚化得很彻底，没有回复的意味”，甚至认为是一种“添音”的作用。

（278）今晚我要睇翻出戏。今天晚上我要看一部电影。

（279）得闲嚟倾翻几句啦。有空来聊几句吧。

事实上，（278）和（279）的“翻”并不是“可有可无”，好像有一种表示“理想”的味道，说明了看电影和聊聊天是很理想、很合适的事情。张洪年（2007：131）把（278）和（279）的“翻”和（280）表示“再、更”的“翻”分析为同一类：“回复应有状态”，彭小川（1999：67，2010：99）称为“意念上回复应有的”，刘叔新（2003：122）认为有微弱的“补上进行”意思，称为“动作补性支配体”，Matthews and Yip（2011：247）则称为“attainment of a desirable state of affairs”，这种分析是有道理的。

（280）呢条裤长翻一吋就啱嘞。这条裤子再长一吋就合适了。

这种带有“理想”意义的“翻”在下面句子的对比更为明显（邓思颖 2001：51）。没有“翻”的（281），喝药、出汗和写文章不一定很理想，可能是例行公事，也可能是受苦；（282）加了“翻”以后，喝药、出汗和写文章就变得是理想、享受的事情。由此可见，“翻”并不是“可有可无”的成分。

（281）朝早起身之后，我饮碗药、出身汗、写篇文，然后出门口。早上起床之后，我喝一碗药、出一身汗、写一篇文，然后出门。

（282）朝早起身之后，我饮翻碗药、出翻身汗、写翻篇文，然后出门口。

这种理想、享受的味道可以进一步在下面的一对例子里显示出来。（283）表达了一种享受的意思，而（284）的不能接受是因为表示享受的“翻”跟“惨”联用，语用上不搭配。

（283）最好就系饮翻杯咖啡。最好就是喝一杯咖啡。

（284）??最惨就系饮翻杯咖啡。最惨就是喝一杯咖啡。

本有性状和应有状态的“翻”，分布条件由后面的成分来决定。应有状态的“翻”（情态类动词后缀），后面的成分必须是无定的体词；如果“翻”的后面没有无定的体词，“翻”只能表示回复本有性状的意思（事件类动词后缀）（邓思颖2001），如（278）的“出戏”（一部电影）、（279）的“几句”、（282）的“碗药、身汗、篇文”等，都是无定的。应有状态的“翻”后也可以有表示无定的准宾语，如（280）的数量词“一吋”、（285）的动量词“一阵”和（286）的时量词“一日”。“啲”在形容词谓语句也扮演一定的角色（彭小川1999，2010；邓思颖2001）。（287）的“啲”属于无定的量词，在句中表示谓语的程度，满足了“翻”的要求。“啲”的作用，正好解释（288）和（289）的差异：没有“啲”的（288）隐含着那条柱子原来是高的，不过后来可能给砍短了，现在又恢复它的高度，表达了本有性状的意思；有“啲”的（289）却没有这个意思，只不过把柱子加高，达到应有的高度，属于应有状态。

(285) 我要唞翻一阵。我要歇一会儿。

(286) 瞓翻一日。睡一天。

(287) 红翻啲。再红一点。

(288) 呢条柱高翻啰噃。这条柱子高了。

(289) 呢条柱高翻啲啰噃。这条柱子高了一点了。

如果"翻"的后面没有无定的体词，"翻"就只能表示回复本有性状。(290) 的宾语"呢篇文"是有定，(291) 的光杆名词"文"是类指，(292) 的"翻"后面没有任何成分，"翻"在这些例子都只能表示回复本有性状的意思。(293) 是个歧义句，如果"件衫"是无定，即说话者没有一件特定的衣服，"翻"则表示应有状态的意思；如果"件衫"是有定，指一件特定的衣服，"翻"则隐含着说话者曾经穿过那件衣服，现在穿回那件衣服，表示了回复本有性状的意思。

(290) 佢写翻呢篇文。他继续写这篇文。

(291) 佢写翻文。他再写文。

(292) 佢瞓翻。他又睡觉。

(293) 等我着翻件衫。让我穿一件衣服/让我再穿这件衣服。

"翻"还可以出现在述补结构的中间，如 (294) [又见本章 (14) 的讨论]。这里的"翻"指向表示结果的"好"，表示病人经过治疗后回复到好的状态，而并非指医治的动作中断后又再回复，表示"状态的回复"(彭小川 2010：95—96)，跟詹伯慧 (1958：121) 所讲的"形容词所表达的性状过去曾经失去过，现在又恢复了"的一种用法差不多，属于回复本有性状的意思 [见本章 (94)]。无论 (294) 的宾语"个病人"理解为有定还是无定，回复本有性状的意思都没改，(295) 和 (296)

两例更明显。不过，这个“翻”的应有状态意思并不明显，（297）的“翻”还是表示回复本有性状。在这几个例子里，紧接在“翻”的后面没有无定的体词，只是形容词“好、干净”，“翻”就只能表示回复本有性状，也是意料之内。

（294）呢只药医翻好个病人。这种药医治好一个/那个病人。

（295）呢只药医翻好呢个病人。这种药医治好那个病人。

（296）呢只药医翻好一个病人。这种药医治好一个病人。

（297）最好就系洗翻干净啲衫、医翻好个病人。最好就是把衣服再洗干净、医治好病人。

“翻”还有一种比较特殊的用法，表面上好像没有什么回复的意思，如（298）和（299）（方秀莹 2007：287）。方秀莹（2007：287—288）注意到这个“翻”的使用一般黏附在有说话性质的动词之后，如“讲、问、宣传、讨论、报告、介绍、探讨”等，这个说话动作是从未发生的，通常用来打开话题、开场白、提出重点、转换话题，有引起听话者注意的作用，并认为这个“翻”看似是日常会话中一个“过渡性的音节”。

（298）等我介绍翻只面霜畀你搽……让我介绍一种面霜给你用……

（299）依家我哋宣传翻中文系个送旧晚会……现在我们宣传中文系的送旧晚会……

事实上，对于说话者而言，介绍、宣传，行为动作本身有一定的意向性，表达说话者的想法，达到特定的目的，而介绍、宣传的内容，都应该是说话者所推介的，应有一定的“理想、享受”的味道。“最好”一词可加在（298），如

(300)，就是最好的证明。“翻”的出现就是突显这种带有“理想”味道的情态意义。从句法来考虑，（298）和（299）这些例子的结构可简化为（301），当中的“说”就是跟说话性质相关的动词（如“介绍、宣传”），而“一个信息”就是“说”的内容（如“一种面霜给你用、中文系送旧晚会”等），也作为“说”的宾语。换句话说，(298）的意思可以诠释为：我想给你介绍一个信息，这个信息就是有一种面霜给你用。“一个信息”这个部分不妨理解为无定的成分，出现在“翻”之后，符合应有状态“翻”的要求。因此，对说话者而言，(298）和（299）可引导出一种“理想”的意思，也不足为奇。这个“翻”不再是没有意义的“过渡性的音节”，而是属于情态类动词后缀。

(300）最好等我介绍翻只面霜畀你搽……最好让我介绍一种面霜给你用……

(301）我+说+翻+一个信息

7.3 粤语词缀的特色

动词后缀所体现的粤语特色，可总结为三点：一、数量丰富；二、句内的严谨关系；三、句外的相连。

数量丰富 根据本章的讨论，粤语动词后缀有三十多个，意义涵盖体、事件、程度、变化、量化、情态这六个范畴。光是体这一个范畴，按照后缀的不同，就起码可以划分为完成体、经历体、实现体、进行体、存续体、开始体、持续体等。这些复杂的意义，都可以通过这三十多个后缀一一体现出来，分工井然，形式和意义的配合十分巧妙。

相比普通话而言，粤语动词后缀的数量显然多得多。根据朱德熙（1982）的分析，普通话的动词后缀只有五个，如表示体的“了、着、过”、在述补结构出现的“得”、黏附在个别动词后的“儿”（如“玩儿、火儿”等）。除了比较特殊的“儿”外，普通话的“了、着、过、得”在粤语中也找得到对应的成分，如粤语的体类后缀“咗”跟普通话的“了”差不多，粤语的体类后缀“紧、吓、住”的部分用法可用普通话“着”来表达，粤语表示经历的体类后缀“过”可跟普通话的“过”对等，粤语构成状态补语的程度类后缀“得”和变化类后缀“到”基本上跟普通话的“得”一样。

至于“咗、吓、住、紧、过、得、到”这几个例子以外的二三十个后缀，就没有对等的普通话后缀。有些可能跟普通话的补语比较相似，如表示实现体的“落”和普通话的“好”、体类后缀“住、实”和普通话的“住”、体类后缀“生晒”和普通话的“不停”、表示开始体的“起上嚟、落”和普通话的“起来”、体类后缀“起”和普通话的“起”、事件类的“嚟……去”和普通话的“来……去”、变化类后缀“亲”和普通话的“着”、量化类后缀“晒”和普通话的“光”。有些跟普通话的准宾语相似，如程度类后缀“吓、两”和普通话的“一下、一会儿”、量化类后缀“啲”和普通话的“一点儿”。至于情态类后缀“得”，跟普通话的助动词“可以、能够”和构成复合词“懂得、认得、记得”的“得”相似。普通话这些作为补语、准宾语、谓语的成分都由实词组成（如动词、形容词、数量词等），词汇意义较强，跟动词的搭配不太自由，比不上粤语的后缀那么灵活。

此外，粤语不少动词后缀的意义和功能可由普通话的副词承担，通过状语的方式表达。比如说，体类后缀方面，“定”和普通话的“早已、预先”、“紧、吓”和普通话的“正”、“生晒、衡晒”和普通话的“老、紧紧”、“开”和普通话的“一向”；事件类后缀方面，表示回复本有性状的“翻”和普通话的“再”、“过”和普通话的“重新”；程度类后缀方面，“得滞、过头”和普通话的“太”、“极”和普通话的“再、怎么”、“吔”和普通话的“稍为”；量化类后缀方面，“埋”和普通话的“连……都、还、专门、偏偏”、“晒”和普通话的“都、全、太”、“极”和普通话的“再、怎么”、“亲”和普通话的“一、每次”、“得”和普通话的“只”；情态类后缀方面，“硬、梗”和普通话的“一定”。副词属于虚词（朱德熙 1982），意义较虚，能起语法作用，能承载粤语动词后缀的不少功能，也显示了动词后缀和副词在功能上的某些相似之处。

动词后缀数量上的丰富，成为粤语的一个显著特色。跟普通话比较，粤语动词后缀的功能主要由普通话的副词承担，也可通过普通话的谓词在补语、谓语等位置体现出来。

句内的严谨关系 动词后缀黏附在动词之后，对动词本身或对谓语所表示的事件，有一定的要求。有些后缀对词根有音节数量上的要求，如体类后缀“吓”（haa2）、表示“能够”意义的情态类后缀“得”只黏附在单音节动词后，而量化类后缀“极”一般黏附在单音节动词之后等。有些动词后缀要求谓语所表达的事件，必须是动态的、有变化的、有范围的，如变化类词缀“亲”只能黏附在表示变化事件的非宾格动词、使役动词之后，量化类后缀“晒”和情态类后缀“硬”和“梗”要求事件要有变化，量化类后缀“得”要求事件有个范围。动词后缀的分布，往往受谓语条件所制约。

除此以外，动词后缀跟句内的其他成分有微妙的关系，有些只能指向宾语，如量化类的“得、嗽”；有些只能指向主语，如表示“巧合”的变化类后缀“着”；有些呈现所谓“先宾后主”的现象，如变化类后缀“亲”、量化类后缀的“埋、晒、极”；有些则受后面成分的影响，如情态类后缀“得、翻”、表示“专门”的量化类后缀“埋”和“埋晒”的连用等，后面成分的指称能力（如有定、无定、类指），与对这些后缀的理解也有密切的关系。

理论上，词缀是合成词的构成部件，属于词的内部结构，是词法的现象。至于所谓宾语指向、主语指向、“先宾后主”等现象，跟句法结构内的论元相关，都属于句法的概念，在句法结构里操作。词法和句法，在语法体系里，应该属于两个不同的层次。粤语动词后缀的特色，就是它们所影响范围不止于一个动词，超越词法的层次，在句法的层次发挥作用，跟谓语甚至整个小句内各个成分构成复杂而有规律的关系，并受句法的成分所制约，作为词法和句法两者互动的桥梁。

在六类动词后缀当中，有些类别明显与谓词以外的成分联系较多，跟句法有较为密切的互动关系，如变化类、量化类、情态类。这些动词后缀所表达的意义，往往指向句内的论元，如变化类的“亲、着”指向蒙事，事件的变化离不开事件的参与者；量化类的“得、嗽、埋、晒”选择句内的论元作为量化对象，[32] 量化类的“亲、极”虽然量化的对象是事件本身，但也往往隐含了一个蒙事；情态类“得、翻”的理解，则往往受句内成分的指称能力所影响。至于体类、事件类、程度类动词后缀，所关注的对象，主要跟谓词所表达的事件内部结构、事件次数、程度等概念相关，大致上在一个相对较“窄”的范围里施用。跟变化类、量化类、情态类动词后缀相比，体类、事件类、程度类动词后缀与句内论元的联系好像没那么显著，也较少受句内成分（如指称能力）所影响。

体类/事件类/程度类和变化类/量化类/情态类这两大类的分野，从句法学来看，也有一定的理论意义。事件的体、状态的程度等概念，都属于谓语的“核心”元素，离不开动词、形容词等谓词的固有特质。意义较“窄”的成分，在句法结构中应处于一个较“低”的层次。事件类动词后缀主要关心事件次数的计量，计量事件，一般把事件作为一个整体来看待，而不考虑组成事件的内部成员，就好像计算物件的数量时（如“张三的书和李四的书”），一般只考虑名词所代表的量（如“书”），而跟修饰名词的部分无关（如定语“张三、李四”）。变化类虽然也跟整个事件有关，但事件的变化离不开

---

[32] 我们曾根据 Partee，Bach 和 Fratzer（1987）所提出的“A 类量化”概念分析粤语的“晒”（Tang 1996a，1996b）。“A 类量化”是指副词（adverb）、助动词（auxiliary）、词缀（affix）等都以英文字母“A”开头的成分，在句中起量化作用，在不少语言都找得到，并跟典型的体词类量化词（如“every”）各有千秋。有关“A 类量化”，可详见 Bach，Jelinek，Kratzer，and Partee eds.（1995）收录的论文，以及 P. Lee（2004，2012）在粤语的进一步应用。

对参与者所产生的影响，甚至在有些情况下，参与者会随着事件的发展、时间的推移而产生变化。从句法结构的角度来讲，变化概念通过谓词和各论元的结合而形成。被量化的论元，明显就是指谓词之外的成分，而情态更是施用于整个谓语甚至是整个小句，在句法结构处于一个很高的层次。通过粤语动词后缀的特点来认识这两大类的分野（体/事件/程度和变化/量化/情态），对人类语言的谓语和句子的组成方式，也有一定的启发作用。

粤语动词后缀的数量比较多，正好给我们提供很宝贵的语料，用来研究词法和句法的互动关系，还有谓词和论元的组合方式、谓语和句子的句法结构等。粤语动词后缀所呈现的搭配情况，复杂多变，都反映了粤语句法结构的精密和巧妙，也体现了粤语语法严谨的一面。

句外的相连　粤语动词后缀，施用层面不光能超越谓词，跟论元和整个谓语相关，它们的影响力甚至能超越小句，跟句外的成分相连，别具特色。

不少学者早已注意到有些动词后缀往往以连谓句、复句、话题句等较为复杂的形式出现（统称“复杂句式”），表示两个事件的关系，表面上起连接的作用。带上这些动词后缀的谓语不能单独使用，光说带后缀的谓语而不说后半部分是不能接受的。詹伯慧（1958：119）研究量化类动词后缀“亲”时，就注意到（302）第一个动作完成后，“马上就要引起一个相应的后果。这类句子在‘亲’的后面一定要跟着‘就……’或‘都……’”。“郁亲”（一动）是不能单独说的，一定要以复杂句式的形式出现，这是事件类动词后缀“亲”的特点。

（302）郁亲就痛。一动就痛。（詹伯慧 1958：119）

张洪年（2007：159）在讨论存续体“住”的时候，就发现“住”常出现在连谓句的第一个谓语部分，这个谓语用来修饰第二个谓语，说明“动作进行的方式”，如（303）。张洪年（2007：128）在介绍“得……嚟”的时候，注意到“后面一定要加上一个别的句子”，如（304）“就迟喇”这部分。

（303）佢望住我笑。他看着我笑。（张洪年 2007：159）

（304）做得嚟就迟喇！等把事情做完，就已经迟了！

（张洪年 2007：129）

高华年（1980：45）介绍体类动词后缀“起”时，指出后面必须“和其他动词或形容词构成复杂谓语”，如（305）。他所讲的“复杂谓语”就是带上“就”的复句，显示了“起”这类后缀对复杂句式的要求。

（305）佢开起工就龙精虎猛嘞。他一开工就像生龙活虎似的。

（高华年 1980：45）

李新魁等（1995：562）比较程度类动词后缀“极”和量化类动词后缀“极”时，就指出它们都用于“紧缩句”，而后半部则对前面的谓语作贬抑，如（306）和（307），光说前半段而不说后半段是不行的。

（306）文化高极都有限啦！文化再高也是有限！

（李新魁等 1995：562）

（307）话极都唔得。怎么说也不行。

（李新魁等 1995：562）

郑定欧（1998b：88—89）讨论表示开始体的体类动词后缀“落”的时候，如（308），就注意到“落”所形成的句法框架，是一种“主题与陈述的评估关系”，实现在前（即先期事件“嗒”），评估在后（即后续事件“有味”），而“两者不能缺一”，并明确指出这种框架是“广州话甚具特色的句式”。粤语动词后缀能形成这种由前后部分组成的复杂句式，并提升为有特色的句法框架，郑定欧（1998b）这个主张，值得注意。

（308）嗒落有味。咂起来很有味道。　（郑定欧 1998b：88）

单韵鸣（2012）认为粤语的“得……嚟、极、亲”等，附加在小句内，有一种“连接句子”的功能，并称这些成分为“后置连接成分”。

欧阳伟豪（2012：105）综合表示开始体的“开”［如（309）］，还有上述提过的“住”［如（303）］和“得”［如（304）］三者的特点后，认为它们所处的复杂句式，构成一个“完整的时间系统，让句子的两个动作产生微妙的时间关系”。他从时间的角度，分析这种复杂句式内两个小句的关系。

（309）你炒开啲菜就蒸埋条鱼。你开始炒菜的话也把鱼煮好。

（欧阳伟豪 2012：103）

这一类的动词后缀，以连谓句、复句、话题句等复杂句式的形式出现，黏附在第一个谓语，表示两个事件的关系。根据本章所讨论过的例子，构成这类复杂句式的动词后缀计有：体类的“吓、住、起上嚟、起、落、开、得嚟”；程度类的“两、极”；变化类的“着”；量化类的“亲、极、嚟……去”。构成复杂句式的动词后缀，数量不少，值得注意。诚如郑定欧（1998b）所言，由动词后缀所组成的复杂句式，形成一个特别的框架，可谓粤语语法的一个特色。为了方便比较和参考，这些能构成复杂句式的动词后缀例子经重新整理后，罗列于下。（311）的句式一般当作连谓句，以“唱住歌”修饰后面的“跳舞”；（314）的“都”可有可无；（310）和（319）的第二个小句不加“都、就”，可分析为复句；至于其他的例子，“都、就”是不能省的，可当作复句、话题句。

（310）佢唱唱吓歌，忽然跳舞。他正在唱歌之际，忽然跳舞。（体）

（311）佢唱住歌跳舞。他唱着歌跳舞。

（312）佢唱起歌上嚟就乜都唔理。他唱起歌来，就什么都不管。

（313）佢讲起呢只歌就好激动。他一说起这首歌就很激动。[33]

（314）呢只歌唱落都几好听。这首歌唱起来挺好。

（315）你唱开呢只歌就唱埋吖只。你唱这首歌的话，也顺便唱那首。

（316）你唱得歌嚟我都走咗。当你唱歌的时候，我已经离开了。

（317）佢唱两唱就走咗。他唱一下就走了。（程度）

（318）呢只歌好听极都有限。这首歌再好听也是有限的。

（319）我唱着呢只歌，真系唔好彩。我唱这首歌真不幸。（变化）

（320）佢唱亲歌都好唔开心。他每次唱都很不开心。（量化）

---

[33] “＊唱起呢首歌”不能说，“起”只黏附于言谈动词或心理动词。

（321）佢唱极都唱唔识。他怎么唱都唱不会。

（322）佢唱嚟唱去都系呢只歌。他唱来唱去都是这首歌。

粤语还有些例子，单音节动词重叠后，由该谓语所形成的部分，不能单独使用，必须构成复杂句式，效果跟上述的动词后缀相同，如“V 呀 V”。“V 呀 V”中间加上“呀”（aa3），表示多次的动作（高华年 1980：55），可称为“多回体”（植符兰 1994：158），如（323），光说（324）是不能接受的，后面的部分“睇到唔记得食饭”（看得忘了吃饭）不能缺少。“睇呀睇”（看了又看）本身也可以重复，加强动作多次进行的次数，如（325），但重复之后的句子仍然不完整，仍需要补上一句，表示多次动作之后的结果，产生一定的影响，如（323）的忘记吃饭。

（323）佢睇呀睇，睇到唔记得食饭。他看了又看，看得忘了吃饭。（高华年 1980：55）

（324）＊佢睇呀睇。

（325）佢睇呀睇、睇呀睇……。他看了又看、看了又看……。

除了“V 呀 V”外，粤语可通过动词重叠，中间插入“系（是）、就、就系”，形成复句（张洪年 2007：286），如（326）。单说（327）是不行的。

（326）话就话个个都系自己嘅事头，其实系唔系人人都做得到呢？虽然说每个人都是自己的老板，其实是不是每个人都能做到呢？（张洪年 2007：286）

（327）＊话就话个个都系自己嘅事头。

粤语重叠的动词中间还可以加上“还”，表示“让步”（张励妍、倪列怀 1999：380），如（328），组成转折复句。有

“还”的部分不能单说，如（329）。由此可见，复杂句式的要求并非动词后缀的专利，其他的构词方式，如重叠式的“V 呀 V”“V 就/系 V”“V 还 V”，也会有同样的要求。

（328）去还去，我唔做嘢㗎。去就去，我可不干活。

（张励妍、倪列怀 1999：380）

（329）＊去还去。

单韵鸣（2012：261）注意到粤语的“不特止”（不仅）也有一种构成复句的功能，[34] 如（330）。这个例子也可以说成（331），把“不特止”放在谓语前面，成为典型的副词/状语。光说有“不特止”的小句，是不能接受的，如（332）和（333）。

（330）佢唔帮我不特止，仲打我添。他不但不帮我，还打我呀！

（331）佢不特止唔帮我，仲打我添。他不但不帮我，还打我呀！

（332）＊佢唔帮我不特止。＊他不但不帮我。

（333）＊佢不特止唔帮我。＊他不但不帮我。

粤语动词这些较为丰富的构词方式，如加后缀的附加式、重叠式，影响力超越谓词的层面，甚至超越谓语、超越小句，呈现一种所谓“句外相连”的现象。虽然表面上粤语的构词方式（如附加式）好像可以左右句法操作（如小句的选择、

---

[34] “不特止”的“特”读做“dak6”（张励妍、倪列怀 1999：10），跟连词“不特”（饶秉才等 2009：7）应有关系。单韵鸣（2012）把“不特止”写成“不突止”，估计有些人把“特”读成“突”（dat6）。（330）引自单韵鸣（2012：261），但句中的“突、重”改写为“特、仲”。

复句的形成），但鉴于词法和句法的分野，理论上，构词方式中粤语动词后缀表面上的所谓“句外相连”的现象，应由“完句现象”（陆俭明 1986，1993；胡明扬、劲松 1989；孔令达 1994 等）所导致。每个谓词都需要被约束，作为完句条件。不被约束的话，就不合语法，句子就显得不完整（Tang and Lee 2000，Tang 2001c，胡建华、石定栩 2005 等）。[35] 以普通话的例子“他吃饭”为例，光杆动词“吃”必须被约束。约束的方法可以加上助词“了”，如“他吃饭了”；或加上助动词“可以”，如“他可以吃饭”；或加上“喜欢”一类的词，如“他喜欢吃饭”；或加上另一个小句，与此对照，如“他吃饭，我吃面”。如果什么都不加，“他吃饭”的感觉是不完整的。至于形容词谓语句，以“他高”为例，光杆形容词需被约束，约束的方法可以加上程度副词，如“他很高”；或以重叠的形式出现，如“他高高的”；或加上另外一个小句，与此对照，如“他高，我矮”。如果什么都不加，光说“他高”是挺别扭的。

普通话动词谓语加上的助词、助动词、表示惯常意义的动词等，能起完句作用，都跟时间、情态相关；形容词谓语加上的副词、重叠式等，能起完句作用，都跟程度相关；而以对照的方式来满足完句条件，借用句外的成分来约束谓词，已超越了句子的层面。

---

[35] 按照句法学理论，谓词引介一个“自由变项”（free variable），跟事件的时间、程度相关。包含自由变项的谓语不能成为完整的句子，变项得到约束才算完句。

文献早已注意到，加了动词后缀“了”的普通话例子“？他吃了饭”其实不太能说，这个“了”不能起完句作用，还需要加添其他的成分，才能完句，如加上助词“了”，说成“他吃了饭了”；或后面加上另一谓语，如“他吃了饭去找你”，形成复杂句式（即连谓句或复句），使“吃饭”作为从属成分。用复杂句式满足完句条件，就这一点而言，普通话的动词后缀“了”，跟上述提及的粤语动词后缀的确又有点相似，表面上动词后缀“了”好像可以跟谓语以外的成分建立联系，也呈现了所谓“句外相连”的现象。

从完句的角度来考虑，粤语动词后缀所谓“句外相连”的现象，也不算非常奇怪。加上动词后缀的谓词，无论是粤语的“亲”还是普通话的“了”，跟光杆动词一样，都需要被约束，只有得到约束的谓词才可构成完整的句子。粤语和普通话的谓词都需要约束，满足完句条件，就这一方面而言，没有差异。

不过，粤语“亲”和普通话“了”的最大差异，就是像“亲”这类“句外相连”的粤语动词后缀，所形成的谓词，只能通过复杂句式来约束，而基本上不能通过别的方式来约束；至于普通话加上“了”的谓词，约束的方式相对比较有弹性，不一定通过复杂句式来满足完句条件，如在特定的语境下，光说“他吃了饭”还是可以接受，但光说“＊佢食亲饭”就绝对不能接受。因此，像“亲”这类动词后缀，只能在复杂句式中出现，呈现所谓“句外相连”的现象，好像能跟句外的成分有关系，跟粤语其他的动词后缀和普通话的动词后缀不同。这就是差异之处。

普通话不是没有所谓“句外相连”的现象，只不过不是通过动词后缀体现出来。普通话的某些成分，如用作状语的数词“一”，表示两个紧接发生的动作情况（吕叔湘主编 1980：526），如“一吃就哭”，受“一”修饰的谓语，也不能单独使用，“＊一吃”是不能说的，必须出现在复杂句式中，跟粤语“亲”相似。又如修饰形容词的“再”，用于让步的假设（吕叔湘主编 1980：570），形成复句，如“天再冷，我们也不怕”，光说“＊再冷”是不行的，跟粤语的“冻极都有限”的“极”相似。粤语这类“句外相连”的动词后缀数量上较多，形成复杂的系统。粤语这类后缀，是普通话所缺乏的，它们的功能可由普通话的状语或句中的其他成分承担，成为粤语这类后缀的特色。后缀和状语在语法上如何分工，我们正好可以通过粤语这些有特色的现象，作深入探讨，从中认识汉语语法的精密、人类语言复杂的一面。

句法篇

八、基本的句法结构

8.1 短语与语法关系

语法研究划分为词法研究和句法研究。句法研究以词为单位，由词组成短语，由短语组成小句和句子，即研究句子内部的构造。

词以上的单位是短语（phrase），也是词和句子之间的一个层次。短语的“短”是相对于句子来说，严格来讲，跟长短（音节数量）无关，只有三个音节的“我来了”是句子，但有十二个音节的“一本有趣的粤语语法学专书”却叫做短语。“短”应重新理解为句子之下的一个层次。事实上，“phrase”的准确译法应该是“词组”，即“词的组合”，朱德熙（1982）就是采用“词组”一词。不过，“短语”一词在汉语语法学界已普遍接受，较为通用，本书就仍然沿用“短语”这个术语。

相对于词而言，短语的结构不一定比词复杂，一个短语可以由词和多个短语组成，也可以只由一个词组成短语。① 如

① 以下所介绍的是形式句法学的一些基本概念（邓思颖 2010：§4），有异于朱德熙（1982）。

“写论文”的“论文”是词，这个词也能组成短语，再跟“写”组成另外一个短语“写论文”。这个例子就有两类的短语，一类比较“复杂”，由多于一个成分组成，如“写论文”；另一类比较“单纯”，只由一个成分组成，如“论文”。词法允许有单纯词的存在，即由一个语素组成的词，句法也允许“单纯”短语的存在，即由一个词组成的短语。短语的概念就好比分组一样，而词的概念就像成员，小组由成员组成。一个小组可以只有一个成员（如“论文”），也可以包含一个以上的成员（如“写论文”）。短语是词上一级的语法单位，纯粹是一个层次的概念，跟结构的复杂性没有必然的关系。

语素可以单独成词，语素和语素的组合、语素和词的组合、词和词的组合，也可以构成词，属于词法研究的层面；词可以单独成短语，词和短语的组合、短语和短语的组合，也可构成短语，属于句法研究的层面。词和词组合成为词（即复合词）而不直接成为短语，词和短语的组合才可以成为短语。以粤语为例，“写”是词，“好”是词，“写好”组合成为词，而不是短语。加上动词后缀“咗”（了）的话，“咗”黏附在“写好”之后，如“写好咗”，证明“写好”是词（复合式合成词），而整个“写好咗”也是词（附加式合成词）。“写得好”就不一样，“好”是词，这个词可以单独成为短语，“写”是词，加上后缀“得”之后也是词（附加式合成词），“写得”跟短语“好”组合，成为另一个短语。“写好”的“好”跟“写得好”的“好”地位不一样，前者是词，作为构成复合词的一部分；后者是短语，作为构成一个更大的短语的一部分。由于地位不一样，因此我们可以解释为什么“写得好”

的“好”可以扩展，说成“写得非常好”，但“写好”的“好”不能扩展，“＊写非常好”是不能说的。虽然实际上汉语的词（尤其是复合词）和短语往往有些“模糊”地带，并引起不少争议，但理论上词和短语的划分是很清晰的。

词和短语、短语和短语都可组成短语，短语内部组成成分之间可构成“语法关系”，包括主谓关系、述宾关系、述补关系、偏正关系、联合关系。根据语法关系，短语可划分为几种类型，称为“结构”，包括主谓结构、述宾结构、述补结构、偏正结构、联合结构。这五种结构是汉语最基本的句法结构，表达了五种基本的语法关系。② 构成语法关系的成分，可称为“句法成分”。有两个句法成分才能构成关系，只有一个词所组成的短语谈不上语法关系，如“写得几好”的内部成分可用各种语法关系来描述，并分解为不同的结构，即“写得”是述语，“几好”是补语，两者构成述补结构。“几好”可以再进一步分解，即“几”用来修饰“好”，构成偏正结构。

五种基本结构当中，主谓结构和述宾结构是作为组成句子核心部分的结构，形成粤语“主语+动词+宾语”的基本词序（即“SVO”词序）。主谓结构是所有句子都不可缺少的结构。除了不及物动词、形容词作谓语外，粤语大多数的句子基本上都有述宾结构。至于述补结构和偏正结构，前者主要说明动作

---

② 朱德熙（1982）还把连谓句当成一种基本结构，称为“连谓结构”。不过，连谓句的性质跟上述五种结构不同，朱德熙（1982：19）也指出，“连谓结构和上边讲的述宾结构、述补结构、联合结构等都不同，是另外一种句法结构”，也可见邓思颖（2010：§9.4、§11）的讨论。

的结果或状态，后者肩负起修饰、限制等功能，这两种结构都好像给核心部分提供一些“额外”的信息，以补充、修饰的方法表达。

主谓结构　主谓结构由主语和谓语两部分组成。主语是“陈述的对象，即说话的人要说到的话题”。谓语是“对于主语的陈述，即说明主语怎么样或是什么”（朱德熙 1982：17）。以粤语为例，以下有底线的部分都是主语，（1）的主语由代词组成，谓语由不及物动词组成；（2）的主语是由代词、数词、量词、名词组成的短语“呢一个学生”（这一个学生），谓语是一个比较复杂的结构“睇紧本语法书”（在看一本语法书），当中包含一个及物动词“睇紧”；（3）的主语由名词组成，谓语是一个比较复杂的结构，由形容词“得意”（可爱）组成；（4）的主语是表示时间的名词“今日”，谓语也由表示时间的名词“星期五”组成。除了体词性成分可以做主语外，谓词性成分也可以做主语，如（5）的小句“佢唔去”（他不去）做主语，形容词“好啲”（比较好）组成谓语。由动词、形容词、名词组成的谓语也可分别称为动词谓语、形容词谓语、名词谓语。

（1）佢走咗。他走了。

（2）呢一个学生睇紧本语法书。这一个学生在看一本语法书。

（3）熊猫好得意。熊猫很可爱。

（4）今日星期五。今天星期五。

（5）佢唔去好啲。他不去比较好。

主谓结构表达了跟陈述相关的主谓关系，谓语的作用就是用来陈述，有陈述的功能就一定有被陈述的对象，因此，有谓语就一定有主语。主语作为主谓结构的必要成分，是一个必要的论元（argument），不能缺少。汉语是一个允许主语省略的语言（Huang 1984），在特定的语境下，主语可以省略不说。以粤语为例，（6）的乙回答甲的时候，可把“小明”省去不说。被省略的主语，其实是一个不发音的代词，是一种“空语类”（empty category），即没有声音的词类。这个空代词，在这个例子里指向甲所说的“小明”，功能跟一个人称代词一样（如“佢”）。“睇紧本语法书”（在看一本语法书）所陈述的对象是空代词，跟空代词组成主谓结构，就好像（7）那样，当中的“∅”表示空代词。即使乙的例子表面上没有主语，但仍然是主谓结构。

（6）甲：小明做紧乜嘢？小明在做什么？

乙：睇紧本语法书。在看一本语法书。

（7）∅睇紧本语法书。

述宾结构　述宾结构由述语和宾语组成，述语“往往表示动作或行为”，而宾语“表示跟这种动作或行为有联系的事物”（朱德熙 1982：15）。在汉语语法学的著作里，述宾结构也称为“动宾结构”，所表达的关系也称为“动宾关系”，当中的“动”就是动词。把述语称为“动词”，不符合汉语语法学把词类“~词”和句法成分“~语”两套系统分开的原则。汤廷池（1992：33，注释 73）指出：“‘述语’（predicate; predicator）与宾语是表示‘语法关系’（grammatical relation）或‘语法功能’（grammatical function）的观念，而‘动词’（verb）却是表示‘语法范畴’（grammatical category）的概念，……又‘谓语’［predicate（phrase）］一词，通常除了述语

（动词）以外，还包括宾语、补语、状语等，所以我们也避免‘谓宾’的名称。”因此，考虑到术语的一致性，本书采用“述语”一词（朱德熙 1982）。

主语、谓语、述语、宾语不在同一个句法层次。朱德熙（1982：110）说得很清楚：“主语是对谓语说的，宾语是对述语说的，主语和宾语没有直接的联系。”主语和谓语构成主谓关系，组成主谓结构；述语和宾语构成述宾关系，组成述宾结构。主语和宾语不构成任何语法关系，也不能直接组成任何结构，它们处于不同的句法层次。

根据形式句法学的分析方法，主宾语的关系可以通过（8）这个简化的树形图（tree diagram）来表述，反映句法结构。在最低的一层，述语和宾语组成述宾结构。如果这个述宾结构有陈述的功能，所陈述的对象就是主语。在这个时候，整个述宾结构就会理解为谓语，跟主语组成主谓结构。图中的线连接了“述语”和“宾语”这两个成分，表示这两个成分组合在一起，在句法上有密切的关联，而“主语”和“谓语”两者也被两条线连起来，组合在一起。不过，图中没有线把“主语”跟“宾语”连起来，说明它们不构成任何语法关系，也不能直接组成任何结构。此外，树形图也表示句法层次的高低，图的上层表示高，图的下层表示低。图（8）显示了“主语”的句法位置比“宾语”高。

（8）

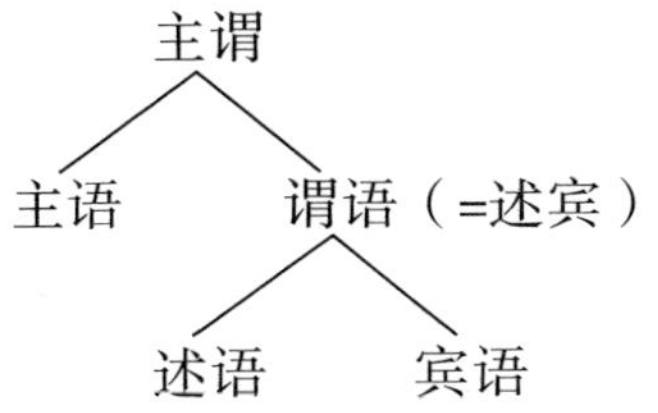

述宾结构可按照宾语的特点划分为不同的类型。(9) 只有一个宾语，做述语的动词“睇”（看）可称为“及物动词”，加上了后缀“咗”的“睇咗”仍旧是述语，跟“一本书”组成述宾结构。对于及物动词而言，宾语是必要的成分，是该动词必要的论元；(10) 有两个宾语，“一本书”是直接宾语，一般指事物，“我”是间接宾语，一般指接受事物的人，动词“畀”（给）可称为“双宾动词”，要求有两个必要的论元，由这种述宾结构形成的句式也称为“双宾句”；(11) 的“喊”（哭）没有宾语，可称为“不及物动词”。根据朱德熙（1982）的分析，(12) 的动量词“一次”出现在不及物动词的后面，表示动作次数，也算是宾语的一种，但并非动词要求的论元，称为“准宾语”，跟 (9) 的“真宾语”不一样；(13) 的“等”是及物动词，“佢”是真宾语，而时量词“一日”是准宾语，表示动作延续的时间。[③] (9) 的宾语由数词、量词、名词组成，可称为“体词性宾语”，(14) 的宾语是一个由主谓结构组成的小句“我会去”，可称为“谓词性宾语”，作谓词性宾语的小句也称为“嵌套句”（embedded clause）。

(9) 佢睇咗一本书。他看了一本书。

(10) 佢畀一本书我。他给我一本书。

(11) 佢喊过。他哭过。

(12) 佢喊过一次。他哭过一次。

(13) 我等咗佢一日。他等了他一天。

---

③ 有些语法学著作把准宾语当作补语，可见邓思颖（2010：§7）的介绍。

（14）佢知道我会去。他知道我会去。

述补结构　述补结构由述语和补语组成，补语的功能是“说明动作的结果或状态”（朱德熙 1982：125）。在汉语语法学的著作里，述补结构也称为“动补结构”，所表达的关系也称为“动补关系”。为了术语的一致性，本书采用“述补”的叫法（朱德熙 1982），跟“述宾”的考虑是一样的。

主语跟补语的关系，跟主语和宾语的差不多，即主语和补语不构成任何语法关系，也不能直接组成任何结构。述补结构是一个层次，主谓结构是另一个层次，它们处于不同的句法层次。主语和补语的关系也可以通过树形图来表示，如（15）。

（15）

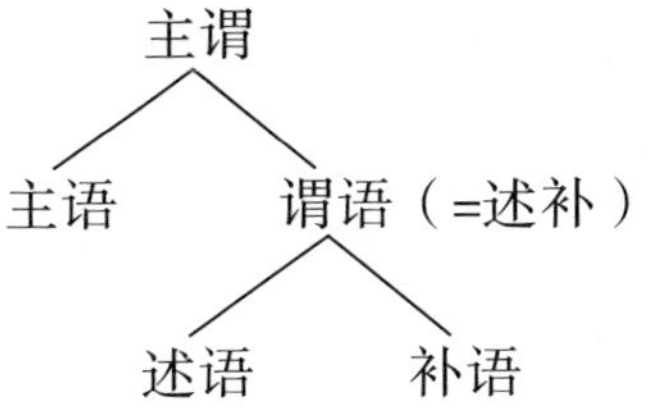

根据朱德熙（1982：125）的分析，补语“只能是谓词性成分，不能是体词性成分”，跟宾语不同，宾语可以是体词性，也可以是谓词性。（16）的“好攰”（很累）由形容词组成，属于谓词性，应分析为补语，跟“喊得”组成述补结构；（17）的动量词“一次”属于体词性，应分析为宾语，可称为“准宾语”，跟“喊过”组成述宾结构。

（16）佢喊得好攰。他哭得很累。

（17）佢喊过一次。他哭过一次。

补语可划分为三类：状态补语、趋向补语、时地补语，而状态补语可以再分为两个小类：描写补语、结果补语（邓思颖 2010)。④

状态补语表示由动作、性状而呈现出来的状态。(18)的补语“好伤心”和“喊”(哭)之间有一种情状的关系，“喊”发生了以后，呈现了一种静止的状态，“好伤心”就是用来描写这种静止状态的，这种状态补语的功用是描写由述语所表示的静止状态。由这种补语所构成的述补结构是静态的(Li and Thompson 1981：624—625)，可以称为“描写(descriptive)补语”(Huang 1988，邓思颖 2010，又见张洪年 1972/2007)、“判断性补语”(彭小川 2010)。相比之下，(19)“喊”的动作到了一个程度后，产生了结果，“好伤心”就是表达了这种结果状态，这种状态补语的功用是表达了事件到了某个程度后而呈现的结果状态(Li and Thompson 1982：626)，可以称为“结果(resultative)补语”(Huang 1988，邓思颖 2010)，又称为“程度补语”(张洪年 1972/2007)、“高程度补语”(彭小川 2010)。有些谓词比较容易得到静态的意义，可构成描写补语，如(20)，但不能构成结果补语，如(21)；“辘地”(在地上打滚)容易表示动态的结果，(22)和(23)显示了两类状态补语的差异。粤语的动词后缀“得”和“到”正好清晰地把这两类的状态补语区分开来，“得”作为描写补语的标志，“到”作为结果补语的标志。

(18) 佢喊得好伤心。他哭得很伤心。

(19) 佢喊到好伤心。他哭得很伤心。

---

④ “时地补语”是黄伯荣、廖序东(2007b)的术语，此处的用法可作为“时间和处所补语”的简称(邓思颖 2010)。

（20）佢瞓得好静。他睡得很安静。

（21）＊佢瞓到好静。

（22）佢笑到辘地。他笑得在地上打滚。

（23）＊佢笑得辘地。

趋向补语由“嚟（来）、去”及由“嚟、去”扩展而成的趋向动词组成，如（24）的“嚟”和（25）的“入去”。由“嚟、去”扩展而成的趋向补语也称为“复合”趋向补语，包括“上嚟、上去、落嚟、落去、开嚟、开去、埋嚟、埋去、出嚟、出去、入嚟、入去、起嚟、翻嚟、翻去”（张洪年2007：119—122）。粤语没有“起去”作为补语的说法。⑤

（24）攞本书嚟。拿一本书来。

（25）攞本书入去。拿一本书进去。

时地补语由介词短语来表示“动作发生的时间和处所，包括表示动作的终止地点”（黄伯荣、廖序东2007b：71），如（26）的“到而家”表示时间，（27）的“到海边”表示处所，跟前边的“行”组成述补结构。这里的“到”是介词，后面接着的是表示时间或处所的体词性成分。

（26）佢行到而家。他走到这会儿。

（27）佢行到海边。他走到海边。

偏正结构　偏正结构由修饰语和中心语构成，修饰语修饰或限制中心语。修饰语是“偏”，中心语是“正”，由“偏”

---

⑤ 有关粤语趋向补语的讨论，可参考Yiu（2014）。

和“正”两个成分所构成的结构称为“偏正结构”。[6] 从意义上说，偏正结构的核心是中心语。从结构上说，偏正结构的核心也是中心语，因为偏正结构作为一个整体，语法功能和中心语基本上是一致的（朱德熙 1982：140）。

按照中心语的词类，修饰语一般分两种：定语、状语。定语是用来修饰体词性成分，状语用来修饰谓词性成分。体词性成分的修饰语不会是状语，而谓词性成分的修饰语不会是定语。由定语组成的偏正结构可称为“定中结构”，而由状语组成的偏正结构可称为“状中结构”。（28）的形容词“红卜卜”（hung4 bok1 bok1）所修饰的成分是体词“苹果”，因此“红卜卜”是定语；（29）的副词“已经”所修饰的成分是谓词“走咗”，因此“已经”是状语。

（28）红卜卜嘅苹果　红红的苹果

（29）已经走咗。已经走了。

定语不一定是形容词，其他的成分也可以做定语，如“秋天嘅天气”（秋天的天气）的名词“秋天”、“非法嘅活动”（非法的活动）的区别词“非法”、“我哋嘅办公室”（我们的办公室）的代词“我哋”、“喺图书馆嘅老师”（在图书馆的老师）的介词短语“喺图书馆”、“做完功课嘅细路仔”（做完功课的小孩子）的小句“做完功课”等，做定语的小句也称为“关系小句”（relative clause）。虽然副词只能做状语，但

[6] 汉语语法学的“中心语”跟形式句法学的“中心语”（head）并不相同。形式句法学的中心语是指构成短语的核心部分，由词来充当，也只能由词充当，详见邓思颖（2010）的介绍。

状语不一定是副词，其他的成分也可以做状语，如“慢慢行”（慢慢走）的形容词“慢慢”、“喺图书馆写论文”（在图书馆写论文）的介词短语“喺图书馆”。形容词、副词等是词类的名称，定语、状语是句法成分的名称，属于语法关系的概念，跟词类是两种不同的概念。

粤语的状语只在中心语之前出现，形成“偏”在前、“正”在后的词序，跟普通话一样。粤语有些虚词，貌似普通话的副词，好像有修饰的功能（袁家骅等 1960/2001 等），如“食饭先”（先吃饭）的“先”、“饮多碗添”（再多喝一碗）的“添”，却出现在中心语之后，形成所谓“后置”的现象，因而“先、添”等词也称为“后置状语”（曾子凡 1989，黄伯荣主编 1996，张双庆 1997，张振兴 2003a，李如龙 2007 等），成为粤语语法的一个特色。不过，这些所谓“后置”的虚词，应分析为助词，并非副词，也跟状语无关。粤语不存在“后置”的状语，所有状语一定要在中心语之前出现，形成“偏”在前、“正”在后的偏正结构。

联合结构　联合结构由几个地位平等的成分并列在一起（朱德熙 1982：18）。叠加一起的并列成分之间可以有个停顿，如（30），或用连词连接，如（31）的“同埋”。（31）的“同埋”表示并列关系，两者兼有，（32）的“或者”表示选择关系，任择其一。（33）的“定”（还是）也表示选择关系，但只用于疑问句。

（30）佢日日跑步、睇书、写论文。他天天跑步、看书、写论文。

（31）张三同埋李四一齐去。张三和李四一起去。

（32）你可以饮奶茶或者咖啡。你可以喝奶茶或者咖啡。

（33）你饮奶茶定咖啡啊？你喝奶茶还是咖啡呢？

8.2 主谓结构、小句、句子

主谓结构的谓语主要表达事件，如特定的行为动作、性质状态等，一般由谓词承担；主谓结构内的主语、谓语内的宾语等成分，是事件的参与者。换句话说，主谓结构已包含一个完整的事件意义，包括参与事件的参与者，成为主谓结构内的各个论元，如主语、宾语。不过，光说主谓结构，例如“佢去”（他去），好像还缺了一点什么，还没成完整的句子，说话者必须加添一些成分，才算得上真正的完整，如特定的句调。“句调”是语调的一种，指“整句话的音高升降的变化”，跟声调都是音高的变化形式，但声调是一个音节的音高变化，句调贯串在整个句子中（黄伯荣、廖序东 2007a：105）。

句调能表达句类、语气。“句类”是按功能为句子分类，包括陈述、疑问、祈使、感叹四种基本句类，表示句类的语调在书面上也可以通过标点符号体现出来，如句号“。”跟陈述有关，问号“？”跟疑问有关，叹号“！”跟感叹、祈使有关。

“语气”是一个笼统的大类，可以有一个比较宽松的理解，是“各种情绪的表示方式”（王力 1985：160），可以包括语态（mood）、[7] 言语行为（speech act）或其他跟话语（dis-

---

⑦ 语义学对“mood”有比较狭窄的定义，也可以翻译为“语气”，是“语气”的狭义理解。

course）相关的特点。语态指说话者对语句事实内容的态度，例如不肯定、明确、含糊、推测等。言语行为跟说话人的示意语力（illocutionary force）相关，指承诺、指令、表情、宣告等内容，联系了语言、说话者、话语等方面，跟说话时的语境有关，属于语用的层面。

表示句类、语气的句调，也可以通过助词体现出来。（34）的“啩”表示说话者的判断，（35）的“咩”表示疑问、质疑，（36）的“罢啦”有祈使的意义，这些助词都跟语气有关，也可称为语气助词。加上了这些助词以后，主谓结构“佢去”变得完整，就能成句。

（34）佢去啩。他去吧。

（35）佢去咩？他去吗？

（36）佢去罢啦！他去好了。

朱德熙（1982：21）对句子所下的定义是这样的：“句子是前后都有停顿并且带着一定的句调表示相对完整的意义的语言形式。”句调是作为判别句子的最重要的标准，再配合停顿等语调元素，为句子定义。没有句调的主谓结构不能成句，有句调的主谓结构才算是完整的句子，形成所谓“根句”（root clause）。（34）至（36）的例子都是完整的句子，属于根句。

有些主谓结构，欠缺句调，不是完整的句子，不能单独使用。假如“佢唱歌”（他唱歌）欠缺句调，只能作为句子的一部分，没有独立性，如（37）的主语、（38）复句中的分句，或作为名词短语的一部分，如（39）的定语。[8]

（37）佢唱歌好啲。他唱歌比较好。

（38）如果佢唱歌，我就留低。如果他唱歌，我就留下来。

（39）佢唱歌把声　他唱歌的声音

欠缺句调的主谓结构不能加上跟语气相关的助词，（40）、（41）、（42）都不能说，表示说话者判断的“啩”不能出现在主语、分句、定语等非根句的环境。

（40）＊佢唱歌啩好啲。他唱歌比较好。

（41）＊如果佢唱歌啩，我就留低。如果他唱歌，我就留下来。

（42）＊佢唱歌啩把声　他唱歌的声音

（43）和（44）括号中的成分都是没有句调的主谓结构，欠缺独立性，分别作为述语“知道”和“问”的宾语。事实上，这种出现在非根句环境的主谓结构，跟句子相似，句类的分析也适用于这种主谓结构，如（43）的“我会去”是陈述，（44）的“边个会去”（谁会去）是疑问。既然有句类，也应属于“句”的一种。为了把根句和这种欠缺独立性的“句”区别开来，完整的根句称为“句子”（sentence），而欠缺独立性的“句”则称为“小句”（clause）。小句只能作为句子的一部分，是句中之句。（43）和（44）括号内的成分是小句，不是句子；（37）至（39）的主谓结构可以当作小句。

（43）佢知道［我会去］。他知道我会去。

（44）佢想问［边个会去］。他想问谁会去。

---

⑧　粤语的关系小句能直接在量词前出现，如（39）的“佢唱歌”在量词“把”前出现。

“句”的内部句法结构可以划分为几个层次：主谓结构、小句、句子。主谓结构主要表示事件，以谓语/述语作为核心，一般由动词和形容词等谓词充当，表达行为动作、性质状态等词汇意义；主谓结构也包含事件的参与者，体现为论元，论元是主谓结构内的必要成分。小句是比主谓结构高一级的层次，能表示句类等语义和功能，只能用作句中之句，如嵌套句、分句等环境。句子是比小句高一级的层次，带上句调。句调也可体现为助词，跟语气相关。句子可以独立使用，成为根句。

8.3 句型

根据汉语语法学一般的做法，句子可以划分为句类和句型。所谓句型，主要是依据句子的结构、格局来划分，以结构为基础。句型的分类反映了句子结构的分析，也反映了我们对句子结构的理论认识。

句子可以分为“单句”和“复句”，单句分为“主谓句”和“非主谓句”。为了方便讨论，胡裕树等（1995）区分了上位句型和下位句型，主谓句和非主谓句的下位句型按照谓语的结构来划分。主谓句的下位句型包括“动词谓语句”“形容词谓语句”“名词谓语句”“主谓谓语句”等，非主谓句的下位句型包括“动词非主谓句”“形容词非主谓句”“名词非主谓句”“叹词非主谓句”等。这样的分类，在文献上没有太大的争议性。

以粤语为例，（45）是动词谓语句；（46）是形容词谓语句；（47）的名词“星期五”做谓语，是名词谓语句；（48）的“呢件事”是主语，主谓结构的“大家都赞成”是谓语，可称为“主谓谓语句”。按照目前流行的分析，“呢件事”是话题（topic），“大家”才是真正的主语，形成话题句。严格来讲，话题句不算是主谓句一种独立的下位句型，可按照充当谓语的词类，归入动词谓语句、形容词谓语句或名词谓语句。以（48）为例，谓语由动词“赞成”充当，跟普通的动词谓语句没有分别。

（45）我写论文。

（46）你好。

（47）今日星期五。今天星期五。

（48）呢件事大家都赞成。这件事情大家都赞成。

（49）至（52）的共同特点是没有主语或分不出主语和谓语，由主谓结构以外的结构或单词形成句子。像（49）和（50）的主语虽然不用补出来，但仍然隐含了一个主语，这个主语在句法里仍然有一个位置，如（49）可以补上表示时间的“今日”，（50）可补上指向某人或某事的主语。如果是这样，（49）和（50）不算是非主谓句。（51）的“阿明”是一种呼语（vocative）的用法，指向听话者，而（52）的感叹词跟说话者有密切的关系，表达了说话者的感情，有些感叹词则用作呼唤，跟听话人有关。呼语和感叹词说出来后，往往还有“后话”，呼语和感叹词主要作用是在语用的层面把“后话”引介出来，用作修饰“后话”。从语法关系来讲，呼语和感叹词可分析为状语，只不过被修饰的成分省略了（邓思颖2010）。假设非主谓句不存在，句子的基本句型只有一种，那就是主谓句，凡句子都由主谓结构组成，没有不属于主谓结构的小句。所有“非主谓句”其实都是主谓句，跟主谓句相关。

（49）落雨喇！下雨了。

（50）好！

（51）阿明！

（52）啊！

句型的下位概念，张斌等（1988：294）叫做“句式”。句型是结构类别，句式是特征类别，同一个句型内可以有不同的句式。比如说，动词谓语句可以进一步分为不同的句式，以粤语为例，如（53）的连谓句和（54）的被动句，都属于动词谓语句，是动词谓语句的两种不同的句式。汉语动词谓语句常见的句式包括连谓句、兼语句、被动句、处置句、存现句等。形容词谓语句和名词谓语句相对比较简单，没有太多的变化，不作句式的分类。

（53）我食住饭等你。我吃着饭等你。

（54）佢畀我闹。他被我骂。

综上所述，汉语的句型和主要句式，可以总结如下，方便参考。

（55）句子——主谓句

- 动词谓语句
  - 连谓句
  - 兼语句
  - 被动句
  - 处置句
  - 存现句
  - ……
- 形容词谓语句
- 名词谓语句

8.4 复句

句子可划分为单句和复句。由主谓句组成的句子是单句，有特定的句调。复句由分句组合而成，有贯通全句的句调，但分句没有完整而独立的句调（黄伯荣、廖序东 2007b：121）。严格来讲，分句是小句，不是句子，整个复句才是句子。根据意义的划分，复句可以分为“联合复句”和“偏正复句”两大类（黄伯荣、廖序东 2007b：123—133）。联合复句内各分句意义平等，没有主从之分；偏正复句内各分句的意义有主有从。所谓“主”，是主句，也称为正句，是整个复句的主要表达所在；“从”是从句，也称为偏句，意义从属于主句。复句内的分句在意义和功能上是有关联的。粤语复句的情况基本上一样（高华年 1980，徐芷仪 1999）。

虽然黄伯荣、廖序东（2007b：121）认为复句内的分句意义相关，但“结构上互不作句法成分”。其实，根据分句之间的关系，语法关系的分析也适用于复句，联合复句和偏正复句可分别理解为联合关系和偏正关系，分别组成联合结构和偏正结构（邓思颖 2010：§10）。跟联合复句相关的例子，如（56）的“唔单止……都”，句内各分句意义平等，没有主从之分；跟偏正复句相关的例子，如（57）的“虽然……但系”，句内各分句的意义有主有从，“佢好钟意”（他很喜欢）是从句，“我就觉得麻麻哋”（我就觉得不怎么样）是主句。

（56）唔单止佢好钟意，我都好钟意。不但他很喜欢，我也很喜欢。

（57）虽然佢好钟意，但系我就觉得麻麻哋。虽然他很喜欢，但我就觉得不怎么样。

复句可通过“意合法”或“关联法”表达出来（黄伯荣、廖序东 2007b：122）。前者不用关联词语，后者用关联词语表示。（56）和（57）的复句都通过关联词语“唔单止……都”和“虽然……但系”表示出来，而（58）是由意合法形成的复句。

（58）你唔嚟，我唔走。你不来，我不走。

用在复句的关联词语可以是连词，如（56）的“唔单止”（不但）、（57）的“虽然”等；副词，如（59）的“就”；助词，如（60）的“嘅话”（的话）；[9] 后缀，如（61）的“嚟”和（62）的“亲”。这些助词黏附在动词之后，属于动词后缀。带有这些后缀的小句都不能单独使用，（63）和（64）是不能说的。这些后缀的出现使小句成为从句，从属于后面的主句，组成复句。

（59）你去，我就去。你去，我就去。

（60）你去嘅话，我就去。你去的话，我就去。

（61）翻开嚟校园，你就顺便搵我。回来校园的话，你就顺便来找我。

（62）唱亲歌，佢都好唔开心。每次唱歌他都很不开心。

（63）＊翻开嚟校园。回来校园的话。

---

⑨ 有鉴于粤语没有轻声，张洪年（2007：300）把“嘅话”的“话”算作名词，而前边的成分当作定语，跟“之后、嘅时候、嘅缘故”等用同一方法处理。

（64）＊唱亲歌。他每次唱歌。

粤语还可以通过动词或形容词重叠，中间插入“就”或“系”（是），形成复句，功能如加了“虽然”一样（张洪年 2007：286），如（65）、（66）[⑩]。（66）的“系”也可以说成“就系”，如（67），甚至快读时可把“就系”合音读成“ze6”。除此之外，也可以通过“系”的重叠，加入“就”，形成复句，如（68）。

（65）话就话个个都系自己嘅事头，其实系唔系人人都做得到呢？虽然说每个人都是自己的老板，其实是不是每个人都能做到呢？（张洪年 2007：286）

（66）啲嘢好系好啰，可惜贵啲。东西是好，可惜贵了一点。（张洪年 2007：286）

（67）啲嘢好就系好，可惜贵啲。东西是好，可惜贵了一点。

（68）啲嘢系就系好，可惜贵啲。东西是好，可惜贵了一点。

粤语重叠的动词中间还可以加上“还”（waan4），表示“让步”（张励妍、倪列怀 1999：380），如（69），跟“虽然”的功能有点像，应属于转折复句。有“还”的部分不能单说，如（70）。“还”也能插在重叠的形容词之中，如（71）。重叠的部分可以是复合词，如（72）的述宾式“写文”（写论文）、（73）的述补式“食完”，也可以加上后缀，如（74）的“做过”。

（69）去还去，我唔做嘢㗎。去就去，我可不干活。

---

⑩ 原例句“啰”的声调是中平调，读“lo3”。其实句中没有“啰”更自然。

（张励妍、倪列怀 1999：380）

（70） ＊去还去。

（71）叻还叻，你都唔可以咁冇礼貌。虽然聪明，但你不可以这么不礼貌。

（72）写文还写文，我照样听音乐。虽然写论文，我仍旧听音乐。

（73）食完还食完，要有啲手尾。虽然吃完，要做善后。

（74）你做过还做过，但系而家系冇做。你虽然做过，但现在还是没做。

粤语的“虽然”“V 系 V”“V 还 V”都可以表示转折，但三者的重点不一样。（75）的“去过系去过”强调说话者的评价，有比较主观的判断，去过某地虽然是客观事实，但感觉程度不深、时间不够，是主观的判断。上述（65）和（66）两例也是表达了说话者的评价。（76）的“去过还去过”的确是发生了，但那次不算，还要“额外”多去一次，以前去过跟将来要去是两回事，有“排除、加添”的意味。（77）的“虽然”比较中性，好像没有什么要求，语气也比不上“V 系 V”和“V 还 V”那么重。

（75）去过系去过，可惜冇点睇嘢。虽然去过，可惜没仔细看。

（76）去过还去过，但系要再去多一次。虽然去过，但要再多去一次。

（77）虽然去过，可惜冇点睇嘢/但系要再去多一次。虽然去过，可惜没仔细看/但要再多去一次。

“系”和“还”的差异，也可以通过重叠式形容词突显出来。插入“系”的重叠式形容词，如（78），侧重表示程度，形容词后必须加上“啲”（一点），也可以勉强说“低啲系低啲”，说话者对此程度作出评价。插入“还”的重叠式形容词，如（79），后面不能再加“啲”，“＊低还低啲、＊低啲还低啲”是不能说的，说话者所表示的是把成绩的低作为一个独立的事件，搁在一旁，并强调不能自暴自弃，成绩与为人是两回事。由“还”组成的复句，所强调的是从句和主句所表示的情况有别，不能混为一谈。（80）的达标好像不是有别于成绩的低，“还”在这里没有区别的作用，不能接受。

（78）你嘅成绩低系低啲，但已经达标。虽然成绩低，但已经达标。

（79）你嘅成绩低还低，唔可以自暴自弃。虽然成绩低，但不能自暴自弃。

（80）＊你嘅成绩低还低，但已经达标。虽然成绩低，但已经达标。

“还”隐含“排除、加添”等区别的意味，应该跟表示区别事物、情况的用法相关（饶秉才等 2009：232，郑定欧 1997：222，张励妍、倪列怀 1999：380 等），可当作连词（饶秉才等 2009：232），可连接（81）的名词、（82）的动词。这个“还”强调事物、事情有别，跟复句的“还”有点相似。

（81）雪还雪，冰还冰，唔系一样嘅嘢。雪是雪，冰是冰，不是一样的东西。（饶秉才等 2009：232）

（82）做人要讲到就做到，唔好讲还讲，做还做。做人要说到做到，别说归说，做归做。（张励妍、倪列怀 1999：380）

粤语句法的基本结构可以划分为主谓结构、述宾结构、述补结构、偏正结构、联合结构，这五种结构构成小句的主要部分。主谓结构是小句的核心部分，而小句可以扩展成为句子。句子可以按照句类和句型来划分，前者包括陈述句、疑问句、祈使句、感叹句，后者按谓语的词类，可以划分为动词谓语句、形容词谓语句、名词谓语句。句型之下，可以划分为句式，如连谓句、兼语句、被动句等。句子又可以划分为单句和复句。这种划分的方式，普通话和粤语基本上是一样的，没有差别。

九、句式的特点

9.1　句式

根据汉语语法学一般的做法，句子可以划分为句类和句型。句型主要依据句子的结构、格局来划分，以结构为基础。句子可以分为单句和复句，而单句由主谓句组成。主谓句之下，可按照谓语的结构来划分动词谓语句、形容词谓语句、名词谓语句。句子也可以按照“句式”来划分。句型是结构类别，而句式是特征类别，同一个句型内可以有不同的句式，如动词谓语句可以进一步分为不同的句式，常见的有连谓句、兼语句、被动句、处置句、存现句等。

粤语和普通话的句式划分基本上差不多，张洪年（1972/2007）认为粤语的“造句类型”有七种：主谓式、偏正式、谓宾式、谓补式、连谓式、兼语式、并列式。高华年（1980）按照句子的“表达内容”把粤语句子划分为八种：陈述句、疑问句、反诘句、祈使句、感叹句、肯定句、否定句、比较句。曾子凡（1989）罗列了不少粤语和普通话差异的特点，跟句式相关的有：“系”与“是”、表示目的的“来”和“去”、趋向动词的用法、“有”的用法、后置状语、否定副词

“不”的位置、宾语的位置、动词—补语—宾语连用时的位置等。李新魁等（1995）没有对粤语的句式作全面的分析，只选择了一些粤语和普通话的主要差异，谈论粤语句法特点，他们所选的包括：前修饰与后修饰、比较句、处置句、被动句、双宾句、否定句、“有”字句、疑问句、“多”“少”句、宾补次序等现象。徐芷仪（1999）介绍了几种粤语特殊的句式，包括：主谓谓语句、连动句、兼语句、“系”字句、存现句、“将”字句（处置句）、“畀”字句（被动句）。

粤语语法的特征不少，根据特征来划分的句式其实也不少，要穷尽也不容易。本章不打算对粤语的句式作全面的介绍，而只选取几种较为特殊的句型、句式讨论，方便跟普通话语法比较。这些句型、句式包括：名词谓语句、连谓句、被动句、处置句、双宾句、比较句。

9.2 名词谓语句

名词谓语句就是体词直接做谓语的句子，没有任何谓词，属于句型的一种。典型的名词谓语句例子是（1），以名词“星期六”做谓语。此外，张洪年（2007：71）还认为（2）也属于名词谓语句。（2）的“嚟”（lei4 或 lai4）应该跟与“系”连用的“嚟”差不多，表示“身分或类属”的意思（张洪年 2007：202），用于“确认宾语名物的真实性”（梁仲森 2005：57），如（3）。“㗎”（gaa3）是“嘅”（ge3）和“啊”（aa3）的合音（张洪年 2007：200）。

（1）今日星期六。今天星期六。

(2) 佢太太豆皮婆嚟嘅。他太太是个麻子。

(张洪年 2007：71)

(3) 呢啲系乜嘢嚟㗎？系苹果嚟嘅。这是什么东西呀？是苹果呀。

(张洪年 2007：202)

用在名词谓语句［如(2)］、“系”字句［如(3)］的“嚟”表示判断、类属等意义（张洪年 1972/2007；梁仲森 1992/2005；李新魁等 1995；麦耘、谭步云 1997/2011；Lee and Yiu 1998，1999；Fung 2000；Yiu 2001；詹伯慧主编 2002a；邓思颖 2002b；方小燕 2003 等），甚至分析为“判断助词”（甘于恩 1998）。这个“嚟”的一些特点值得注意。

第一，“嚟”之前的成分既可以是名词短语，例如(2)的“豆皮婆”（麻子），也可以是疑问代词，例如(3)的“乜嘢”（什么）。相比之下，疑问代词比较顺口。虽然普通名词也可以，但必须是句子焦点的所在，用来回答问题。

第二，“嚟”之前的名词性成分必须是无定的。(4)有指示代词的“呢个人”（这个人）和(5)的代词“佢”（他）都是有定，都不能接受。(6)的“(一)个学生”是无定的名词性成分，表达新信息，接受度明显好得多。至于上述提到的疑问代词，例如(3)的“乜嘢”（什么），也应该理解为无定。

(4) *张三系呢个人嚟。张三是这个人。

(5) *张三系佢嚟。张三是他。

(6) 张三系(一)个学生嚟。张三是一个学生。

(4)和(5)不能接受，不过，在特定的情况下，有定的名词性成分也可以在“嚟”之前出现，如(7)和(8)。虽然这两句的“呢个人”（这个人）和“佢”（他）仍属于有定，但这个语境好像是说话者跟听话者在争辩什么，“真系”（真的是）强调了说话者把新信息告诉听话者，令对方接受。如果这样理解是对的话，“嚟”前面的成分，所表达的信息仍好像是新的。

（7）真系呢个人嚟㗎！真的是这个人啊！

（8）真系佢嚟㗎！真的是他啊！

第三，“嚟”之前的名词性成分不能是表示数量、量化的数量词短语（Lee and Yiu 1998，1999）。（9）的“四十岁”和（10）的“十五公升”都是数量短语，不能跟“嚟”搭配。

（9）＊今年，阿黄四十岁嚟。今年阿黄四十岁。

（Lee and Yiu 1999）

（10）＊今年嘅标准用量系十五公升嚟。今年的标准用量是十五公升。（Fung 2000：90）

第四，跟“嚟”搭配的疑问代词，只可以是体词性代词，位于论元位置、具有指称能力（referential），而不能是谓词性代词，位于非论元位置（如状语）、不具备指称能力。[①]（3）的“乜嘢”（什么）、（11）的“边个”（谁）、（12）的“边度”（哪里）都属于体词性疑问代词，能够跟“嚟”搭配；（13）的“点样”（怎么样）、（14）的“点解”（为什么）、（15）的“几时”（什么时候）都是谓词性疑问代词，不能跟“嚟”搭配。

---

① 有关汉语论元/非论元疑问代词的划分及其句法特点，详见 Huang（1982）、Tsai（1994）等的讨论。

（11）佢系边个嚟？他是谁？

（12）呢度系边度嚟？这里是什么地方？

（13）＊佢系点样嚟？他是怎么样的？

（14）＊呢件事嘅发生系点解嚟？这件事的发生是什么原因？

（15）＊个会系几时嚟？那个会议是什么时候？

第五，"嚟"只能跟名词谓语连用，不能跟动词谓语和形容词谓语连用（梁仲森 1992/2005；Lee and Yiu 1998，1999等）。无论是动态的动词谓语［如（16）的"食乜嘢"（吃什么）］，还是静态的动词谓语［如（17）的"姓乜嘢"（姓什么）、[②]（18）的"有乜嘢"（有什么）］和形容词谓语［如（19）的"好高"（很高）或"几高"（多高）］，"嚟"的出现都不好。

（16）＊佢食乜嘢嚟？他吃什么？

（17）＊佢姓乜嘢嚟？他姓什么？

（18）＊佢有乜嘢嚟？他有什么？

（19）＊佢好高嚟/几高嚟。他很高。

第六，跟"嚟"连用的名词性成分，往往是句子焦点的所在，或者用来回答问题。表示焦点的成分呈现了不对称的现象。以上述的（11）为例，跟（20）比较，作为名词谓语的"边个"接受度比位于主语的"边个"好得多。要回答（11），我们可以光说（21）的"张三"，并加上"嚟"和表示明显事

---

② 麦耘（2008：198）认为（17）能说，说话者想不清楚/没听清楚/不能确定，要求听话者确认，是一种"特殊的曾然"。不过，对不少人而言，（17）是不能接受的。

实的助词“吖嘛”（aa1 maa3）；但回答位于主语的疑问代词，光说“张三”却不能加上“嚟”，例如（22）。即使主语是焦点的所在，“嚟”也不能够出现。

（20） *边个系主席嚟？谁是主席？

（21）甲：佢系边个嚟？他是谁？

乙：张三嚟吖嘛。张三嘛。

（22）甲：边个系主席（*嚟）？谁是主席？

乙：张三（*嚟）吖嘛。张三嘛。

选择问句进一步突显了这种不对称现象。麦耘（2008：200）指出，（23）和（24）有明显的区别，（23）的名词谓语可以作选择，但（24）的主语就不能作选择。选择部分是焦点的所在，只有跟“嚟”连用的成分才能是焦点的位置。

（23）呢张椅系酸枝抑或紫檀嚟㗎？这把椅子是酸枝木还是紫檀的呀？

（24） *呢张椅定吖张枱系酸枝嚟㗎？这把椅子还是那张桌子是酸枝木的呀？

上述所见，“嚟”的搭配限制，比较显著的特点是所搭配的成分必须是体词（如名词谓语），不能是谓词（如动词谓语和形容词谓语）。有“嚟”的名词谓语句，句法结构可以简单描述为（25）。“嚟”跟体词结合在一起，以方括号表示。前头可以加入系词“系”（是），后头可以加入“嘅”（的）。“嘅”之后的“∅”是一个空语类，代表一个听不见的名词。

（25）主语（系）［体词+嚟］（嘅）∅

我们假设“嚟”是一个“动词化词头”（verbalizer）（Lee and Yiu 1999），应算做助词，作用是把一个体词转类，变成谓词。(25) 的括号部分就是通过“嚟”把体词变为谓词，并在句中扮演谓语的角色。除了改变词类外，“嚟”还可以用来引介表示新信息的成分。因此，跟“嚟”结合的必须是无定或能表示新信息的成分。“嚟”只能引介体词，不能引介其他的类别，如谓词。

“嚟”的这些特点并不奇怪，跟动词“嚟”(来) 的性质相似。助词“嚟”应该跟动词“嚟” (来) 同源，跟动词“嚟”的特点有关。动词“嚟”是一个非受格 (unaccusative) 动词，宾语必须是体词，而且必须是无定，呈现“无定效应”(definiteness effect)。(26) 无定的“一个人”可以接受，但 (27) 有定的“呢个人”(这个人) 和代词“佢”(他) 却不能接受。动词“嚟”的宾语不能是谓词，例如 (28) 的“好高”(很高)。跟动词“嚟”连用的疑问代词也只能是体词性，例如 (29) 的“乜嘢”(什么)、“边个”(谁)、“边度”(哪里)，而不能是“点样”(怎么样)、“点解”(为什么) 等谓词性代词。名词谓语句的“嚟”是从非受格动词“嚟”(来) 而来，虽然进行了虚化，但虚化后的“嚟”仍然保持原来动词的一些语法特点。

(26) 嚟咗一个人。来了一个人。

(27) ＊嚟咗呢个人/佢。＊来了这个人/他。

(28) ＊嚟咗好高。＊来了很高。

(29) 嚟咗乜嘢/边个/边度/＊点样/＊点解？来了什么/谁/哪里/＊怎么样/＊为什么？

加上“嚟”的体词，即 (25) 括号内的“体词+嚟”，带上后缀“嘅”(的) 之后，扮演定语的角色，用来修饰后面一个听不见的空语类“∅”，是一个意义很虚的名词，可指向人或事物。整个“体词+嚟+嘅+∅”是一个名词短语，以“∅”作为中心语，被“体词+嚟”所修饰。真正做谓语的应该是整个“体词+嚟+嘅+∅”，陈述前面的主语。系词“系”可加可不加。不加，就是真正的名词谓语句；加了，就以“系”作为谓语，变成动词谓语句。按照（25）这样分析，（2）的理解应该是这样：他太太（是）属于麻子的人，而（3）的理解应该是这样：这（是）什么的东西？这（是）称为苹果的东西。表示人或事物的空语类“∅”，指向主语，说明主语属于“∅”的一员，确立了主语身份和类属的关系。

香港粤语母语者说普通话或写书面语的时候，往往受粤语影响，把“嚟（嘅）”直译为“来（的）”，如把（3）的问句说成是“这是什么来（的）”，成为所谓“港式中文”的一个特点（邓思颖 2013a）。《现代汉语八百词》注意到位于句末“来（的）”的现象，认为“单用‘来’是近代汉语或现代一部分方言的用法”（吕叔湘主编 1980：311）。句末“来（的）”在汉语方言语法研究有一定的价值，可作为调查方言判断句的一个特点（可见 Yue-Hashimoto 1993：§2）。

9.3 连谓句

例子（30）由两个谓词结构组成：“上台”和“表演”，像这样的句式，可称为“连谓句”，也叫做“连动句”。按照朱德熙（1982：160）的解释，连谓句是指“谓词或谓词结构连用的格式”。连谓句最基本的特点，就是两个谓词结构所指的主语都是相同，陈述同一个主语，如（30）的“上台”和“表演”的主语都是“我”，陈述相同的主语。（30）的词序，在粤语和普通话都能说。

（30）我上台表演。

不过，张洪年（2007：264）指出，粤语的（31）在普通话可以有两种说法，如（32）或（33）。（33）是连谓句，在粤语不说。

（31）你去边？

（32）你去哪儿？

（33）你上哪儿去？

普通话的（34）、（35）、（36）意义差不多（Chao 1968，朱德熙 1982），（34）是连谓句，（35）表示目的，（36）是（34）和（35）合用。吕叔湘主编（1980：401）认为（34）的“去”表示“要做某事”，而（35）的“去”表示“去的目的”。后置的表示目的的“来、去”都读轻声，是一种“虚化了的动词”（朱德熙 1982：165）。在粤语的情况，（34）的句式最常见，（35）的句式很少用，（36）的句式根本不用（张洪年 2007：266）。“来”的分布跟“去”基本上是一样的，如（37）至（39）。③

（34）我去开会了。

（35）我开会去了。

（36）我去开会去了。

（37）我来开会了。

---

③ 有关汉语方言趋向动词的类型分析，可详见 Yiu（2014）的讨论。

（38）我开会来了。

（39）我来开会来了。

普通话表示目的的“谓词结构+去”，如（40），粤语用“去+谓词结构”代替，如（41）。就粤语和普通话连谓句的差异，曾子凡（1989：360）总结为（42）这样的公式，箭头左边是粤语的词序，箭头右边是普通话的词序。

（40）他买东西去了。

（41）佢去咗买嘢。他买东西去了。

（42）去+动词〈表示目的〉→动词+去

趋向动词做谓语时，粤语用“动词+宾语”的词序，而普通话则用“动词+宾语+去”或“动词+宾语+来”的词序，以连谓句的方式表达，如以下粤语的例子，普通话都在宾语后加上“来”或“去”，可参考每个例子的普通话翻译（曾子凡1989：360）。虽然普通话也可以说“去‘新界’、来我家”，但这是“吸收南方方言”的说法（曾子凡1989：360），还是以连谓句的句式比较习惯。

（43）去写字楼。到办公室去。

（44）佢嚟我度。他到我这儿来。

（45）听日上广州。明天上广州去。

（46）啱啱落咗楼。刚刚下楼去。

（47）啱啱落咗街。刚刚上街去。

（48）入元朗。进元朗去/上元朗去。

粤语有些例子，“嚟”在谓词之后出现，形成“谓词+嚟”句式，貌似连谓句，如（49）（Fung 2000，Yiu 2001，詹伯慧主编2002，方小燕2003，刘倩2007等）。（49）所表示的事件，必须是一种持续的状态。正如李新魁等（1995：515）所指出，“嚟”表示的命令语气，“只限于要求保持某一状态”。

（49）坐好嚟！坐好！（李新魁等 1995：515）

“谓词+嚟”的谓词还可以加上表示程度的“啲”（一点儿），说成（50）。谓词是形容词的话，“啲”不能省，如（53）。谓词也可以是及物动词，如（51）的“唱”，不过，宾语不能出现，如（52）。“嚟”的作用就是说明要达到持续状态的结果，并强调持续状态的程度。“啲”（一点儿）的出现，可谓强化了结果的程度。

（50）坐好啲嚟！坐好点儿！

（51）唱好啲嚟！唱好点儿！

（52）＊唱好啲歌嚟！把歌唱好点儿！

（53）慢＊（啲）嚟！慢点儿！

虽然这个“嚟”所出现的句子都是祈使句，但“嚟”不是表示语气的助词。（54）显示了“嚟”可以跟表示祈使的助词“啊嗄”（a3 haa2）连用，（55）的“嚟”甚至可以在兼语句内出现，并非在根句的环境出现，应位于小句层次较低的位置。

（54）企好啲嚟啊嗄！站好点儿！

（55）佢劝张三做事要定啲嚟，唔好心急。他劝张三做事要镇定点儿，不要急。

“谓词+嚟”的“嚟”跟谓词前的“嚟”相关。（56）“嚟帮手”（来帮忙）的“嚟”在谓词前出现，组成连谓句，如（37）的句式。“嚟帮手”（来帮忙）的“帮手”是说明“叫”的目的，而“嚟”是强调“帮手”是未然的事件。“谓词+

嚟”和“嚟+谓词”的相似之处，就是它们都强调行为动作是未然的事件。一前一后的“嚟”，意义上应有一定的关联。

不过，它们两者在语法上仍然有分工，谓词前的“嚟”只能选择表示动作的谓词（例如“帮手”），不能选择表示持续状态的谓词，如（57）是不能说的；相反，谓词后的“嚟”所选择的谓词，只能表示持续状态，却不能表示动作，如（58）是不能说的。（59）不能接受，显示了两个“嚟”不能共现，跟普通话例句（39）不同。谓词前后的“嚟”，无论是语法或是语义，都呈现了互补现象。

（56）我叫佢嚟帮手。我叫他来帮忙。

（57）＊我叫佢嚟企好啲。＊我叫他来站好点儿。

（58）＊帮手嚟！帮帮忙。

（59）＊嚟帮手嚟！

谓词前的“嚟”可以换成“去”，如（60），但谓词后的“嚟”却不能换成“去”，如（61）。谓词前的“嚟”是动词，可以跟动词“去”替换，形成连谓句；但谓词后的“嚟”已是一个虚化的成分，只能黏附在谓语/在句末出现，不算连谓句。

（60）我叫佢去帮手。我叫他去帮忙。

（61）＊坐好啲去！坐好点儿！

9.4　被动句

汉语被动句，可以按照施事的出现与否，分为两个类型，分别称为“长被动句”（long passive）和“短被动句”（short passive）（Ting 1995，1998 等）。所谓长被动句，就是指有施事的被动句。(62) 的“李四”是施事，“张三”是受事主语，属于长被动句。没有施事的被动句称为短被动句，例如 (63)。

(62) 张三被李四打伤了。　　　　（长被动句）

(63) 张三被打伤了。　　　　（短被动句）

汉语表示被动的标志“被”的句法地位，一直是汉语语法学争论不已的研究课题。简单来讲，对于“被”的认识主要有两种观点：“介词说”和“动词说”。

根据介词说，“被”是一个介词，跟后面的施事组成一个介词短语。主张此说的有 Chao（1968）、张洪年（1972/2007）、吕叔湘主编（1980）、高华年（1980）、朱德熙（1982）、徐芷仪（1999）、张双庆（2000）、李新魁等（1995）、Li（1990）、徐丹（2004）和不少现代汉语教材。

根据动词说的看法，“被”是一个动词（或虚化的动词，如助动词），表示受事的主语受到某事件的影响，引申出那种所谓“不如意、不企望”的意思。主张此说的包括桥本万太郎（Hashimoto 1969，桥本万太郎 1987），Yue-Hashimoto（1971），Chu（1973），冯胜利（Feng 1990，1995；冯胜利 1997），Tsai（1993），Ting（1995，1998），Cheng、Huang、Li、Tang（1999），Huang（1999），吴庚堂（1999，2000），邓思颖（Tang 2001a；邓思颖 2000b，2003a，2004，2008c，2010），徐德宽（2007），马志刚（2008），Huang、Li、Li（2009：§4）等。

除了这两种观点外，还有一种折中的“双重地位说”，糅合了“动词说”和“介词说”，认为汉语的“被”有双重的地位：

一个是被动标记（动词），一个是介词（Shi 1997，石定栩 2005，石定栩、胡建华 2005）。对于汉语被动句的争论，我们在此不作比较和评述，[④] 而仍然主张动词说。

根据动词说，长被动句的“被”是动词，带上一个小句，(62) 的句法结构大致如 (64) 所示，当中的方括号是一个小句，[⑤] “李四”是小句的主语，小句是“被”的宾语，“被”和“李四打伤了”组成述宾结构，整个述宾结构陈述“张三”。短被动句的“被”也是动词，跟长被动句的“被”不同，短被动句的“被”带上一个没有施事的动词短语而不是小句，如 (65) 的括号部分。[⑥] 长短被动句的差异，就是“被”所选择的宾语不同，长被动句的“被”选择小句，而短被动句的“被”选择动词短语。

(64) 张三被［李四打伤了］

(65) 张三被［打伤了］

短被动句能否接受的问题是粤语和普通话语法差异之一。在粤语口语中，被动句的施事必须出现，如 (66) 的“老板”，没有施事的 (67) 是不能说的。如果不知道施事是谁，可用“人”代替，如 (68)。如果施事不是人或是无生命的，一般用

---

④ 对于介词说的评述，见 Huang（1999），邓思颖（Tang 2001a，邓思颖 2003a），Huang、Li、Li（2009：§4）的讨论；对于双重地位说的评述，见邓思颖（2008c）的讨论。

⑤ 长被动句内的小句应该是处置句，详见邓思颖（2004，2008c，2010：§9）的讨论。

⑥ 有关形式句法学对汉语被动句的详细分析，请参考 Huang（1999），邓思颖（2003a，2010），Huang、Li、Li（2009：§4）等的介绍。

“嘢”代替，如（69）。粤语只有长被动句而没有短被动句。根据动词说的讲法，粤语的“畀”只能选择小句，不能选择动词短语（Tang 2001a，邓思颖 2003a）。

（66）佢畀老板闹。他被老板骂。

（67）＊佢畀闹。他被骂。

（68）佢畀人闹。他被人骂。

（69）佢畀嘢咬。他被咬。

“畀”（bei2）的声调在粤语口语里读作高升调。在文读和严肃的语境中，表示被动的标志可以读如低平调“被”（bei6）。当被动标志读作低平调的时候，短被动句便可以成立，如（70）。“畀”是粤语的词汇，可称为“方言词”，而低平调的“被”是从普通话或书面语借来的，或许成为粤语的“通用词”。⑦

（70）总统被指责。

普通话的“被”既可以选择小句，形成长被动句，又可以选择动词短语，形成短被动句，但粤语的“畀”只能选择小句。“畀”和“被”的性质不同，前者比后者拥有更多的动词性质（Tang 2001a，邓思颖 2003a）。

首先，除了被动句外，粤语的“畀”还可以在双宾句［如（71）］、使役句［如（72）］作动词用，普通话的“被”却没有动词的用法，（73）和（74）是不能说的。

（71）佢畀本书我。他给我一本书。

---

⑦ “方言词”和“通用词”的介绍，可见本书第三章。有关“畀”和“被”在应用上的差异，见张双庆（1997）的讨论。

（72）佢畀我离开。他让我离开。

（73）＊张三被我一本书。

（74）＊张三被我离开。

“畀”的动词性质，还可以通过词法的变化体现出来。动词后缀“过”可以黏附在“畀”之后（Mui and Chao 1999），如（75）；表示量化的动词后缀“得”，也能黏附在“畀”之后，如（76），进一步说明“畀”应该更具备动词的性质。

（75）佢畀过我闹㗎喇。他曾被我骂过嘛。

（76）佢畀得一个人闹。他只被一个人骂。

动词性较强的“畀”，只能带上小句，形成长被动句，而动词性较弱的“被”，既可以带上小句，又可带上动词短语，因此允许长被动句和短被动句（Tang 2001a，邓思颖 2003a）。

粤语除了用“畀”表示被动外，“着”（zoek6）也是一个能构成被动句的标志。动词“着”表示“受到”（饶秉才等 2009：276）、“感受、受到”（李荣主编 1998：487）。“着”作为动词的用法现在已不常用，只见于惯用语，如（77）的“着雷劈”，表面意义是我虽然好心，但仍被雷劈，意谓好心不得好报；（78）的“着鬼迷”，意思是被鬼迷。这些例子，“着”也可以被“畀”替换，也可说成“畀雷劈、畀鬼迷”。“着”和“畀”的主要区别是“着”的感受意义更强，除此之外，两者基本一样。动词性强的“着”，也没有短被动句的说法，“＊着劈”是不能说的；虽然“着迷”能说，也是共同语的词汇，但“着迷”的“迷”不是及物/致使的用法，而是表示“着”的结果状态。

（77）好心着雷劈　好心不得好报

（78）你系唔系着鬼迷呀？你是不是被鬼迷了？

（饶秉才等 2009：276）

长被动句句法上分为两个部分：“被”前的主语和“被”后的小句，这两个部分，在句法上和语义上都需要被联系起来。（64）括号内的“打伤了”是及物动词，应隐含了一个听不见的宾语，指向句首的主语“张三”，句首的主语跟“被”后面的小句可紧密联系起来。普通话还有一种比较特殊的被动句，就是主语跟“被”后面小句的关系比较松散，如（79）、（80）、（81）。[⑧] 这种句式，可称为“外排式间接被动句”（exclusive indirect passive）（Huang 1999；Huang，Li，and Li 2009：§4）。（79）的“我”受“他跑了”的影响，（80）的“我”受“他一坐”的影响，（81）的“张三”受“李四哭了三天”的影响，不过，“跑、坐、哭”都是不及物动词，句首的主语找不到一个可以建立联系的宾语，跟（64）和（65）的情况很不一样。

（79）我居然被他跑了。

（80）我被他这么一坐，就什么都看不见了。

（81）张三被李四哭了三天，烦得不得了。

这些例子，在粤语都不能说，如（82）、（83）、（84）。[⑨]

（82）＊我居然畀佢走咗。

（83）＊我畀佢坐咗喺度，乜嘢都睇唔到。

（84）＊张三畀李四喊咗三日，烦到交关。

---

⑧ （79）引自蔡维天（2005）；（80）转引自 Huang（1999），原本来自沈力的一篇文章；（81）引自 Lin（2009：171）。

⑨ （82）表面上好像能说，但意思不同：我居然让他走了。

普通话和粤语外排式间接被动句的差异，我们假设跟话题句的强弱有关。普通话的“被”能在句内引导一个话题，能体现为“被”之前的主语，如（79）和（80）的“我”、（81）的“张三”。这个话题能跟“被”后面的小句，建立起一种“模糊”的关系。反观粤语的（82）至（84），“畀”欠缺引导话题的能力，如（82）和（83）的“我”和（84）的“张三”都不能出现，难以产生这种外排式间接被动句。

普通话和粤语话题的强弱，正好符合刘丹青（2001）的观察。根据受事话题句的使用情况，刘丹青（2001）把汉语方言划分为“最强的 SVO”“温和的 SVO”“最弱的 SVO”三大类型，粤语属于“最强的 SVO”，而普通话（官话）属于“温和的 SVO”。[⑩] 相对粤语而言，普通话的受事话题还算是比较强。普通话能接受外排式间接被动句，也可能间接跟受事话题比较强有关。

粤语的（85）和（86），好像有外排式间接被动句的效果，即（85）的说话者受“他跑了”的影响，而（86）的说话者受“他赢了几个奖”的影响，往往有不幸的味道。[⑪] 这两句跟上述（82）至（84）主要不同之处，是（85）和（86）所指向的说话者不是通过话题或主语说出来，而是通过特定的语境所隐含出来。

---

⑩ 可参考邓思颖（2006d）从形式句法学解释汉语这三种类型方言的差异。

⑪ （85）和（86）这两个例子原见于一篇手稿（Tang 1999），也就是 Huang（1999：fn 30）所引述作为粤语有外排式间接被动句的例证。

（85）畀佢走咗。我居然被他跑了。

（86）畀佢赢咗几个奖。居然他赢了几个奖。

加上表示情态的助词“添”，那种意外的、不幸的意义加强了，而指向说话者就更明显，如（87）。即使没有“畀”，“添”也能独力隐含说话者受影响的意义，如（88）。由此可见，（85）和（86）指向说话者，呈现外排式间接被动句的效果，所靠的不是“畀”，也不是句中的话题或主语，而是通过别的途径，如助词、语境等。

（87）畀佢走咗添！我居然被他跑了。

（88）佢走咗添！我居然被他跑了。

9.5 处置句

普通话的处置句，就是由“把”字构成的句子，所以这种句式又称为“‘把’字句”。“把”往往对受事加以处置，表达了一种处置意义。⑫ 虽然有些“把”字句不表示处置意义，但为了方便讨论，都冠以“处置句”这个名字。粤语不用“把”，可用“将”来对应普通话处置句的“把”。“将”的作用就是把宾语提前，所构成的结构也称为“前及物式结构”（Chao 1968，张洪年 2007：89），如“将”把（89）述宾结构的宾语“啲衫”（衣服）提前，形成（90）的“将”字句。

（89）洗咗啲衫。洗了衣服。

---

⑫ 讨论处置句的文献非常丰富，近年比较全面的总结（包括句法分析的介绍），可以参考 Y. -H. A. Li（2006）和 Huang，Li，and Li（2009：§5）。

（90）将啲衫洗咗。把衣服洗了。

粤语的“将”可对应普通话的处置句，但“将”的使用并不常见。李新魁等（1995：571）指出，“广州话的‘将’字句没有普通话‘把’字句常用”。所谓“常见、常用”，有两种理解：一、普通话的处置句可用“将”字句或述宾结构对应，但粤语仍以述宾结构的说法为习惯。如普通话的“把衣服洗了”，在粤语可说成（89）或（90），但（89）比（90）较为自然。二、普通话有些处置句，不能用粤语的“将”来说。

吕叔湘主编（1980）把普通话的介词“把”分为五类：处置、致使、处所或范围、不如意事情、拿。按照这五类的划分，有些能用粤语的“将”来说，有些不能，罗列于下，问号“?”表示能说，但不自然，星号“*”表示不能接受。普通话的翻译是吕叔湘主编（1980）所举的原例子。

处置　“把”表示处置，名词是及物动词的受动者。

（91）?将封信交咗。把信交了。

（92）*将啲技术学识咗。把技术学到手。

（93）?将啲衫整好吓。把衣服整理整理。

（94）?将间房执一下。把房间收拾一下。

致使　“把”表示致使，后面的动词多为动结式。普通话的动词或形容词后面常常用“得”字引进状态补语，如（99）至（103）例句的普通话翻译。（103）的“揈”（fing6）是动词，意思是甩。

（95）*将把声嗌到冇晒。把嗓子喊哑了。

（96）*将对鞋行烂咗。把鞋都走破了。

（97）将个问题搞清楚。把问题搞清楚。

（98）边个将条毛巾整到污糟晒㗎？谁把这块毛巾弄脏的？

（99）？将个礼堂逼到爆。把礼堂挤得水泄不通。

（100）*将匹马攰到满身大汗。把这马累得浑身大汗。

（101）*将我冻到腾腾震。把我冻得直哆嗦。

（102）*将小王听到入晒神啦。把个小王听得入迷了。

（103）*将小宇开心到搲手搲脚。把小宇高兴得手舞足蹈起来。

处所或范围　表示动作的处所或范围。

（104）*将东城西城都走过晒喇。把东城西城都跑遍了。

（105）*将北京城行咗大半。把个北京城走了一多半。

（106）？你将所有地方再查多次。你把里里外外再检查一遍。

不如意事情　表示发生不如意的事情，后面的名词指当事者。

（107）*啱啱将老李病咗。偏偏把老李病了。

（108）*真系估唔到，将阿嫂死咗。真没想到，把个大嫂死了。

拿　“把”表示拿、对。

（109）？佢可以将你点？他能把你怎么样？

（110）*我将佢冇办法。我把他没办法。

在这五类当中，部分表示处置意义的“把”能说成“将”，其他几类的“把”都不能说成“将”。在处置类的例子，能说成“将”的，其实不是很自然，最自然的说法，还是把宾语放在述语之后，以述宾结构方式表达。上述（91）、

(93)、(94)最好说成(111)、(112)、(113)。

(111)交咗封信。把信交了。

(112)整好吓啲衫。把衣服整理整理。

(113)执一下间房。把房间收拾一下。

(92)的“学识”对技术起不到什么改变的作用,对宾语的影响较微,“将”就不能用。处所范围类的情况差不多,(104)的“走”和(105)的“行”对处所的影响甚微,也不可能改变什么,“将”就不能用。(106)的“查”对处所能起一定的影响,“将”勉强能说,但最好还是以述宾结构方式表达,如(114)。

(114)你再查多次所有地方。你把里里外外再检查一遍。

致使类的例子,按意义的划分,主语有两类,一类是致事(Causer),另一类可理解为施事(Agent)。纯粹表示致事的论元,是导致事件呈现变化的原因,一般由无生命的名词充当,跟事物或事件有关,如(95)让嗓子喊哑的原因可以是唱歌,(96)让鞋子破烂的原因可以是一段很长的路或者一个漫长的跑步,(100)导致马累的原因可能是赛跑,(101)导致说话者发冷的原因是温度,(102)让小王入迷的原因可能是歌声、可能是故事,(103)让小宇高兴的原因可能是一件事情,也可能是一个动作。这些句子的主语,都属于致事。至于(97)和(98),这两句可以接受,但感觉较为正式,相比之下,(99)显得有点别扭。这几个例子,把问题搞清楚的是人,把礼堂挤得水泄不通的也是人,把毛巾弄脏的主语用了人称代词“边个”(谁)来问,肯定指人,这些主语都能理解为施事,是导致事件变化的执行者。

"将"的主语不光要求施事，而且应明显地体现主动性、目的性（李炜 1993）。普通话的（115）能说，但粤语的（116）不能说，原因是哭红眼睛并非施事主动、有目的执行的动作。

（115）他把眼睛都哭红了。

（116）＊佢将对眼都喊到红晒。

致使类这两个小类的差异，反映了"将"的前头只能是施事，而且主动、有目的地执行动作，不能是致事。无论主语是施事还是致事，最自然的说法，还是把宾语放在述语之后，如（117）、（118）、（119）。

（117）冻到我腾腾震。把我冻得直哆嗦。

（118）边个整到条毛巾污糟晒㗎？谁把这块毛巾弄脏的？

（119）佢喊对眼都红晒。他把眼睛都哭红了。

不如意事情类的例子，是较为特殊的用法，动词往往是表示"消失意义"的不及物动词（朱德熙 1982：187），基本上不能以述宾结构形式出现，如（120），相似的例子还有（121）（朱德熙 1982：187）。有些虽然能以述宾结构形式出现，如（122），但却没有使、让之意，只能理解为存现句，表示人或事物的存在、出现、消失，跟处置句无关。

（120）＊啱啱病咗老李。偏偏把老李病了。

（121）＊咪走咗个犯人。别把犯人跑了。

（122）？真系估唔到，死咗阿嫂。真没想到，死了个大嫂。

"将"缺乏表示拿、对的功能，普通话"把"的例子，粤语可以用介词"对"来对应，如（123），或把宾语放在述语之后，如（124）。

（123）佢可以对你点？他能把你怎么样？

（124）我有晒佢办法。我把他没办法。

普通话有些例句，“把”后的宾语和动词后的宾语（也称为“保留宾语”），词序上好像可以互换，如（125）和（126）。互换后，这两个例子的意义不同，（125）的“水”是工具，（126）的“花”是受事。

（125）我把水浇了花。

（126）我把花浇了水。

（127）＊我将啲水淋咗花。我把水浇了花。

（128）？我将啲花淋咗水。我把花浇了水。

（129）我用啲水嚟淋花。我用水来浇花。

（130）我淋咗啲花。我把花浇了水。

张双庆（1997：250—251）注意到（131）能说，但（132）不能说。[13] 他认为（131）说明处置花瓶的方法，可回答“他是怎样处理那些花瓶呢?”，当中的“将”表示处置意义。至于（132），花瓶是工具，“将”不表示工具，可改为（133）。

（131）佢将啲花樽全部插晒花。他把那些花瓶全插上花。

（132）＊佢将个花樽插咗一扎花。他把花瓶插了一把花。

（133）佢用个花樽插咗一扎花。他用花瓶插了一把花。

---

⑬（132）原文没有“个”，加了“个”以后也不能改变该句的接受度。

9.6 双宾句

双宾句是指述语后面出现两个宾语的句式。从意义上来讲，双宾句的两个宾语，一个是指接受事物的人，而另外一个是指交接的物件。指人的那个宾语称为“间接宾语”（indirect object），而指物的宾语则称为“直接宾语”（direct object）。（134）是普通话典型的双宾句，表示给予义，“他”是间接宾语，“一本书”是直接宾语。

（134）我给了他一本书。

文献一般认为（135）是粤语对应的说法，跟普通话明显不同的地方，也是汉语方言学经常谈论的地方，就是粤语双宾句允许所谓“倒置”的词序，即间接宾语出现在直接宾语的后面，如（135）的间接宾语“佢”在直接宾语“一本书”之后。然而，这样的词序在普通话里却绝对不能说，如（136）。把（135）称为“倒置”往往是从普通话的角度出发，以普通话双宾句的词序作为基本词序，是比较的基准点。粤语双宾句的词序有异于普通话，是一种“倒置”的词序。

（135）我畀咗一本书佢。我给了他一本书。

（136）*我给了一本书他。

很多文献都注意到粤语这个特点。部分学者在描述粤语和普通话双宾句的差异时，往往说粤语双宾句的词序跟普通话的“恰恰相反”（袁家骅等 2001：230）、“位置相反”（高华年 1980：220）、“彼此完全相反”（曾子凡 1989：370）、“语序不同”（欧阳觉亚 1993：281）。黄伯荣（1993）、Peyraube

(1997) 等认为倒置双宾句的出现反映了粤语是一个广泛允许"后置"的汉语方言；李敬忠（1994）甚至由此认为粤语跟壮语有密切的关系。

上述的描述，给人的印象好像是凡有两个宾语，粤语的词序一定是"倒置"，而且是"带有普遍性的一个规律"（袁家骅等 2001：230）。事实上，黄伯荣（1959）、Kwok（1971）、张洪年（1972/2007）等很早就注意到动词的分类，如表示取得义的动词，所带的两个宾语不允许"倒置"。Peyraube (1981)、Chui（1988）也对粤语动词作了详细的分类。李新魁等（1995：573）提出过一些限制，认为粤语双宾句能否"倒置"跟动词的语义特征有关。张双庆（1997：256）也观察到只有在给予义的粤语双宾语句子里，两个宾语的位置才可以"颠倒"。

根据粤语双宾句的三种词序，粤语动词可划分为三个大类 (Tang 1992，1998a，邓思颖 2003a：§4)。[14]

第一大类的动词包括"畀、醒（送）、送、奖"等，是典型的给予类动词，间接宾语是直接宾语的接收者。（137）的句式称为"与格句"（dative construction），当中的"畀"是介词（Lau 1972，Bennett 1978，Tang 1992，1998a，Wong 1994，Xu and Peyraube 1997，Chin 2009，2011 等），用来引介接受事物的间接宾语，跟间接宾语组成介词短语。动词"送"能够进入与格句，例如（137）。（138）是"典型"的双宾句，"??"表示该句子不自然，比较勉强。（139）是所谓有"粤语

[14] 动词分类的详细讨论和分析，请参考邓思颖（2003a：§4）。

特色”的“倒置”双宾句，“（?）”表示该句子部分人能够接受，但也有部分人勉强能接受，有不同的反应。

（137）佢送咗一本书畀我。他送了我一本书。

（138）??佢送咗我一本书。

（139）（?）佢送咗一本书我。

如果把动词换成“畀”，语感明显不同。（142）的“畀”允许所谓“倒置”的词序，所有人都能够接受，是最自然的说法。（140）也能说，不过，跟（142）相比，接受度稍为差一点，主要是两个同音的“畀”在同一个句子内连用。跟动词“送”一样，（141）不太能说。

（140）佢畀咗一本书畀我。他给了我一本书。

（141）??佢畀咗我一本书。

（142）佢畀咗一本书我。

第二大类的动词包括“寄、搬、卖；炒、洗、画；偷、摘、买”等。在意义上，这些动词或表示了物件的转移，或有创造的意义，或有获取义，间接宾语是物件的接受者，或是动作服务的对象。这类动词，只能进入与格句。

（143）佢炒咗一碟餸畀我。他给我炒了一盘菜。

（144）*佢炒咗我一碟餸。

（145）*/?佢炒咗一碟餸我。

第三大类的动词包括“问、请教、考；偷、摘、买”等。在意义上，动词表取得义，间接宾语是直接宾语的来源点。“问”类动词表示资讯的获得和思想上的交流，直接宾语有较为“抽象”的性质；而“偷”类动词是物体上的空间转移，直接宾语是较为具体的物体。这些动词只能进入“典型”的双宾句，其他的句式都不能说。[15]

（146） *佢问问题畀我。

（147） 佢问我问题。他问我问题。

（148） *佢问问题我。

按照能否进入与格句、双宾句、“倒置”双宾句，粤语动词可划分为三大类：一、允许与格句和“倒置”双宾句（第一大类）；二、只允许与格句（第二大类）；三、只允许双宾句（第三大类）。粤语双宾句的特点可总结如下（邓思颖2003a：§4）。首先，粤语双宾句并不是一边倒地允许“倒置”。即使有给予义，直接宾语和间接宾语的位置也不是自由的，不是可以随意地颠倒过来。所谓有粤语特色的“倒置”句式是有条件的、非常局限的。第二，与格句是表示给予、传递意义的最基本结构。对大部分人来说，“倒置”的双宾句反而不是最基本的。第三，能够进入“倒置”句式的动词，也一定能够进入与格句；然而，能进入双宾句的动词，不一定能进入“倒置”的句式。因此，“倒置”的句式跟与格句的关系比较密切。

（149） 粤语双宾动词的分类

	第一大类	第二大类	第三大类
与格句	OK	OK	*
双宾句	??	*	OK
“倒置”双宾句	OK	*/?	*

---

⑮ “偷、摘、买”等属于兼类的动词，也可进入与格句，成为第二大类动词。

能够进入“倒置”双宾句的动词，也一定能够进入与格句，可见“倒置”的句式跟与格句的关系比较密切。“倒置”双宾句属于与格句的一种，是通过与格句的介词省略而形成（乔砚农 1966，清水茂 1972，Bennett 1978，Tang 1992，1998a，邓思颖 2003a，Bruche-Schulz and Peyraube 1993，Xu and Peyraube 1997 等）。（150）是与格句的结构，形成像（137）的例子；（151）是“倒置”双宾句的结构，形成像（142）的例子，当中的“∅”是一个被省略的介词，句法地位跟有声的介词“畀”一样，能跟间接宾语组成介词短语。[16]

（150）主语　述语　直接宾语［畀　间接宾语］

（151）主语　述语　直接宾语［∅　间接宾语］

与格句介词省略的动机，主要是音韵的考虑，避免动词“畀”和介词“畀”这两个同音成分同在一个句子内出现，避免音韵上的重复（Tang 1998a，邓思颖 2003a）。以下的例子证明，当两个同音的“畀”距离越远，语感就越好；距离越近，语感就越差（邓思颖 2003a：84）。（152）两个同音的“畀”被一个很长的直接宾语所阻隔，相隔很远；但是，当阻隔它们之间的成分在音节上减少了，两个同音的“畀”越靠越紧，接受程度就开始降低了，如（153）的两个“畀”，只被动词后缀“咗”和一个双音节的直接宾语所阻隔；（154）的直接宾语移到句首成为话题后，两个“畀”只被一个单音节动词后缀“咗”所阻隔，接受度更差；（155）连这个后缀也没有，两个同音“畀”直接相邻，根本不能说。相比（155），动词

[16] 有关介词省略的论证，请参考邓思颖（2003a：§4）。

换成不同音的“送”，就可以接受，如（156）。

（152）我畀咗本用中文写嘅语法书畀佢。我给了他那本用中文写的语法书。

（153）（?）我畀咗本书畀佢。我给了他那本书。

（154）？本书，我畀咗畀佢。那本书，我给了他。

（155）＊本书，我会畀畀佢。

（156）本书，我会送畀佢。那本书，我会送给他。

再比较（157）和（158），虽然这两个例子都能说，但（158）把重复的“畀”省去，语感明显自然得多。说明了介词省略的动机是避免音韵重复，也可解释为什么动词“畀”最容易进入“倒置”双宾句，是粤语“倒置”双宾句的典型例子。

（157）佢畀咗本书畀我。他给了我一本书。

（158）佢畀咗本书我。

避免音韵重复作为“倒置”双宾句形成的动机，是基于当代粤语的考虑。从历史的角度来看，“倒置”双宾句的形成可有不同的考虑。早期粤语与格句的介词是“过”，不是“畀”，后来到20世纪初“过”才被“畀”所取代（Takashima and Yue 2000，杨敬宇 2006，潘秋平 2007，Chin 2009，2010 等）。既然以“过”组成的与格句和“倒置”双宾句在19世纪已经共存，当时“倒置”双宾句应该由“过”的省略而成（潘秋平 2007）。张敏（2011）从类型学的角度，考察了汉语方言双宾句的词序，发现不少允许“倒置”双宾句的方言，“给”类动词和与格句的介词并非同音。因此，避免音韵重复是作为介词省略的“充分条件”而非“必要条件”（邓思颖 2003a：83），避免同音只是介词省略的考虑之一，在当代粤语显得特别重要。至于在早期粤语和其他当代汉语方言里，介词省略的动机很多，所涉及的问题应该更广而不一定局限于音韵重复的考虑。

无论产生的动机是什么，从共时、历时、类型学等角度来考虑，粤语“倒置”双宾句由介词省略而来的说法都应该成立（Tang 1998a，邓思颖 2003a，潘秋平 2007，张敏 2011）。所谓“倒置”，其实并非倒置，本来就是与格句的一种，只不过介词被省略了。这种分析正好解释为什么能说“倒置”双宾句的人，也一定能接受对应的与格句。至于“典型”的双宾句，反而跟“倒置”的双宾句无关，有“倒置”的并不一定有“典型”的双宾句。实际上，粤语双宾类的句式只有两种：与格句和“典型”的双宾句。

普通话和粤语都允许与格句，如（159）是普通话典型的与格句，“一点钱”是表示受事的直接宾语，而“他”是表示终点的间接宾语，由介词“给”来带领。（160）是粤语对应的说法，跟普通话相同。

（159）我寄了一点钱给他。

（160）我寄咗啲钱畀佢。我寄了一点钱给他。

就与格句而言，普通话和粤语也有差异（邓思颖 2003a：§5）。普通话允许介词短语“给他”在动词前出现，如（161）。粤语缺乏这样的词序，（162）是不能说的，“畀佢”不能在动词前出现。

（161）我给他寄了一点钱。

（162）*我畀佢寄咗啲钱。

粤语与格句的直接宾语如果比较“重”（音节较多）的话，可以出现在句末的位置，形成“述语+介词短语+直接宾语”的词序，例如（163）。可是，这样的句式在普通话却不能接受，如（164）。普通话不能说“＊送了给”而只能说“送给了”。

（163）我送咗畀佢一本有用嘅书。

（164）＊我送了给他一本有用的书。

文献比较普通话和粤语双宾句的时候，一般说粤语只有“倒置”的句式，而缺乏“典型”的句式。更准确的说法，应该说粤语所缺乏的只是表示给予义的双宾句。粤语有些动词，表面上还是允许后面有两个宾语，形成貌似双宾句的词序。如果把准宾语也算在内的话，粤语所接受的双宾句有以下的例子。

（165）我偷咗佢一百蚊。我偷了他一百元。

（166）我问咗佢一条问题。我问了他一个问题。

（167）我打咗佢一下。我打了他一下。

（168）我等咗佢一阵。我等了他一会儿。

（169）我高佢一呎。我高他一呎。

（170）我放咗佢飞机。我对他食言。

在这些例子里，述语之后的两个成分，第二个成分往往作为补充的角色，不算是真正的宾语，有些表示数量，如（165）的“一百蚊”、（166）的“一条问题”、（169）的“一呎”；有些表示动作的次数，如（167）的“一下”；有些表示动作延续的时间，如（168）的“一阵”。张伯江（2009：§8）认为取得义双宾句的所谓直接宾语，如（165）的“一百蚊”和（166）的“一条问题”，有“计量性”的特点，强调数量，也欠缺被回指、被指称的能力。在这一组双宾句里，表示数量、次数、时间的成分，都不是真正的宾语。按照朱德熙（1982）的语法体系，这些成分都可分析为准宾语。

（170）比较特别，“放飞机”是粤语的惯用语，意谓不履行诺言，“飞机”并没有指称性，单独使用也没有什么实际的意义，必须跟“放”连用，“放飞机”共同表达一个完整的概念，即不履行承诺，甚至可以理解为述宾式复合词，在句法的层面呈现“游离式”的现象（Chao 1968：§6.5.6）。（170）的“放佢飞机”，意思是对他进行“放飞机”的行为，他是“放飞机”所涉及的对象，受“放飞机”的影响。从语法的角度来考虑，像“放佢飞机”这样的惯用语，“佢”是“放飞机”的宾语（Huang 1997，黄正德 2007）。

除了“放飞机”外，类似的惯用语还有很多，并可形成貌似双宾句，如“帮佢手、爆佢大镬、标佢参、搏佢懵、擦佢鞋、拆佢招牌、炒佢鱿鱼、抽佢后脚、打佢斧头、打佢荷包、打佢尖、倒佢米、丢佢架、笃佢背脊、炖佢冬菇、冚佢档、落佢格、落佢面、卖佢猪仔、扭佢计、砌佢生猪肉、撬佢墙脚、食佢豆腐、食佢糊、收佢线、甩佢底、索佢油、探佢班、剃佢眼眉、停佢牌、托佢手踭、揾佢笨、揾佢老衬、诈佢型、捉佢黄脚鸡”等，第二个体词都没有指称作用。

在上述的例子里，述语之后的两个成分，第一个成分才是真正的论元。由准宾语所组成的双宾句［即（165）、（166）、（167）］，跟由惯用语组成的双宾句［即（170）］，都有共同的特点，就是第一个成分，是动作所涉及的对象，受动作的影响。从语义关系来考虑，这个成分可称为“蒙事”（Affectee）（黄正德 2007）。这些例子都可以进入被动句，当中的“佢”都能成为被动句的主语。“佢”是真正的宾语、真正的论元，准宾语只作为补充，而惯用语的体词只是复合词的一部分，没有指称作用。

（171）佢畀我偷咗一百蚊。他被我偷了一百元。

（172）佢畀我问咗一条问题。他被我问了一个问题。

（173）佢畀我打咗一下。他被我打了一下。

（174）佢畀我放咗飞机。我对他食言。

至于（167）的“一下”和（169）的“一呎”，属于准宾语，纯粹扮演补充的功能，并非句子的论元。虽然句中的“佢”不是蒙事，没受什么影响，但仍作为动作所涉及的对象，是真正的宾语、真正的论元。

朱德熙（1982：119）认为表示等同义的两个成分可构成双宾句，如（175）。第二个成分“好人”虽然是体词，但能担当谓语的功能，陈述前面的“佢”。“佢”和“好人”构成主谓关系，甚至可分析为主谓结构（Tang 1998b；邓思颖 2002a，2010）。[17] 除了（175），粤语还允许不少貌似双宾句的例子，当中的第二个成分是谓词性宾语，如（176）的述宾结构“揸车”（开车）、（177）的小句“而家几点”和（178）的小句“我一定准时到”。

---

⑰ 粤语的“好人”也可以当作谓词用，受程度副词的修饰，如“好好人、几好人”。如果加入动词“系、做”，如“我当佢系/做好人”，“佢”就是动词谓语的主语，显然跟双宾句无关。

（175）我当佢好人。我当他好人。

（176）我教佢揸车。我教他开车。

（177）我问佢而家几点。我问他现在几点。

（178）我答应佢我一定准时到。我答应他我一定准时到。

综观所有貌似双宾句的例子，粤语所允许的句式可综合如（179）的框架。所谓“其他成分”，包括表示数量的准宾语、构成述宾式复合词的体词（即所谓“游离式”）、名词谓语、谓词性宾语等，都不算做真宾语，不是句子真正的论元，只担当补充、扩充的功能。

（179）主语　述语　宾语　其他成分

（179）这个框架也可包含与格句的词序，还有其他带上补语的句式，“其他成分”也可包括（180）的介词短语“畀佢”（给他）和（181）的介词短语“喺张枱度”（在桌子上）。

（180）我送咗一本书畀佢。我给他送了一本书。

（181）我放咗一本书喺张枱度。我在桌子上放了一本书。

粤语和普通话最显著的差异，也是最核心的差异，就是（179）组成“其他成分”的可能性：普通话允许体词性的真宾语，但粤语却不允许。因此，普通话有由两个真宾语组成的双宾句，但粤语没有。

宾语的出现和数量，全由动词来决定。不及物动词没有真宾语，及物动词有一个真宾语，双宾动词有两个真宾语，这是语法学公认的事实。动词与宾语之间的关系，可当作一种选择关系，即宾语由动词所选择。假如粤语没有双宾句，最简单的假设，就是说粤语没有真正的双宾动词，因而欠缺选择两个真宾语的能力。

普通话和粤语表达告诉意义的差异，正好侧面反映了动词选择能力的差异。普通话的“告诉”属于给予类动词，跟“给”差不多，只不过“告诉”所表达的并非事物的交接，而是讯息的转移。（182）是“典型”的双宾句，间接宾语“他”在前，直接宾语“一件事情”在后。

（182）我告诉他一件事情。

粤语对应的说法，可以是（183），间接宾语由“畀”所引介，后接动词“听”（或“知”），跟与格句的形式差不多；也可以是（184），“畀”被省略；也可以是（185），把“畀佢听”提前，就如上文提及的（163）那样；但欠缺“典型”的双宾句，（186）是不能说的。

（183）我讲件事畀佢听。我告诉他一件事情。

（184）我讲件事佢听。

（185）我讲畀佢听一件事。

（186）＊我讲佢一件事。

除了“讲”外，能对应普通话的“告诉”，还有动词“话”，分布情况也差不多，关键是（190）不能说，没有双宾句，跟普通话有异。

（187）我话件事畀佢听。我告诉他一件事情。

（188）我话件事佢听。

（189）我话畀佢听一件事。

（190）＊我话佢一件事。

粤语的“讲、话”，本来就是及物动词，只选择一个宾语，如（191）和（192）的用法。严格来讲，“讲、话”跟普通话的“说”对应，而普通话的“说”也没有双宾句的用法，不能说“＊我说你一件事情”，只能说“我说一件事情给你听”。普通话既有及物动词“说”，又有双宾动词“告诉”；粤语只有及物动词“讲、话”，却欠缺双宾动词“告诉”这一类。既然粤语缺少“告诉”类双宾动词，由此推测，估计粤语的“畀”也不算做真正的双宾动词。张敏（2011）从类型学的角度对汉语方言作全面的研究，认为南北方言双宾句的差异，应该跟动词的性质有关。

（191）我讲古仔。我说故事。

（192）我话你。我批评你。

9.7　比较句

比较句是比较的句式，张洪年（2007：373—375）参考 Chao（1968）的分类，把粤语的比较句分为五类：相等级，如（193）；比较级，如（194）；低于级，如（195）；最高级，如（196）；反最高级，如（197）。

（193）我同你一样咁叻。我和你一样那么能干。

（194）呢本书贵过吖本好多。这本书比那本书贵很多。

（195）佢冇你咁蒙喳喳㗎。他没有你那么糊涂。

（196）边个细佬哥最奀皮，就唔俾佢食。哪个小孩子最顽皮，就不给他吃。

（197）我最唔高兴嘅事，就系佢招呼都唔打个。我最不高兴的事，就是他连招呼也不打一个。

比较级的“甲+形容词+过+乙”，用来表示甲乙两者在数量、性质、程度上的差别，乙是比较项，文献常称为“差比句”。在比较句当中，粤语的差比句较令人瞩目，因为“甲+形容词+过+乙”的词序在普通话是不说的，普通话一般说成“甲+比+乙+形容词”。（198）是粤语差比句的词序。（199）是普通话的词序，而现在粤语也慢慢接受这种说法（Yue-Hashimoto 1997，Liu 2002）。在比较严肃、正式的语境里，（199）在粤语也能说。“比”字句虽然听起来比较“文雅”，但已是可以接受的句子（邓思颖 2003a：123），并且呈现所谓“非口语化原则”（张双庆、郭必之 2005）。

（198）我高过你。

（199）我比你高。

张洪年（2007：114）提出过一个分析，认为（198）和（199）都是两个句子复合的结果，再加上“比”或“过”而成，得出如（200）的结构。经过“省减手段”（deletion），相同的谓词被省去一个，“比”字句是省左面的，如（201），形成上述的（199）；“过”字句是省右面的，如（202），形成上述的（198）。这个分析的重要性，是把“比”和“过”联系起来，它们都有相同的功能，就是用来引介比较项。

（200）我高—｛比/过｝—你高

（201）我~~高~~—比—你高

（202）我高—过—你~~高~~

粤语差比句的“过”是动词，表示超越，跟前面的形容词组成述补式复合词（张洪年 1972/2007，Tang 1996b，Mok 1998，张双庆、郭必之 2005），甚至可以当作一个“意义虚化了的趋向动词”，从趋向动词向后缀演变的“过渡成分”（李新魁等 1995：570）。“过”的前面可以插入表示情态的中缀“得”或“唔”，貌似形成可能补语（李新魁等 1995：570，Tang 1996b：317，张双庆、郭必之 2005：234—235），如（203）和（204）。动词后缀可以黏附在“过”之后，如（205）的“咗”、（206）的“晒”（Tang 1996b：316）。跟某些补语差不多，如（208）的“掂”（妥当），“过”被否定词修饰，可置于宾语之后，如（207）（Tang 1996b：317）。

（203）我叻得过佢地。我能比他们更聪明。

（204）你梗系快唔过佢啦。你当然比不上他快。

（205）我高过咗佢。我的高度超越了他。

（206）我高过晒佢地。我比他们都高。

（207）我高佢唔过。我的高度不能超越他。

（208）我搞佢唔掂。我管不住他。

“过”后面的比较项，句法成分应该属于宾语，跟前面的“形容词+过”组成述宾结构。在适当的语境下，“过”后面的比较项也可以省略，如（209），跟一般的宾语一样。差比句也可以进入关系小句，修饰本来属于比较项的名词，如（210），意思是我比他们高的那些人。比较项也能作为话题，形成话题句，如（211）。

（209）甲：你高过佢咩？你比他高吗？

（李新魁等 1995：570）

乙：高过。比他高。

（210）我高过嘅人

（211）你呀，我高过；佢呀，我都高过。我比你高，也比他高。

加上“晒”的差比句，也有超越之意，有正面的意义（Tang 1996b）。（206）的“高”表示超越，其他相似的例子还有“快过晒、好过晒、叻（聪明）过晒、靓（漂亮）过晒”等；（212）的“蠢”偏向负面，没有超越的意思，其他相似的例子还有“矮过晒、丑过晒、穷过晒、衰过晒”等。除非用在比赛的语境（如比蠢、比矮），否则这些形容词加上“晒”不太自然。

（212）？我蠢过晒佢地。我比他们都笨。

Matthews and Yip（2011：190）举了（213），并认为是比较项的省略，跟（209）差不多。不过，所谓允许省略的“好过”，当中的形容词不能随意被替换，如在（214）的“正”（zeng3）跟“好”的意思差不多，可形成差比句，但不能用在（213）的环境，“＊正过”是不能说的；（215）的“稳阵”（保险、稳妥），可形成差比句，但同样不能用在（213）的环境，不能单独说“＊稳阵过”。如果把（213）所谓被省略的部分补出来，如（216），反而不自然。（213）的“不如”有建议的作用，而“好过”跟（217）的“罢喇”（baa2 laa1）的性质相似，可表达提议、劝告（邓思颖 2009c）。“好过”本来是谓词，经过虚化后成为助词，在句末出现，形成貌似宾语省略的现象。⑱

（213）如果你谂住买楼，不如买股票好过。如果你打算买房子作为投资，买股票比较好。　（Matthews and Yip 2011：190）

（214）买股票正过买楼→＊买股票正过

---

⑱ 有关“好过、罢啦”的语法特点，详见本书第十章的讨论。

（215）买股票稳阵过买楼→ * 买股票稳阵过

（216）?? 不如买股票好过买楼。倒不如买股票比买房子好。

（217）不如买股票罢喇。倒不如买股票好了。

张洪年（2007：114）虽然尝试为“比”和“过”提出统一的分析，如（200）的结构，但也注意到它们的词类有别，“比”是介词，“过”是组成述补式复合词的一部分。此外，加上“过”的形容词能带上后缀“咗”和“晒”，如（205）和（206），有动态的理解；但跟“比”连用的形容词，不能带上“咗”和“晒”，（218）和（219）是不能说的。用“比”字的粤语差比句，在适当的语境下，也可以表示变化，加上助词“喇”（laa3），强调说话者呈现变化，如（220）。

（218） * 我比佢地高咗。我比他们高了。

（219） * 我比佢地高晒。我比他们都高。

（220）我终于比佢地高喇。我终于比他们高。

我们曾经把差比句的“比”当作一个谓词（邓思颖 2003a：§5），“比你高”跟“劝你去”差不多，都是连谓句，严格来说，都属于兼语句：“你”是第一个谓词（“比、劝”）的宾语，是第二个谓词（“高、去”）的主语。兼语句第一个谓词之后的名词和谓词，能以联合结构出现，如（221），证明了“你地”和“去”应可组成一个结构（主谓结构）；“比”后面的比较项和形容词，不能以联合结构的形式出现，如（222），说明了“你地”和“高”不组成一个结构，跟兼语句不同。即使多加一个宾语/准宾语，让连接的两个部分音节比较多，比较重，兼语句和差比句还是有差别，如（223）和（224）。

（221）我劝你地去，佢地嚟。我劝你们去，他们来。

（222）＊我比你地高，佢地重。我比你们高，比他们重。

（223）我劝你戒雪茄，佢戒白酒。我劝你戒雪茄，他戒白酒。

（224）＊我比你高一吋，佢重一磅。我比你高一吋，比他重一磅。

比较合理的分析，是把“比”当作介词，跟比较项组成介词短语，这个介词短语修饰后面的形容词谓语，作为状语（吕叔湘主编 1980，朱德熙 1982，Shi 2001，Lin2009，Liu2010 等）。由“比”所组成的介词短语，可以被连词“同埋”连接，组成联合结构，反观兼语句的第一个谓词就不能这样做，比较（225）和（226）。

（225）我比你同埋比佢都高。我比你和他都高。

（226）＊我劝你同埋劝佢都去。我劝你和他都去。

虽然同属差比句，由“过”构成的差比句是述宾结构，形容词和“过”所组成的复合词是述语，比较项是宾语；由“比”构成的差比句是偏正结构，“比”和比较项所组成的介词短语是状语，修饰后面的形容词谓语。从句法来考虑，这两种差比句的结构是不一样的。

十、助词

10.1 粤语助词的分类

助词是出现在句末位置的虚词。如果有宾语的话，助词在宾语之后。助词的功能主要表示事件、时间、语气等意义。普通话有两个“了”，一个是动词后缀，一般称为“$了_1$”；一个是助词，一般称为“$了_2$”，是两个不同的语素。普通话这两个“了”在粤语的对应非常清楚，“$了_1$”是“咗”（zo2），“$了_2$”是“喇”（laa3），而且能连用，如（1），“咗”是黏附在动词的后缀，在词法的层次形成；“喇”是出现在句末的助词，在句法的层次形成。（2）的“饭”是宾语，把“咗”和“喇”隔开。宾语前的“咗”是动词后缀，凡是可在宾语之后出现的虚词，都是助词，如“喇”。粤语的助词能连用，如（3）的“先、喇、嚂（bo3）”，都算是助词。

（1）佢走咗喇。他走了。

（2）佢食咗饭喇。他吃了饭了。

（3）佢食咗饭先喇嚂。他先吃了饭了呀。

粤语的助词大致可以按照意义和功能划分为以下几类，可称为事件助词、时间助词、焦点助词、情态助词、疑问助词、祈使助词、感情助词七个小类。

（4）粤语的助词

a. 事件：先、添、乜滞（mat1 zai6）、嚟（lei4）、法、吓（haa5）

b. 时间：住、咁滞（gam3 zai6）、嚟（lei4）、喇（laa3）、未

c. 焦点：咋（zaa3）、呢（ne1）、啰（lo1）、吖嘛（aa1 maa3）、啦嘛

d. 情态：啫（ze1）、之嘛、啩（gwaa3）、添、咧（le5）、嗶（be6）、㗎喇、得㗎（dak1 gaa2）、定啦（ding2 laa1）

e. 疑问：吗（maa3）、咩（me1）、呀（aa4）、话（waa2）、嘅（ge2）、先、嚱（he2）、哦嗬（o3 ho2）、吓话（haa6 waa5）

f. 祈使：啦（laa1）、咧（le4）、喎（wo5）、嚩（bo3）、先、罢啦（baa2 laa1）、好过（hou2 gwo3）、好喎（hou2 wo3）、系啦（hai2 laa1）、吖嗱（aa1 laa4）、喇喂（la3 wei3）、啊嗄（a3 haa2）

g. 感情：啊（aa3）、-k

10.2 事件

事件助词跟事件发生的先后、动作次数相关，句法上跟谓语的关系比较密切，包括：“先、添、乜滞（mat1 zai6）、嚟（lei4）、法、吓（haa5）”。

先（sin1）　“先”是文献常注意到的助词（张洪年 1972/2007，李新魁等 1995 等），也是用来作为显示粤语语法特色的一个现象。“先”表示事件发生的先后，在谓语后出现，如（5）。如果有宾语的话，“先”在宾语后出现，如（6）。普通话跟这个“先”对应的成分也是“先”，不过只能在谓语前出现，扮演状语的角色。根据粤语和普通话比较的考虑，也有学者把粤语的“先”当作“后置副词”（袁家骅等 1960/2001，高华年 1980 等）或“后置状语”（曾子凡 1989，张振兴 2003a 等）。

（5）佢行先。他先走。

（6）佢写文先。他先写论文。

粤语的“先”还有两种不同的用法，分别分析为疑问助词［如（7）］和祈使助词［如（8）］。

（7）边个最叻先？到底谁最聪明？

（8）等我叹翻杯茶先。让我先好好地喝一杯茶。

添（tim1）　“添”有增加的意思，分析为助词（张洪年 1972/2007，李新魁等 1995，张双庆 1997 等）、语助词（梁仲森 1992/2005）、语气词（詹伯慧 1958，徐芷仪 1999 等），也有当作后置副词或后置状语（詹伯慧 1958，袁家骅等 1960/2001，高华年 1980，曾子凡 1989 等）。“添”主要表示“扩充范围”，可以表示“再、多”的意思（詹伯慧 1958：122）、“额外增加”的意思（梁仲森 2005：58），着重宾语数量的增加（黎美凤 2003），如（9）；“添”还有补充前面话语的作用，可加上“仲”等副词，如（10）（张洪年 1972/2007）。

（9）食一碗添。多吃一碗。

（10）佢仲叻过你添。他比你还能干呢。

除了扩充范围的意思外，“添”可以用作一个表示“强调、夸张的语气词”（詹伯慧 1958：122），属于情态助词，如（11）。

（11）落雨添！居然下雨了！

乜滞（mat1 zai6）　“乜滞”有分析为助词（李新魁等 1995，张双庆 1997 等）、后置副词或后置状语（袁家骅等 1960/2001，高华年 1980，曾子凡 1989，蔡建华 1995a 等）、补语（黄伯荣 1993 等）。意义上，“乜滞”表示动作行为接近某种程度、状况（麦耘、谭步云 1997/2011，郑定欧 1997），相当于普通话的“几乎、差不多”（袁家骅等 1960/2001，郑定欧 1997）、“（不）怎么、（没有）什么”（饶秉才等 1981/2009）、“（不）太”（张励妍、倪列怀 1999）、“（没）多少、不大”（袁家骅等 1960/2001）等意思，如（12）。

（12）佢冇去乜滞。他不怎么去。

“乜滞”必须跟否定词共现。没有了否定词，例如（13），句子就不能成立（邓思颖 2006a，Tang 2009）。[①] 这种必须跟否定词一起出现的词可称为“否定极项”（negative polarity word）。否定词和“乜滞”必须在同一个小句内出现（邓思颖

---

① 袁家骅等（1960：226）举过“佢食饱乜滞”这个例子，并翻译为普通话“他差不多吃饱了”。不过，这个例子在现在的香港粤语不能说，在该书的第二版已删去（袁家骅等 2001）。袁家骅等（1960：226）还列举了“我冇饮乜滞”并且翻译为普通话“我几乎没喝”。“乜滞”不表示“几乎”的意思，该书可能把“乜滞”和“咁滞”混淆起来。这个例子的普通话翻译在第二版已更正为“我没喝多少”（袁家骅等 2001：222）。

2006a，Tang 2009），即（14）方括号内的部分；（15）的否定词在根句，但“乜滞”却在嵌套小句，两者不在同一个小句内，这个例子不能说。②

（13）＊佢去乜滞。他＊（不）怎么去。

（14）我知道［佢唔去乜滞］。我知道他不怎么去。

（15）＊我唔知道［佢去乜滞］。

“乜滞”的功能是修饰谓语，特别是修饰谓语所表示的次数（如果谓语是动词）或程度（如果谓语是动词或形容词）。（12）的“乜滞”修饰动作“去”的次数，而（16）的“乜滞”修饰高兴的程度。

（16）佢唔高兴乜滞。他不怎么高兴。

嚟（lei4）　“嚟”或读作“lai4”，用在名词谓语句和“系”字句，如（17），表示判断、类属等意义（张洪年 1972/2007，梁仲森 1992/2005，李新魁等 1995，麦耘、谭步云 1997/2011，Lee and Yiu 1998、1999，Fung 2000，Yiu 2001，詹伯慧主编 2002，邓思颖 2002b，方小燕 2003 等），表示解释（explanation）（Matthews and Yip 2011：403），甚至分析为“判断助词”（甘于恩 1998）。

（17）呢啲乜嘢嚟㗎？苹果嚟嘅。这是什么东西呀？是苹果呀。

功能上，这个“嚟”是一个“动词化词头”（verbalizer）

② 对不少说香港粤语的年轻人而言，“乜滞”一词似乎有消失的趋势。有些年轻人只听过“乜滞”但不会用，有些甚至从来没听过。这个语言变化的现象，值得注意。

(Lee and Yiu 1999)，作用是把一个体词转类，变成谓词，如把（17）的疑问代词“乜嘢”（什么）和名词“苹果”转变为谓词，并在句中扮演谓语的角色。可详见本书第九章的讨论。

“嚟”的作用是把体词转变为谓语，表达一个状态事件，表示判断、类属等意思，因此这个“嚟”分析为事件助词。

法（faat3）　“法”在谓语后面出现，表示方式、方法、情形等意思，可分析为助词（张洪年 1972/2007，饶秉才等 1981/2009）。跟“法”搭配的谓语，通常被“点样（怎样）、点、噉样（gam2 joeng2）（这样）、噉（gam2）”修饰，如（18）和（19）。没有这些修饰成分的话，不能接受，如（20）。

（18）佢点唱歌法？他怎样唱歌法？

（19）佢噉样唱歌法。他这样唱歌法。

（20）＊佢唱歌法。

这个“法”不是名词，不能受定语修饰，如（21），也不能加上数量词，如（22）。

（21）＊唱歌嘅法

（22）＊一个法

有“法”跟没有“法”的谓语，意义差不多，试比较（18）和（23）。不过，有“法”的（18）好像较为强调法子、样子。没有“法”的谓语，不能受定语修饰，（24）是不能说的。

（23）佢点唱歌？他怎样唱歌？

（24）＊噉嘅唱歌　这样的唱歌

“法”也可以用在形容词谓语句，如（25）。“法”不能用在名词谓语句，（26）是不能说的（Cheng 2011），（27）的“大肚腩”（大肚子）好像是名词，但却可用作形容词，如可受程度副词修饰，如（28）。

（25）佢点高法？他怎么高法？

（26）＊今日（点）星期四法？今天（＊怎样）星期四。

（27）佢（点）大肚腩法？他怎样大肚子法？

（28）佢都几大肚腩。他也挺大肚子。

“法”所强调的是谓语所表达的情状，跟事件有密切关系，属于事件助词。“法”基本上只能跟谓词性谓语搭配，搭配后整个谓语又好像可以受定语修饰。“法”的功能，可能是一个“名物化词头”（nominalizer）（Cheng 2011），把谓词性谓语，变为一个体词性谓语。这种能改变词类的助词，性质跟事件助词“嚟”相似。“嚟”把体词变为谓词性，而“法”则刚好相反，把谓词变为体词性。

吓（haa5） 这里所谈的“吓”表示“颇能、颇为”，跟形容词谓语搭配（张洪年 2007：175），使意思“变得婉转”（饶秉才等 2009：90），表示“婉转的肯定”（李新魁等 1995：518），如（29）。谓语必须受程度副词修饰（李新魁等 1995），没有程度副词的（30）是不能说的。

（29）佢几叻吓。他挺聪明。

（30）＊佢叻吓。

跟形容词谓语搭配的“吓”，只表示“颇为”，没有“颇能”的意思，（31）比较明显，石头本身谈不上能力，“吓”只表示“颇为”之意。除了“几”外，能跟“吓”搭配的程度副词还有“好”，其他的程度副词“至（最）、非常、零舍（特别）、太”等，都不能说，如（32）。“几、好”能表示“颇为”的意思，而“至、非常、零舍、太”所表示的程度都很高。与“吓”搭配的形容词不能受否定词“唔”所修饰，如（33）。

（31）呾石几硬吓。那块石头挺硬的。

（32）佢好/＊至/＊非常/＊零舍/＊太叻吓。他很/最/非常/特别/太聪明。

（33）＊佢唔叻吓。他不聪明。

（29）的“叻”（聪明）、（31）的“硬”是性质形容词。以下的例子所见，“吓”不能跟状态形容词搭配，如（34）的“高高哋”、（35）的“论论尽尽”（粗心大意、笨手笨脚）、（36）的“臭崩崩”（臭烘烘）等。带上表示程度后缀的形容词，都不能跟“吓”搭配，如（37）的“得滞”、（38）的“过头”。

（34）＊佢高高哋吓。他有点高。

（35）＊佢论论尽尽吓。他挺粗心大意。

（36）＊佢臭崩崩吓。他臭烘烘的。

（37）＊佢叻得滞吓。他太聪明。

（38）＊佢叻过头吓。他聪明得太过分。

张洪年（2007：175）注意到“吓”可以跟表示可能意义的“V 得”搭配（他称为“谓补结构的能性式”），并且“当形容词用”，如（39）。这个“得”应该是表示情态的动词后缀，黏附在动词之后，能改变词类，由原来的动词变为形容词，表示“能够”的意思（可见本书第七章的讨论）。严格来讲，（39）的“食得”应该是形容词，而不是动词。这种由转类而来的形容词，跟“吓”搭配的话，一样不能受其他表示程度高的副词修饰，如（40）的“至（最）、零舍（特别）”。

（39）佢几食得吓。他很能吃。

（40）＊佢至/零舍食得吓。他最/特别能吃。

“吓”好像可以出现在宾语前和宾语后，如（41）和（42）。张洪年（2007：176）认为前者是“减低程度”，后者是“增加程度”，两者用法不同。这两种意义，应该来自两个不同的“吓”，（41）的“吓”是黏附在动词的后缀，表示程度之轻，又称为“尝试体”（张洪年 2007）、“轻量体”（李新魁等 1995）、“短时体”（彭小川 2010）等；（42）的“吓”是助词，跟事件的程度也有关系，有相当之意，偏向较高的程度。

（41）佢食得吓饭。他能吃一点饭。

（42）佢几食得饭吓。他相当能吃。

表示程度的后缀黏附在动词之后，如（43）；这个表示所谓“颇能”的助词“吓”，不能跟动词谓语搭配，（44）是不能说的。即使加上能愿动词，（45）还是不能说。（46）表示能够的“得”，能改变词类，“睇得”变成形容词，不能再带宾语，因此（46）不能说。（47）没有宾语，可以接受，也可以跟“吓”搭配，如（48）。

（43）佢睇吓书。他看看书。

（44）＊佢睇书吓。

（45）＊佢可以睇书吓。

（46） ＊佢好睇得书（吓）。

（47） 佢好睇得。他有看头。

（48） 佢好睇得吓。他挺有看头。

理论上，变为形容词的“V 得”不能再带宾语。（42）的“食得饭”算是例外，“食饭”已成为一个类指的活动，不一定跟米饭有关。把宾语换成指称性较强的光杆名词的话，分别较为明显，如（49）的“菜”（蔬菜），也不能加上“吓”，如（50）。

（49） ＊佢好食得菜。他能吃蔬菜。

（50） ＊佢好食得菜吓。他挺能吃蔬菜。

10.3 时间

时间助词跟谓语所表达的体、时相关，包括：“住、咁滞、嚟、喇（laa3）、未”。

住（zyu6） 这里的“住”是指出现在宾语之后的助词（詹伯慧 1958，张洪年 1972/2007 等），如（51），也可以读作“自”（zi6）。除了助词外，还有分析认为“住”是语气词（郑定欧 1997，徐芷仪 1999 等）、体貌助词（施其生 1995，李新魁等 1995 等）、后置副词或后置状语（袁家骅等 1960，曾子凡 1989，李荣主编 1998 等）。意义上，“住”表示暂时（张洪年 1972/2007、袁家骅等 2001）、暂且（不）（饶秉才等 1981/2009，梁仲森 1991/2005，麦耘、谭步云 1997/2011）、先（别/不要）（袁家骅等 1960）、先别（饶秉才等 1981/2009）、先、还（李荣主编 1998）、情况暂时维持/保持（施其生 1995，李新魁等 1995）、强调保持某种动作或状态的暂时性（郑定欧 1997），并且可以对应为英语的“yet”（Matthews and Yip 1994/2011）。这些意义，都跟时间有关，“住”属于时间助词。

（51）佢唔讲个答案住。他暂时不把答案说出来。

“住”必须出现在否定句（詹伯慧 1958，张洪年 1972/2007 等），如（51）。如果句子是肯定句，“住”就不能出现，如（52）。否定词可以是“唔”（不）、“咪（mai2）/唔好”（别/不要）、“未”（还没），但不可是“冇”（没有）。（53）有一种情态意义，如表示不会、不愿意等意思，“唔”所否定的是一个听不到的助动词（Yip 1988，Huang 1988）；（54）的“咪/唔好”用在祈使句；（55）的“未”所否定的是尚未发生的事件；（56）“冇”所否定的事件是已发生的。“唔、咪、唔好、未”所表示的意义属于未然，而“冇”所表示的意义属于已然。

（52）＊佢讲个答案住。

（53）佢唔唱歌住。他暂时不唱歌。

（54）你咪/唔好唱歌住！你暂时别/不要唱歌！

（55）佢未唱歌住。他暂时还没唱歌。

（56）＊佢冇唱歌住。他暂时没有唱歌。

跟“住”搭配的谓语表示动态事件，不能表示静态（林慧莎 2005），如（57）的“系”（是）、（58）的“叻”（聪明）。

（57）＊佢唔系医生住。他暂时不是医生。

（58）＊佢唔叻住。他暂时不聪明。

“住”跟否定词必须在同一个小句之内出现，即（59）方括号内的小句；（60）的否定词在根句，但“住”却在嵌套小句，两者不在同一个小句内，这个例子不能说（邓思颖 2009a）。

（59）我赞成［佢唔讲个答案住］。我赞成他暂时不把答案说出来。

（60）我唔赞成［佢讲个答案（＊住）］。我不赞成他（暂时）把答案说出来。

出现在宾语之前的“住”属于动词后缀，如（61）的“住”。后缀“住”黏附在动词之后，属于词法的现象；助词“住”在宾语之后出现，属于句法的现象。这两个“住”能同时出现，如（62）“副眼镜”前面的“住”是动词后缀，后面的“住”是助词。把“副眼镜”移到句首，形成话题句后，两个“住”甚至可以相连，如（63）。

（61）佢戴住副眼镜。他戴着一副眼镜。

（62）咪戴住副眼镜住。先别戴着那副眼镜。

（63）副眼镜，咪戴住住。那副眼镜，先别戴着。

咁滞（gam3 zai6） “咁滞”在宾语之后出现，如（64）。文献有分析为助词（饶秉才等 1981/2009，李新魁等 1995，张双庆 1997，张励妍、倪列怀 1999 等）、补语（张洪年 1972/2007）。“咁滞”表示“好像要、快要、即将、将近、大约、差不多”的意思（饶秉才等 1981/2009，李荣主编 1998，张励妍、倪列怀 1999），特别是指接近某种程度或状态（麦耘、谭步云 1997/2001），在数量上或程度上非常接近补语所表示的内容（郑定欧 1997）。（64）的“咁滞”说明快到写完的阶段，表示程度、状况的接近，跟体有关，属于时间助词。

（64）佢写完篇文咁滞。他快写完论文。

当“咁滞”出现时，比较常见的情况是表示结果状态的补语、后缀必须出现，如（64）的“完”、（65）的“晒”。表示达成事件（achievement）的谓语虽然没有补语或后缀，但也允许“咁滞”的出现，如（66）（邓思颖 2006a，Tang 2009）。

（65）佢供晒层楼咁滞。他快全供完那层楼。

（66）佢死咁滞。他快要死。

在某些表示活动事件（activity）的谓语里，特别是跟个人心理状态有密切关系的谓语，“咁滞”的出现好像表示主语的一种意向：“几乎想、快要”（邓思颖 2006a，Tang 2009），如（67）好像说他几乎想笑出来的意思，有一种意向的意义。

（67）佢笑咁滞。他几乎（想）笑。

纯粹表示状态（state）的谓语不允许“咁滞”，如（68）和（69）。然而，含有数量词的名词谓语（例如“50 岁”），却可以跟“咁滞”共现，如（70）。

（68）＊佢靓咁滞。她（＊几乎）漂亮。

（69）＊佢大肚腩咁滞。他（＊快）大肚子。

（70）佢 50 岁咁滞。他差不多 50 岁。

嚟（lei4）　“嚟”或读作“lai4”，如（71），表示“动作刚发生不久”（张洪年 2007：201），“曾经经历某种动作，或完成某种动作”（高华年 1980：198），“确认动作或情状在不久的过去时曾经进行或出现”（梁仲森 2005：58），“某一情况曾经实现过”（李新魁等 1995：506）、“曾然”（麦耘 2008：

196）等意思，Lai（2014）认为“嚟”是一个表示最近距离的时间（recency）。以（71）为例，洗车这个事件所发生的时间，在说这句话之前，表示过去的意思，跟过去时差不多。这个“嚟”的用法，属于时间助词。

（71）佢洗车嚟。他洗车来着。

“嚟”不能在形容词谓语句出现，（72）是不能说的，并不表示他曾经聪明过。表示静态的谓语，如（73）的“钟意”（喜欢），也不能跟“嚟”一起出现。（74）的谓语是静态的“系”，或光用一个名词作为谓语，虽然能说，但“嚟”只表示判断、类属等意思，并不表示刚发生不久，跟时间无关。

（72）＊佢叻嚟。他曾聪明过。

（73）＊佢钟意咖啡嚟。他曾喜欢咖啡。

（74）呢杯（系）咖啡嚟。这杯是咖啡。

“嚟”跟普通话的“来着”有些相似。不过，两者仍有差异（Tang 1998b：§2.9）。“来着”可以跟表示静态事件的谓语搭配，如（75），但“嚟”不行，如（76）。跟“来着”搭配的动词不能带上“了、过”（吕叔湘主编 1980：311），如（77），但“嚟”不受这个限制，如（78）。“来着”不能进入否定句，如（79），但“嚟”却可以，如（80）。跟“来着”搭配的谓语不能有补语（包括述补式复合词、趋向补语），如（81），也不能受表示状态的状语修饰，如（83），“嚟”却没有这些限制，如（82）和（84）。[3]

---

③ 不过，（84）的“嚟”较容易理解为趋向动词，作为述语“拶”的趋向补语。

（75）你姓什么来着？

（76）＊你姓乜嘢㗎？

（77）＊我去了/去过游泳来着。

（78）我去咗/去过游水㗎。

（79）＊我没去兰州来着。

（80）我冇去兰州㗎。

（81）＊我拿走/拿出去来着。

（82）我摎走咗/摎咗出去㗎。

（83）＊我偷偷地拿来着。

（84）我静静鸡噉摎咗㗎。

喇（laa3）　“喇”主要表示“新情况的开始”（张洪年 2007：183）、情况“已经改变，将要改变，或期待它的改变”（梁仲森 2005：60）、“新情况的产生”（李新魁等 1995：505），“事态已经如此或出现新情况，或已达到某一数量或某种程度”（方小燕 2003：130），如（85），跟普通话的助词“了$_2$”差不多。“喇”的核心意义跟情况的变化有关，属于时间助词。

（85）落雨喇。下雨了。

本来表示静态事件的动词“系”（是）、名词谓语句，加上了“喇”以后，赋予了动态的理解，如（86）由不是大学生成为大学生，是一个新情况的出现；（87）的“喇”表示已经是星期四了，隐含了一种变化的过程。

（86）佢系大学生喇。他是大学生了。

（87）今日星期四喇。今天星期四了。

“喇”还有一些变体，如元音弱化为［lə］，略带“不悦、厌烦”的情绪（梁仲森 2005：60）；读成“lo、lu”，带点“轻松、随意、不重视、不庄重”等态度（梁仲森 2005：60）。改变声调，读作高平调“啦”（laa1），表示恳求或命令（张洪年 2007：185），如（88）。这些用法，都离开了事件助词“喇”纯粹表示时间的意思，已肩负了不少表达语气的功能，属于别的类别。

（88）行快啲啦！走快点儿吧！

未（mei6）　“未”本来是否定副词，跟体、时等意义相关。“未”在句末出现，形成反复问句，如（89），仍保留时间意义，跟完成体或完成时相关（Matthews and Yip 1994/2011）。要回答（89），肯定的答案可以说成（90），否定的答案可以说成（91），甚至单说“未”也可以，如（92）。（91）和（92）的“未”是粤语的否定副词，对应为普通话的“还没有”。

（89）佢食咗饭未？他吃了饭没有？

（90）佢食咗喇。他吃了。

（91）佢未食。他还没吃。

（92）未。还没。

如果谓语已经受否定副词“未”所否定，就不能再用“未”来形成反复问句，（93）是不能说的，也不能用其他方式来形成反复问句，如（94）。相比之下，受“未”修饰的谓语，能进入（95）的特指问句、（96）的选择问句、（97）的是非问句。

（93）＊佢未食饭未？他没吃饭（＊没有）？

（94）＊佢未唔未食饭？＊他没不没吃饭？

(95) 边个未食饭？谁还没吃饭？

(96) 你食咗定未食？你吃了还是还没吃？

(97) 佢未食饭呀？他还没吃饭吗？

虽然表面上副词“未”和助词“未”属于两个不同的词类，但应有密切的关联，甚至都可当作副词，可详见本书第十三章的讨论。助词“未”由于跟时间的关系比较密切，应该归类为时间助词（邓思颖 2006b）。

10.4 焦点

焦点助词跟小句内某个范围相关，跟句内谓语的关系比较密切，包括：“咋、呢（ne1）、啰、吖嘛、啦嘛”。

咋（zaa3） “咋”是一个表示限制性焦点（restrictive focus）的助词（Tang 1998b），有“仅仅如此、只是如此”、“数量或范围较小”（李新魁等 1995：513）、“限制数量、行为等的范围”（方小燕 2003：133）等作用，跟普通话“只、而已”、英语“only”的作用类似，如（98）。在这个例子里，“咋”所限制的是宾语“一本书”的数量。

(98) 佢睇咗一本书咋。他只看了一本书。

“咋”所限制的对象，受句法条件的约束，大致上只能限制宾语、述语、谓语、主语后的状语，但“咋”的限制对象不包括主语，还有主语前的成分，如状语和话题（Tang 1998b：§2.4）。所谓限制的对象，在句法学、语义学的文献，也可称为“辖域”（scope）。以（98）为例，“咋”的限制对象包括宾语“一本书”（只看了一本书，不是两本）、述语

"睇咗"（只看了，没有买），但不能包括主语"佢"（只有他看，别人没看）。

至于（99），"咋"的限制对象可包括谓语"睇书"（只看书，没做别的事情）、介词短语状语"喺图书馆"（只在图书馆，不在别的地方），但不能包括主语（只有他，没有别人）。在适当的语境下，"咋"也可以限制光杆名词"书"（只看书，没看杂志）。至于（100）的情况差不多，"咋"的限制对象可包括谓语"睇书"、状语"寻日"，但不包括主语"佢"。

（99）佢喺图书馆睇书咋。他（只）在图书馆（只）看书。

（100）佢寻日睇书咋。他（只）在昨天（只）看书。

比较（100）和（101），（100）的"寻日"在主语之后，可作为"咋"的限制对象，但（101）的"寻日"在主语之前，不能作为"咋"的限制对象，没有"只在昨天看书"的意思。（102）的"呢本书"从宾语移到句首，成为话题。"咋"的限制对象只包括述语"收埋"（只收起来，没丢掉），不能包括主语（只有他，没有别人）或主语前的话题（只有这本书，没有别的）。

（101）寻日佢睇书咋。昨天他只看书。

（102）呢本书，佢收埋咋。这本书，他只收起来。

宾语方面，限制的范围比较自由，包括直接宾语，如（98）和（103）的"一本书"、（104）的"一条问题"；间接宾语，如（103）的"佢"、（104）的"两个人"；准宾语，如（105）的"一次"。

（103）我畀咗一本书佢咋。我只给他一本书。

（104）我问咗两个人一条问题咋。我只问了两个人一个问题。

（105）佢喊过一次咋。他只哭过一次。

至于较为复杂的结构，如（106）的复句，“咋”的限制对象不能伸延到从句内的宾语“两个学生”，无法表示“只来了两个学生”的意思，只能限制主句内的谓语“唔影印”（只是不复印，没有不上课）。（107）关系小句“睇过一本书”修饰“学生”，而“睇过一本书嘅学生”是“认得”的宾语。“咋”的限制对象不能伸延到关系小句内的宾语“一本书”（只看过一本书的学生，不是两本），只能限制根句的宾语“睇过一本书嘅学生”（只认得看过一本书的学生，不认得别的人）。

（106）因为嚟咗两个学生，我唔影印咋。因为（＊只）来了两个学生，我不复印而已。

（107）我认得睇过一本书嘅学生咋。我（只）认得（＊只）看过一本书的学生。

虽然一般把“咋”当作一个助词，但“咋”并非单纯词，应可分拆为“za3”（[tsɐ^{33}]）和“啊”（aa3）两个语素（邓思颖 2006b：229），前者由一个所谓短元音“a”组成音节（粤拼用一个“a”来表示［ɐ］）。事实上，“za3”才是真正的焦点助词，后面的“啊”应该是感情助词。粤语的韵基必须由两个“莫拉”（mora）组成，这是粤语音系的要求（Yip

1992)。[④] 只占一个莫拉的短元音“a”在粤语不能单独作为韵基，因此“za3”不能独用，必须跟别的语素结合。跟“啊”结合的“咋”（za + aa → zaa），韵基变为一个长元音“aa”（[aː]），符合两个莫拉的要求；或跟有辅音音节首的助词连用，由于受同化的影响，把辅音音节首的音复制过来，作为“za3”的辅音音节尾，如（108）的“咋咩”实际是读作“zam3 me1”（[tsɐm^{33} mɛ^{55}]），而不是读作“＊za3 me1”（＊[tsɐ^{33} mɛ^{55}]），也不是读作“＊zaa3 me1”（＊[tsaː^{33} mɛ^{55}]）。这里的“咋”由短元音“a”（[ɐ]）和辅音音节尾“m”组成，而“m”的来源就是后面“咩”的音节首，符合两个莫拉的要求。

（108）你饮水咋咩？你只喝水吗？

张洪年（2007：194）认为（109）表示疑问的“喳”（zaa4）由“啫”（ze1）和“呀”（aa4）合音而成。梁仲森（2005：60）也持相似的意见，认为“咋”（zaa3）是“啫”（ze1）和“啊”（aa3）的合音而成，“啊”有“柔和”之意，使语气柔和。“啫”和“za3”无论形式还是功能都不同，构成“咋”的核心应该是“za3”而不是“啫”。“咋”是焦点助词，而“啫”的功能应更广，属于情态助词。

（109）得一本书喳？只有一本书吗？

呢（ne1）　“呢”本来读作“ne1”，但现在香港粤语的

---

④ 所谓“莫拉”是韵律音系学（prosodic phonology）的术语，是指韵律时间的最小单位。一个短元音只有一个莫拉（如[ɐ]），一个短元音加上一个辅音音节尾（如[ɐm]）或一个长元音（如[aː]）则有两个莫拉。

“n”和“l”音节首往往不区分，“呢”也可以读作“le1”。“呢”一般用在疑问句里，如（110）的特指问句、（111）的选择问句、（112）的反复问句，可当作“疑问助词”（张洪年 2007：196）。

（110）边个去呢？谁去呢？

（111）你饮奶茶定咖啡呢？你喝奶茶还是咖啡呢？

（112）你去唔去呢？你去不去呢？

粤语“呢”跟普通话的“呢”差不多。不过，普通话的“呢”还可以在别的句子里出现，如（113）表示持续状态的“呢”和（114）表示夸张语气的“呢”。按照朱德熙（1982）的划分，表示时态的“呢”叫做“$呢_1$”，表示疑问的“呢”叫作“$呢_2$”，表示夸张语气的“呢”叫做“$呢_3$”。

（113）下雨呢。

（114）他会开飞机呢！

胡明扬（1987：90）认为普通话只有一个“呢”，核心功能就是“提请对方特别注意自己说话内容的某一点，表示这一点的词语往往带强调重音”。疑问句的“呢”表示“请你特别注意这一点”，表示时态的“呢”在提醒对方“这种情况你可能不知道，我现在提请你注意”，表示夸张语气的“呢”也是由强调重音引起。“呢”的“注意某一点”的作用，应该是焦点（focus）一种最基本的功能，即说话者在说话中表达了最关注的信息，说出最想让听话者注意的部分，如（115）隐含了“你可能以为没有人问起”，隐含来自“呢”的前设，跟句子的表述部分形成对比，这里的“呢”正起了对比性话语焦点（discourse focus）（顾阳 2008：112）的作用。

（115）要是有人问起呢，你就照实说好了。

普通话的（113）和（114）在粤语不会说成（116）和（117），粤语的“呢”好像没有表示时态（即“呢$_1$”）、夸张语气（即“呢$_3$”）。不过，粤语的“呢”也有非疑问的用法。在感叹句里，尤其是由形容词谓语句组成的感叹句，“呢”可以加强那种夸张的语气，如（118），“论尽”（狼狈、粗心大意、笨手笨脚）是粤语的形容词，加上“几咁”（多么）表示了句类是感叹句，而多加“你睇吓”（你看看）突显了“提请注意”的意思，“呢”那种焦点作用更为明显。

（116）＊落雨呢。

（117）＊佢会揸飞机呢！

（118）你睇吓，佢几咁论尽呢！你看看，他多么狼狈呢！

“呢”可以在从句后出现（张洪年 1972/2007，高华年 1980，梁仲森 1992/2005，Matthews and Yip 1994/2001 等），如（115）在粤语可以说成（119），“呢”前面的从句，是“说话者想要知道它的情况或处理办法”（梁仲森 2005：74），也应跟焦点有关。

（119）如果有人问起呢，你照实讲就得㗎喇。要是有人问起，你就照实说好了。

啰（lo1）　“啰”是粤语口语最常用的助词，出现频率最高（邓思颖 2002b），表示“新情况的开始”，当作“喇”的一个变体（张洪年 1972/2007）。这种所谓“新情况”，不一定是指新发生的事件，也可以指“说话人本来并不知道或者没有注意，到了现在才察觉事情如此”（张洪年 2007：184），如（120）。⑤

（120）落咗雨好耐啰，你唔知咩？雨下了很久了，你不知道吗？

“啰”这种所谓“新情况”的理解，还可以诠释为“obviousness”（Kwok 1984）、“事实或道理明显，容易了解，或很容易得出结论，有‘很简单’之意，一般用在反问句中”（张励妍、倪列怀 1999：200），“解释或同意、肯定事实”（方小燕 2003：134），“说话者认为是很显然的事情或道理，不必说明，也无容争议”（梁仲森 2005：75）。在语用上，“啰”甚至表示“略带不耐烦的口吻”，有时“带着讥讽的口气”（李新魁等 1995：516）。通过“啰”的使用，说话者提醒听话者注意句中所表示的明显事实或道理，肯定句子的事实，有一种表示焦点的作用，“啰”也分析为焦点助词（邓思颖 2002b）。

“啰”表示焦点的功能，通过“咪”（mai6）的出现，更为明显（邓思颖 2008e），如（121）。“咪”是副词（曾子凡 1989，张励妍、倪列怀 1999），可对应为普通话的“就”，跟“啰”连用的时候，表示了“不就是……吗”“不是……吗”。从语义学的角度分析，“咪”是一个“传信标记”（evidential marker）（Lee and Man 1997），而“啰”也有表示传信（evidentiality）和评估（evaluation）的作用（Lee and Law 2001）。

（121）我咪讲过啰！我不就是说过嘛！

“啰”的焦点有对比的作用，而“啰”的所指也就是“啰”的辖域（scope），“咪”的分布直接影响到“啰”的焦

⑤（120）来自张洪年（2007：184），但原文用“喽”代表“啰”。

点辖域，也帮助决定“啰”的辖域。出现在谓语前的“咪”，“啰”的辖域可以是整个谓语，如（121）的“讲过”（用来否定没讲过），“啰”的辖域也可以是谓语内的成分，如（122）的宾语“三篇”（不是一篇）、（123）的补语“要死”（不是做得很轻松）、（124）的状语“听日”（不是别的日子）

（122）我咪写咗三篇啰！我不就是写了三篇嘛！

（123）我咪做到要死啰！我不就是做得要死嘛！

（124）我咪听日去啰！我不就是明天去嘛！

“咪”前边的主语也好像可以在“啰”的辖域之内，如（125）的“阿辉”（Lee and Man 1997）。不过，最自然的说法，还是把“咪”放在主语之前，如（126）。主语前的“咪”，它的辖域只能是主语，不能是其他成分（邓思颖 2008e），如（127）“啰”的辖域指向宾语“三篇”的话，“咪”只能在谓语前出现，不能在主语前出现。主语前的“咪”只能指向主语“我”，而不能指向宾语。

（125）甲：边个去过非洲呀？谁去过非洲呢？

乙：阿辉咪去过非洲啰。不就是阿辉去过非洲嘛。

（126）咪阿辉去过非洲啰。不就是阿辉去过非洲嘛。

（127）甲：你系唔系写咗一篇咋？你是不是只写了一篇？

乙：（*咪）我（咪）写咗三篇啰！我不就是写了三篇嘛！

焦点的部分不能离开“啰”的辖域（邓思颖 2008e）。（128）的“啰”可以指向宾语“呢本书”（不是别的书）。如果宾语移到句首，形成话题句，如（129），“啰”的辖域只能指述语“买咗”（不是借了），而不能再指“呢本书”。

（128）我咪买咗呢本书啰！我不就是买了这本书嘛！

（129）呢本书，我咪买咗啰！这本书，我不就是买了嘛！

“啰”还有一种用法，用于“说话态度比较消极、低姿态的情况”，带有点“勉强”的感觉（梁仲森 2005：76），给听者一种不耐烦、没有诚意、没有礼貌的感觉（张双庆 1989），是“年轻人用得最多”（梁仲森 2005：76），如（130），来自梁仲森（2005：76）搜集的语料。

（130）对唔住啰，最多下次醒目啲啰。对不起，最多下一次精明一点。

“啰”的这种所谓“消极勉强”的语气，其实并不是“啰”本身的意义，而是来自语境，并配合说话者的语气，是一个语用的问题（邓思颖 2002b）。梁仲森（2005：76）觉得（131）也有那种“消极勉强”的态度。然而，换了另一种语气的话，不要把“啰”拖长，（131）不一定是“消极勉强”。在没有“消极勉强”的语境下，（131）的“啰”只不过有一种排列的功能，把各个命题“初初唔惯”“乜都唔识”和“样样都要人提”一一交代出来，并且给予一种肯定的作用。

（131）初初唔惯啰，乜都唔识啰，样样都要人提啰。当初不习惯，什么都不懂，每件事都要人提醒。

如果把“啰”的那种所谓“消极勉强”的意义剔除，那么，“啰”所表示的所谓“新情况”是一种强调的功能，就是对命题表示肯定。对于现在说香港粤语的（年轻）人来讲，“啰”的“消极勉强”意义并非“啰”的本义，“啰”的核心功能是强调命题，表示焦点。

吖嘛（aa1 maa3）　“吖嘛”跟“嘛”有关。“嘛”是

用来“强调语气”，而且“常和别的助词连用”（张洪年2007：196）。[6] 这个助词不常单独使用，也没有被一般粤语词典所收录。虽然“嘛”单独使用的情况不多，但还是可以接受的。赵伟钧（2014）根据“香港二十世纪中期语料库”所收录的语料，找到“嘛”独用的例子，如（132）和（133）。这里的“嘛”不仅有强调语气的作用，还有提示、告知的意义，把新命题告知听话者。常跟“嘛”连用的助词有“吖嘛”（aa1 maa3）、“之嘛”（zi1 maa3）、“啦嘛”（laa1 maa3）（张洪年1972/2007）。“吖嘛”和“啦嘛”是焦点助词，“之嘛”是情态助词。

（132）修女你都唔识！咪系尼姑嘛！你居然连修女都不懂，不就是尼姑嘛！

（133）我去收衣服洗嘛！我收衣服去洗嘛！

“吖嘛”（aa1 maa3）表示“说理”（饶秉才等2009：1）、[7] 相当于普通话的“吧”（刘扳盛2008：1），如（134）。“吖嘛”跟“嘛”的意思差不多，单用“嘛”的例子也可以说成“吖嘛”，如（132）也可以说成（135），两者是一样的，“吖嘛”甚至比“嘛”更为自然。

（134）佢睇书吖嘛。我早就说他看书。

（135）修女你都唔识！咪系尼姑吖嘛！你居然连修女都不懂，不就是尼姑嘛！

“吖嘛”的功能是引导听话者关注相关的事实，所强调的

---

⑥ “嘛”（maa3）或写作“吗”（张洪年1972/2007）。

⑦ “吖嘛”在饶秉才等（1981）并没有收录。

不一定是显然而见的事实，而是回应语境曾提及过的事情，包括回应疑问句的提问，有一种“发挥”（elaboration）的作用（Lee and Law 2001），如（136）的“吖嘛”回应了特指问句所问的原因，强调了开心的原因。

（136）甲：点解佢咁开心啊？为什么他那么开心呢？

乙：佢赢咗马吖嘛。因为他赢了赛马。

“吖嘛”不能用来回应其他类型的疑问句，如（137）的选择问句、（138）的反复问句、（139）的是非问句，“呀”（aa4）是表示是非问句的助词。用“吖嘛”来回应这些问题不好，原因是这些问题所问的信息不够复杂（Lee and Law 2001）。跟特指问句所问的不同，选择问句和反复问句都是在并列的项目中选一项作答，是非问句的答案是“是”与“非”的选择，不存在“发挥”的余地。

（137）甲：你饮奶茶定咖啡？你喝奶茶还是咖啡？

乙：*咖啡吖嘛。咖啡。

（138）甲：你一阵间开唔开会啊？你待一会儿开会不开会呢？

乙：*开吖嘛。开。

（139）甲：今日星期五呀？今天星期五吗？

乙：*系吖嘛。是啊。

如果乙早已把答案告诉甲，甲再问的话，乙用“吖嘛”再次提醒甲，回应就会自然得多，也能够接受（Wakefield 2010：145），如（140）和（141）。“吖嘛”所指的答案需要一定的知识背景，如曾在语境中提及过。

（140）甲：你饮奶茶定咖啡？你喝奶茶还是咖啡？

乙：咖啡吖嘛，我头先咪讲咗啰。咖啡，我刚才不就是说过嘛。

(141) 甲：你一阵间开唔开会啊？你待一会儿开会不开会呢？

乙：开吖嘛，我头先咪讲咗啰。开啊，我刚才不就是说过嘛。

不过，这种“挽救”的方法只适用于选择问句和反复问句，（142）的是非问句还是不能说。即使答案是否定（如“唔系”），或者改用别的谓词（如“冇错、唔啱”）来回应，也不能用“吖嘛”。

(142) 甲：今日星期五呀？今天星期五吗？

乙：＊系吖嘛，我头先咪讲咗啰。是啊，我刚才不就是说过嘛。

乙：＊唔系吖嘛，我头先咪讲咗啰。不是啊，我刚才不就是说过嘛。

乙：＊冇错吖嘛，我头先咪讲咗啰。没错啊，我刚才不就是说过嘛。

乙：＊唔啱吖嘛，我头先咪讲咗啰。不对啊，我刚才不就是说过嘛。

上述选择问句和反复问句的答案，理论上是二选一，如（140）的奶茶或咖啡，（141）的开会或不开会，但实际上答案的可能性却很多，如（140）可提议柠檬茶，（141）可以把会议改到下个月才开。是非问句的答案，理论上和实际上都只能二选一：是或非，没有第三个可能性。从答案所提供的信息的复杂度而言，是非问句的答案显然简单得多，由此看来，信息的复杂度在有“吖嘛”的句子里仍扮演一定的角色。

啦嘛（laa1 maa3）　“啦嘛”应该是“啦”和“嘛”

的连用，不见于一般的粤语词典。“啦”（高平调）是时间助词“喇”（中平调）的变体，表示情况的变化。（143）的“啦嘛”，还有那种变化情况的意思，说明他看书这个事实早已发生，而“嘛”有强调的作用，把他看书这个新命题告知听话者。

（143）佢睇完书啦嘛。他早就看完书了。

跟“吖嘛”差不多，“啦嘛”也能引导听话者关注相关的事实，所强调的不一定是显然而见的事实。虽然“啦嘛”必须回应语境曾提及过的事情，但答案不需要一定的知识背景。（144）的对话显示了“啦嘛”可以回应问原因的问题，而所表示的毕业就是看不到他的原因。“啦嘛”不能回答其他类型的疑问句，如（145）问方式的特指问句、（146）的选择问句、（147）的反复问句。

（144）甲：点解唔见佢嘅？为什么看不到他？

乙：毕咗业啦嘛。已经毕业了。

（145）甲：佢点样翻学㗎？他怎样上学？

乙：＊坐地铁啦嘛。坐地铁。

（146）甲：佢瞓咗觉定走咗啊？他睡觉了还是走了？

乙：＊瞓咗觉啦嘛。睡觉了。

（147）甲：佢去咗未？他去了没有？

乙：＊去咗啦嘛。去了。

“啦嘛”能形成复句，出现在主句的连词只能是表示因果复句的“所以”，其他的连词，如表示条件复句的“否则”、转折复句的“但系”、假设复句的“就”等连词，都不能说，说明了“啦嘛”只能形成因果复句，引导原因。

（148）毕咗业啦嘛，所以/＊否则/＊但系/＊就唔嚟。已经毕业了，所以/否则/但是/就不来。

“啦嘛”所表示的事件不一定完成，正在进行的（149）也可以说，但必须是已然，事件必须已经开始了，未然的（150）是不能说的。

（149）佢坐紧车啦嘛。他已开始坐车了，并正在坐。

（150）＊佢会坐车啦嘛。他会坐车。

10.5 情态

情态助词跟语气、口气有关，表达了说话人的主观认定，有一个评价或一种认识，包括：“啫、之嘛、啩、添、咧、嗅、㗎喇、得㗎、定啦”。

啫（ze1）　“啫”的核心作用，跟“咋”差不多，都能表示限制性焦点的作用，有“仅此而已、只是”（张洪年2007：194）、“对句子中谓语所述的物类、程度、数量、时间、范围、情况表示低限”（梁仲森2005：60）、“把事情往小里说”（李新魁等1995：512，方小燕2003：137）等，如（151）。

（151）佢讲笑啫。他开玩笑而已。

“啫”和“咋”在很多情况下都好像可以互换，（151）也可以说成（152）。不过，（152）的“咋”所侧重的是他只开玩笑，没有做别的事情，限制了动作的可能性；（151）的“啫”并不是说他只开玩笑，而是说开玩笑不是什么大不了的事情，说话者带有明显的主观评价，引申出那种所谓“把事情往小里说”的味道。

（152）佢讲笑咋。他只开玩笑。

再比较以下这两句，分别比较明显。（153）的“咋”所限制的对象是两条腿，指的是腿的数量，是客观数量的比较（如跟马、蜘蛛等动物比较），没有主观的评价；（154）的“啫”虽然有“仅此而已”的意思，但说起来非常别扭。有“啫”的句子，应该有一个预设，就是一般人的评价，而说话者提出自己主观的评价，有异于一般人的评价，并有一种“往小里说”的作用。（154）之所以别扭，就是一般人不会对“我只有两只脚”的事实有什么特别的评价，而“我”会跟他们有不同的观点，“啫”在这个例子的作用显然不合适。相比之下，（151）的“啫”就没有问题。一般人对他的开玩笑有一种负面的评价，是一个已知的预设，而说话者提出自己的观点，并不认为开玩笑有问题，“啫”就是突显了说话者跟已有预设的差异。这就是李新魁等（1995：512）所说的“对别人的意见表示轻视、否定”，也可用于反驳。

（153）我有两只脚咋。我只有两条腿。

（154）??我有两只脚啫。我只有两条腿。

由于“啫”表达了说话者的主观评价，由此可引申出“带估测色彩的认定”（李新魁等1995：513），如（155），或“告诉对方一件事是对方所预料不到的，且略带有骄傲的意味”（张洪年2007：194），如（156）。这些例子，“啫”的作用都是突显了说话者跟一般人的预设有异，带出说话者的主观评价。

（155）实系佢啫！准是他！

（156）我用咗十蚊啫。我只用了十块，真想不到。

“啫”还可以加上辅音音节尾“-k”，读成“zek1”，基本上保留了“把事情往小里说”的意思，只不过感情色彩浓得多，或强调所说的内容是“新信息”，如（157），或表示“鼓励、建议，往往针对别人相反的意愿而发”，如（158），或“表示询问，带着催促对方答复的口吻”，如（159）（李新魁等 1995：513），甚至成为一种所谓“女性化”的用法，“语带阴柔，说话很嗲”的味道（张洪年 2007：195），或用于“亲人或熟悉的朋友的对话里，多数用于晚辈对长辈的对话里”，往往“带有撒娇的意味，女孩子用得比较多”（高华年 1980：197），如（160）。“zek1”这些用法，都是“啫”的引申，仍带有评价，属于情态助词［如（157）］，或表示询问、建议［如（158）和（159）］，成为疑问助词、祈使助词，或进一步虚化，有“撒娇”的味道，成为感情助词。

（157）佢屋企有只猫好靓 zek1。他家有一只猫很好看呢。

（158）咪睬佢 zek1！我说不要理他！

（159）你制唔制 zek1？你到底干不干？

（160）系唔系嘅 zek1？是不是的呢？

之嘛（zi1 maa3）　“之嘛”表示“轻视的语气”（高华年 1980：203）、“只不过如此”（詹伯慧主编 2002b：260）、“无所谓的语气”（饶秉才等 2009：106）、“把事情往小里说，有‘不过如此’的意思”（李新魁等 1995：514）、“无所谓或轻蔑的语气”（张励妍、倪列怀 1999：69）、“没什么大不了”、“仅仅因为某个原因（而导致事情没弄好），带有遗憾的口气”（麦耘、谭步云 2011：344）、“表示轻视之意”（刘扳盛 2008：189）等，如（161）。张洪年（2007：183，195）认为“之嘛”应分拆为“之”和“嘛”两部分，“之”来自“啫”（ze1），表示“仅此而已”的意思；“嘛”就是这里所谈的“嘛”，表示强调。“之嘛”是“啫吗”的连用。事实上，“之嘛”的“之”并非读成［tsi^{55}］，而是一个较为短促的元音，如读成［$tsɐ^{55}$ ma^{33}］、［$tsɐʔ^{55}$ ma^{33}］或［$tsɐm^{55}$ ma^{33}］。

（161）佢睇书之嘛。他只不过看书。

“之嘛”由“啫”组成，而（161）和（162）的意义很接近，都可以翻译为普通话的“只不过”，两者不容易区分。（161）的“之嘛”带着点“不以为然”的评价，当中的“嘛”多了一种强调的作用，增加了告知的意义；（162）的“啫”好像少了那种强调的意思，也好像少了一种争辩的味道。

（162）佢睇书啫。他只不过看书。

必须在一定的语境前提下，“之嘛”才能用，如（161）不能在毫无前提下由说话者说出来。跟“吖嘛”不同，“之嘛”主要不是用来回答问题。（163）的乙虽然间接道出开心的原因，其实并非直接回应甲的问题，而是对赢赛马不以为意。（164）更是答非所问。

（163）甲：点解佢咁开心啊？为什么他那么开心呢？

乙：？佢赢咗马之嘛。他只不过赢了赛马。

（164）甲：你饮奶茶定咖啡？你喝奶茶还是咖啡？

乙：＊咖啡之嘛。只不过是咖啡。

以下的对话，可反映说话者用“之嘛”来回应别人的评价，并表达自己的观点。乙不同意甲的评价，“之嘛”强调了不怎么了不起的意思。

（165）甲：人人都赞佢好犀利㖞。每个人都说他很厉害。

乙：佢好彩之嘛。他只不过好运。

啩（gwaa3）　“啩”表示“揣测”（张洪年 2007：192）；“推测”（高华年 1980：201）；说话者个人的猜想，没有根据，自己也不敢肯定，没有信心（梁仲森 2005：68）；“半信半疑”（饶秉才等 1981/2009，李新魁等 1995，麦耘、谭步云 1997/2011，郑定欧 1997，张励妍、倪列怀 1999 等）；“对某种事实的揣测”（方小燕 2003：144）。如（166）。

（166）佢去啩！他去吧。

饶秉才等（1981/2009）、郑定欧（1997）认为“啩”表示疑问，方小燕（2003）明确把“啩”分析为“是非疑问句常用句末语气助词”，认为跟“呀”（aa4）和“吗”（maa3）有相同的功能，“对疑问语气起决定的区别作用”（方小燕 2003：143），例如（167）。

（167）呢度啲人工会高啲啩？这里的工资会高一些吧？

根据是非问句的标准（朱德熙 1982：203），听话者可以用“系”（是）或“唔系”（不是）来回应（167），（167）似乎具备是非问句的基本条件。至于其他类型的疑问句，“啩”不能出现在（168）的特指问句、（169）的选择问句、（170）的反复问句。

（168）＊边个会去啩？谁会去？

（169）＊佢饮奶茶定咖啡啩？他喝奶茶还是咖啡？

（170）＊佢去唔去啩？他去不去？

饶秉才等（1981/2009）认为“啩”对应为普通话的“吧”，可表示疑问。普通话的“吧”可以用在是非问句，表示“说话的人已经知道是怎么回事，只是还不能确定，提问是为了让对方证实”（朱德熙 1982：211）、“半信半疑，是测度疑问”（黄伯荣、廖序东 2007b：98），如（171）和（172）。

（171）今天星期五吧？

（172）你明天能来吧？

如果把普通话（171）和（172）的“吧”直译为粤语的“啩”，勉强可以说成（173）和（174）。（173）的“啩”强调那种“半信半疑、不十分肯定”的语气，听话者可以用“系”（是）或“唔系”（不是）来回应，但不一定要回应。事实上，（173）的说话者只是对事情的一种判断，不太像是非问句，反而是自言自语，不需要有听众。即使（174）明显指向听话者，说起来也很别扭，不能用作疑问句来询问听话者。假如“啩”真的是“是非疑问句的句末语气助词”，“对疑问语气起决定的区别作用”，这两个例子理论上应该可以接受。

（173）（?）今日星期五啩？今天星期五吧？

（174）??你听日可以嚟啩？你明天能来吧？

“呀”（aa4）和“吗”（maa3）是粤语较为典型的是非问句助词。“呀”的功用是“心中先有假设，然后提问以作确认”（张洪年 2007：305），而用“吗”的问句是“问话人并无先设答案，确实不知对方的情况如何”（张洪年 2007：305）。尽管“啩”“呀”“吗”都被方小燕（2003）当作“是非疑问句的句末语气助词”，但它们有显著的差异。有“呀、吗”的（175）和（176）用作是非问句，一定有听话者，而听话者一定要回答。说（175）的语境绝对不会是自言自语。显然，“呀”和“吗”才是真正的疑问助词，而“啩”不是。

（175）今日星期五呀/吗？今天星期五吗？

（176）你听日可以嚟呀/吗？你明天能来吗？

“啩”不能被“呀”和“吗”所替代。Matthews and Yip（2011：405）认为（177）“啩”的作用跟普通话的“吧”相似，表示揣测，用以回应提问或命题（resembles the “speculative” meaning of *ba* 吧 in Mandarin. It is most typically used in reply to a question or proposition）。如果把“啩”换成“呀”和“吗”，（178）乙的回应则绝对不能接受。尽管“啩”可以对应为普通话的“吧”，但这个“吧”只表示揣测，并不表示疑问，揣测和疑问是两个不同的概念。

（177）甲：的士又加价喇。出租车又加价了。

乙：唔系啩！冇理由嘅！不是吧！没有理由的。

（178）甲：的士又加价喇。

乙：＊唔系呀/吗？冇理由嘅！

“啩”不表示疑问，而“呀、吗”不表示揣测。（179）的“我估”（我猜）的作用，是说话者把揣测的意思明确显示出来，引导说话者猜测的内容。表示猜测内容的小句不能是疑问句。（180）的“我估”后面接续的小句只可以有“啩”，不能有“呀、吗”，说明了有“呀、吗”的小句是疑问句，而有“啩”的小句不是。

（179）我估：＊边个去/佢去。我猜：＊谁去/他去。

（180）我估：佢去＊呀/＊吗/啩。我猜：他去吧。

（181）的“我想问”作为提问的开端，引导之后的问题，如疑问句“边个去”（谁去）能说，陈述句“佢去”（他去）则不能说。（182）的“我想问”能引导有“呀、吗”的小句，却不能引导有“啩”的小句，说明了前者是疑问句，后者不是。由此可见，“啩”只表示揣测，不表示疑问。

（181）我想问：边个去/＊佢去。我想问：谁去/＊他去。

（182）我想问：佢去呀/吗/＊啩？我想问：他去吗？

添（tim1）　“添”有两个意思，一个表示扩充范围，一个表示强调、夸张（詹伯慧 1958：122），前者是事件助词，见本章（9）的介绍，后者是情态助词，如（183）。情态助词的“添”，说话者“刚发觉而意想不到的新现象”，往往有“稍惊”（梁仲森 2005：61）、“遗憾、不安”（方小燕 2003：163）等意思。两个“添”的形式也稍有不同，情态助词“添”经常与“急降调型”结合（梁仲森 2005：61）或通常“拖长”（方小燕 2003：163）。

（183）落雨添！居然下雨了！

情态助词“添”所表示的“新现象”，引申出的“稍惊、遗憾、不安”，跟“添”组合的谓语，都表示了事件有变化，跟所谓“新现象”有关。“添”的作用，就是表明句子的预设跟句子所表达的实际情况之间有变化（黎美凤 2003）。以（183）为例，说话者本来的预设是没下雨，但发现实际情况跟预设相反，“添”的作用就是强调了谓语所表达的事件跟预设有变化，由没下雨变成下雨了。

预设有异、事件的变化的结果，使说话者受影响。“添”

的另一个作用，就是指向说话者，给说话者赋予“蒙事”（Affectee）的角色。（183）的说话者就是蒙事，说这句话，肯定受到下雨的影响，如没带雨伞，会被淋湿。“添”就是加强了蒙事这种意外受影响的意思，如（184）可以加上副词“居然”，突显了蒙事的影响，还有预设的变化。

（184）居然落雨添！居然下雨了。

假如预设的改变对说话者没有影响，“添”就不能使用。（185）的语境，说话者把客观事实告诉听话者，即使这个客观事实可能跟原来的预设有异（本来以为曹禺姓曹），但这个错误的预设不影响到说话者，如（186）不能加“添”。多加了“弊喇”（糟糕），突显了说话者受错误预设的影响，成为蒙事（如在考试的情况，作答错误，导致扣分），“添”的出现就很自然，如（187）。这里的“添”并非属于范围扩充的小类，并没有增加事件的意思，（188）虽然有两句对举，但“添”仍然不能加入。

（185）（我话畀你知，）曹禺唔系姓曹。我告诉你，曹禺不姓曹。

（186）（我话畀你知，）*曹禺唔系姓曹添！我告诉你，曹禺居然不姓曹。

（187）弊喇，曹禺唔系姓曹添！糟糕，曹禺居然不姓曹。

（188）鲁迅唔系姓鲁，曹禺唔系姓曹（*添）！鲁迅不姓鲁，曹禺不姓曹。

虽然“添”指向说话者，给说话者赋予蒙事的角色，但主语是第一人称，语感反而不好，如（189）。主语是第二人称也不好（黎美凤 2003），如（190）。最好的还是以第三人称为主语，如（191），或所谓“无主句”，如（183）。虽然（191）的主语是“佢”（他），但“添”的出现，仍然隐含说话者是蒙事，表示说话者会受他吃饱的影响，如他因为吃饱而走不动，不肯给说话者帮忙。

（189）？我食饱咗添！我居然吃饱了！

（190）＊你食饱咗添！你居然吃饱了！

（191）佢食饱咗添！他居然吃饱了！

“添”突显了预设的改变对说话者的影响，而说话者也通过“添”表达了一种主观认定，对事件作出评价。因此，“添”属于情态助词的一种。

咧（le5）　“咧”读低升调，表示“不出所料的求证”（彭小川 2010：176），可用于表示“事情不出所料”（饶秉才等 2009：125，张励妍、倪列怀 1999：195），而“却反问别人”（刘扳盛 2008：226），如（192）；也可以用于表示“事情或个人意见确实如此”（饶秉才等 2009：125），“坚持自己的看法、意见”（张励妍、倪列怀 1999：195），如（193），都应该属于情态助词。

（192）我都话佢唔制咧？我不是说他不愿意的吗？

（193）我唔去咧。我真的不去。

那种“不出所料”的用法，前面可补上“我都话”［如（192）］、“我话过”（我曾说过）、“嗱”（naa4）（瞧）（彭小川 2010：176），加强印证的语气，说明事实跟说话者原来的主观判断或预计吻合。如果说话者从没想过或从没说过，就不能用“咧”，如（194）。

（194）＊我冇话过/＊冇谂过佢唔制咧？我没说过/没想过他

不愿意?

"不出所料"的事情，可以是已然的，如上述的（192）和以下的（195），也可以是未然的，如（196）。能印证说话者所料而还没发生的事件，所根据的，可以是别人所说（如某人证实他会走），也可以是其他的证据（如他自己留下的字条）。

（195）佢走咗咧？他走了吧。

（196）佢会走咧？他会走吧。

"咧"的"不出所料"，一定是跟听话者或别人的预期有异，不为听话者或别人所轻易接受，而说话者能正确地、客观地预测出来，并说服对方接受，甚至希望得到赞许（invite agreement or appreciation）（Matthews and Yip 2011：399）。假如说（197）这句话在星期六，第二天肯定是星期天，说话者的"预测"一定正确。不过，这句话非常别扭，因为不一定跟听话者的预期有异，而说话者也不需要凭什么客观的方法预测出来，不必在听话者面前炫耀。

（197）??听日星期日咧？明天星期日吧。

这种判断或预计，好像不适用于主语指向说话者，试比较动词谓语句的（198）、形容词谓语句的（199）、名词谓语句的（200）。

（198）佢/你/*我写好咗篇文咧？他/你/我写好了那篇文吧？

（199）佢/你/*我好攰咧？他/你/我很累吧？

（200）佢/你/*我30岁咧？他/你/我30岁吧？

所谓"不出所料"的意思，主要是印证说话者的正确性，甚至有抬高自己的味道。如果说话者用"咧"来赞扬自己，主语指向说话者也可以接受，如（201）和（202）。如果改为负面意义的谓语，接受度明显很差，如（203），明显没有炫耀的效果。

（201）你睇吓，我可以打赢晒佢地咧？你看，我可以把他们都打赢了吧！

（202）我啱咧？我对吧？

（203）＊我错咧？我错吧？

以（199）和（202）为例，这两个例子的谓语都是形容词，唯一的区别在于在日常的语境里，说话者和疲累状态之间难以建立一种跟听话者预期有异的关系，也难以用客观的判断推测自己疲累的状态，无法做到炫耀的效果，从而抬高自己，因此（199）指向说话者不容易接受；至于说话者是不是对，这种关系，并不明显，对方也不一定同意。说话者相信自己正确，而事实也证明正确，正好可以用“咧”来突显当初预测的准确，并抬高自己，因此（202）容易接受。

至于“咧”的第二种用法：坚持自己的“确实如此”，如上述（193），前面可补上“你信我啦”，或加上状语“真系”（真的）等，加强说话者的判断，如（204）和（205）。

（204）你信我啦，我唔去咧。你相信我吧，我真的不去。

（205）我真系唔去咧。我真的不去。

所谓“确实如此”的用法，主语没有什么限制，指向说话者也可以，如（193）和（206）。（206）的“你”虽然稍有点奇怪，但在特定的语境下，说话者以此说服对方，坚持己见（如劝听话者去休息、劝退参加比赛等），则可以接受。

（206）信我啦，佢/你/我好攰咧。相信我吧，他/你/我真的很累。

上述（197）的“咧”表示“不出所料”，比较别扭，因为说话者不需要凭什么客观方法作出推断。不过，如果“咧”表示“确实如此”，就明显好得多，如（207）。说这句话，说话者只是坚持己见，说服对方，并没有抬高自己的效果。

（207）信我啦，听日星期日咧。相信我吧，明天是星期日。

“咧”既可以用于“不出所料”的语境，也可以用于“确实如此”的语境，所搭配的小句，在语法上，也没有什么限制。以“落雨”（下雨）为例，“咧”有歧义，（208）和（209）都可以说。（208）的“咧”表示“不出所料”，而（209）的“咧”表示“确实如此”。唯一的差别，在于读音。（208）的“咧”，元音往往拉长，声调甚至呈现曲折，加强了那种炫耀的味道；至于（209）的“咧”，元音不拉长，语速正常。

（208）（我都话）落雨咧。我不是说下雨吗？

（209）（信我啦）落雨咧。相信我吧，下雨了。

嗶（be6） 梁仲森（2005：66）记录了粤语的“be6”是一个助词，表示“不忿”，显示“说话者因忌妒、不服气不同意等原因而对别人不满的情绪”，如以下的例子。在早期粤语，“嗶”也可读成“bei6”，表示“affirmative”（张洪年2009：151—152）。这个助词，本书写成“嗶”。[8]

---

⑧ “嗶”在早期粤语用作选择问句的析取连词，读作“bi6/be6/bei6”（丘宝怡2007，黄海维2007）。这个用法，在现代粤语已经消失了，也跟助词“嗶”无关。

（210）人地有钱㗎，唔志在。人家有钱嘛，不在乎。

（211）唔怪得做看更啦。原来系噉㗎。怪不得当大厦保安员，原来是这样的。

（212）请你食饭你都唔嚟㗎。请你吃饭你也不来呢。

“㗎”是对别人的评价，带有负面的意思。如果用来评价自己，“㗎”就不能说了，如（213）。

（213）＊我好有钱㗎。我很有钱嘛。

不过，“㗎”在本书提到的几本粤语词典都没有收录，而在当代的粤语已经很少用了，尤其是在年轻一辈中，几乎消失了。

㗎喇（ga3 laa3）　“㗎喇”其实不是一个助词，而是两个语素的连用，“㗎”（ga3）本来是后缀“嘅”（ge3）（的）的变体，黏附在定语之后。“喇”是助词，才是真正的情态助词。“嘅”跟“喇”连用后，重新分析为助词“㗎”。“㗎”的元音写作“a”，即国际音标的［ɐ］，跟“喇”连用时，“㗎”的元音甚至可以弱化，读成［$kə^{33}$ la^{33}］。“㗎”的出现，可突显“喇”表示情态的作用。

粤语的“喇”可以表示不同的意义，（214）的“喇”表示事件出现变化，属于时间助词。（215）的“喇”带上一层说话人的感情色彩，说话人有一个评价或一种认识，属于情态助词。

（214）佢食饭喇。他吃饭了。

（215）呢对鞋太细喇。这双鞋太小了。

情态助词“喇”，有些情况可读作中平调（阴去声），一般写作“喇”（laa3），有些情况可读作高平调（阴平声），一般写作“啦”（laa1）。情态助词“喇”可划分为三个小类：评价、肯定、认为（邓思颖 2013b，原据肖治野、沈家煊 2009 的分类）。

评价类包括评价、推断、猜想，在这些例子里，“喇”读中平调。（215）的“喇”表示评价，不能读成高平调，（216）是不能接受的。（217）表示说话者的推断，（218）表示说话者的猜想，“喇”都读成中平调。

（216）＊呢对鞋太细啦。这双鞋太小了。

（217）呢只就系传说中嘅千里马喇。这就是传说中的千里马了。

（218）听嗰嘅口气，你就系张经理喇。听这口气，你就是张经理了。

假如（217）和（218）的“喇”读成高平调的“啦”，虽然可以接受，但语气由推断、猜想变为肯定，如（219）和（220），跟推断、猜想的意思不同。（220）甚至有一种蔑视的口吻。[⑨]

（219）呢只就系传说中嘅千里马啦。这就是传说中的千里马了。

（220）听嗰嘅口气，你就系张经理啦。听这口气，你就是张经理了。

（219）和（220）读作高平调的“啦”，语音上可以拉长，语音重量/时长是一般音节的一倍半甚至是两倍，应该可以视

⑨ （220）表示蔑视口吻由邓思颖（2013b）一文的审稿人指出。

作两个底层成分的复合体。[10] 这个拉长的"啦"来自"啦"和语气词"吖"（或写作"呀"）（aa1）的结合，"吖"是一个"保证助词"（张洪年 2007：189），表示"无从置疑"（梁仲森 2005：62），也许带有"对事实不以为然"（方小燕 2003：132）的意思，引申出"啦"的所谓"蔑视口吻"，跟语气的强弱有关。"啦"和"吖"结合后，"吖"把"啦"读音拉长了，语气也好像比较肯定，表示命题内容所述是"很明显"的（梁仲森 2005：71）。由此可见，声调的不同，可以作为区别小类的标准，评价类的读中平调，肯定类的读高平调，而且拉长。

认为类的情态助词，可读"喇"或"啦"，并加上"㗎"，用来加强语气。加了"㗎"以后，说起来会比较自然，如（221）和（222）。

（221）佢最钟意食鱼㗎喇。他最喜欢吃鱼了。

（222）佢最钟意食鱼㗎啦。他最喜欢吃鱼了。

简单来说，无论读高平调还是中平调，总之有"㗎"的出现，"喇/啦"就是认为类的助词，高平调而拉长的，就是肯定类的助词。只读中平调而没有"㗎"，有可能是评价类的助词。

得㗎（dak1 gaa2） "得㗎"表示"本来应该做某事而没有做（含轻微责备义）"（郑定欧 1997：361），有"理应、应该"的意思（欧阳伟豪 2008：174），如（223）。

（223）你同佢讲声得㗎。你本应跟他打个招呼。

---

⑩ 音长问题和复合体的可能性由邓思颖（2013b）一文的审稿人指出。

黄卓琳（2014）根据句子的意义，把“得㗎”的用法分为四个小类，包括：（224）表示成事的条件跟现实情况不相符；（225）表示祈使；（226）用于疑问，希望听话者先回答问题；（227）用于告知、提醒。（224）的“得㗎”表示条件，该句可以表达“除非他有钱”这个意思，其他几例的“得㗎”都不能用“除非”来理解。

（224）佢有钱先得㗎。他有钱才行啊。

（225）咪郁嚟郁去得㗎。别乱动啊。

（226）两个都长头发，边个得㗎？两个都长头发，到底说谁呢？

（227）佢几咁孤寒得㗎！他多么吝啬啊！

（224）的“先”表示条件，跟普通话的“才”差不多，也可以说成“先至”（sin1 zi3），如（228）。一般快读时，还是把“先至”的“至”省略，如（224）的说法比较自然。把“先”省略，只剩下“至”也可以，如（229）。如果“先”和“至”同时省去，不算太自然，如（230）。至于（231）的祈使、（232）的疑问、（233）的告知等语境，“先”可加可不加。

（228）佢有钱先至得㗎。他有钱才行啊。

（229）佢有钱至得㗎。他有钱才行啊。

（230）？佢有钱得㗎。他有钱才行啊。

（231）咪郁嚟郁去先得㗎。别乱动才行。

（232）两个都长头发，边个先得㗎？两个都长头发，到底说谁呢？

（233）佢几咁孤寒先得㗎！他多么吝啬啊！

“得㗎”这四种用法，其实跟句类的划分有关。上述（225）、（226）、（227）的句子本来分别属于祈使句、疑问句、感叹句，所谓“告知、提醒”的作用，就是感叹句，而必须由形容词谓语句组成，（227）的“孤寒”（吝啬）就是形容词做谓语的例子。至于陈述句，只能表示条件，而且不能缺少“先”。疑问句方面，“得㗎”可以进入（232）的特指问句、（234）的选择问句、（235）的反复问句，但不能进入是非问句，（236）是不能说的（黄卓琳 2014）。

（234）你饮奶茶定咖啡得㗎？你到底喝奶茶还是咖啡？

（235）你去唔去得㗎？到底你去不去？

（236）＊你去咩得㗎？你去吗？

有“得㗎”的祈使句，如果太“简单”，接受度比较差，如（237），最好能多加一些成分，如（238）表示条件的“先”、（239）的情态动词“要”、（240）的状语“乖乖哋”（乖乖地）等。这种所谓祈使句，其实表达了一种必要条件，缺少了这个条件，就不能产生一个预期的结果。（238）和（240）虽然表面上没有情态动词，但仍隐含了情态意义，如（238）表示某人愿意去才行，（240）表示听话者一定要乖乖地去才行。

（237）？？去得㗎！去才行！

（238）去先得㗎！去才行！

（239）你要去得㗎！你要去才行！

（240）你乖乖哋去得㗎！你要乖乖地去才行！

上述的陈述句，跟这里所说的所谓祈使句，情况差不多。（241）不太能说，加上表示条件“先”的（242）比较好，即使没有“先”，加上了表示情态的“要、肯”，也可以接受，如（243）。上述不太自然的（230），如果多加表示情态的“要”，语感显然好得多，如（244）。由此看来，加上“得㗎”的陈述句和祈使句，都表示必要条件，而且都有比较强烈的情态意义。

（241）＊佢去得㗎。他去。

（242）佢去先得㗎。他去才行。

（243）佢要肯去得㗎。他要肯去才行。

（244）佢要有钱得㗎。他要有钱才行啊。

定啦（ding2 laa1）　“定啦”表示“对事态的推断”（方小燕2003：139）、“强调语气”（刘扳盛2008：78），如（245）。“定啦”也可以读作“定嘞”（ding2 laak3），仍然表示推测（刘扳盛2008：78），但“肯定的意味较强”（方小燕2003：139）。不过，在现在的香港粤语，“定啦”属于旧式的用语（欧阳伟豪2008），较少使用。

（245）天都黑晒，落雨定啦。天全黑了，必定要下雨了。

除了表示对事态的推断以外，“定啦”还可以表示对事态的确认（黄卓琳2014）。（246）的“定啦”并非推断，而是乙对自己所做过的事的一种肯定。

（246）甲：你有冇去揾过佢？你找过他没有？

乙：有定啦！当然有。

不过，“定啦”这种所谓确认的用法，能搭配的谓语很有局限。如果回答是否定，如（247）的“定啦”没有那种确认的意思。把主语由第一人称改为第三人称，“定啦”的推断意思很明显，如（249）。由此看来，表示确认的“有定啦”可能是一种特殊的用法。

（247）甲：你有冇偷嘢？你有没有偷东西？

乙：＊冇定啦！当然没有。

（248）甲：你写好文未？你写好论文没有？

乙：＊写好定啦！当然写好。

（249）甲：佢写好文未呢？他写好论文没有呢？

乙：写好定啦。应该写好了。

10.6 疑问

疑问助词跟语气、口气有关，尤其是跟说话人的言语有关，表达实施一个行为，希望听话者回答，即所谓“言语行为”（speech act），包括：“吗（maa3）、咩、呀（aa4）、话（waa2）、嘅（ge2）、先、嚱（he2）、哦嗬（o3 ho2）、吓话（haa6 waa5）”。

吗（maa3） “吗”是疑问助词，加上“吗”后成为是非问句（张洪年 2007：195，高华年 1980：199，徐芷仪 1999：129 等），如（250）。梁仲森（2005：78）认为“吗”是由否定词“唔”（m4）和助词“啊”（aa3）合音而成。这个“吗”没有被一般的粤语词典所收录。“吗”（maa3）的声调是中平调（阴去声），不读成高平调（阴平声）。高平调的“maa1”只是用来读书面语的“吗”字。这里借用“吗”来表示“maa3”。

（250）你去吗？你去吗？

粤语“吗”的使用似乎在较为正式、文雅的场合才用，（251）的“黐线”是指精神错乱，带有贬义，插入中缀“鬼”，更突显了通俗的味道，跟“吗”的搭配，显得非常不自然。“吗”较为典型的用法，是用在比较正式的问候语，如（252）（Matthews and Yip 2011：359），当中的“吗”读作“maa3”。这个问候语是从普通话借过来的，并非粤语地道的说法。

（251）?? 佢黐鬼咗线吗？他神经错乱吗？

（252）你好吗？

咩（me1） “咩”跟“吗”的功能差不多，都能形成是非问句（张洪年 2007：193、196，高华年 1980：199，李新魁等 1995：519，Matthews and Yip 2011：400），如（253），也被一般的粤语词典所收录（饶秉才等 1981/2009，曾子凡 1989，麦耘、谭步云 1997/2011，张励妍、倪列怀 1999 等）。

（253）你去咩？你去吗？

“咩”有两种意思，表示一般疑问时，“咩”读高平调；表示反诘语气，则读高降调（饶秉才等 1981/2009，李新魁等 1995，张励妍、倪列怀 1999 等）。用国际音标表示，前者是［$\mathrm{m}\varepsilon^{55}$］，后者是［$\mathrm{m}\varepsilon^{53}$］。以（253）为例，如果“咩”读成高平调，是普通的是非问句，说话者想获取信息，期待听话者回答；如果“咩”读成高降调，是反诘问句，属于无疑而问，不要求回答，带有否定的口气，说话者不觉得听话者会去。

“咩”虽然可以用在中性的是非问句里，如（253），但反诘语气仍然很浓，而且用法较为通俗，在（254）这样的语境没有问题，但在较为正式的问候语则绝对不行，如（255）。

（254）佢黐鬼咗线咩？难道他神经错乱吗？

（255）* 你好咩？你好吗？

呀（aa4） “呀”是用于是非问句的助词（李新魁等

1995)，如（256）。这里的用法，“呀”表示说话者“对某事已经知道或略有所知”（饶秉才等2009：2，李新魁等1995：520），句子是“要求听者证实的事物”（梁仲森2005：64），“有所猜测，但仍提问，用于希望对方实证”（李新魁等1995：520），“要证实某一情况”（麦耘、谭步云2011：345），“用于确定提问人尚无把握的问题”（张励妍、倪列怀1999：3），也可以表示反诘语气（饶秉才等1981/2009，李新魁等1995，张励妍、倪列怀1999，麦耘、谭步云1997/2011），或表示惊讶（surprise）、怀疑（scepticism）或不同意（disapproval）（Matthews and Yip 2011：398）。

（256）你去呀？你去吗？

张洪年（2007：188）认为“除了是非问外，都能用‘呀’来做疑问助词”，其实他也注意到说话者“听到别人在说什么，但并不敢肯定是否真的如此，又或者心中略有存疑不信的时候，于是就重复别人的说话，看看是否属实”，在这种语境下，就可以用“呀”（aa4），并举了（257）。这种所谓“看看是否属实”的“证实”用法，就正是是非问句的例子，期望听话者回应说是或非。张洪年（2007：188）认为那个不能进入是非问句的助词其实是“啊”（aa3），不是“呀”（aa4）。

（257）你唔去呀？你不去吗？

以下四个例子都属于是非问句，（258）的“吗”较为中性，说话者也没有预设立场，说起来也比较正式、文雅；（259）的“咩”带点反诘语气，如果“咩”读成高降调，反诘的味道更强；（260）的“呀”的求证意味比较明显，以印证说话者已知的信息；(261) 凭借上升的句调形成是非问句，表示一定的猜测或质疑，“↗”表示上升句调。

(258) 佢钟意语言学吗？他喜欢语言学吗？

(259) 佢钟意语言学咩？(难道) 他喜欢语言学吗？

(260) 佢钟意语言学呀？他喜欢语言学吗？

(261) 佢钟意语言学↗？他喜欢语言学？

这四种是非问句的不同，更能突显预设语境的差异。(262) 不需要任何语境，是说话者中性的提问；(263) 的说话者不觉得很冷（如三十几摄氏度），但看到对方穿了厚厚的衣服，提出质疑；(264) 的说话者可能听过天气预报，再提出求证，也可能没听到什么，或许是自己的猜测，向对方求证，这个例子也不一定如张洪年（2007：188）所说，是“重复别人的说话”；(265) 可以用来回应对方的提问，表示推测，也可以用来评价对方的言行，表示质疑。

(262) 今日好冻吗？今天很冷吗？

(263) 今日好冻咩？(难道) 今天很冷吗？

(264) 今日好冻呀？今天很冷吗？

(265) 今日好冻↗？今天很冷？

“呀”可以跟别的助词或词缀连用，合音后构成新的助词，同样用在是非问句。能跟“呀”合音的有时间助词“喇”、焦点助词“咋”、词缀“嘅”。“喇”（laa3）是时间助词，跟“呀”合音后，声调变为低降调（阳平声），读作“嗱”（laa4），如（266）；“咋”（zaa3）是焦点助词，严格来说，尚未合音前，这个助词应读“za3”（即国际音标[tsɐ^{33}]）[见本章（108）的讨论]，跟“呀”合音后，声调变为低降调，读作“喳”（zaa4），如（267）；“嘅”（ge3）是词缀，黏附在定语之后，跟“呀”合音后，韵母变为“aa”，声调变为低降调，读作“㗎”（gaa4），如（268）。[11]

（266）我地食得饭嗱？我们可以吃饭了吗？

（267）佢食一碗饭喳？他只吃一碗饭吗？

（268）本书系佢㗎？那本书是他的吗？

话（waa2） “话”是用在回声问句（echo question）的疑问助词（Tang 1998b：§2，Matthews and Yip 2011：400），如（269）。所谓回声问句，是说话者重复或部分重复另一个说话者刚说过的话，用疑问句的方式说出来，用以求证听不清楚的部分。以（269）为例，说话者刚听到某人（可能是听话者）说过“佢食咗××”（他吃了××），但听不清楚“××”这个部分，因此重复句子，把不清楚的部分用疑问代词“乜嘢”（什么）来发问，并加上“话”，表示这一句是回声问句。

（269）佢食咗乜嘢话？他吃了什么？

相比之下，没有“话”的（270），可以在没有前提下发问，开展新话题，但（269）必须用来回应之前听过的话，不能开展新话题。（269）就好像英语的“He ate WHAT?”，当中的疑问词不移位，而且有重音；而（270）就是以移位的方式

---

⑪ Law（1990）甚至认为超音段成分的声调也可以分析为助词，如体现在“L、G、Z”三组的中性的中平调、表示疑问的低降调，呈现“laa3、gaa3、zaa3”和“laa4、gaa4、zaa4”的对立。B. Li（2006）尝试为这些声调赋予句法地位，作为粤语的语素。不过，彭小川（2010：§4）认为低降调是受表示疑问的“低平语调”所影响。

发问，就如一般的疑问句那样：“What did he eat?”

（270）佢食咗乜嘢？他吃了什么？

方小燕（2003：151）认为“话”表示“追问并希望对方重新确认”，追问的前提是说话者听不清楚。在（271）的对话中，乙的所谓追问，并非要求甲提供更多的信息，而是听不清楚甲所说，请甲再说一遍。在听不清楚的情况下，乙甚至可以用“乜嘢”（什么）。这个时候，“乜嘢”不是指人，而是指甲所说的宾语。

（271）甲：我搵学生。我找学生。

乙：你搵边个话？你找谁？

乙：你搵乜嘢话？你找什么？

除了体词性的疑问代词外，“话”也可以指向谓词性的疑问代词，如（272）的“点样”（怎样）、（273）的“点解”（为什么）。

（272）佢点样煮牛肉话？他怎样煮牛肉？

（273）佢点解冇嚟话？他为什么没来？

“话”能进入（274）的选择问句、（275）和（276）的反复问句，但不能跟是非问句构成回声问句，（277）由“呀”（aa4）来发问，（278）由上升句调发问，这两句都是不能说的。

（274）你饮奶茶定咖啡话？你喝奶茶还是咖啡？

（275）你食唔食饭话？你吃不吃饭？

（276）你食咗饭未话？你吃了饭没有？

（277）＊你食饭呀话？你吃饭吗？

（278）＊你食饭↗话？你吃饭？

“话”所复述的句子，不一定是听话者说的，可以是第三者，如（279），说话者听到“他”说，而向听话者提问；所复述的句子，必须是刚刚听到的，说话者马上作出澄清和求证，如果所复述的说话不是当场听到的，“话”就不能用，如（280）。

（279）佢啱啱讲：边个最叻话？他刚刚说：谁最聪明呢？

（280）＊佢旧年讲过：边个最叻话？他去年说过：谁最聪明呢？

嘅（ge2）　“嘅”的声调是高升调（阴上声），用在疑问句，用来询问原因，加强了疑问、反诘语气（饶秉才等1981/2009，Kwok 1984，李新魁等1995，麦耘、谭步云1997/2011，李荣主编1998，张励妍、倪列怀1999，方小燕2003，梁仲森2005，邓思颖2008d，Matthews and Yip 2011等），如（281）。（281）虽然没有疑问代词，但跟特指问句（282）的作用差不多，都可以用来询问原因。

（281）你冇去嘅？为什么你没去？

（282）点解你冇去？为什么你没去？

“嘅”只能询问原因，甚至可以跟询问原因的“点解”（为什么）一起出现，如（283），却不能跟别的疑问代词在一起（Fung 2000：160），如（284）的“几时”（什么时候）。除了特指问句外，“嘅”不能出现在（285）的选择问句、（286）的反复问句、（287）的是非问句。

（283）后面点解有条河嘅？后面为什么有一条河？

（284）＊后面几时有条河嘅？后面什么时候有一条河？

（285）＊你饮奶茶定咖啡嘅？你（＊为什么）喝奶茶还是

咖啡？

(286) ＊佢去唔去嘅？他（＊为什么）去不去？

(287) ＊你报名嘅吗/咩/呀？你（＊为什么）报名吗？

“嘅”和“点解”都可以询问原因，甚至可以一起出现。方小燕（2003：149）甚至认为“嘅”的疑问句是省略了疑问代词“点解”的特指问句变化而来。不过，“嘅”和“点解”所构成的疑问句是有差异的（邓思颖 2008d）。以下种种例子说明，“点解”是真正的疑问代词，而“嘅”不是。

首先，“点解”可以出现在嵌套小句内，如（288）括号内的小句，但“嘅”却不能，如（289）。

(288) 我想知道［点解你冇去］。我想知道为什么你没去。

(289) ＊我想知道［你冇去嘅］。

第二，“点解”可以跟“究竟”或“到底”一起出现，如（290），但“嘅”却不能，如（291）。

(290) 究竟点解你冇去？到底为什么你没去？

(291) ＊究竟你冇去嘅？

第三，“点解”可以出现在截省（sluicing）的句式中，如（292）的述语“冇话”（没说）所带的宾语应该是“点解佢去过”（为什么他去过），重复的“佢去过”（他去过）被截省了，只剩下“点解”，称为“截省句”，但“嘅”却不能，如（293）。

(292) 佢话佢去过，但系冇话点解。他说他去过，但没说为什么。

(293) ＊佢话佢去过，但系冇话嘅。

第四，“点解”可以独用询问原因，但“嘅”却不能，如

(294)。

(294) 甲：张三冇嚟噃。张三没来。

乙：点解/＊嘅？为什么？

第五，“点解”在（295）可以表示反诘语气，说话者乙假设否定的答案是正确的（即“不要走”），作为回应甲所问，然而，“嘅”在（296）却没有这个作用。

(295) 甲：你走唔走？你走不走？

乙：点解要走？为什么要走？

(296) 甲：你走唔走？你走不走？

乙：?? 要走嘅？

第六，某些由“点解”组成的句子可以有表达提议的功能，如（297），但“嘅”缺乏这种可能性，（298）只有一种质疑的意思，并没有什么提议。

(297) 点解我地唔今晚唱歌？为什么我们不就在这个晚上唱歌呢？

(298) ?? 我地唔今晚唱歌嘅？

第七，“嘅”要求形容词谓语受指示代词“咁”（gam3）（这么/那么）的修饰，如（299），只受程度副词修饰是不能说的，如（300）的“好”（很），但“点解”却没有这个要求，如（301）。

(299) 你咁开心嘅？为什么你那么开心？

(300) ＊你好开心嘅？为什么你很开心？

(301) 点解你咁/好开心？为什么你那么/很开心？

询问原因的“嘅”应分解为两个语素：一个是中平调（阴去声）的后缀“嘅”（ge3），一个是表示不肯定语气的高升调（阴上声）“H”，两者加起来变成高升调的“嘅”（ge2）（Law 1990，邓思颖 2008d）。严格来讲，“嘅”（ge2）并非真正的疑问助词，高升调“H”才是真正表示疑问语气的成分。后缀“嘅”跟高升调结合后，重新分析为一个新的助词“ge2”。

（302）的后缀“嘅”（ge3）表示肯定，没有疑问的意义；加了高升调的“嘅”（ge2）可以理解为疑问句，如（303）。[12]其实在适当的语境下，也可以理解为陈述句，有点不太肯定、疑惑的意思（Kwok 1984，Matthews and Yip 1994/2011，梁仲森 1992/2005 等），如（304）。两者在形式上也有差别，有不同的音延（duration），表示疑问的“嘅”（ge2）较短，表示陈述的“嘅”较长（Law 1990：145，Fung 2000：158）。副词“乜”有强调疑问的作用（邓思颖 2008b），加上了“乜”，“嘅”（ge2）就只能询问原因，形成疑问句，如（305）。后缀“嘅”跟不同声调的结合，重新分析为不同的助词，如中平调的“嘅”、高升调的“嘅”。

（302）系佢嘅（ge3）。是他的。

（303）系佢嘅（ge2）？为什么是他的呢？

（304）系佢嘅（ge2）。或许是他的吧。

（305）乜系佢嘅（ge2）？为什么是他的呢？

先（sin1）　这里所谈的“先”用在疑问句，有一种加强疑问语气的作用，如（306）的“先”跟时间先后无关，不

---

⑫ 除了问原因外，（303）也可以理解为是非问句，表示“是他的吗？”。

能翻译为普通话“先”，属于疑问助词，语音一般拖长，用作加强提问的语气，跟普通话“到底”的意思差不多，或许带有质疑、不满、不耐烦等味道。

文献提及这个“先”的意见，认为这个“先”要求“获得进一步的、补充性的信息”（郑定欧 1990：190），表示“不满、劝阻、质疑、建议、要求说明等”（郑定欧 1997：243），表示先弄清楚某一种情况，别的情况以后再说，要求对方“先把某事情讲清楚了再说”（麦耘 1993：67，李新魁等 1995：500—502）。当“先”用降调重读且拖长音时，是表示“深究”（蔡建华 1995b：69—71），表示“到底”的意思（张双庆 1997：261）。按照话语分析，这个“先”可分析为一个话语标记，把说话人的问题提到当前对话议程的首位，请对方先考虑或者回答另外一个问题（陆镜光 2002）。

（306）边个最靓先？到底谁最漂亮？

疑问助词“先”能进入的疑问句类型包括（306）的特指问句、（307）的选择问句、（308）的反复问句，但“先”不能进入是非问句，如用“呀”（aa4）发问的（309）、用“咩”发问的（310）、用上升句调发问的（311）（邓思颖 2006b）。

（307）饮奶茶定咖啡先？到底喝奶茶还是咖啡？

（308）你去唔去先？到底你去不去？

（309）＊佢最靓呀先？＊到底她最漂亮吗？

（310）＊唔通佢最靓先咩？（＊难道）到底她最漂亮吗？

（311）＊佢最靓↗先？＊到底她最漂亮？

嚱（he2）　“嚱”有征求对方认同自己的观点的作用，

也有疑问的功能。⑬ 由于可用“系”（是）或“唔系”（不是）回答，所构成的问句应该属于是非问句。具体来说，这个助词“要求对方作同意自己意见的回答时用”（饶秉才等 2009：93）、“希望对方同意自己的观点而作肯定性的回答”（李新魁等 1995：520）、“表示希望对方同意自己的说法”（麦耘、谭步云 2011：345）、“用于讲出自己的看法后要求对方同意”（张励妍、倪列怀 1999：145）、“征求对方对自己看法的意见，或向对方求证某种已经发生的事实”（方小燕 2003：147）、“要求对方作同意自己意见的回答时用”（刘扳盛 2008：163），如（312）和（313）。

（312）呢套戏几好睇嚱？这电影挺好看吧！

（313）大翻啲就好喇嚱？再大一点儿就好了，对不对？

除了分析为助词、语气词（李新魁等 1995，麦耘、谭步云 1997/2011，方小燕 2003 等）外，还有把“嚱”当作感叹词（饶秉才等 1981/2009，张励妍、倪列怀 1999）。饶秉才等（1981/2009）所举的一些例子，“嚱”之前都有停顿，如（314）和（315）。能停顿这个特点使得“嚱”跟其他助词有别，也可能是这个原因，饶秉才等（1981/2009）把“嚱”当作感叹词。

（314）唔系啫，嚱？不是的，啊？

（315）噉样好啲，嚱？这样好一点，啊？

由于“嚱”的作用是征求对方认同自己的观点，“嚱”所搭配的句子不能是疑问句，如（316）的特指问句、（317）的

⑬ 粤语词典一般把这个词当作有音无字，只用“□”标示。

选择问句、（318）的反复问句、（319）的是非问句。（319）的“呀”（aa4）也有求证的作用，功能跟“嚱”有点接近，即使“嚱”前有个停顿，“嚱”也不能出现作为补充，（320）还是不能说。

（316）＊边个最叻嚱？谁最聪明？

（317）＊你饮奶茶定咖啡嚱？你喝奶茶还是咖啡？

（318）＊你去唔去嚱？你去不去？

（319）＊你去呀嚱？你去吗？

（320）＊你去呀，嚱？你去吗，啊？

表示疑问的“嚱”不能跟疑问句一起出现，跟粤语典型的感叹词不同。“嗄”（haa2）是粤语的感叹词，表示“听不见”（张洪年 2007：421）、“疑问、质问”（饶秉才等 2009：89），或“用于问话”（麦耘、谭步云 2011：346），可在（321）的句首或（322）的句末出现，并且用在疑问句，包括由“呀”组成的是非问句。

（321）嗄，你去呀？

（322）你去呀，嗄？

此外，“嚱”不能在句首出现，如（323），也不能独用，（324）是不能说的，跟典型的感叹词还是不一样的。

（323）＊嚱，呢套戏几好睇？这电影挺好看吧！

（324）＊嚱？

李新魁等（1995：520）注意到“嚱”的一些语用变化，有时“只是要委婉地向对方表明自己的观点并期待对方有同感，目的并不在于询问”。他们所举的（325），评价的意味的确大于疑问。这种情况通常在能表示程度的句子，如（325），还有形容词谓语句，如（326）。不能受程度副词修饰的动词谓语句和名词谓语句，则较难得到这种语用效果，如（327）和（328）。

（325）条友都几识叹嚱？这家伙倒挺会享福的是吧？

（326）佢好靓嚱。她很漂亮吧。

（327）我地饮茶嚱？我们饮茶是吗？

（328）今日星期日嚱？今天星期天吧，对不对？

“嚱”的用法好像可以被“哦嗬”（o3 ho2）所替代，上述的（312）也可以说成（329），意义也差不多，没有什么分别。事实上，目前年轻的一代，已较为少用“嚱”，甚至把“嚱”当作“旧式”用法。

（329）呢套戏几好睇哦嗬？这电影挺好看吧！

哦嗬（o3 ho2） “哦嗬”有确认的作用，也有疑问的功能。可用“系”（是）或“唔系”（不是）回答，所构成的问句应该属于是非问句，如（330），好像表达了“我们去饮茶，你说是不是？”的意思，“哦嗬”有点像“是不是、对不对、是吗”等作用。

（330）我地去饮茶哦嗬？我们去饮茶吧？

方小燕（2003：147）只举了“嗬”的例子，没有“哦嗬”，并认为“嗬”表示“征求意见”，如（331）、（332）、（333）。彭小川（2010：177）认为“嗬”表示“希望对方认同自己的观点、看法”。Matthews and Yip（2011：399）认为“嗬”期望听话者的确认（confirmation）。张洪年（2007：422）把“嗬”当作感叹词，有“代句词”的功能，如（334）。

（331）间屋间隔几正啝？这房子的格局挺合理的吧？

（332）我呢排瘦咗啝？我这段时间瘦了吧？

（333）件事唔紧要啦啝？这件事不要紧了吧？

（334）你噉话，啝！你这么说的，嗄！

“啝”基本上跟“哦啝”一样，上述（331）和（332）的“啝”都可以说成“哦啝”，而“哦啝”比单说“啝”更自然，如（335）和（336）。不过，“哦啝”前有其他助词的话，“哦”就最好省略，（337）是不能说的。

（335）间屋间隔几正哦啝？这房子的格局挺合理的吧？

（336）我呢排瘦咗哦啝？我这段时间瘦了吧？

（337）＊件事唔紧要啦哦啝？这件事不要紧了吧？

“哦”的省略，似乎受制于很多因素，主要受助词分类的影响。如果“哦啝”前面的助词属于事件助词或时间助词，无论那个助词的韵基是单元音、复元音或是有辅音音节尾，“哦”都可以保留，如以下各例。

（338）佢行先哦啝？他先走吧？

（339）佢冇食乜滞哦啝？他不怎么吃吧？

（340）佢几叻吓哦啝？他挺聪明吧？

（341）唔好做住哦啝？暂时不要做吧？

（342）佢做完咁滞哦啝？他快做完吧？

（343）啱啱落雨嚟哦啝？刚刚下雨吧？

“喇”（laa3）虽然是时间助词，但后面的“哦啝”最好说成“啝”，把“哦”省去，如（344）。有可能“喇”的元音特别“弱”，后面紧接另外一个以元音开头的助词，都会合音，成为一个音节。这个情况跟“咋、嘅”差不多，如后面紧接“啊”（aa3），只能合音成为“喇（laa3）、咋（zaa3）、㗎（gaa3）”，而不是“＊喇啊、＊咋啊、＊㗎啊”。事实上，“咋、嘅”后面接上“哦嗬”时，“哦”也要省去，如（345）和（346），反映了“喇、咋、嘅”在音韵上特别之处。[14]

（344）佢食咗饭喇嗬/＊哦嗬？他吃了饭了吧？

（345）写一篇咋嗬/＊哦嗬？只写一篇吧？

（346）本书系佢嘅嗬/＊哦嗬？这本书是他的吧？

如果“哦嗬”前面的是焦点助词、情态助词，“哦”最好省去，请参考以下各例。至于其他各类助词，因句法和语义问题，不能连用。如果“嗬”前面的助词是双音节，最好有一个停顿，如“吖嘛、之嘛、得㗎、定啦”。“咋”是焦点助词，已见于（345），跟“嗬”连用时，“咋”的读音是“zak3”，严格来讲，音节尾是一个声门塞音［ʔ］，读如［tsɐʔ³³］。

（347）佢去唔去呢嗬/＊哦嗬？他去不去呢？你觉得呢？

（348）咪佢去啰嗬/＊哦嗬？不就是他去吗？

（349）佢赢咗钱吖嘛，嗬/＊哦嗬？他赢了钱嘛，对吗？

（350）写完文啦嘛，嗬/＊哦嗬？早就写完论文了，对吗？

（351）讲吓笑啫嗬/＊哦嗬？开开玩笑而已，对吗？

（352）讲吓笑之嘛，嗬/＊哦嗬？开开玩笑而已，对吗？

（353）对鞋唔啱㗎喇，嗬/＊哦嗬？这双鞋子不合适了，

---

⑭ 根据功能、语义的考虑，第一类助词主要由三组助词构成（Fung 2000），按照音节首辅音的特征，部分粤语助词可以划分为齿龈边通音“L组”（如“喇、嚟”）、软腭塞音“G组”（如“嘅、㗎”）、齿龈塞擦音“Z组”（如“咋、啫”）（Fung 2000）。“喇、嘅、咋”刚好分别属于这三组助词，允许元音变化，产生变体。

对吗？

（354）我识飞先得㗎，嗬／＊哦嗬？我会飞才行，对吗？

（355）佢去定啦，嗬／＊哦嗬？他一定去吧？

“哦嗬”虽然有征求意见的作用，但不能跟疑问句搭配，如（356）的特指问句、（357）的选择问句、（358）的反复问句、（359）的是非问句。无论是“哦嗬”还是“嗬”，这些例子都不好。（359）的“呀”是疑问助词，读作“aa4”。

（356）＊你饮乜嘢嗬/哦嗬？你喝什么？

（357）＊你饮奶茶定咖啡嗬/哦嗬？你喝奶茶还是咖啡？

（358）＊你去唔去嗬/哦嗬？你去不去？

（359）＊你去呀嗬/哦嗬？你去吗？

如果特指问句、选择问句、反复问句多加焦点助词“呢”，接受度好一点，但有一种奇怪的感觉，如以下的例子。“呢”属于焦点助词，根据上文的讨论，焦点助词后的“哦”应省略。

（360）?? 你饮乜嘢呢嗬？你喝什么呢？

（361）?? 你饮奶茶定咖啡呢嗬？你喝奶茶还是咖啡呢？

（362）?? 你去唔去呢嗬？你去不去呢？

主语改为第三人称的话，这些例子就自然得多。

（363）佢饮乜嘢呢嗬？他喝什么呢？

（364）佢饮奶茶定咖啡呢嗬？他喝奶茶还是咖啡呢？

（365）佢去唔去呢嗬？他去不去呢？

有“哦嗬”的句子，主语可以是第二人称，如（366）。同样是问听话者，陈述句和疑问句有很大的差别，试比较（365）和（367）。（367）的说话者向听话者求证，到底他是否真的去，期望的答案是肯定的“系”（是），“哦嗬”就是理解为“是不是、对不对”；但（365）所问的，是听话者的意见，除了回答“去”还是“不去”外，更期望对方提供更多的信息，如说话者已知他去不去有很多考虑，也知道听话者可能有更多的资料可提供，“嗬”（或“呢嗬”）就是一种征求意见的委婉说法，不再问“是不是”，而是问“你觉得呢”。同样道理，（366）基本上是一句有预设的是非问句，假设对方会去，对方只需回答“系”就行了。（362）之所以奇怪，就是因为用了一种委婉的说法，征求对方提供有关他自己去不去的信息，或评价自己去不去。（362）好像在问：“你知道自己去不去吗”或“你觉得自己去不去呢”，当中的“嗬”不是问去不去，而是问知道不知道或觉得怎样。

（366）你去哦嗬？你去吧？

（367）佢去哦嗬？他去吧？

吓话（haa6 waa5） 有“吓话”的疑问句，如（368），说话者期望听话者回答是或不是，应属于是非问句。不过，跟“吗”（maa3）、“呀”（aa4）等典型的是非问句助词相比，“吓话”负载了一定的负面意义，甚至有一种反诘的意味。“吓话”的“话”，声调可以读成曲折调。受前面“吓”（haa6）的声调影响，“话”（waa5）可以读成［wa：^{213}］，并且把元音拉长，表示夸张；而快读时，“吓”的元音也可以读得比较短，如［hɐ^{22}］，或变为复元音“au”，读如“hau6 waa5”。

（368）你会去吓话？你会去，不是吗？

“吓话”是“吓嘛”（haa6 maa5）的变体，如（369）。无

论在语义上还是语用上，（368）和（369）都相同。跟“话”的情况相同，“嘛”也可以读成曲折调，并且拉长，读成[ma：^{213}]。

（369）你会去吓嘛？你会去，不是吗？

“吓嘛”应该是（370）“系咪啊”（hai6 mai6 aa3）的合音，而“系咪啊”的“咪”（mai6）也可能是“唔系”（m4 hai6）的合音，如（371）。

（370）你会去系咪啊？你会去，是不是啊？

（371）你会去系唔系啊？你会去，是不是啊？

“系唔系啊”和“系咪啊”可分析为“疑问尾句”（tag question）。在形式上，“系唔系啊”和“系咪啊”跟前面的小句可以有一个停顿，如（372）。“吓嘛”和“吓话”之前也可以有个停顿，如（373），看来“吓嘛”和“吓话”也具备尾句的特点。（374）和（375）显示了“系唔系啊”等成分的前边也允许其他的助词，如“㗎噃”（ga3 bo3），并且有停顿。

（372）你会去，系唔系啊/系咪啊？你会去，是不是啊？

（373）你会去，吓嘛/吓话？你会去，不是吗？

（374）你会去㗎噃，系唔系啊/系咪啊？你会去吧，是不是啊？

（375）你会去㗎噃，吓嘛/吓话？你会去吧，不是吗？

意义上，“系唔系啊”和“系咪啊”比较中性，所问的是客观问题，说话者不一定有立场，如（376）；“吓嘛”和“吓话”的求证意味较强，说话者也往往有一定的立场，表达较为主观的意思，如（377）。

（376）二加三等于五，系唔系啊/系咪啊？二加三等于五，是不是啊？

（377）二加三等于五吓嘛/吓话？二加三等于五，不是吗？

如果前面的小句是否定句，“吓嘛”和“吓话”的反诘意味更强，可比较（378）和（379）。（380）是熟语，“吓嘛”和“吓话”前面的小句是“唔系”（不是）；如果换上尾句“系唔系啊”和“系咪啊”，如（381），就非常奇怪。

（378）佢唔去吓嘛/吓话？我知道他不去，不是吗？

（379）佢唔去，系唔系啊/系咪啊？他不去，是不是啊？

（380）唔系吓嘛/吓话？！真的吗？不可能吧！

（381）??唔系，系唔系啊/系咪啊？不是，是不是啊？

“吓嘛”也可紧跟在一些助词的后面，形成连用现象，如跟所谓“L组”“G组”“Z组”的助词连用（赵伟钧2014），如（382）的“喇嘛”（la6 maa5）、（383）的“㗎嘛”（ga6 maa5）、（384）的“咋嘛”（za6 maa5），当中的“喇、㗎、咋”分别读作［$lɐ^{22}$］、［$kɐ^{22}$］、［$tsɐ^{22}$］，元音较短（也可理解为［ə］），或音节尾有一个声门塞音［ʔ］，读作［$lɐʔ^{22}$］、［$kɐʔ^{22}$］、［$tsɐʔ^{22}$］，而声调较低，可分析为低平调。这个低平调，可能来自本属低平调“吓”（haa6），当“吓嘛”跟“L、G、Z”组助词合音后，低平调仍保留下来了，并由“喇、㗎、咋”来承载。

（382）佢走咗喇嘛？他走了，不是吗？

（383）佢系学生嚟㗎嘛？他是学生，不是吗？

（384）佢食一碗咋嘛？他只吃一碗，不是吗？

虽然之前提过“吓嘛”和“吓话”可互换，但“吓话”却不能跟“L、G、Z”组助词连用，下面三个例子是不能说的。

（385）＊佢走咗喇话？他走了，不是吗？

（386）＊佢系学生嚟㗎话？他是学生，不是吗？

（387）＊佢食一碗咋话？他只吃一碗，不是吗？

"嘛"（maa5）在"喇嘛""㗎嘛""咋嘛"中的作用，表达了说话者想"确认"的意思（赵伟钧 2014），期望听话者回答是或不是，仍然属于是非问句的助词。

10.7　祈使

祈使助词跟语气、口气有关，尤其是跟说话人的言语有关，表达实施一个行为，用说的话来改变外界事物的状态，即所谓"言语行为"，包括："啦（laa1）、咧（le4）、喎（wo5）、嚡、先、罢啦、好过、好喎（hou2 wo3）、系啦、吖嗱（aa1 naa4）、喇喂（la3 wei3）、啊嗄（a3 haa2）"。

啦（laa1）　"啦"用在表示请求的句子里，这种句子表达实施一个行为，用说的话来改变外界事物的状态，属于祈使助词，如（388）。

（388）帮帮我啦！帮帮我了！

这个祈使助词既可以读高平调（阴平声）"啦"（laa1），又可以读中平调（阴去声）"喇"（laa3）。这两种读法，受制于不同的言语行为。根据言语行为，这个祈使助词可划分为三个小类：请求、命令、宣布（邓思颖 2013b，原据肖治野、沈家煊 2009 的分类）。

请求类的助词表示请求的言语行为，只能用高平调

“啦”，如（388），不能读作中平调，（389）是不能说的。在适当的语境下，“啦”的读音也可以拉长，拉长的“啦”实际上由一个祈使助词“呀”（aa1）所造成，“假如是恳求的话，那就软而长”（张洪年 2007：189），跟与情态助词结合的保证助词“吖”不一样。请求类的助词甚至可以弱读成“la1”（即国际音标的［lɐ⁵⁵］或［lə⁵⁵］）。

（389）＊帮帮我喇！帮帮我了！

命令类的助词只能读高平调“啦”，如（390）表示命令。不过，跟表示请求的“啦”不一样，表示命令的“啦”不能拉长，也不能弱读成“la1”。（391）不拉长的“啦”，表示吩咐的意思，⑮ 实际上属于命令的一种。

（390）放低支枪啦！把枪放下了！

（391）食饭啦。吃饭了。

宣布类包括宣布、提醒、习语、承诺、应允、拒绝等不同的语言行为。表示宣布、提醒，还有日常交际场合的习惯言语行为，都只能用中平调的“喇”，如（392）的宣布、（393）的提醒、（394）的习语。虽然（393）的助词好像可以读高平调“啦”，但意义却不一样，如果不拉长的话，表示催促，⑯ 属于命令的一种；如果把“啦”拉长，变成请求的意思，而并非提醒。

（392）主席：而家开会喇。主席：现在开会了。

（393）快啲喇。快点了。

---

⑮ “啦”有吩咐的用法由邓思颖（2013b）一文的审稿人指出。

⑯ 张洪年（2007：185）曾提及高平调“啦”表示催促的用法。

（394）拜拜喇。再见了。

表示承诺、应允、拒绝等言语行为，这个祈使助词也只能读中平调“喇”，如（395）的承诺、（396）的应允、（397）的拒绝。

（395）就噉喇！就这样了！

（396）系喇！是了！

（397）唔喇！不了！

虽然（395）的“喇”也好像可以念成高平调“啦”（laa1），如（398），但意义却不同，正如张洪年（2007：185）所指出，“假如在肯定之中，又兼有征求对方同意的意思时”，这个助词就读成高平调“啦”，而且拉长。严格来讲，（398）的“啦”算作请求，并不表示承诺。如果（398）的“啦”不拉长，则有一种决断的意思，[17] 也跟承诺的用法有异。

（398）就噉啦！就这样了！

简单来讲，祈使助词这几个小类里，拉长的高平调“啦”属于请求类，不拉长的高平调“啦”属于命令类，中平调的“喇”属于宣布类。

综合粤语的时间助词、情态助词、祈使助词三类的“喇/啦”，它们可以按照一定的形式标准来区分（邓思颖 2013b）：读高平调的“啦”，无论拉长还是不拉长，都一定不是时间助词，如（399）。加上“㗎”，就只能理解为情态助词，不能表示时间或祈使，如（400）表示我知道是吃饭的，不是做别的事情。加上表示请求的“求吓你”（求求你）的话，“啦”只

---

⑰ 决断用法由邓思颖（2013b）一文的审稿人指出。

能理解为祈使助词，“喫”的出现就不能接受，如（401）。由此证明，有“喫”的“喫喇、喫啦”一定是情态助词，不是时间助词或祈使助词。

（399）食饭啦。吃饭了。　（＊时间/情态/祈使）

（400）食饭喫啦。吃饭了。　（＊时间/情态/＊祈使）

（401）求吓你食饭（＊喫）啦。求求你吃饭了！

咧（le4）　“咧”有建议的作用，属于祈使助词，如（402）。[18]“咧”这种用例，有商量、征求对方同意、渴求、催促等义（李新魁等 1995），“商请对方同意或央求”（张励妍、倪列怀 1999：195），“征询、商量，带有希望对方同意自己的做法、建议的意思”（彭小川 2010：177），有一种可能性（potentiality）（Fung 2000：131）。梁仲森（2005：74）认为（403）的“咧”所出现的句子“是说话者向听者提议尝试的事，说话者很有信心对方一定乐意接受，语气极亲切”。

（402）你去咧。你去好吗？

（403）我地嚟玩个游戏咧。我们来玩个游戏，好吗？

“咧”只能跟动态的谓语一起出现，如（402）的“去”，但不可以跟表示静态的谓语一起使用，如（404）的系词“系”（是）、（405）和（406）的心理动词“怕、以为、知道”、（407）的情态助动词都不能接受。

（404）＊你系学生咧。＊你是学生吧。

（405）＊你怕佢咧。＊你怕他吧。

---

⑱ 虽然同样写作“咧”，但低降调“le4”和低升调“le5”不一样，前者是祈使助词，后者是情态助词。

（406）＊你以为/知道佢走咗咧。＊你以为/知道他走了吧。

（407）＊你会/可以/能够/应该走咧。＊你会/可以/能够/应该离开吧。

有些看起来像静态动词，如（408）的“钟意”（喜欢），必须理解为动态，有一种“让听话者爱上她”的意思。如果“钟意”受程度副词“好”（很）修饰，就只能理解为一个静态动词，（409）是不能说的。“锡”（sek3）有歧义，可以表达动态的意思“亲吻”，也可以表达静态的意思“宠、疼爱”。有“咧”的（410），“锡”就只能有动态的意义：亲吻。

（408）你钟意佢咧。你喜欢她吧。

（409）＊你好钟意佢咧。＊你很喜欢她吧。

（410）你锡佢咧。你亲/＊宠她吧。

“咧”不能跟（411）的形容词谓语、（412）的名词谓语搭配，因为这些谓语只表示静态，并非动态。

（411）＊你好靓咧。＊你很漂亮吧。

（412）＊今日星期六咧。＊今天星期六吧。

“咧”对动词的要求，跟祈使句的情况差不多。根据袁毓林（1993）对汉语祈使句的研究，动词可分为“述人动词”和“非述人动词”，前者的主语是人，后者的主语不是人。述人动词可再分为“可控动词”和“非可控动词”。可控动词可以再划分为“自主动词”和“非自主动词”，前者是动作发出者有意识地发出动作行为，而后者是无意识发出的动作行为。能进入祈使句的动词，都应该是自主动词。

由“咧”构成的句子，要求动词是自主动词，如（402）的“去”、（403）的“玩”，主语必须是施事，能够有意识地发出动作行为（邓思颖 2009c）。（413）的“漏水”属于非述人动词，（414）的“属”属于非可控动词，（415）的“跌”（丢失）属于非自主动词，这些例子都不能说，符合祈使句的基本要求。

（413） *漏水咧。*漏水吧。

（414） *属羊咧。*属羊吧。

（415） *跌个银包咧。*丢个钱包吧。

被动句的主语一般认为是受事，但在适当的语境下，可以理解为有意识的动作发出者，即表示了“主语故意让某件事情发生而让自己受影响”（Huang 1999）。在下面两个例子，加了“心甘情愿”和“无端端”（无缘无故）可以突显有意识和无意识的区别，（416）的“心甘情愿”表示了主语是故意发出动作，“咧”可以出现，但（417）的“无端端”（无缘无故）表示了主语并非有意执行动作，“咧”不能出现。由此可见，“咧”要求主语是有意识的动作发出者。

（416）你心甘情愿畀人闹（吓）咧。你心甘情愿被人骂吧。

（417） *你无端端畀人闹咧。*你无缘无故被人骂吧。

除了完成体的“咗”（了）以外，经历体的“过”和进行体的“紧”都不能出现，如（418），跟祈使句的要求一样。

（418）你食咗/*过/*紧个苹果咧。你先吃了/*过/*在吃这个苹果。

虽然由“咧”组成的句子有不少祈使句的特征，但跟祈使句最大不同之处，就是主语的人称选择。典型的祈使句一般要求主语必须是第二人称，在特殊的情况下，也可以是第一人称，但不能是第三人称，如（419）。除非说话者对着镜子说话，或自言自语，否则“我”作为祈使句的主语不太好。跟典型的祈使句相比，（420）的主语选择没有什么限制。

（419）你/?? 我/ * 佢坐好啲！你/?? 我/ * 他坐好一点！

（420）你/我/佢去咧。你/我/他去好了。

啝（wo5） “啝”的声调是低升调（阳上声），包含听和讲的意思，即听说和告诉，构成了完整的转述过程，属于祈使助词，如（421）。

（421）佢会去啝。听说他会去。

根据文献的观察，“啝”是“重述所闻的助词”（张洪年 2007：190）；“说话者表明是转述他人的话，不是他本人的意思。这种态度是要说明‘我不负言责，这不关我的事’”（梁仲森 2005：80）；“表示传达别人意思的语气”（高华年 1980：204）；“表示转告，说话人很强调有关的内容是别人说的，与自己的看法无关”（李新魁等 1995：509）；“转述”（方小燕 2003：136）；“a ‘hearsay’ evidential particle, used to indicate reported information”（Matthews and Yip 2011：407）。

至于粤语的字典词典，大致上也持相似的观点，认为“啝”的作用是“表示转达别人的意见”（饶秉才等 2009：236）；“表示转告别人所说的话”（麦耘、谭步云 2011：344）；“表示转述他人的意愿”（张励妍、倪列怀 1999：386）。

专门讨论“啝”的论文计有 Matthews（1998/2007）、丁思志（2006）、Leung（2006）、邓思颖（2014b）、Tang（2015a）。Matthews（1998/2007）从“传信情态”（evidentiality）的角度分析“啝”的特点，丁思志（2006）论证“啝”

用来“引述据由”（quotative evidential），除了传话以外，还有一层含义，即“转述内容概与传话者无关”。他们所讲的“传信情态”（或称“据由”），狭义上是指“表达讯息是如何获致的”，而广义上是指“包括说话者对讯息内容真确性所持的态度”。Leung（2006：136）认为“喎”表示“the speaker is not willing to take the responsibility of the quoted content”，并详细考察“喎”的历时变化。Sybesma and Li（2007：1764）认为“喎”表示“the speaker is less sure about the information s/he reports”。邓思颖（2014b）讨论“喎”的谓词性质。Tang（2015a）从形式句法学的角度，分析“喎”的句法地位。

“喎”所转述的说话者可以是隐含的。（421）的“喎”好像隐含了“据说、某人说”的意思。至于（422），他从来没说过“佢会去”（他会去），“喎”当然不可能引述没有说过的话。“喎”实际的作用是多加了“据说、某人说”的意思，所引述的应该是整个句子，即“某人表示过他没说过他会去”这个意思。

（422）佢冇话过佢会去喎。据说他没说过他会去。

“喎”的转述功能是间接的，所引述的内容并不是说话的原文。（423）的“我会去”并非直接引语，“我”应该指向说（423）的人，而不是原说话人，这个例子并不是说“某人说他会去”。（424）虽然有“佢话”（他说），但“我”是指向说（424）的人，而不是原说话人“他”或其他人。

（423）我会去喎。据说我会去。

（424）佢话我会去喎。（据说）他说我会去。

用“喎”表达的内容，是可通过经验所观察或感觉得到的现象，如（425）的“觉得”和（426）的“钟意”（喜欢）都是心理动词，除了说话以外，可以通过动作（如颤抖）、表情（扭曲的面容）等表示出来。他喜欢你教语法，也可以通过各种非语言的方式表示出来，被说话者所转述。

（425）佢觉得呢度好冻喎。（据说/看来）他觉得这里很冷。

（426）佢钟意你教语法喎。（据说/看来）他喜欢你教语法。

“喎”可以跟（421）的陈述句和（427）的祈使句搭配，但（428）的疑问句和（429）的感叹句则不能接受。

（427）唔该你去喎。（据说）请你去。

（428）*边个会去喎？（据说）谁会去？

（429）*佢几咁靓喎！（据说）他多么漂亮！

以（421）为例，这个例子不光是一种转述，说话者也好像想表达一个很“含蓄”的要求，希望听话者听到“佢会去”之后会有些反应，甚至有所行动。“喎”的作用好像是在打听到底听话者相信不相信，或者问听话者有什么想法。事实上，听话者听到了（421）以后，也不能完全无动于衷，在正常的对话中，听话人应该有些反应（如帮忙打点，或跟着去等）。因此，“喎”用以表达实施一个行为，用说出来的话来改变外界事物的状态，应该有一种祈使的含义。

至于（430），所转述的话，严格来讲，不只是“佢会去”（他会去），还应该包括“佢话佢会去”（他说他会去）。“喎”一方面是说话者转述“他说话”这个行为动作和说话的内容，而另一方面是用来把这个转述的信息提供给听话者，试图达成一些效果。

（430）佢话佢会去喎。据说他说他会去。

“喎”字句所表达的意思和功能，应该就是指说话者知悉一个消息而听话者不知道，说话者现在告诉听话者，实现某个意图，或许希望听话者能有所反应、有所行动，构成了一个完整转述的过程。知悉的途径可以是从听闻而来的说话，也可以是通过经验所观察或感觉得到的现象，都属于广义的听说，跟传信情态有关。

嚅（bo3）　“嚅”表示“句子提供一些意见，而这些意见是对方或自己原来所不知道的，有时且带有强调的意思”（张洪年 2007：187），“提醒对方注意”“主动告诉对方一件事情”（高华年 1980：196、198），“有意引起对方对于原先不知道或未加注意的情况的注意”（李新魁等 1995：508），传达“新信息”（梁仲森 2005：67），如（431）。“嚅”那种提醒的意思，就有如“你知道吗?”的作用（李新魁等 1995：508）。语用上，“嚅”甚至有赞扬（appreciation）的效果（Matthews and Yip 2011：407）。

（431）佢好叻嚅。他挺能干的呢！

李新魁等（1995：508—509）认为（432）的“嚅”有醒悟的意思，而（433）的“嚅”有原先没有估计到的意思。“嚅”这种醒悟、没估计到的意思，其实也是一种新信息，只不过接收新信息的对象是说话人自己。

（432）佢讲得有道理嚅。他说得有道理啊！

（433）你几叻嚅！原来你还挺能干的呢！

李新魁等（1995：509）认为“嚅”弱化为“喎”（wo3）。梁仲森（2005：79 fn 8）也注意到“嚅”有可能被“喎”取代的趋势。从历时发展的角度来考虑，“喎”（wo3）应该来自

“噃”，并且能跟“噃”互通（Leung 2006）。例如上述（431）和（432）的“噃”，都可以说成（434）和（435）的“喎”，基本上是一样的。⑲

（434）佢好叻喎。他挺能干的呢！

（435）佢讲得有道理喎。他说得有道理啊！

先（sin1） 这里所谈的“先”，是指所谓意义较虚的“先”，如（436）。这个“先”有表示建议的功能，分析为祈使助词。

（436）冷静吓先。先让我冷静一下。

文献上有不少学者注意到这种意义较虚的“先”，如张洪年（2007：204）认为（437）的“先”是一种“比较灵活的用法”，“意义比较含糊”。郑定欧（1990：190）认为（438）所表达的“不一定涉及到时间或次序上在前的意念”，可以诠释为“通知他再说”，表达劝说或命令。

（437）等我叹翻杯茶先。让我先好好地喝一杯茶。

（438）通知佢先。通知他再说。

事实上，这个祈使助词“先”跟表示先后的事件助词“先”应该有密切的关系。祈使助词“先”应由“‘先后的先’转化成‘说话那一刻’”，表示“说话那一刻”的“先”意义比较“弱”（梁仲森 2005：58—59）。祈使助词“先”表示“先让某一情况实现，别的事情以后再说”（麦耘 1993：66，又见陆镜光 2002，石定栩 2007），或表达一种“暂且”

⑲ 也可参考 Tang（2015a）根据形式句法学分析“wo3”和“wo5”的关系。

的意思，应该属于事件助词“先”的一种用法（邓思颖2006c：230）。综合过往的看法，祈使助词“先”隐含一定的时间意义（说话的一刻），并有表示先后的作用（暂且、再说）。

祈使助词“先”基本上符合一般祈使句的限制，如主语一般是第二人称，如（439）。不过，在某些语境下仍允许第三人称的主语，如（440）。

（439）（你）通知佢先。你通知他再说。

（440）佢坐好啲先。先让他坐好一点。

有祈使助词“先”的例子，往往都有一个致使动词“等”（让）或情态动词“要”，这些动词往往可以补进来，如（441）、（442）、（443），成为典型的祈使句（陈逸儿2010，邓思颖2012）。即使表面的主语并非第二人称代词，也可以补上“你”成为典型的祈使句。

（441）你等佢坐好啲先。你先要让他坐好一点。

（442）你要通知佢先。你要通知他再说。

（443）你要等我坐吓先。你先要让我坐一坐吧。

祈使助词“先”要求谓语是动态的，如（437）的“叹”，不能是（444）和（445）的静态谓语。所搭配的动词原则上都能够进入祈使句（按袁毓林1993的分类）。如不能跟（446）的非述人动词搭配；述人动词当中，不能跟（447）的非可控动词搭配；可控动词当中，不能跟（448）的非自主动词搭配。

（444）＊你系学生先。＊你先是学生。

（445）＊你怕佢先。＊你先怕他。

（446） ＊落雨先。＊先下雨。

（447） ＊属羊先。＊先属羊。

（448） ＊跌个银包先。先丢个钱包。

除了完成体的“咗”（了）以外，经历体的“过”和进行体的“紧”都不能出现，如（449），跟祈使句一样。

（449）你食咗/＊过/＊紧个苹果先。你先吃了/＊过/＊在吃这个苹果。

罢啦（baa2 laa1） “罢啦”（或写作“罢喇、罢嘑”），有建议的作用，属于祈使助词，例如（450）。在形式上，“罢啦”在粤语的独特之处是由于“这是粤语中少有的双音节助词，只能连用，拆开就没有独立的意思”（张洪年2007：207），又称为“复合助词”。

（450）你走罢啦。你离开吧。

语义方面，“罢啦”表示祈使意义，表示“商量、祈使”（饶秉才等2009：3），有一种“较委婉的祈使语气”（张励妍、倪列怀1999：4）。“罢啦”好像也可以表示提议，表达了“不如怎么怎么”（张洪年2007：207）、“不如这样做之意”（欧阳伟豪2008：176），是“说话者作出的新建议，期待对方同意”（梁仲森2005：66），甚至是“说话者的最新决定”（梁仲森2005：66），作出“不能不选择的建议”（方小燕2003：160）。语用上，“罢啦”有“提议或劝告的意味”（张洪年2007：207），有“决断，含有另作选择，不再计较的意思”（李新魁等1995：516）。

“罢啦”所受的限制，跟“咧”的差不多［见本章（402）的讨论］（邓思颖2009c）。“罢啦”只能跟动态的谓语一起出现，如（450）的“走”，而表示静态的（451）、（452）、（453）、（454）都不能接受。

（451）＊你系学生罢啦。＊你是学生吧。

（452）＊你怕佢罢啦。＊你怕他吧。

（453）＊你以为/知道佢走咗罢啦。＊你以为/知道他走了吧。

（454）＊你会/可以/能够/应该走罢啦。＊你会/可以/能够/应该离开吧。

（455）的“钟意”（喜欢），必须理解为动态，有一种“让听话者爱上她”的意思。受程度副词“好”（很）修饰的“钟意”，只能理解为静态，（456）是不能说的。“锡”（sek3）本来有歧义，既可以表达动态的“亲吻”，又可以表达静态的“宠、疼爱”。有“罢啦”的（457），“锡”就只能有动态的理解。

（455）你钟意佢罢啦。你喜欢她吧。

（456）＊你好钟意佢罢啦。＊你很喜欢她吧。

（457）你锡佢罢啦。你亲/＊宠她吧。

“罢啦”不能跟（458）的形容词谓语、（459）的名词谓语搭配，因为这些谓语只表示静态，并非动态。

（458）＊你好靓罢啦。＊你很漂亮吧。

（459）＊今日星期六罢啦。＊今天星期六吧。

“罢啦”对动词的要求，跟祈使句的情况差不多。由“罢啦”构成的句子，动词必须是自主动词，主语必须是施事，如（450）的“你走”。（460）的“漏水”属于非述人动词，（461）的“属”属于非可控动词，（462）的“跌”（丢失）属于非自主动词，这些例子都不能说，符合祈使句的基本要求

（袁毓林 1993）。

（460） ＊漏水罢啦。＊漏水吧。

（461） ＊属羊罢啦。＊属羊吧。

（462） ＊跌个银包罢啦。＊丢个钱包吧。

被动句的主语，在适当的语境下，可以理解为有意识的动作发出者（Huang 1999）。在下面两个例子，（463）的“心甘情愿”表示了主语是故意发出动作，“罢啦”可以出现，但（464）的“无端端”（无缘无故）表示了主语并非有意执行动作，“罢啦”不能出现。由此可见，“罢啦”要求主语是有意识的动作发出者。

（463）你心甘情愿畀人闹罢啦。你心甘情愿被人骂吧。

（464） ＊你无端端畀人闹罢啦。＊你无缘无故被人骂吧。

除了完成体的“咗”（了）以外，经历体的“过”和进行体的“紧”都不能出现，如（465），跟祈使句一样。

（465）食咗/＊过/＊紧个苹果罢啦。你吃了/＊过/＊在吃这个苹果吧。

虽然由“罢啦”组成的句子有不少祈使句的特征，但跟祈使句最大不同之处，就是主语的人称选择。跟典型的祈使句相比，（466）的主语选择没有什么限制，跟“咧”的情况一样。

（466）你/我/佢去罢啦。你/我/他去好了。

“咧”和“罢啦”基本上一样，有相同的语法特点，都表示祈使意义。不过，它们主要的差别，在于说话者说话时的肯定程度。正如李新魁等（1995）所描述，“咧”表示商量、征求对方同意、渴求、催促等义，而“罢啦”表示决断。梁仲森（2005）也指出“咧”是说话者提议尝试，而“罢啦”是说话者的决定。总括而言，“咧”往往带有疑问、不肯定的口吻，而“罢啦”的态度比较肯定（邓思颖 2009c），如（467）的态度不太肯定，有尝试、试探的味道，对方还有反对的余地；不过，（468）的态度比较明晰，大抵有拍板定案的口吻，不容再讨论。

（467）我去咧。我去好吗？

（468）我去罢啦。我去吧。

“咧”和“罢啦”的区别，还可以通过加入副词“索性”来进一步突显（邓思颖 2009c）。“索性”表达了一种干脆、直截了当的意思，跟（469）“咧”的连用比较别扭，一方面“索性”反映了说话者的决断，但另一方面“咧”却反映了说话者的犹豫。相反，“索性”和“罢啦”的搭配在（470）没有问题，显示了这两个词都可以表达那种决断的意思。

（469）??索性我去咧。干脆我去好吗？

（470）索性我去罢啦。干脆我去吧。

好过（hou2 gwo3）　“好过”有表达提议、劝告的作用，属于祈使助词，如（471）。

（471）你去好过。你去好了。

Matthews and Yip（2011：190）举了（472），并认为是比较句，当中的比较项被省略了。不过，（472）的形容词“好”不能随意被替换，如（473）的“正”（zeng3）跟“好”的意思差不多，可形成差比句，但不能形成“*正过”，（474）是不能说的（详见第九章的讨论）。

（472）如果你谂住买楼嚟投资，不如买股票好过。如果你打算买房子作为投资，倒不如买股票比较好。

（473）买股票正过买楼。买股票比买房子好。

（474）＊买股票正过。

（472）的“不如”有建议的作用，而“好过”跟（402）的“咧”、（450）的“罢啦”的性质相似，也可表达提议、劝告的意思。“好过”本来是谓词，即形容词加上表示比较的“过”，组成述补式复合词。“好过”经过虚化后成为助词，在句末出现，由原来比较的意义，突显和偏向了较好的一项，并引申出提议的意思，变为表示祈使意义的助词。“好过”的虚化还不彻底，仍有实词的性质，如保留较强的词汇意义，还有能受副词修饰，如（475）的“仲”（还）。

（475）买股票仲好过。买股票还比较好。

跟祈使句的要求一样，除了完成体的“咗”（了）以外，经历体的“过”和进行体的“紧”都不能出现，如（476）。

（476）食咗/＊过/＊紧个苹果好过。你吃了/＊过/＊在吃这个苹果好了。

“好过”所受的语法限制，跟“咧”和“罢啦”差不多［见本章（402）和（450）的讨论］。“好过”只能跟动态的谓语一起出现，如（472）的“买股票”，表示静态的（477）和（478）都不能说。虽然（479）好像跟（477）差不多，但“做翻”表示动态，跟静态的“系”不同，可以跟“好过”搭配。

（477）＊你系学生好过。＊你是学生好了。

（478）＊你怕佢好过。＊你怕他好了。

（479）你做翻学生好过。你再当学生好了。

“好过”对动词的要求好像比典型的祈使句稍微松一点（袁毓林 1993），也跟“咧”和“罢啦”有点差异。由“好过”构成的句子，动词不一定是自主动词，而主语也并非一定是施事。(479）的“你做翻”，“做翻”是自主动词，“你”是施事主语，跟典型的祈使句无异。（480）的“漏水”属于非述人动词，（481）的“属”属于非可控动词，（482）的“跌”（丢失）属于非自主动词，这些例子都可以说，说话者可能觉得漏水比被水淹好，属羊比其他生肖好，丢钱包比丢其他东西好，有两害取其轻的味道。

（480）漏水好过。漏水好了。

（481）属羊好过。属羊好了。

（482）跌个银包好过。丢个钱包好了。

至于被动句方面，无论主语是“心甘情愿”（表示了主语是故意发出动作），如（483），还是“无端端”（无缘无故）受影响，如（484），“好过”都可以出现，跟“咧”和“罢啦”的情况不同。

（483）心甘情愿畀人闹好过。心甘情愿被人骂好了。

（484）无端端畀人闹好过。无缘无故被人骂好了。

由“好过”组成的句子，主语人称选择相对比较自由。跟典型的祈使句相比，（485）的主语选择没有什么限制。

（485）你/我/佢去好过。你/我/他去好了。

“好过”所给的建议是有针对性的。跟“罢啦”相比，“罢啦”可以在没有什么预设下，提出新的建议，但“好过”往往针对一个已发生的事件，或一个已构思好的想法，提出一个建议，也有点无可奈何。（486）在没有任何人选考虑下，说话者提出一个新建议；同样的语境，（487）就不能说，因为“好过”必须有针对性，针对一个已提出的建议或已发生的事实；（488）的“你去”就是针对“他去”而言。这个新建议不一定能实现，所以往往带点无奈的感觉。

（486）冇人去嘅话，你去罢啦。没人去的话，你去好了。

（487）＊冇人去嘅话，你去好过。没人去的话，你去比较好。

（488）佢答应咗去，但系你去好过。他已答应去，但你去比较好。

“好过”的有些功能，跟“冇咁嬲”（mou5 gam3 nau1）有点相似。“冇咁嬲”表面的意思是没那么令人恼火，虽然词汇意义还很明显，但已失去原来恼火的意思，成为虚化的词，表示建议，如（489）。这句话应针对另一项令人更恼火的事情，虽然买股票不是最好的选择，但总比另一件事情好。这项新的建议，不一定能实现，而且现实已无可改变，只是说说罢了。“冇咁嬲”可以受“仲”修饰，加强了祈使的程度，如（490）。[20] 走路是个新建议，但只是事后的建议，不一定能实现，因为听话者可能已坐了车。

（489）啲钱用嚟买股票冇咁嬲。那些钱用来买股票更好。

（490）坐车咁逼，行路仲冇咁嬲啦。坐车那么拥挤，还不如走路呢。

好喎（hou2 wo3）　“好喎”可当作一个助词，表示“最好”的意思（欧阳伟豪 2008：175），如（491）。“好喎”

---

[20]（490）引录自饶秉才等（2009：289），原文“仲”写作“重”。这个例子是新增的，在饶秉才等（1981）是没有收录的。

这里的用法是表达一种建议，应属于祈使助词。

（491）除咗赔钱，仲要系原区安置好喎。除了赔偿外，还是原区安置最好。

“好喎”跟（402）的“咧”、（450）的“罢喇”的性质有点接近，也可表达提议、劝告的意思。“好”本来是谓词，加上“喎”之后，走向虚化的道路，在句末出现，成为助词。不过，“好喎”的“好”仍然有较明显的词汇意义，保留实词的性质，能受副词修饰，如（492）的“先”（才）、（493）的“都”（也）（黄卓琳 2014）。

（492）你要识先好喎。你要明白才好啊。

（493）去玩吓都好喎。去玩一下也好。

有“好喎”的句子，除了完成体的“咗”（了）以外，经历体的“过”和进行体的“紧”都不能出现，如（494）。

（494）食咗/＊过/＊紧个苹果好喎。你吃了/＊过/＊在吃这个苹果最好。

“好喎”所受的语法限制，跟“咧”和“罢啦”有点像，但不完全一样［见本章（402）和（450）的讨论］。有“好喎”的句子，谓语最好是动态的，如（491）的“安置”，不过，比较静态也并非不能说，如（492）的“识”（懂、明白）就比较静态。（495）的系词谓语“系学生”（是学生）和（496）的形容词谓语“叻”（有本事、聪明）是典型的静态谓语。不过，这几个例子的“好喎”所表示的是必要条件，跟（497）的“得嘿”相似，没有祈使的作用。如果把表示条件的“先”拿走，静态的（498）和（499）不能表示建议。

（495）你真系学生先好喎。你真的是学生才好啊。

（496）你真系叻先好喎。你真的要有本事才好啊。

（497）你真系学生先得㗎。你真的是学生才行。

（498）＊你系学生好喎。你是学生最好。

（499）＊你几叻好喎。你挺有本事最好。

“好喎”对动词的要求比典型的祈使句稍微松一点（袁毓林1993）。有“好喎”的句子，动词不一定是自主动词，而主语也并非一定是施事，如（500）的“落雨”（下雨）属于非述人动词，（501）的“属”属于非可控动词，（502）的“跌”（丢失）属于非自主动词。虽然语用上可能有点奇怪，但这些例子都应该可以说，说话者觉得下雨比干旱好，属羊比其他生肖好，丢钱包比丢其他东西好，或许可以得到什么好处。

（500）落雨好喎。下雨好了。

（501）属羊好喎。属羊好了。

（502）跌个银包好喎。丢个钱包好了。

由“好喎”所组成的句子，虽然表达祈使，但跟典型的祈使句不同，主语人称的选择比较自由，如（503）。

（503）你/我/佢去好喎。你/我/他去最好。

句末的“好”能表示祈使，跟谓语前的“好”可能有点关系。（504）位于句末的“好喎”，跟（505）谓语前的“好”同样表示情态，也有祈使的作用，这两个“好”甚至可以一起出现，如（506）。“好喎”的辖域比谓语前的“好”大，（506）的意思是“你该快点儿做”这个事情是最好的。

（504）你快啲做好喎。你快点儿做最好。

（505）你好快啲做。你该快点儿做。

（506）你好快啲做好喎。你该快点儿做最好。

谓语前的“好”是一个表示祈使的助动词（蒋昊正 2014），有时间的限制，期望听话者在一个特定的时段内执行某种行为，而句末的“好喎”却没有这种限制。上述（491）所表达的建议，可以是长远的，不一定要马上实现，相比之下，（507）有催促的意味，原区安置应马上实现。

（507）好原区安置喇喎。该（马上）原区安置了。

虽然“好喎”可当作一个助词处理，但词汇性始终很强，“好”甚至仍然没脱离实词。（508）的“好”还可以加上“啲”（di1）（一点儿、些），表示比较意义，跟一般的形容词一样，如“高啲（高一些）、红啲（红一点儿）”。加了“啲”的（508）和没加“啲”的（509）基本意义差不多，只不过（509）欠缺了比较意味。

（508）畀吓面好啲喎。给点面子吧。

（509）畀吓面好喎。给点面子吧。

系啦（hai2 laa1）　“系啦”属于双音节助词，表示“就是了、罢了”的意思（张洪年 2007：207），有“不用犹豫、不必怀疑”，也有“略带强调和不满”的语气，“只好如此”的意思（李新魁等 1995：515—516），如（510）。

（510）佢去系啦。他去就是了。

梁仲森（2005：68）明确把“系啦”的两种意思区分开来，一种表示“坚持”，是“说话者坚持自己的意见，没有妥协余地”，如（511）；另一种表示“无奈”，是“说话者在无可选择的情况下所作出的让步，态度上显得无可奈何”，如（512）。（510）是有歧义的，加上副词“总之”和“唯有”，比较容易区分这两种"系啦"。

(511) 总之佢去系啦。总之他去就是了。

(512) 唯有佢去系啦。只好他去就是了。

"系啦"这两种用法，都有建议的意思，都属于祈使助词。"坚持"义的"系啦"，说话者排除众多的选择或可能性，维持自己的看法，并且把这个看法告诉听话者，作为建议，要求听话者接受；"无奈"义的"系啦"，即使说话者有自己的看法，但只能无奈地接受其他的做法，"系啦"的句子就是说话者用来说服自己（也包括跟说话者有相同看法的听话者），逼使自己接受。

作为祈使助词，"系啦"所受的语法限制，跟"咧、罢喇"等祈使助词的差不多［见本章（402）和（450）的讨论］。有"系啦"的句子，无论是"坚持"义的还是"无奈"义的，谓语必须是动态的，如（510）的"去"，表示静态的（513）和（514）都不能说。

(513) ＊你系学生系啦。你是学生就是了。

(514) ＊你怕佢系啦。你怕他就是了。

其动态的谓语，只能带上完成体的"咗"（了），不可以是经历体的"过"和进行体的"紧"，如（515）。

(515) 食咗/＊过/＊紧个苹果系啦。你吃了/＊过/＊在吃这个苹果就是了。

限制祈使句的要求（袁毓林 1993），也适用于有"系啦"的句子。由"系啦"构成的句子，动词必须是自主动词，主语必须是施事，如（510）的"佢去"（他去）。（516）的"落雨"（下雨）属于非述人动词，（517）的"属"属于非可控动词，（518）的“跌”（丢失）属于非自主动词，这些例子都不能说，符合祈使句的基本要求。

（516）＊落雨系啦。＊下雨吧。

（517）＊属羊系啦。＊属羊吧。

（518）＊跌个银包系啦。＊丢个钱包吧。

虽然“系啦”可有无可奈何的意思，但主语的人还是要自主地执行动作。（519）的“心甘情愿”表示了说话者故意发出动作，而（520）的“无端端”（无缘无故）显示了动作的发生是非自主的，两者的差异突显了“系啦”的要求。不过，（520）在某些情况下也可以接受，尤其是表示“坚持”义而非“无奈”义，说话者坚持他曾遭无缘无故指责的待遇，（520）作为申诉而非建议，那么，“系啦”就可以用了。

（519）我心甘情愿畀人闹系啦。我心甘情愿被人骂就是了。

（520）??我无端端畀人闹系啦。我无缘无故被人骂就是了/是个事实。

由“系啦”组成的句子，主语人称选择相对比较自由，跟典型的祈使句不同，如表示“坚持”义的（521）和表示“无奈”义的（522）。

（521）总之你/我/佢负责唱歌系啦。总之你/我/他负责唱歌就是了。

（522）唯有你/我/佢负责唱歌系啦。只好你/我/他负责唱歌就是了。

吖嗱（aa1 laa4）　“吖嗱”又可以读作“aa1 naa4”（饶秉才等 2009：1，张励妍、倪列怀 1999：1，刘扳盛 2008：1）。当代粤语的“n”和“l”音节首不区分，“吖嗱”读成

“aa1 laa4”或“aa1 naa4”已没有区别。“吖嗱”表示提示、提议，甚至有警告、威胁的作用，属于祈使助词，如（523），说话者说得客气一点，可以表示一个提议；语气稍重的话，则有警告作用，甚至威胁对方不应尝试，否则后果自负。一般认为“吖嗱”所起的作用是“建议”“警告”（饶秉才等 2009：1，张励妍、倪列怀 1999：1，刘扳盛 2008：1）。

（523）你试吓吖嗱。你试试看吧。

梁仲森（2005：65）把“吖嗱”的用法详细分为三种：印证、提议、提示过失。所谓印证，是“说话者对当前的现象印证自己事前的预测正确无误”，常以反诘口气显示，如（524）；所谓提议，是“说话者提议听者尝试的事，但如果听者知道尝试会带来不愉快的后果，就会产生警告的含义”，如（525）；所谓提示过失，是说话者用以挑剔对方“经常犯的过失”，如（526）。[21]

（524）我有冇讲错吖嗱？我有没有说错呢？

（525）讲得咁易，你嚟煮吖嗱。说得那么容易，你来煮试试看。

（526）唔听话吖嗱。你敢不听话吗？

“吖嗱”表示提议的用法，是典型的祈使句，符合祈使句的要求（袁毓林 1993）。谓语必须是动态的，如（523）的

㉑ 梁仲森（2005：65）还认为“吖嗱”可以用来挑剔“第三者”的过失，如（i）。虽然这个例子来自真实语料，但所针对的对象是第三人称而非第二人称，始终不太好。

（i）佢又打仔吖嗱。他又打孩子了。

“试”、（525）的“煮”；表示静态的（527）和（528）都不能说。

（527）＊你系学生吖嗱。你是学生就是了。

（528）＊你怕佢吖嗱。你怕他就是了。

由“吖嗱”构成的句子，动词必须是自主动词，主语必须是施事。（529）的“落雨”（下雨）属于非述人动词，（530）的“属”属于非可控动词，（531）的“跌”（丢失）属于非自主动词，这些例子都不能说，符合祈使句的基本要求。虽然（532）的“唔见”（不见了，丢失）属于非自主动词，但加上“吖嗱”之后，前面往往可以补上“你敢”等用语，警告对方别故意丢失，因此，此处的“唔见”引申为自主动词，该句也只能理解为警告，而不是提议。

（529）＊落雨吖嗱。＊下雨吧。

（530）＊属羊吖嗱。＊属羊吧。

（531）＊跌个银包吖嗱。＊丢个钱包吧。

（532）（你敢）唔见个银包吖嗱。你有胆量丢失那个钱包吗？

有“吖嗱”的句子，主语最好是第二人称，跟典型的祈使句一样，如（533）。第三人称虽然可以说，但“吖嗱”所警告的对象，好像不只是他，也包括听话者。（533）有第三人称主语的意思，好像是（534）那样，针对听话者，要听话者跟他讲，别让他乱试。即使上述（524）的主语是第一人称，但那个例子实际的意思是（535），要求听话者回答说话者的问题，有反诘的意味，可补上一个第二人称的主语。

（533）你/＊我/？佢试吓吖嗱。你/＊我/？他敢试试看吗？

（534）你叫佢试吓吖嗱。你跟他说他敢试试看吗？

（535）你话我有冇讲错吖嗱？你告诉我我到底有没有说错呢？

喇喂（la3 wei3） “喇喂”的“喇”实际读音应该是［lɐ³³］或［lə³³］，粤拼可标示为“la3”，又可以读作“啰喂”（lo3 wei3）（麦耘、谭步云 2011：343，方小燕 2003：160），有提醒、催促的作用，甚至是“呼唤”的功能（陈冠健 2014），如（536），属于祈使助词。

（536）食饭喇喂！去吃饭吧！

麦耘、谭步云（2011：343）认为“啰喂”表示“催促对方与自己一起行动”，当中的“啰”（lo3）表示“劝阻或催促（口气较婉转）”，如（537）。

（537）噉嘅话就唔好讲啰！这样的话就不要再说了。

“喇喂”的典型用法，应该是（536）那样，向听话者提出建议，并希望听话者执行，甚至一起行动。“喂”（wei3 或 wai3）有呼唤的作用，引起对方的注意。（536）不光是一个建议，还有引起听话者注意的作用，催促他赶快去吃饭，或跟说话者一起去吃饭。（538）要求听话者坐下来，之前已经提醒过他，但他不听，说话者再次提醒，如果不坐下来，好像对说话者会有什么影响，跟说话者有间接关系。

（538）坐低喇喂！坐下来吧。

由“喇喂”构成的句子是典型的祈使句，符合祈使句的要求（袁毓林 1993）。（536）的“食”、（538）的“坐”是动态的谓语，可以接受，但表示静态的（539）和（540）都不能说。

（539）*你系学生喇喂。你是学生吧。

（540）*你怕佢喇喂。你怕他吧。

“喇喂”的祈使句，动词必须是自主动词，（541）的“属”属于非可控动词，（542）的“跌”（丢失）属于非自主动词，这些例子都不能说，符合祈使句的基本要求。

（541）＊属羊喇喂。＊属羊吧。

（542）＊跌个银包喇喂。＊丢个钱包吧。

祈使句主语的基本要求是指人，而理解为施事（袁毓林1993）。（543）的“落雨”（下雨）属于非述人动词，这个例子仍然可以接受。（543）所提议的并非下雨，所催促的对象也不是天，说话者其实是提醒听话者注意下雨，赶快作出应对行动。

（543）落雨喇喂。你注意啊，下雨了。

“喇喂”也可以进入（544）的名词谓语句，说话者提醒听话者注意已经到了星期日。（544）的名词谓语句不是静态的，而是表示时间的变化、动态的发展。相比之下，（545）有三条腿的桌子不能有什么变化，（546）的谓语是静态的，他姓陈也不是有变化的事件，这些例子都不能说。除非（547）的很聪明理解为变化后的结果，说话者请听话者注意，要急起直追，否则不太能接受。

（544）今日星期日喇喂！你注意啊，今天星期日了。

（545）＊呢张枱三只脚喇喂！你注意啊，这张桌子三条腿。

（546）＊佢姓陈喇喂！你注意啊，他姓陈了。

（547）??佢好叻喇喂！你注意啊，他很聪明了。

有“喇喂”的句子，主语最好是第二人称，跟典型的祈使句一样，如（536）和（538）都指向听话者。（548）的主语虽然可以是第三人称的“佢”（他），但说话者提醒的对象仍然是听话者，注意他去睡觉的事情已经发生了。主语是第一人称也勉强可以，用作提醒听话者。上述（543）虽然是所谓“无主句”，但“喇喂”指向的对象是听话者。

（548）你/？我/佢去瞓觉喇喂。你/？我/他要去睡觉了。

“喇喂”的提醒和催促是两种不同的功能，也有不同的语法要求。表示提醒功能的句子，主语可以是非第二人称，也不一定是动词谓语句，但谓语所表达的事件必须有一定的变化意义，如上述的（543）、（544）等；表示催促功能的句子，主语一定是第二人称，谓语必须是表达动态的动词谓语，跟一般的祈使句一样，如上述的（536）、（538）。虽然（549）的主语是第二人称，但谓语由形容词充任，这个例子只有提醒功能，没有催促功能。

（549）你好重喇喂！你已经很重了，要注意啊！

梁仲森（2005：73）认为“喇喂”表示“说话者主观觉得句子中的主语有洋洋得意的感觉”，可能有“忌妒、不平的情绪”，又会有“事不关己”“幸灾乐祸”等味道，如（550）。（550）的主语是第三人称的“佢”（他），“喇喂”的作用是提醒，而非催促。虽然表面上没有祈使意义，但说话者希望听话者注意，他所指的“佢”有多么的幸运，或请听话者评论，引申出梁仲森（2005）所说的“忌妒、不平的情绪”，有提示的功能，也应算是祈使用法的一种。

（550）佢抽到签放假，又可以去游埠喇喂。他抽签可以放假，又可以外游。

“喂”前面不一定有“喇”，其他的助词也可以，例如（551）的“咩”（me1）、（552）的“啊”（aa3）、（553）的

“吖”（aa1）（陈冠健 2014）。以下的例子，句首和句末的“喂”有祈使作用，前者是感叹词，后者是助词。如果助词“喂”前面没有任何助词，则不能说，如（554）。[22]

（551）喂，你今晚唔去食饭咩喂？喂，你今天晚上不去吃饭吗？

（552）喂，我真系好鬼肚饿啊喂！喂，我真的很饿啊！

（553）喂，唔该你帮我开咗对门佢吖喂！喂，麻烦你给我把门打开！

（554）＊喂，今晚去睇戏喂！喂，今天晚上去看电影。

啊嗄（a3 haa2）　“啊嗄”表示提醒，请听话者注意句子的内容，并期望听话者有一定的反应或行动，有祈使的作用，属于祈使助词，如（555）。有“啊嗄”的句子是说话者向听话者“提示的现象”，引出“指示、吩咐、警告”的含义（梁仲森 2005：65）。

（555）你小心啲啊嗄！你小心点啊！

“啊嗄”的“啊”在口语中实际读作［$ɐ^{33}$］或［$ə^{33}$］，可用粤拼标示为“a3”。在某些情况下，“啊嗄”可以说成“嗄”（haa2）。张洪年（2007：422）只提到“嗄”原属感叹词，有代句词的功能，但没有举例。李新魁等（1995：518）也只收“嗄”，认为“嗄”有三种功能：表示带提醒或威胁的祈使语气，如（556）；表示带商量口吻的请求，如（557）；表示有疑惑而期待答复，如（558）。Matthews and Yip（2011：

---

[22] 陈冠健（2014）认为“喂”前面的助词作为连接小句（命题本体）和“喂”（带呼唤功能）两者之间的“桥梁”。

399）认为“嗄”预设听话者的同意，期望依从（compliance）。

（556）你因住嗄！你当心啊！

（557）我攞走嗄？我拿走，嗄？

（558）点解会噉嘅嗄？为什么会这样，嗄？

由“啊嗄”构成的句子，主要的功能是请听话者注意句子的内容。“啊嗄”可以跟祈使句搭配，也可以跟（557）的陈述句、（558）的疑问句搭配，但跟（559）的感叹句搭配，就不太可以接受。

（559）＊佢几咁叻啊嗄！他多么聪明啊！

“啊嗄”和“嗄”基本上是一样的，有些情况下它们可以互换，如上述（556）和（557）的“嗄”都可以说成（560）和（561）的“啊嗄”，而（555）的“啊嗄”也可以说成（562）的“嗄”。不过，“啊嗄”好像比单说“嗄”更自然。

（560）你因住啊嗄！你当心啊！

（561）我攞走啊嗄？我拿走，嗄？

（562）你小心啲嗄！你小心点啊！

“啊”的省略受制于很多因素，主要是受前面成分的影响。如果“啊嗄”前面没有助词，“啊嗄”和“嗄”都可以接受，如（560）、（561）、（562）。如果“啊嗄”前面的助词属于事件助词或时间助词，“啊”都可以保留，如以下各例。（567）“啊嗄”前面的是事件助词“吓”（haa5），由于“吓”和“嗄”音节一样，只是声调不同，“啊”保留比较好，反而连续说“＊佢都几勤力吓嗄”不太好。这些“嗄”或“啊嗄”的用例，较为着重请听话者注意，配合说话者的意愿或行动。

（563）我行先啊嘎。我先走啊。

（564）食多碗添啊嘎。多吃一碗啊。

（565）佢冇嚟乜滞啊嘎。他不怎么来啊。

（566）佢点叻法啊嘎？他怎么聪明法呢？

（567）佢都几勤力吓啊嘎。他也挺用功啊。

（568）唔好做住啊嘎！暂时不要做啊！

（569）我就嚟做完咁滞啊嘎。我快做完啊。

（570）我啱啱讲过嚟啊嘎。我刚刚讲过啊。

（571）的时间助词“喇”（laa3）和（572）的焦点助词“咋”（zaa3），后面的“啊嘎”最好说成“嘎”，把“啊”省去。本章讨论“哦嗬”时提到“喇”和“咋”的元音特别“弱”，后面紧接另外一个以元音开头的助词，都会合音，成为一个音节［见（344）至（346）］，“啊嘎”的“啊”省略和“哦嗬”的“哦”省略差不多。这个情况跟（573）的“嘅”（ge3）也相似，后面紧接“啊嘎”时，都跟“啊嘎”合音，“啊”表面上被省略了，成为“喇嘎（la3 haa2）、咋嘎（za3 haa2）、㗎嘎（ga3 haa2）”，合音后的元音比较“短”，应该是国际音标的［ɐ^{33}］或［ə^{33}］，可用粤拼标示为“a3”，或音节尾有一个声门塞音［ʔ］，读如［lɐʔ^{33}ha^{35}］、［tsɐʔ^{33}ha^{35}］、［kɐʔ^{33}ha^{35}］，进一步反映了“喇、咋、嘅”在音韵上特别之处（又见本章的注释⑭）。

（571）我食咗饭喇嘎/＊啊嘎。我吃了饭了呀。

（572）写一个字咋嘎/＊啊嘎！只写一个字啊！

（573）本书系我嘅嘎/＊啊嘎。这本书是我的呀。

如果“啊嘎”前面的是焦点助词、情态助词，“啊嘎”都可以出现，但删去“啊”比较自然，请参考以下各例。如果“啊嘎”或“嘎”前面的助词是双音节，最好有一个停顿。“啊嘎”或“嘎”前面是“啰、啩、添”，也最好有一个停顿。停顿后的“嘎”或“啊嘎”，意义较虚，除表达了说话者请听话者注意句子的内容外，有时候“嘎”表示说话者把话说完了，语气上稍停一下，等待对方的回应。说“啊嘎”或“嘎”时，说话者往往稍微抬头，尤其是在停顿后的“嘎”特别明显，表示请对方回应，或请对方表示认同。

（574）佢去唔去呢嘎/啊嘎？他去不去呢，嘎？

（575）我咪答应去啰，嘎/？啊嘎。我不就是答应去吗？

（576）佢赢咗钱吖嘛，嘎/？啊嘎。他赢了钱嘛啊。

（577）写完文啦嘛，嘎/？啊嘎。早就写完论文了呀。

（578）讲吓笑啫嘎/啊嘎。只开开玩笑啊。

（579）讲吓笑之嘛，嘎/？啊嘎。只开开玩笑啊。

（580）佢会去啩，嘎/？啊嘎？他会去吧，嘎？

（581）落雨添，嘎/？啊嘎。居然下雨啊。

（582）对鞋唔啱㗎喇嘎/啊嘎。这双鞋子不合适了呀。

（583）我识飞先得㗎，嘎/？啊嘎。我会飞才行嘛。

（584）佢去定啦，嘎/？啊嘎。他一定去啊。

“啊嘎”虽然有祈使的作用，但可以跟疑问句搭配，如（585）的特指问句、（586）的选择问句、（587）的反复问句、（588）的是非问句，而“嘎”或“啊嘎”强调了疑问语气，请对方答复。“啊嘎”在特指问句、选择问句和反复问句里，好像比“嘎”自然。（588）的“咩”和“嘎”之间最好有个停顿，而“咩”之后的“啊嗄”比不上“嗄”那么好。

（585）你饮乜嘢嗄/啊嗄？你喝什么啊？

（586）你饮奶茶定咖啡嗄/啊嗄？你喝奶茶还是咖啡啊？

（587）你去唔去嗄/啊嗄？你去不去啊？

（588）你去咩，嗄/?? 啊嗄？你去吗？

如果特指问句、选择问句、反复问句多加焦点助词“呢”，“啊”的省略比较好，如以下的例子。

（589）你饮乜嘢呢嗄？你喝什么呢？

（590）你饮奶茶定咖啡呢嗄？你喝奶茶还是咖啡呢？

（591）你去唔去呢嗄？你去不去呢？

除了（588）的“咩”外，“嗄”也可以在其他疑问助词之后出现，最好有一个停顿。相比之下，“啊嗄”较为别扭，不太能说。

（592）你去吗，嗄/?? 啊嗄？你去吗？

（593）你去呀，嗄/?? 啊嗄？你去吗？

（594）边个去话，嗄/?? 啊嗄？谁去呢？

（595）你去未，嗄/?? 啊嗄？你去没？

（596）点解去嘅，嗄/?? 啊嗄？为什么去呢？

（597）边个最叻先，嗄/?? 啊嗄？到底谁最有本事呢？

有停顿的“嗄”有提示的作用，跟用于征求意见的“嚱”（he2）和“哦嗬”（o3 ho2）差不多。在“嚱、哦嗬”之后，不能再有“嗄”或“啊嗄”，如（598）和（599）。

（598）＊呢套戏几好睇嚱，嗄/啊嗄？这电影挺好看吧！

（599）＊呢套戏几好睇哦嗬，嗄/啊嗄？这电影挺好看吧！

由“啊嗄”组成的祈使句，跟典型的祈使句不同，主语不一定需要第二人称。（600）不同人称的主语，意义稍为不一样，第二人称偏向表示命令，请听话者执行动作，赶快睡觉；第一人称和第三人称偏向表示提醒，请听话者好好注意。

（600）你/我/佢去瞓觉啊嗄。你/我/他去睡觉啊。

第二人称主语的句子是典型的祈使句，谓语表达动态的事件，静态的（601）和（602）是不能说的。第一人称和第三人称主语的句子，所表示的功能主要是提醒对方注意，动态的如（561）的“摎走”（拿走）、静态的如（573）的“系”（是）都可以接受。

（601）＊你姓陈啊嗄！你姓陈了。

（602）＊你好叻啊嗄！你很聪明了。

“嗄”又可以用作感叹词，表示“听不见”（张洪年 2007：421）、“疑问、质问”（饶秉才等 2009：89），或“用于问话”（麦耘、谭步云 2011：346），读音跟助词的“嗄”一样［又见本章（321）和（322）的讨论］。感叹词“嗄”可以独用，如（603），表示疑问；（604）句首的“嗄”表示疑问，也应该是感叹词；但（605）句末的“嗄”，似乎既可以当作感叹词，又可以当作助词，如果是助词的话，就是属于上述所讲的在停顿后的助词。

（603）嗄？

（604）嗄，你去呀？嗄？你去吗？

（605）你去呀，嗄？你去吗？嗄？

感叹词“嗄”表示疑问，助词“嗄”表示提醒，两者的功能不同，但有重叠之处，（605）就是重叠的例子，假如“嗄”是感叹词，说话者通过“嗄”提出疑问，质疑听话者到底去不去；假如“嗄”是助词，说话者请听话者注意前面的问题，请他回答到底去不去，所产生的效果好像差不多。

假如跟“嗄”搭配的是陈述句而非疑问句，感叹词“嗄”和助词“嗄”的区别就很明显了。感叹词“嗄”只能跟疑问句搭配，除非（606）的“佢走咗”（他走了）理解为反诘问句，否则不能接受；（607）的“嗄”是助词，作用是请听话者注意前面句子的内容，没有疑问的意味，“嗄”也可以说成（608）的“啊嗄”，但这个“啊嗄”不能理解为表示疑问的感叹词“嗄”。

（606）＊佢走咗，嗄？他走了呀？

（607）佢走咗，嗄。他走了啊。

（608）佢走咗啊嗄。他走了啊。

10.8 感情

感情助词跟语气、口气有关，尤其是与说话人的态度、情感有关，包括：“啊、-k”。

啊（aa3）　“啊”或写作“呀”，可用于很多的语境，表示说话者的感情，如疑问、祈使、强调、保证、称呼、列举、停顿等（张洪年 1972/2007），可跟多种类型的句子搭配。功能上，这个“啊”用得很广泛，凡是能“停顿”的地方，都可以用上“啊”，可使话语显得“柔和”（梁仲森 2005：63），如（609）的陈述句、（610）的疑问句、（611）的祈使句、（612）的感叹句。

（609）今日星期一啊。今天星期一啊。

（610）边个会去啊？谁会去啊？

（611）坐低啊！坐下来啊！

（612）佢几咁叻啊！他多聪明啊！

“啊”可以跟“喇、咋”等助词合音，形成新的助词，如“喇（laa3）、咋（zaa3）”，跟后缀“嘅”合音后，重新分析为助词“㗎”（gaa3）。在这几个例子里，拉长的元音，就是这个“啊”合音的结果。“啊”的元音改变，可形成不同的变体，如（613）的“喔”（o3）。

（613）你要小心啲喔！你要小心一点啊！

-k 除了音节性的助词外，粤语也允许所谓“音段性”但“非音节性”的助词（梁仲森 2005：80），如用作加强语气的“-k”音节尾。如本章提及的“zek1”［见（157）的讨论，重复于（614）］，“啫”（ze1）和“zek1”的分别，就是多了“-k”音节尾，加强了语气。

（614）佢屋企有只猫好靓 zek1。他家有一只猫很好看呢。

除了“zek1”外，其他能加上“-k”音节尾的助词还有（615）的“嘞”（laak3）、（616）的“gaak3”、（617）的“呃”（aak3）（梁仲森 2005：80）。“呃”是“啊”加上“-k”音节尾而成，其他能加上“-k”音节尾的助词刚好是以“L、G、Z”做音节首的助词“嘞、gaak3、zek1”，进一步突显了以这三个辅音做音节首的助词的特殊性（见本章注释⑭）。

（615）真系论尽嘞！真粗心大意了！

（616）我噉做唔系为咗赚钱 gaak3。我这样做不是为了赚钱的。

（617）系呃，你讲得一啲都冇错呃！对啊，你说得一点都没错啊！

10.9 助词连用

粤语助词数量丰富，而且助词可以连用，多个助词出现在同一个句子里，这种现象可称为“助词连用”，或称为“助词串”（cluster），如来自梁仲森（2005：87）经典的例子（618），按照他的分析，当中的助词“添嘅咋吖嘛”可以再分解为“添、嘅、咋（啫）、吖嘛、啊”，分别表示额外、实情、底限、显著、求证等意义。这几个助词呈现连用现象，成为粤语语法的一个特色。

（618）你话最多拖多个零月添嘅咋吖嘛。你不是说过最多只再拖一个多月吗？

粤语助词表面看到的词序和层次结构有密切的关系，“隶属层次低的在前，隶属层次高的在后”（梁仲森 2005：89）。以（618）为例，那些助词应处于不同的句法层次，“添”最低，“吖嘛、啊”最高。

根据助词连用的情况，粤语的助词大致上可以划分为两类：一类如“喇、嘅、咋”，另一类如“咩、啊、噃”等（Law 1990）。这两类助词的划分也有一定的语义基础，第一类助词跟时间有关，如（619）表示情况变化的“喇”（laa3）；第二类助词跟语气有关，如（620）表示疑问的“咩”（me1）（Tang 1998b）。

（619）佢写完文喇。他写完论文了。

（620）小明会去咩？小明会去吗？

第一类助词必须出现在第二类之前，如（621）可以说，但（622）却不能说。

（621）佢买楼喇咩？他买房子了吗？　　（第一类>第二类）

（622）＊佢买楼咩喇？＊他买房子吗了？　（第二类>第一类）

粤语助词分为两类，无论在意义上还是在句法上都有一定的依据。不过，两类的划分只是一个梗概，粤语助词可按连用的情况作进一步的细分。（623）的“先”表示事件发生的先后次序，属于事件助词，暂时称为“先$_1$”；（624）的“先”表示建议，属于祈使助词，暂时称为“先$_2$”；（625）的“咁滞”表示程度、状态的接近，属于时间助词；（626）的“啩”表示揣测，属于情态助词。

（623）佢讲先$_1$。他先讲。

（624）准备好先$_2$。你先让我准备好，（然后……）

（625）佢写完篇文咁滞。他快写完论文。

（626）佢会去啩？他会去吧？

这些助词都能连用，（627）的“先$_1$”在前，“先$_2$”在后。第一个“先$_1$”读起来相对比较短，第二个“先$_2$”稍为长一点。

（627）我讲先$_1$先$_2$。先让我先说。

“咁滞”和“啩”连用时，（628）的“咁滞”在前，“啩”在后，（629）的词序却不能说。

（628）佢写好篇文咁滞啩。或许他快写好那篇文章吧。

（629）＊佢写好篇文啩咁滞。

“先$_1$”和“咁滞”连用时，（630）的“先$_1$”在前，“咁滞”在后，（631）倒过来的词序不能说。

（630）我讲先$_1$咁滞。我几乎先说。

（631）＊我讲咁滞先$_1$。

（627）的“先$_1$”和“先$_2$”可以连用，（632）的“先$_1$”可以跟“啩”连用，但（633）和（634）的“先$_2$”却不能跟“啩”连用。

（632）佢讲先$_1$啩。或许他先说。

（633）＊佢讲先$_1$先$_2$啩。

（634）＊佢讲啩先$_2$。

上述的讨论大致可得出这样的词序：“先$_1$”在前，“咁滞”在后，而“啩”最后。理论上，（635）可以说，正好反映了“先$_1$>咁滞>啩”的词序，“>”表示“在前”，所表示的意思是：也许他有很大的机会可以先说，不太肯定，但最后可能被别人抢着说。（635）虽然意思较为复杂，不太容易诠释，说起来有点别扭，但明显地比（636）至（639）这几个例子好得多。（635）说明了这三个助词的连用，只允许“先$_1$>咁滞>啩”的词序，其他的都不能说。

（635）佢讲先$_1$咁滞啩？或许他快先讲吧？

（636）＊佢讲咁滞先$_1$啩？

（637）＊佢讲咁滞啩先$_1$？

（638）＊佢讲啩先$_1$咁滞？

（639）＊佢讲啩咁滞先$_1$？

（640）的“添”表示增加，属于事件助词，写作“添$_1$”；（641）的“添”强调跟预设有异，属于情态助词，写作“添$_2$”。

（640）食一碗添$_1$！多吃一碗！

（641）落雨添$_2$！竟然下雨呢！

（642）的“先$_1$、咁滞”可以跟“添$_2$”连用，可以接受的词序只有一种：“先$_1$”在前，“添$_2$”在后，“咁滞”置中，其他的例子如（643）和（644）都不能说。

（642）佢讲先$_1$咁滞添$_2$！他居然几乎先讲！

（643）＊佢讲先$_1$添$_2$咁滞！

（644）＊佢讲添$_2$先$_1$咁滞！

（645）和（646）同属事件助词的“先$_1$”和“添$_1$”不能连用。假若“添+先”能说，当中的“先”只能表示建议，属于祈使助词，即“先$_2$”，而不是表示事件先后的“先$_1$”。

（645）＊你食多碗添$_1$先$_1$！你先多吃一碗！

（646）＊你食多碗先$_1$添$_1$！

“先$_2$”不能跟“添$_2$”连用，（647）、（648）、（649）都不能说。至于（650）和（651）的对比，说明了如果“先”跟“添$_2$”能共现，那个“先”只能理解为事件助词“先$_1$”，而且必须出现在“添$_2$”之前。

（647）＊佢讲先$_1$先$_2$添$_2$！居然先让他先讲，（然后……）

（648）＊佢讲先$_1$添$_2$先$_2$！

（649）＊佢讲添$_2$先$_1$先$_2$！

（650）佢讲先$_1$添$_2$！居然他先讲。

（651）＊佢讲添$_2$先$_{1/2}$！

（652）的“住”是时间助词，可以跟其他的助词连用。“先$_1$”一定在“住”的左边出现，而“先$_2$”在“住”的右边出现，如（653）。

（652）咪去住！暂时别去！

（653）咪讲先$_1$住先$_2$！暂且先不要先讲，（然后……）

无论词序是怎样，“住”和“咁滞”也无法连用，（654）和（655）都不能说。主要的原因是“住”所出现的句类是祈使句，而“咁滞”根本不能在祈使句出现，语气的冲突造成了（654）和（655）不能接受。

（654） ＊咪去咁滞住！暂时（＊几乎）不要去！

（655） ＊咪去住咁滞！暂时（＊几乎）不要去！

“未”是时间助词，“先$_1$”一定在“未”的左边出现，而表示疑问的“先$_3$”在“未”的右边出现，如（656）。“未”不能跟同类的助词连用，如（657）和（658）的“咁滞”。

（656） 佢讲先$_1$未先$_3$？到底他先说没有？

（657） ＊佢讲完咁滞未？他快说完没有？

（658） ＊佢讲完未咁滞？他快说完没有？

时间助词“嚟”勉强可以在“先$_1$”之后出现，如（659），但不能在“先$_1$”之前出现，（660）是不能说的。[23]

（659） ？洗车先$_1$嚟。刚刚先洗了车。

（660） ＊洗车嚟先$_1$。

“嚟”不可以跟其他时间助词“咁滞”和“住”连用，如以下的例子。“嚟”所指的是一个刚刚实现的事件（或结果），表示了现实（realis）的意义，但“咁滞”却指事件（或结果）快发生，最终没有实现，时间上有矛盾；用在祈使

㉓ 例子（659）不太自然可能跟“先嚟”的连用有歧义有关：“先嚟”容易让听话者理解为“先至嚟”（才来），“先至”是副词，“嚟”是动词。那么，（659）有可能理解为“洗车才来”。无论如何，（659）和（660）的差异仍然明显，后者根本不合语法。

句的“住”却用来指还没发生的事件，表示了不现实（irrealis）的意义，也跟“嚟”的时间不符。因此，语义上的冲突令这些句子不能接受。

（661）＊写好篇文咁滞嚟。刚（＊几乎）写好这篇文章。

（662）＊写好篇文嚟咁滞。

（663）＊咪去住嚟！＊刚不要去！

（664）＊咪去嚟住！

至于其他类型的助词，它们都出现在“嚟”之后，如（665）表示焦点的“啰”、（666）表示情态的“啩”、（667）表示疑问的“话”、（668）表示祈使的“嚿”、（669）表示感情的“啊”。

（665）洗咗架车嚟啰。刚洗了那辆车嘛。

（666）洗咗架车嚟啩？或许刚洗了那辆车吧？

（667）洗咗乜嘢嚟话？刚洗了什么？

（668）洗咗架车嚟嚿。刚洗了那辆车呢！

（669）洗咗架车嚟啊！刚洗了那辆车啊！

时间助词“咁滞”的表现跟“嚟”差不多，表示焦点、情态、疑问、祈使、感情的助词都必须在“咁滞”之后出现，如以下的例子所显示。

（670）佢写完文咁滞啰。他快写完论文嘛。

（671）佢写完文咁滞啩。他快写完论文吧。

（672）佢写完乜嘢咁滞话？他快写完什么？

（673）佢写完文咁滞嚿。他快写完论文呢！

（674）佢写完文咁滞啊！他快写完论文啊！

焦点助词可以跟情态、疑问、祈使、感情等助词连用，如

（675）的“啩”是情态助词，（676）的“咩”是疑问助词，（677）的“嚩”是祈使助词，在这三个例子里，“咋”的元音都是“a”（[ɐ]）而非“aa”（[a]），受后面助词的音节首影响，“咋啩、咋咩、咋嚩”分别读作“zak3 gwaa3、zam3 me1、zap3 bo3”；（678）的“咋”应分解为“za3”和“啊”（aa3）两部分，“啊”就是感情助词[见本章（108）的讨论]。

（675）佢要一本咋啩。或许他只要一本吧。

（676）佢要一本咋咩？他只要一本吗？

（677）佢要一本咋嚩。他只要一本呢。

（678）佢写完文咋。他写完论文嘛。

情态助词基本上只能跟感情助词连用，（679）的“zek1”应分解为“啫”（ze1）和“-k”音节尾两部分，“啫”是真正的情态助词，而“-k”音节尾是感情助词[见本章（157）、（614）的讨论]，又如（680）的“添+啊”。情态助词和疑问助词不能互相连用，（681）的“啩”是情态助词，“咩”是疑问助词，它们的连用不能接受。

（679）佢写完文 zek1？他写完论文吧？

（680）落雨添啊！居然下雨啊！

（681）＊佢写完文啩咩？他写完论文吧？

祈使助词基本上不能跟情态助词和疑问助词连用，如（682）情态助词“啩”和祈使助词“嚩”的连用，（683）疑问助词“话”和祈使助词“咧”的连用，都不能接受。

（682）＊佢去啩嚩。他去吧。

（683）＊边个去话咧？谁去？

不过，有些疑问助词可以跟情态助词连用，则较为特殊，如（684）的情态助词“啫”和疑问助词“嚱”的连用［见本章（314）的讨论］、（685）的情态助词“定啦”和疑问助词“嗬”的连用［见本章（355）的讨论］。有些祈使助词可以跟情态助词或疑问助词连用，如（686）情态助词“定啦”和祈使助词“嗄”的连用［见本章（584）的讨论］、（687）疑问助词“咩”和“嗄”的连用［见本章（588）的讨论］。这些疑问助词、祈使助词，形式比较特殊，前面都有停顿，有可能当作感叹词用（张洪年 1972/2007，饶秉才等 1981/2009 等），助词和感叹词的界线开始模糊起来。

（684）唔系啫，嚱？不是的，啊？

（685）佢去定啦，嗬？他一定去吧？

（686）佢去定啦，嗄。他一定去啊。

（687）你去咩，嗄？你去吗？

根据上述的讨论，事件助词（如“先$_1$、添$_1$”等）靠前，最贴近谓语；时间助词（如“住、嚟”）可以跟事件助词连用，紧贴着事件助词；焦点助词（如“咋、啰”）可以跟时间助词连用，紧贴着时间助词；情态助词（如“啫、定啦”）和疑问助词（如“咩、话”）两类不能连用；除了部分较为特殊的例子外，祈使助词（如“咧、嚼”）基本上不能跟情态助词和疑问助词连用；感情助词（如“啊、-k”）位于句子最末尾的位置。

根据这里的描述，各类助词连用的词序大致可归纳为（688），“>”表示“在前”。同类的助词不能连用，情态、疑问、祈使虽然不同类，但没有连用的实例，应占据同一个句法位置，呈现所谓“互补”现象，互相排斥，不能连用，（688）用“/”的方式来表示这种关系。这里所描写的只是一个粗略的概况，表示理论上可行，句法结构是允许的。至于个别的限制，可能跟语义有关，也可能跟语音有关。

（688）事件>时间>焦点>情态/疑问/祈使>感情

按照这样句法分布的考虑，粤语助词应该划分为五个大类，即“事件、时间、焦点、程度、感情”。这里所说的“程度”是个大类，包括情态、疑问、祈使三类的助词，都跟语气的程度级别（degree）相关（B. Li 2006，邓思颖 2010 等）。[24]（688）这样的排列也有一定句法和语义的根据：“事件”跟谓语所表达的事件先后有关，也离不开谓语；“时间”并非只考虑到事件本身，而是联系了某些事件以外的参照点，例如言语时间、所指时间等，用来观察事件、为事件定位；“焦点”所覆盖的范围基本上是谓语，是“事件”和“时间”上一个的层次，“程度”的覆盖面比较广，而“感情”所覆盖的范围最广，覆盖整个小句，从词序排列的角度来考虑，出现在句子的末端。

10.10 非根句的小句

“根句”（root clause）是指完整的句子，独立使用，并非

㉔ 饭田真纪（2007）也曾对粤语助词连用提出过分类，她的“A、C、D”三类约等于本书所讲的事件、时间/焦点、情态/疑问/祈使/感情。至于“B类”，专指“嘅”，本书分析为后缀。

作为句子内的一部分，有时也称为“母句”（matrix clause），如（689）。至于非根句的小句，是句中之句，并非独立的句子，如（690）括号内的关系小句（relative clause，又称为“定语从句”）用作修饰名词，是名词短语的一部分；（691）括号内的小句用作主语，被谓语“系冇可能嘅”（是不可能的）所陈述；（692）是复句，括号内的小句是分句，属于复句的一部分。

（689）佢睇过呢本书。他看过这本书。

（690）[佢睇过] 嘅呢本书好有用。他看过的这本书很有用。

（691）[佢睇过呢本书] 系冇可能嘅。他看过这本书是不可能的。

（692）[如果佢睇过呢本书]，就知道原因。如果他看过这本书，就知道原因。

从本章所有的例子所见，粤语的助词都可以在根句出现。有些助词可以进入非根句的小句，如事件助词“先”可以出现在（693）的关系小句、（694）的小句主语、（695）的分句。

（693）[睇书先] 嘅细路仔好乖。先看书的小孩子很乖。

（694）[佢睇书先] 系冇可能嘅。他先看书是不可能的。

（695）[如果佢睇书先]，就知道原因。如果他先看书，就知道原因。

事件助词“乜滞”也有相似的情况，可以出现在（696）的关系小句、（697）的小句主语、（698）的分句。

（696）[冇睇书乜滞] 嘅细路仔唔识答。不怎么看书的小孩子不会回答。

（697）［佢冇睇书乜滞］系唔应该嘅。他不怎么看书是不应该的。

（698）［如果佢冇睇书乜滞］，就唔识答。如果他不怎么看书，就不会回答。

不过，有些事件助词却不能进入非根句的小句，如以下有“添”的例句都不能说。其实这个“添”除了表示扩充范围的意义外，还能表示一定的语气，或许要求特定的句类。这些语气、句类等的要求，使得“添”的地位较为复杂，跟一般的事件助词有异。

（699）*［食多碗添］嘅细路仔好乖。多吃一碗的小孩子很乖。

（700）*［食多碗添］系冇可能嘅。多吃一碗是不可能的。

（701）*［如果食多碗添］，就唔会肚饿。如果多吃一碗，就不会饿。

时间助词“住”可以进入非根句的小句（邓思颖 2009a），如（702）的关系小句、（703）的小句主语、（704）的分句。

（702）［我未用住］嘅电脑喺张枱上面。我暂时还没用的电脑在桌子上。

（703）［佢唔换电脑住］系一个正确嘅决定。他暂时不换电脑是个正确的决定。

（704）［如果唔换部电脑住］，就早啲讲。如果暂时不换电脑，就早点说。

时间助词“咁滞”也可以进入（705）的关系小句、（706）的小句主语、（707）的分句。

（705）［写完文咁滞］嘅同学比较得闲。快写完论文的同学比较轻松。

（706）［佢写完文咁滞］系一个好消息。他快写完论文是一个好消息。

（707）［如果写完咁滞］，就通知我。如果快写完，就通知我。

在适当的语境下，时间助词“未”能在非根句的小句出现，如下面的例子。（708）带有“未”的小句是“想知道”的宾语，可称为小句宾语；（709）的“未”在分句出现。㉕

（708）［想知道［落雨未］］嘅吖个人仲喺度。想知道下雨没有的那个人还在。

（709）［无论落雨未］，我都要走喇。无论下雨没有，我也要离开了。

同样以齿龈边通音“L”做音节首的时间助词“嚟”和“喇”，对于能否进入非根句的小句，它们的表现各异，只有“嚟”可以进入（710）的关系小句、（711）的小句主语、（712）的分句，“喇”却不行。

（710）［食完饭嚟/＊喇］嘅同学比较舒服。刚/已经吃完饭的同学比较舒服。

（711）［落过雨嚟/＊喇］系一个好消息。刚/已经下雨是一个好消息。

（712）［如果落过雨嚟/＊喇］，空气会比较好。如果刚/已经下雨，空气会比较好。

㉕ 由于其他句法的原因，有“未”的小句不能做主语，如（i）；也不能用来做定语，如（ii）。

（i）＊［佢写文未］都有乜问题。

（ii）＊［写文未］嘅同学好紧张。

跟“嚟”不一样，“喇”可以拆分为“laa”和“啊”（aa3）两部分，即“喇”由“laa”和“啊”合音所组成。“啊”是感情助词，而“laa”才是真正的时间助词。假如“喇”是时间助词和感情助词的结合，不属于单纯的时间助词，不能进入非根句的小句，也不足为奇。

其他的助词，如焦点助词“啰”、情态助词“啩”、疑问助词“咩”、祈使助词“罢啦”、感情助词“啊”等，都不能进入非根句的小句，下面的例子都不能说。

（713）＊［写完文啰/啩/咩/罢啦/啊］嘅同学比较得闲。
写完论文的同学比较轻松。

（714）＊［佢写完文啰/啩/咩/罢啦/啊］系一个好消息。
他写完论文是一个好消息。

（715）＊［如果写完啰/啩/咩/罢啦/啊］，就通知我。

根据根句和非根句小句的划分，粤语的助词可以分为两大类，一类助词原则上能进入非根句的小句，如事件助词和时间助词；另一类助词只能在根句出现，不能在非根句的小句出现，如焦点助词、情态助词、疑问助词、祈使助词、感情助词。

十一、框式结构

11.1　粤语前后置成分的共现

粤语虚词的特点，除了数量丰富外，另外一个有趣的现象就是出现在动词之后的成分（如助词），在谓语之前往往找到有一个意义几乎相同的对应成分（如副词），形成前后互相呼应的格式。以动词的位置作为参照点，出现在动词之后的成分，可称为“后置成分”，[①] 如（1）的事件助词“咁滞”，出现在谓语之后，是“后置成分”的一个例子。副词在动词之前出现，可称为“前置成分”，如（1）的副词“差唔多”，意义跟“咁滞”接近，都有“差不多、几乎”的意思。（1）的“差唔多”和“咁滞”，前后置成分，意义差不多，也肩负起相似的功能，共同表示动作行为接近某种程度，形成互相呼应的格式，成为粤语的一个特点。

（1）我差唔多讲完咁滞。我快说完。

粤语这种前后互相呼应的格式，有学者早已注意到。梁仲

① 有学者按照语法关系把粤语的后置成分称为“后置状语”，或把它们的词类分析为“后置副词”。

森（1992/2005）在讨论助词的时候，举出了某些常跟助词一起使用的“共现成分”。根据他的分类，粤语助词的“共现成分”有以下的例子，左边是后置成分（助词），右边是前置成分。跟助词共现的成分大多数是副词，例如“到底、大概、再”等。

（2）粤语助词的“共现成分”（梁仲森 1992/2005）

添（额外）	再、又、重
啰（显然事理）	唔系、咪
咯（lok3）（驳斥）	又够
咯（lok3）（强调原先的话）	都话
啫（转折）	虽然
啫（低限）	只系、得
啫（追查）	究竟、到底、其实
啫（ze4）（提起旧事）	重
嘅（埋怨）	都、又
嘅（问原因）	点解
先（现时）	而家
啦（可能性）	大概、大约、或者
啦（条件；准则）	睇下、睇过；除非
啦（建议）	请、唔该
喇（挑剔缺点）	又
喇呗（辩证）	又够
咧（强调意愿；情况）	真系
咧（求证）	梗系
罢啦（新决定）	不如、都系

系啦（坚持）	总之
系啦（无奈）	唯有
吖嗱（提示过失）	又
啊（aa1）（追查）	到底、究竟
呀（aa2）（追查）	到底、究竟、实际
呀（aa4）（求证）	原来、哦
↗（推测结果）	咪、即系、一样

施其生（1995）注意到粤语的修饰成分有前置的，也有后置的，两者“各成相当的阵容”（施其生 1995：118），“一前一后两种修饰性虚成分可说旗鼓相当，在意义分工上又常常互相对应”（施其生 1995：122），前后置成分有“异曲同工”的效果（施其生 1995：123），并举了以下的例子说明。施其生（1995：122）认为（3）、（4）、（5）这三例基本上相同，既可用副词“再”，又可用助词“添”，甚至两者可以共现，表达相同的意思，“选择相当灵活”。

（3）再饮杯。再喝一杯。

（4）饮杯添。再喝一杯。

（5）再饮杯添。再喝一杯。

允许意义接近或意义相同的前后置成分，可以共同修饰谓语，成为粤语语法一个显著的特点。

11.2 框式结构的特点

刘丹青（2003）对汉语介词作深入的研究，并提出“框式介词”的分析。他所讲的所谓“框式介词”，是指介词（又称为“前置词”）和表示方位的后缀（或称为“后置词”）形成“框式”，例如在下面的例子（6），“在”和“上”两者好像共同表示方位，构成一对“框式介词”（“在……上”）。（6）在英语中说成“on the table”，汉语的“在……上”好像等于英语的“on”。相对于英语而言，汉语好像用了“框式介词”来表达英语介词“on”的功能。况且汉语的“框式介词”其中一个成分在一定句法条件下可以省略，有时可以只保留“上”（如“桌子上有一本书”），有时可以只保留介词“在”（如“在图书馆看书”）。换句话说，这种“框式介词”的组合无论在语义上还是在功能上都好像有点儿“冗余”，成为汉语语法的一个特点。

（6）在桌子上

借用刘丹青（2003）所提出的这种“框式”的概念，粤语意义相近或意义相同的前后置成分呈现“框式”的特点，所组成的结构可称为“框式结构”（邓思颖 2006c，2007，2008d，2008e，2009a，2009c，2012；Tang 2009；Tang and Cheng 2014）。[②] 以上述（1）为例［重复于（7）］，副词“差唔多”和助词“咁滞”意义接近，都表示“差不多、几乎”的意思，肩负起相似的功能。在句法上，“差唔多”和“咁滞”组成框式结构“差唔多……咁滞”，共同修饰谓语“讲完”（Tang 2009）。粤语后置成分特别丰富，为框式结构的形成提供了一个有利的条件，成为粤语语法一个重要的特点。

② 又称为“框式虚词结构”。粤语的框式结构跟刘丹青（2003）所讲的“框式介词”毫无关系，请读者注意。

（7）我差唔多讲完咁滞。我快说完。

至于粤语框式结构的组成，根据动词后缀（或称为“词尾”）、事件类和部分时间类助词（又称为“后置副词”）和其他助词（即“典型”的助词）这三种成分，划分为三类框式结构（邓思颖 2006c）。根据本书的体例，事件类助词、时间类助词和其他助词都统一分析为助词。因此，粤语框式结构实际上只有两大类，即以动词后缀为中心的框式结构，如（8）的“一定……硬”、（9）的“再……翻”，还有以助词为中心的框式结构，如（7）的“差唔多……咁滞”、（10）的“或者……啩”。

（8）佢一定升硬。他一定升职。

（9）佢再教翻书。他再教书。

（10）或者佢肯煮饭啩。他或许肯煮菜呢。

粤语框式结构的定义基本上是两条：一、前后置成分意义接近或意义相同，形成表面上“冗余”的现象；二、前后置成分有局部性（locality）的特点，两者在句法上有紧密的关系（邓思颖 2006c，2007）。

语义上“冗余”的特点，在上述的例子清楚地显示出来。由动词后缀组成的框式结构，（8）的“一定”和“硬”都表示相同的情态，有判断的作用（Tang 2003）。（8）的意思也可通过（11）或（12）表达出来，前置“一定”和后置“硬”的使用有一定的灵活性。（9）的“再”和“翻”都表示事件的再发生，即“回复本有性状”（詹伯慧 1958，张洪年 1972/2007）。至于由助词组成的框式结构，（10）的“或者”和“啩”都表示“揣测”（张洪年 1972/2007），（13）和（14）

显示了光说“或者”或“啩”都可以接受，基本的意义都没有什么改变。从这些例子可见，框式结构内的前后置成分，在语义上形成所谓“冗余”的现象。

（11）佢一定升。他一定升职。

（12）佢升硬。他一定升职。

（13）或者佢肯煮饭。他或许肯煮菜呢。

（14）佢肯煮饭啩。他或许肯煮菜呢。

框式结构前后置成分的局部性特点，可以由以下“差唔多……咁滞”的例子显示出来。（15）的前置成分“差唔多”和后置成分“咁滞”都在同一个小句（关系小句，或称为定语从句）内，共同修饰关系小句内的谓语“改好”；至于（16）的情况，“差唔多”和“咁滞”分别位于宾语内的关系小句和根句两个不同的层面，“差唔多”修饰“改好”，但位于句末的“咁滞”却无法修饰关系小句内的“改好”。（17）位于句末的“咁滞”，只可以修饰根句的谓语“睇完”（看完），并且可以跟位于根句谓语“睇完”前的“差唔多”组成框式结构，符合局部性的特点；（18）的“差唔多”位于根句的层面，但“咁滞”却位于宾语内的关系小句，两者处于不同的句法层面，不能组成框式结构。

（15）我睇完［吖本［佢差唔多改好咁滞］嘅书］。我看完了那部他快修改好的书。

（16）＊我睇完［吖本［佢差唔多改好］嘅书］咁滞。

（17）我差唔多睇完［吖本［佢改好］嘅书］咁滞。我快看完那部他修改好的书。

（18）＊我差唔多睇完［吖本［佢改好咁滞］嘅书］。

上述（18）不合语法是由于不能表达“我快看完那部他修改好的书”的意思。如果“差唔多”和“咁滞”分别修饰“睇完”和“改好”，表达“我快看完那部他快修改好的书”的意思，“差唔多”和“咁滞”并不组成框式结构，（18）则可以接受。事实上，要表达这个意思，也可以通过两组不同的“差唔多……咁滞”，区别歧义，如（19）。第一组的框式结构修饰根句谓语“睇完”，第二组框式结构修饰关系小句谓语“改好”。虽然（19）读起来啰嗦一点，但却是一句合语法的例子。（19）这个例子更好说明框式结构的组成呈现局部性的特点，前后置成分的距离不能太远（如不能横跨两个小句）。

（19）我差唔多睇完［吖本［佢差唔多改好咁滞］嘅书］咁滞。我快看完那部他快修改好的书。

粤语有些后置成分要求某些成分一定要出现，如（20）表示时间的助词“住”，否定词是不能省略的（詹伯慧 1958，张洪年 1972/2007 等）。（21）没有否定词，“住”的出现则不能接受。虽然“住”要求否定词一定要出现，但否定词跟“住”并不组成框式结构，原因是否定词和“住”并非语义接近或语义相同。（22）只有否定词“唔”（不）而没有“住”，虽然这个例子能说，但“唔”并没有“住”的意义，（22）也不能表达（20）的意思，情况跟上述（13）和（14）等例子不同。跟“住”的意义接近，又能跟“住”同时出现，共同修饰谓语，就好像（23）的副词“暂时”，“暂时……住”应组成框式结构（邓思颖 2009a）。

（20）我唔讲个答案住。我暂时不把答案说出来。

（21）＊我讲个答案住。

（22）我唔讲个答案。我不把答案说出来。

（23）我暂时唔讲个答案住。我暂时不把答案说出来。

在以下例句（24），“暂时”和“住”同在一个小句内，共同修饰谓语“唔讲个答案”（不说答案），呈现局部性的特点；（25）的“暂时”和“住”分别处于两个不同的小句，“暂时”只能修饰分句的谓语“休息一阵”（休息一会儿），却不能跟“住”共同修饰“唔讲个答案”，（24）和（25）并非同义，这些例子进一步证明“暂时……住”组成框式结构。

（24）如果佢休息一阵，我就暂时唔讲个答案住。如果他休息一会儿，我就暂时不把答案说出来。

（25）（*）如果佢暂时休息一阵，我就唔讲个答案住。如果他暂时休息一会儿，我就暂时不把答案说出来。

框式结构的前后置成分，以后置成分为中心，作为修饰谓语的核心部分；前置成分主要用作加强由后置成分所表达的意思，或进一步把后置成分的意思说明清楚。以（26）为例，后置成分“咁滞”表示快要、差不多等体和时间意思。（27）加入“差唔多”，就是突显这种体和时间意义，跟“咁滞”组成框式结构“差唔多……咁滞”，共同修饰谓语“讲完”。

（26）我讲完咁滞。我快说完。

（27）我差唔多讲完咁滞。我快说完。

框式结构的前置成分还可以区别后置成分的歧义。“罢啦”有建议的作用，属于祈使助词。（28）的“罢啦”的辖域其实有歧义，既可以理解为所建议去的人是听话者而不是别人，又可以理解为所建议的行为是“去”而不是别的行为。

（28）你去罢啦。你去吧。

（28）的歧义可以通过框式结构来消除。“不如”可以跟“罢啦”组成框式结构（邓思颖 2009c），“不如”可以出现在主语之前，如（29），说话者的焦点针对听话者，主语“你”在“不如……罢啦”的辖域之内；“不如”也可以出现在主语之后，如（30），说话者的焦点在于动作本身，“不如……罢啦”的辖域只包括谓语“去”，并不包括主语“你”。这两个例子的差别可由（31）和（32）显示出来。

（29）不如你去罢啦。倒不如你去吧。

（30）你不如去罢啦。你倒不如去吧。

（31）不如你去罢啦，张三唔好去。倒不如你去吧，张三不要去。

（32）你不如去罢啦，唔好留喺度。你倒不如去吧，不要留在这儿。

框式结构前置成分的选择可以多于一。上述（27）提到“差唔多”可以跟“咁滞”组成框式结构，除了“差唔多”外，其他的副词如（33）的“几乎、就嚟、就快、将近”也可以扮演相同的角色，跟“咁滞”组成框式结构。

（33）我几乎/就嚟/就快/将近讲完咁滞。我快说完。

虽然“差唔多、几乎、就嚟”等词的意义并不完全一样，但都可以作为前置成分，用来突显“咁滞”所表达的体和时间意义。框式结构以后置成分为中心，前置成分的选择可以多于一。由此可见，后置成分跟前置成分形成比较自由的“一对多”的关系，而并非“一对一”的固定搭配。

11.3 助词组成的框式结构

由助词组成的框式结构，即以助词作为框式结构的中心部分。粤语的助词可以划分为七类，详细的分类和讨论可参见本书第十章。按照这七类的划分，框式结构的例子大致如下。为了方便阅读，前置成分以直底线标示，后置成分（助词）以波纹底线标示。由于框式结构的前后置成分构成“一对多”的关系，以下各例只选取一个前置成分作为示范，而不穷尽所有前置成分的可能性。

事件类 事件类框式结构跟事件发生的先后、动作次数等意义相关。

（34）佢先行先。他先走。

（35）你再食一碗添。你再多吃一碗。

（36）佢冇点去乜滞。他不怎么去。

（37）佢噉样唱歌法。他这样唱歌法。

（38）佢几叻吓。他挺聪明。

时间类 时间类框式结构跟谓语所表达的体、时相关。

（39）我暂时唔讲个答案住。我暂时不把答案说出来。

（40）我差唔多讲完咁滞。我快说完。

（41）佢啱啱洗车嚟。他刚刚洗车。

（42）已经落雨喇。已经下雨了。

焦点类 焦点类框式结构跟小句内某个范围相关。

（43）佢净系睇咗一本书咋。他只看了一本书。

（44）我咪（mai6）讲过啰！我不就是说过嘛！

（45）佢咪（mai6）赢咗马吖嘛。他不就是赢了赛马。

（46）佢咪（mai6）睇完书啦嘛。他早就看完书了。

情态类 情态类框式结构跟语气、口气有关，表达了说话人的主观认定，有一个评价或一种认识。

（47）佢只不过讲笑啫。他开玩笑而已。

（48）佢只不过睇书之嘛。他只不过看书。

（49）或者佢去啩！或许他去吧。

（50）居然落雨添！居然下雨了！

（51）佢一定最钟意食鱼㗎啦。他一定最喜欢吃鱼了。

（52）佢当然去定啦！他当然去了！

疑问类 疑问类框式结构跟语气、口气有关，尤其是跟说话人的言语有关，希望听话者回答。

（53）唔通佢攞奖咩？难道他得奖吗？

（54）乜你咁开心嘅（ge2）？为什么你那么开心？

（55）究竟边个最叻先？到底谁最聪明？

祈使类 祈使类框式结构跟语气、口气有关，尤其是跟说话人的言语有关，表达实施一个行为，用说的话来改变外界事物的状态。

（56）不如你去咧。你去好吗？

（57）听讲佢会去喎（wo5）。听说他会去。

（58）你先搞掂呢啲嘢先。你先做好这些事情（然后再说）。

（59）不如你走罢啦。你离开吧。

（60）不如买股票好过。倒不如买股票比较好。

（61）最好你去好喎。你去最好。

（62）总之佢去系啦。总之他去就是了。

（63）不如你嚟煮吖嗱。倒不如你来煮试试看。

（64）不如食饭喇喂！倒不如去吃饭吧！

感情类 感情类框式结构跟语气、口气有关，尤其是与说话人的态度、情感有关。

（65）啊，今日星期五啊！啊，今天星期五啊！

本书第十章曾根据助语连用的情况，把助词连用的词序可归纳为（66），“>”表示“在前”。情态、疑问、祈使这三类助词没有连用的实例，占据同一个句法位置，呈现所谓“互补”现象，互相排斥，不能连用，（66）用“/”的方式来表示这种关系。

（66）事件>时间>焦点>情态/疑问/祈使>感情

跟助词对应的前置成分，也能找到它们排列的特定词序。以事件助词“先”、时间助词“咁滞”和焦点助词“啰”（lo1）为例，（67）的词序显示了“事件>时间>焦点”的排列。

（67）佢讲先咁滞啰！他不就是几乎先讲！

跟“先、咁滞、啰”对应的前置成分分别是“先、几乎、咪（mai6）”，（68）的词序显示了“镜像”（mirror image）分布的现象，即前置成分的词序正好是把后置成分的词序颠倒过来，并且按照颠倒后的次序顺序排列：“焦点>时间>事件”。只有（68）的词序合语法，其他的词序如（69）、（70）、（71）都不能接受。虽然（68）说起来有点别扭，不算太自然，但总比（69）、（70）、（71）好得多。

（68）佢咪几乎先讲先咁滞啰！他不就是几乎先讲！

（69）＊佢先几乎咪讲先咁滞啰！

（70） ＊佢咪先几乎讲先咁滞啰！

（71） ＊佢先咪几乎讲先咁滞啰！

（68）的镜像分布的现象正好由（72）清晰地表达出来，图中的连线显示了“先……先、几乎……咁滞、咪……啰”分别组成框式结构，在句子里形成“套置”的现象，即事件类框式结构“先……先”套置于时间类框式结构“几乎……咁滞”之中，而时间类框式结构又套置于焦点类框式结构“咪……啰”之中。

（72）佢 咪 几乎 先 讲 先 咁滞 啰！

至于不能接受的例子，如（69），框式结构呈现交叠的现象，如（73）所示，违反了套置现象，造成不合语法。

（73）*佢 先 几乎 咪 讲 先 咁滞 啰！

在（74），焦点助词“咋”和情态助词“啩”的词序反映了“焦点>情态”的排列。跟这两个助词对应的前置成分分别是“净系、或者”，（75）显示了前置成分的排列词序是“情态>焦点”，刚好是后置成分词序的镜像分布，（76）的词序是不合语法的。

（74）佢食咗一碗咋啩。他只吃了一碗吧。

（75）佢或者净系食咗一碗咋啩。他只吃了一碗吧。

（76） ＊佢净系或者食咗一碗咋啩。他只吃了一碗吧。

（77）的“添”是情态助词，“啊”（aa3）是感情助词，“添”在前，“啊”在后，符合“情态>感情”的词序。跟这两个助词对应的前置成分分别是“居然”和“啊”，（78）显示了“啊”在前，“居然”在后，呈现了“感情>情态”的镜像分布，(79) 倒过来的词序却不能接受。

(77) 落雨添啊！居然下雨了！

(78) 啊，居然落雨添啊！居然下雨了！

(79) *居然，啊，落雨添啊！居然下雨了！

根据上述的讨论，后置成分（助词）呈现了（66）的词序，至于对应的前置成分，刚好跟后置成分的词序倒过来，形成镜像分布。以谓语作为核心，谓语的两侧分别是框式结构的前置成分和后置成分，并且形成套置现象，在内的套在在外的之中，正如（80）所显示的词序。由于情态、疑问、祈使三类框式结构不会同时出现，为了方便表述，这三类框式结构在下图用“程度”统一来代表（见本书第十章的讨论）。

(80)

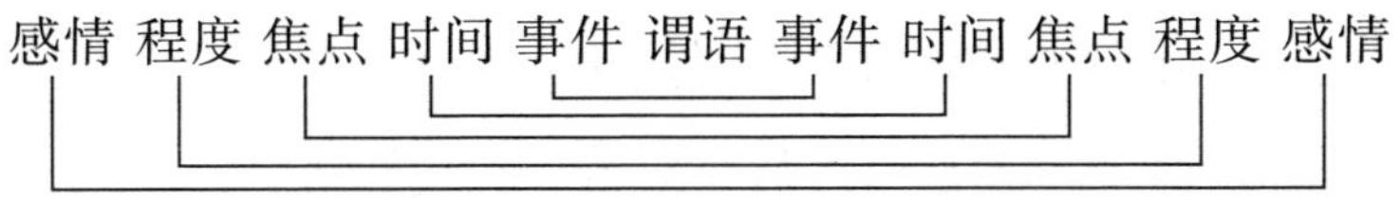

这种不交叠的套置组合，就是粤语框式结构的特点。谓语前的成分是前置成分，谓语后的是后置成分（即助词）。无论是语义的理解还是句法的分布，后置成分和对应的前置成分都有紧密的关系。(80) 所呈现的镜像分布、套置现象基本上就是框式结构里所说的“框”。

11.4 动词后缀组成的框式结构

由动词后缀组成的框式结构，即以动词后缀作为框式结构的中心部分。粤语的动词后缀可以划分为六类，详细的分类和讨论可参见本书第七章。按照这六类的划分，框式结构的例子大致如下。有些前置成分跟动词后缀可以用来加强或突显动词后缀的某一意义，并非意义相同。这种加强或突显意义的前置成分也算作框式结构的一部分。为了方便阅读，前置成分以直底线标示，后置成分（动词后缀）以波纹底线标示。动词后缀组成的框式结构基本上构成“一对多”的关系，以下各例只选取一个前置成分作为示范，而不穷尽所有前置成分的可能性。

体类　体类框式结构表示说话者如何观察事件的内部结构，着眼点是行为动作的开始、进程、结束。

（81）佢已经写咗一本书。他已经写了一本书。

（82）佢曾经坐过飞机。她曾经坐过飞机。

（83）我早就煮落饭。我早已煮了饭。

（84）佢预早行定出嚟。他提早出来。

（85）我喺度写紧一本书。我正在写一本书。

（86）喺度食食吓饭，忽然有人嚟揾我。正在吃饭，忽然有人来找我。

（87）佢一直揦住本书。他拿着一本书。

（88）佢一直望实幅画。他盯着那幅画。

（89）个警钟成日嘈生晒。警钟经常响个不停。

（90）佢喺度冲衡晒。他在极紧张地赶着。

（91）佢开始喊起上嚟。他哭起来。

（92）佢一讲起语言学就唔停得。他一讲起语言学就停不下来。

（93）佢不嬲食开血压药。他一向吃血压药。

事件类　事件类框式结构跟事件发生的次数有关，表示事件的重复发生。

（94）你再教翻书。你再教书。

（95）唔该你重新写过佢啦！请你把它再写一遍。

（96）条鱼不断游嚟游去。那条鱼不断游来游去。

程度类 程度类框式结构跟动词或谓语所表示的程度、状态有关。

（97）你稍为睇吓呢本书。你看看这本书。

（98）佢稍为笃两笃就好翻。他稍微戳一下就好了。

变化类 变化类框式结构表示事件的参与者有变化，受到动作的影响。

（99）我唔好彩吓亲。我不幸给吓了一跳。

量化类 量化类框式结构跟谓语内的成分有密切关系，有量化的作用。量化的概念，包括范围扩充、全称量化、部分量、限制焦点等。

（100）连你都去埋。连你也去。

（101）佢地都走晒。他们都离开了。

（102）佢一郁亲就痛。他一动就痛。

（103）佢净系睇得一本书。他只看了一本书。

情态类 情态类框式结构表示情态、能愿意义，跟允准、必要、可能、能力、评价、意愿等概念相关。

（104）我可以食得饭。我可以吃饭。

（105）佢一定做硬。他一定做。

（106）佢一定赢梗。他一定赢。

（107）呢条裤最好长翻一吋。这条裤子再长一吋就最好了。

虽然有些动词后缀可以找到一个对应的前置成分，不过前置成分和动词后缀不能共现，无法构成框式结构，例如以下的例子。（108）的“得滞”跟副词“太”的意义接近，功能也相似，但两者无法共现；（109）的“过头”跟“太”的情况也差不多；（110）的“极”黏附在形容词之后，用作限制谓语“叻”（聪明）的程度，跟表示程度的“点”（怎么）有相似的作用，但两者不能共现；（111）的“极”黏附在动词之后，所量化的对象是方法，跟表示方法的“点”（怎么）的作用差不多，但“＊点……极”却不能接受，无法构成框式结构。

（108）佢恶得滞/佢太恶/＊佢太恶得滞。他太凶恶。

（109）佢饱过头/佢太饱/＊佢太饱过头。他太饱了。

（110）佢叻极都有限/佢点叻都有限/＊佢点叻极都有限！他再聪明也是有限的。

（111）佢教极都唔识/佢点教都唔识/＊佢点教极都唔识。怎么教他也不明白。

跟助词组成的框式结构不同，动词后缀组成的框式结构的后置成分往往不能缺少。上文曾提及，助词组成的框式结构，前后置成分的使用较为灵活，在不少情况下，可以只说前置成分，而把后置成分省略不说，如有前后置成分的（112）和只有前置成分的（113），意义基本上是一样的。

（112）我差唔多讲完咁滞。我快说完。

（113）我差唔多讲完。我快说完。

至于动词后缀组成的框式结构，有些例子的后置成分也可省略不说，如有前后置成分的（114）和只有前置成分的（115）都可以接受。

（114）佢一定赢梗。他一定赢。

（115）佢一定赢。他一定赢。

不过，有不少例子，如果后置成分的动词后缀省略不说，只保留前置成分，就不太可以接受，请比较（116）和（117）。

（116）唔该你重新写过佢啦！请你把它再写一遍。

（117）＊唔该你重新写佢啦！

虽然粤语动词后缀也好像允许连用（详见本书第七章的介绍），但始终不普遍，甚至属于“特殊”的现象。由于动词后缀连用并不常见，较难形成框式结构套置的现象［见上述（80）的讨论］。

然而，在仅有动词后缀连用的例子，跟动词后缀对应的前置成分，似乎也呈现镜像分布，（118）的“翻”属于事件类后缀，“晒”属于量化类后缀，“翻晒”的词序呈现了“事件>量化”的排列，对应的前置成分“都”和“重新”，刚好呈现了相反的词序“量化>事件”。事件类框式结构“重新……翻”贴近谓语“洗干净”，套置于量化类框式结构“都……晒”之内，如（119）所示。

（118）啲衫都重新洗干净翻晒。衣服都重新洗干净了。

（119）啲衫　都　重新　洗干净　翻　晒。

至于（120），前置成分“重新”和“都”没有呈现镜像分布，框式结构有交叠的现象，如（121）所示，结果不能接受。

（120）＊啲衫重新都洗干净翻晒。

（121）*啲衫 重新 都 洗干净 翻 晒。

虽然动词后缀组成的框式结构无法勾画出像助词那样的排列组合［见（80）］，但在仅有的连用情况下，仍然找到套置现象，符合框式结构的特点。前置成分和作为后置成分的动词后缀，在句法结构里，都有紧密的关系，形成框式结构的“框”。

11.5 粤语与普通话的框式结构

框式结构可谓粤语语法的一个特点。事实上，普通话并非完全没有框式结构，也有一些跟粤语的相似，如以下的例子。（122）的副词“曾经”可加强后缀“过”所表示的经历意义，（123）的“一”和“起”都有表示起始的作用，（124）的“已经”可突显助词“了”所表示的变化意义，（125）的“只”和助词“而已”基本上是同义的。这些例子，都可以分析为普通话的框式结构。虽然普通话也有框式结构的例子，但比起粤语来，数量上却显得贫乏得多，没有粤语框式结构那么丰富。

（122）她曾经坐过飞机。

（123）他一讲起语言学就停不下来。

（124）已经下雨了。

（125）他只看了一本书而已。

从数量来考虑，粤语的框式结构明显非常丰富。我们也可以这样说，如果采用虚词来表示某种语法作用或某种逻辑概念，粤语倾向以后置成分来承担，包括动词后缀和助词，甚至有对应的前置成分，形成框式结构，作为加强或突显意义的作用。至于普通话的情况，后置成分相对较少，谈不上框式结构。要起同样的语法作用或表示同样的逻辑概念，普通话主要用前置成分，前置成分也因而承担了重要的语法任务。

虚词结构在粤语往往拆分为前后置两个部分，呈现了断续性（discontinuity）的特点。粤语框式虚词这种断续性的现象，似乎具备了分析性语言（analytic language）的特点；而普通话起同样的语法作用或表示同样的逻辑概念，则偏向采用前置成分，较少断续性的现象，似乎呈现了综合性语言（synthetic language）的特点。从虚词的层面而言，粤语框式结构的普遍使用，是分析性特点的体现；相比之下，普通话框式结构较为贫乏，具备较多综合性的特点。分析性和综合性的差异，可谓语法比较研究的一个重要特征（Huang 2015），由此或可联系到更多的语言现象，挖掘到更有趣的深层问题。

理论篇

十二、句子的核心部分

12. 1　句子核心的结构与词序

粤语句子的核心部分又称为“小句”，基本上是由主谓结构所组成，而谓语可以由述宾结构、述补结构组成。按照这种分析，句子的核心部分可以分析为不同的层次，有高的层次，也有较低的层次。小句的句法结构可以由（1）这个比较简单的树形图来表示。①

（1）
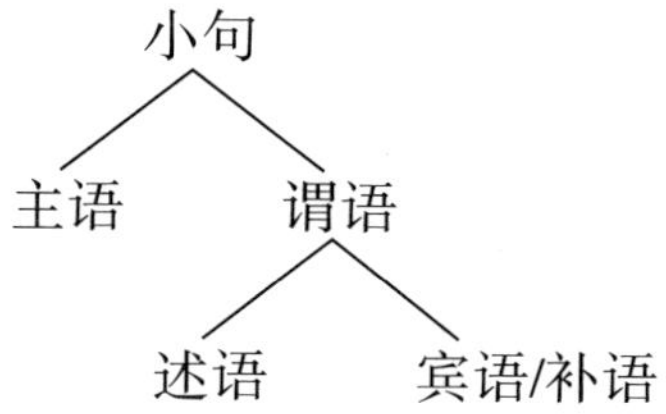

述语和宾语、补语组成小句的低层的结构，分别形成述宾结构和述补结构。述宾结构的述语由及物动词来充当，述补结构的述语可以是及物动词、不及物动词或形容词。如果述宾结

① 本章所采用的句法学分析只是“简化版”，没法在这里把分析的细节和背后专门的术语一一交代。有兴趣的话，可参考本书第二章有关形式句法学入门的介绍。

构、述补结构有陈述功能的话，主语的出现就是必须的。有陈述功能的述宾结构、述补结构成为谓语，跟主语组成主谓结构，这个主谓结构最终成为小句。从（1）的树形图所见，主语和谓语处于句法上较高的位置，而述语和宾语、补语则处于句法上较低的位置。这种层次高低的差异就是句法结构的差异。

（1）的树形图所反映的层次高低的特点。至于怎样把上述的结构从嘴巴说出来，则牵涉到词序的问题，即词和短语的先后排列。层次高低是句法结构的问题，次序先后是音韵的问题。人类语言的发音，是一个音接一个音说出来，形成特定的排列。以辅音［t］和元音［a］为例（用国际音标显示），［t］在［a］之前，所形成的是一组音［ta］（如粤语的“打”），［t］称为音节首（声母），而［a］称为韵基（韵母）；假如［t］排在［a］之后，所形成的则是另一组音［at］（如粤语的“押”），［t］则属于音节尾（韵尾）。根据我们的听觉，［ta］和［at］是两组不同的音。尽管由相同的音［t］和［a］组成，但排列不一样，听起来也不一样。至于语法上词和短语的排列，跟［t］和［a］的问题差不多，都牵涉到次序先后的问题，本质上都差不多。

在粤语里，上述（1）的各个成分，排列的先后次序是主语在前，接着是谓语，谓语内的述语在前，宾语、补语在后，最终形成（2）的词序，也是文献一般所讲的所谓“SVO”词序，以“S”代表主语，以“V”代表述语，以“O”代表宾语（也包括其他的成分，如补语）。值得注意的是，“SVO”的“S”和“O”是句法成分的概念，而“V”所代表的却是属于词类的动词。虽然述语往往以动词为主，但不限于动词，形容词也可以成为述语。

（2）主语+述语+宾语/补语

（2）的描述可以在粤语体现为（3）和（4）的词序，（3）的主语“佢”（他）在前，谓语“睇过呢本书”在后，谓语内的述语“睇过”在前，宾语“呢本书”在后；（4）的主语“佢”在前，谓语“高得好快”在后，谓语内的述语“高得”在前，补语“好快”在后。

（3）佢睇过呢本书。他看过这本书。

（4）佢高得好快。他高得很快。

（1）所显示的是层次高低的句法结构，而（2）所显示的是次序先后的音韵排列。虽然两者有一定的关系，但句法和音韵本质不一样，属于两个不同的问题。怎样把人类语言的层次结构转换成次序排列，解释不同语言词序的差异，这正是语法学研究的一个重要课题。

12.2 粤语述语的移位

上述（1）所显示的只是一个简化的小句树形图。小句内的句法结构，其实比（1）的描述复杂得多。句法学理论曾把谓语部分分解为若干层次，就如（5）那样，谓语划分为较高的一层“谓语$_1$”和较低的一层“谓语$_2$”。②

---

② 树形图（5）仍是一个简化的表述，很多细节从略。比较详细的讨论，可参考 Rizzi（1997）、Cinque（1999）等人所提出的“制图理论”（cartographic approach），也可参考应用在汉语的分析（邓思颖 2003a，2006d，2010，Tang 2003，2009）。

（5）

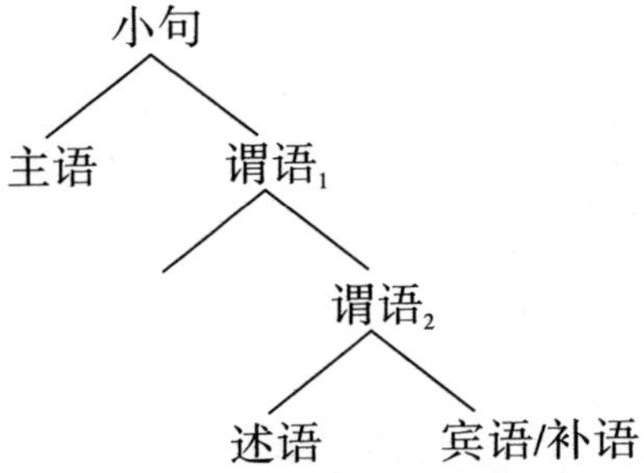

句法学也有一个很重要的理论，那就是移位理论。所谓移位，那就是把结构内的成分由原来的位置搬到另一个位置，即离开原来的地方，移动到一个新的地方。句法学理论认为，按照层次高低的考虑，成分由低的位置移动到高的位置，移位是个由低至高的过程，改变句法上的结构；按照次序排列的考虑，成分由后面的位置移动到前面的位置，移位是个由后到前的过程，在音韵上体现为词序的改变。

假如述语停留不动，没有移位，那就是树形图（5）所显示的结构，形成“主语+述语+宾语/补语”的词序。假如述语进行移位，离开原有的位置，跳出了“谓语$_2$”的范围，移动到上一层的“谓语$_1$”，那就形成树形图（6）的结构，图中有间线的部分“____”表示述语原来的位置，箭头表示述语移位的路径。[3]

③ 根据句法学理论，这种移位称为“中心语移位”（head movement）。

（6）

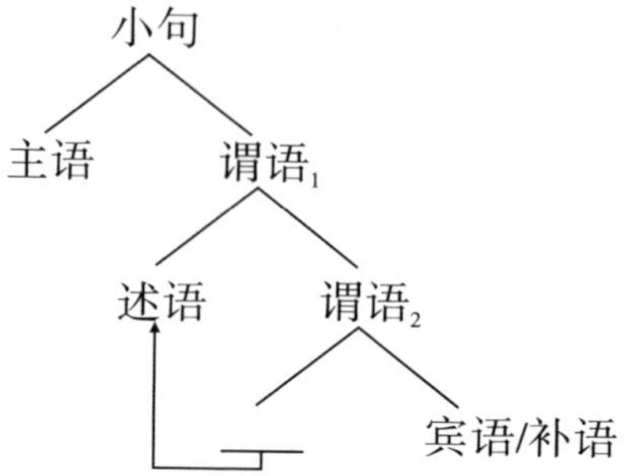

经过移位后，（6）的述语最终位于“谓语$_1$”的层次，句法结构改变了。在音韵的层面，词序好像没有改变过，仍然是“主语+述语+宾语/补语”。虽然词序好像没有太大的改变，但（5）和（6）所形成的词序，表达方式应有不同，（7）是（5）所产生的词序，而（8）是（6）所产生的词序。在（7），主语和述语之间有一个没有填补的位置“____”，那就是属于“谓语$_1$”的空位；在（8），述语和宾语、补语之间隔了一个空位“____”，那是述语移位前原来的位置。空位没有声音，造成（7）和（8）在音韵上听起来都好像一样，都是“主语+述语+宾语/补语”。

（7）主语　____　述语　宾语/补语　　　　（=（5））

（8）主语　述语　____　宾语/补语　　　　（=（6））

到底什么因素决定述语移位还是不移位？句法学理论有一个假设，认为述语移位的动机跟述语的词法（也称为“形态”）有关（Pollock 1989，Chomsky 1995，Lasnik 1995，Tang 1998b 等）。进行移位的述语，往往是词法上较为丰富多变。词法构造复杂的述语，往往是合成词，尤其是通过附加式产生的合成词，包含较多的语法内容和逻辑概念。不移位的述语，停留在原来的位置，局限于如树形图（5）“谓语$_2$”的范围之内，意义比较单纯；进行移位的述语，由原来“谓语$_2$”的范围移动到结构较高的“谓语$_1$”，游走于两个不同的范围，既能保持原来“谓语$_2$”的特点，又能沾染“谓语$_1$”的特点，可谓身兼两个范围的特点，也就说明了为什么进行移位的述语，往往是词法丰富的合成词，包含较为复杂的语义。因此，（9）是一个很自然的假设。根据这个假设，拥有词法复杂述语的语言，述语需要移位的可能性很高。

（9）词法构造越复杂的述语，移位的可能性就越高。

根据朱德熙（1982）的描述，普通话的动词后缀只有五个，即表示体的“了、着、过”、在述补结构中出现的“得”、黏附在个别动词后的“儿”。除了比较特殊的“儿”外，普通话的“了、着、过、得”在粤语也找得到对应的成分。根据本书第七章的描述，粤语的动词后缀可分为六类，一共有 30 多个。相比普通话而言，粤语的动词后缀明显多得多，因而，通过附加式形成的合成词，粤语也应比普通话为多。拥有词法构造较为复杂的述语，也应该是粤语述语的一个特点。

假设词法构造越复杂的述语，移位的可能性就越高。既然粤语拥有较多由附加式构成的述语，述语的词法构造较为复杂，那么，粤语述语能够进行移位也应该是一个合理的假设。粤语应该有（6）那样的小句结构，形成（8）的词序。相比之下，普通话动词后缀较为贫乏，由附加式构成的述语比较少，小句结构大致如（5），形成（7）的词序。[4] 词法构造的差异，也应反映在述语移位的差异，（9）这样的假设，正好作为比较粤语和普通话语法的一个值得注意之处。

12.3 粤语与普通话述语移位的差异

虽然粤语和普通话的词序表面上都是“主语+述语+宾语/补语”，即同属所谓“SVO”语言，但实际上粤语的词序是（8），即述语和宾语、补语之间隔了一个空位，是由移位的述语所留下来的，而普通话的词序是（7），主语和述语之间有一个没有填补的位置。借用刘丹青（2001）的术语，粤语属于“最强的SVO”，而普通话则属于“温和的SVO”。（7）是“温和的SVO”的词序，而（8）是“最强的SVO”的词序。

上述（9）有关述语词法和述语移位的关系，有理论的依据。事实上，述语移位的说法并非纯粹作为理论内部的假设，还可以用来解释粤语和普通话的语法差异，把一些貌似没有相

---

④ 本章假设粤语述语移位的距离比普通话为长，粤语述语移位后的落脚点也比普通话为高。这个分析，并没有否定普通话述语移位的可能性。事实上，汉语句法学早已论证普通话述语也进行移位（Huang 1992，1993，1997，Huang，Li，and Li 2009，Tang 1998b，2001b，邓思颖 2006d，2008f，2009b，2010 等）。严格来讲，树形图（5）和（6）的“谓语”应该至少分为三层：“$谓语_1$、$谓语_2$、$谓语_3$”，粤语述语由“$谓语_3$”移动到“$谓语_1$”，而普通话述语由“$谓语_3$”移动到“$谓语_2$”。不过，述语由“$谓语_3$”到“$谓语_2$”的移位跟本章的讨论无关，为了方便读者阅读，有关这部分的介绍从略。

关的语言事实联系起来，提供一个统一的分析。在以下的讨论里，尝试就本书第九章提及过的与格句、处置句、比较句等现象，利用述语移位，提出一个统一的解释。

与格句 普通话和粤语都有与格句，即间接宾语由介词带领，出现在直接宾语的后面，如（10）是普通话典型的与格句，（11）是粤语对应的说法。

（10）我寄了一点钱给他。

（11）我寄咗啲钱畀佢。我寄了一点钱给他。

普通话和粤语的与格句也有差异（邓思颖 2003a：§5）。普通话允许介词短语“给他”在动词前出现，如（12）。粤语缺乏这样的词序，（13）是不能说的。

（12）我给他寄了一点钱。

（13）*我畀佢寄咗啲钱。

此外，粤语与格句的直接宾语如果比较“重”（音节较多）的话，可以在介词短语之后出现，如（14）。这样的句式在普通话却不能接受，如（15）。

（14）我送咗畀佢一本有用嘅书。

（15）*我送了给他一本有用的书。

普通话的（12）和粤语的（14），都源自（10）和（11）的与格句，即（16）的词序，当中的空位“____”是层次较高的“谓语$_1$”的位置。

（16）主语 ____ 述语 直接宾语 介词短语

形成普通话的（12）和粤语的（14）这些与格句的“变体”，方法如下：介词短语进行移位，移动到述语之前的位置，如（17）。介词短语移位后的落脚点，应该是“谓语$_2$”

之上，“谓语$_1$”之下的位置，即下图代表“谓语$_1$”的空位“____”和述语之间的地方。⑤ 假如普通话的述语不动，就形成了“主语+介词短语+述语+直接宾语”这样的词序，即上述例子（12）。

（17）主语 ____ 介词短语 述语 直接宾语 ____

假如粤语述语进行移位，离开原来的位置，跨越介词短语，移动到“谓语$_1$”的层次，如（18）所示，就能形成“主语+述语+介词短语+直接宾语”这样的词序，即上述例子（14）。

（18）主语 述语 介词短语 ____ 直接宾语 ____

普通话的述语停留在“谓语$_2$”的层次，不能跨越移前的介词短语，所以可以形成像（12）“主语+介词短语+述语+直接宾语”这样的词序，但无法跨越移前的介词短语，造成（15）不能说的原因；粤语述语进行移位，最终在“谓语$_1$”的层次作为落脚点，并能跨越移前的介词短语，像（14）“主语+述语+介词短语+直接宾语”这样的词序可以说。由于粤语述语移位的缘故，述语一定跨越移前的介词短语，移前的介词短语也就无法在述语前出现，造成（13）不能说的原因。述

⑤ 这个位置，按照形式句法学的分析，可以是“谓语$_2$”的附接语（adjunction），也可能是位于“谓语$_2$”之上，跟焦点有关的焦点短语（Focus Phrase，简称“FocP”）。出现在汉语主语和谓语之间的焦点位置，可见 Qu（1994）、Ernst and Wang（1995）、Shyu（1995）、Tang（1998b）等的讨论，也可参考 Rizzi（1997）对焦点短语的句法分析。

语移位的假设正好用来解释粤语和普通话与格句的差异。

处置句 普通话的处置句，就是由“把”字构成的句子。“把”的作用就是把宾语提前，对宾语加以处置，表达了一种处置意义。虽然有些“把”字句不表示处置意义，但为了方便讨论，都冠以“处置句”这个名字。

普通话的处置句可以划分为五类（吕叔湘主编 1980）：处置、致使、处所范围、不如意事情、拿。在这五类当中，根据本书第九章的讨论，部分表示处置意义的“把”能说成粤语的“将”，其他几类的“把”都不能说成“将”，如以下的例子所示。在处置类的例子，能说成“将”的，如（19），其实不是很自然，最自然的说法，还是把宾语放在述语之后，以述宾结构方式表达，如（20）。致使、处所范围、拿这三类的情况也差不多，粤语都以“主语+述语+宾语”表达，如（22）、（24）、（27）。⑥ 简单来说，粤语体现了“最强的 SVO”的特点（刘丹青 2001），处置句基本上以“主语+述语+宾语”的词序表达，而普通话主要用“把”，而述语处于滞后的位置。

（19）？将间房执一下。把房间收拾一下。（处置）

（20）执一下间房。把房间收拾一下。

（21）＊将我冻到腾腾震。把我冻得直哆嗦。（致使）

（22）冻到我腾腾震。把我冻得直哆嗦。

（23）＊将东城西城都走过晒喇。把东城西城都跑遍了。（处所范围）

---

⑥ （25）的“把”，用法较为特殊，不容易翻译为粤语，述宾结构的说法如“＊啱啱病咗老李”在粤语也不能接受。

（24）走过晒东城西城喇。把东城西城都跑遍了。

（25）＊啱啱将老李病咗。偏偏把老李病了。　（不如意事情）

（26）＊我将佢冇办法。我把他没办法。　（拿）

（27）我冇佢办法。我把他没办法。

述语移位的假设也可以用来解说粤语和普通话处置句的差异。要形成处置句，首先，宾语离开原来的位置，移动到述语前，这个位置夹在代表“谓语$_1$”的空位“____”和代表“谓语$_2$”的述语之间，如（28）所示。⑦

（28）主语　____　宾语　述语　____

假如代表“谓语$_1$”的空位被“把”所填充，如（29），宾语就出现在“把”之后，述语之前，形成普通话处置句的词序：“主语+把+宾语+述语”。

（29）主语　把　宾语　述语　____

假如粤语述语一定要移动到“谓语$_1$”的层次，如（30）那样，可以提供给“将”的空位已被移前的述语填补了，“将”也就因而无法插入。宾语移位后，述语再往前移动，跨越了宾语，（30）所形成的句式，依然是“主语+述语+宾语”，这是粤语处置句的常态词序。

（30）主语　述语　宾语　____　____

⑦　在汉语语法学界里，处置句的句法分析是一个极具争议的课题。本章的讨论基本上基于“轻动词”（light verb）的分析，代表“谓语$_1$”的空位在语义上表示使役意义（causative），详见 Huang（1992），Y.-H. A. Li（2006），Huang，Li，and Li（2009），Tang（2006），邓思颖（2010）等介绍。

粤语的述语移位，在句法结构一个较高的位置落脚；从词序上来说，粤语的述语移动到一个偏前的位置。即使宾语往前移动，述语也能跨越移前的宾语，经常以“主语+述语+宾语”的词序示人，也正好说明了粤语是“最强的 SVO”语言。相比之下，普通话的述语停留在较低的“谓语$_2$”之内，因此，述语之前，仍有插入“把”字的空间，形成“主语+把+宾语+述语”的词序。由此可见，述语移位的假设，为粤语和普通话的语法差异，提供了一个方便的解说。

比较句　比较句是比较的句式。差比句是比较句的一种，粤语差比句的词序是“甲+形容词+过+乙”，当中的乙是比较项，如（31）的“你”。这样的词序，在普通话是不说的。普通话一般说成“甲+比+乙+形容词”，如（32）是普通话的词序。

（31）我高过你。

（32）我比你高。

要形成差比句，第一步是把原来位于宾语位置的比较项移到述语之前，如（33）那样。图中的空位“____”属于较高的“谓语$_1$”，而述语所处的层次属于“谓语$_2$”。夹在“谓语$_1$”和“谓语$_2$”的这个位置，跟比较意义有关（Xiang 2005，熊仲儒 2007 等），预留给比较项，让比较项得到合理的诠释。

（33）主语　____　比较项　述语　____

粤语的述语进行移位，离开原来的位置，移动到较高的“谓语$_1$”，如（34）所示。当述语移动到“谓语$_1$”之后，跨越了移前的比较项，形成“主语+述语+比较项”的词序，如（31）。

（34）主语　述语　比较项　____　____

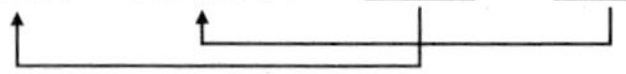

至于普通话的情况，述语不移位，停留在原来的位置，因而移前的比较项跨越了述语，在述语之前出现，如上述（33）那样。由于其他原因，普通话的比较项显示为介词短语，由介词“比”带领，形成普通话差比句“主语+介词短语+述语”的词序，如（32）。[8]

差比句的例子进一步显示了粤语是一个“最强的 SVO”语言，以“主语+述语+比较项”作为最典型的词序。述语移位的假设，正好为这种“最强 SVO”特点提供了合理的解释。况且粤语差比句的述语，是一个词法构造较为复杂的成分，后缀“过”作为粤语差比句的标记。由“过”组成的附加式合成词，正好印证了上述（9）的假设，即词法构造越复杂的述语，移位的可能性就越高。相比之下，普通话差比句的述语是个光杆形容词，没有“过”，也没有任何后缀，词法构造比粤语差比句的述语简单得多。普通话差比句的述语不进行移位，也不足为奇。

12.4　小结：综合性与分析性

小句由主谓结构组成，而述语作为谓语的核心部分。层次

---

⑧　普通话“比”的功能，可参考 Xiang（2005）、熊仲儒（2007）、Lin（2009）、Gu and Guo（2015）等的讨论。

高低是句法结构的问题，词序的先后问题是音韵的问题。根据句法学理论的分析，主谓结构的谓语可进一步分解为不同的层次，包括层次较高的“谓语$_1$”和层次较低的“谓语$_2$”，如树形图（5）所示，重复于（35）。

（35）
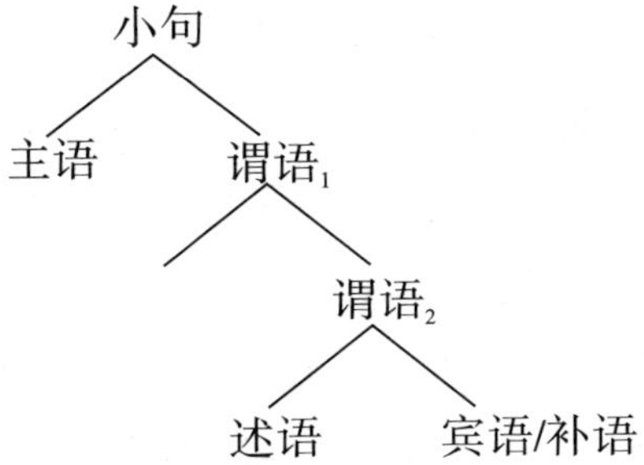

述语的词法构造跟移位有关，也会影响到词序。根据本章（9）的假设，拥有词法复杂述语的语言，述语需要移位的可能性很高。所谓述语移位，就是述语离开原有的位置，跳出了“谓语$_2$”的范围，移动到上一层的“谓语$_1$”，形成（36）的结构。从词序来考虑，述语最终的落脚点也靠前了一步。

（36）
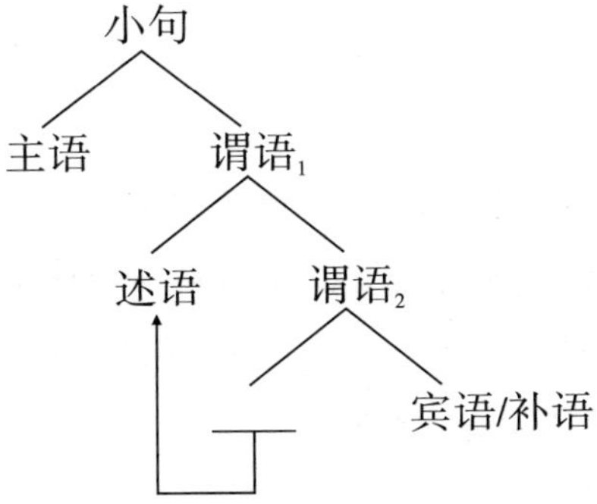

词法构造较为复杂的述语，移位的机会就越高。这样的假设，主要是考虑到进行移位的述语，由原来“谓语$_2$”的范围移动到“谓语$_1$”，游走于两个不同的范围，既能保持原来

"谓语$_2$"的特点，又能沾染"谓语$_1$"的特点，可谓身兼两个范围的特点。这种特点，也应体现在述语的词法构造。述语需要移位的语言，述语往往是词法丰富的合成词，能包含较为复杂的语义。

跟普通话比较，粤语述语的词法构造整体上属于比较丰富的类型。粤语的动词后缀有三十多个，比普通话后缀的数量，明显多得多。通过附加式形成的合成词述语，粤语也比普通话为多。按照这样的思路假设，粤语应该是一个允许述语移位的语言。除了理论内部的考虑外，述语移位的假设还可以为粤语和普通话的不少语法差异，例如与格句、处置句、比较句等貌似毫无相关的现象，提供一个统一的解释。

词法构造较为复杂的粤语述语，主要体现为由附加式形成的合成词，即通过大量的后缀，形成粤语的合成词述语，例如（37）的"去过晒"。"去过晒"是一个动词，包含两个后缀"过"和"晒"，连同词根"去"，这个动词一共由三个语素组成，（37）的述语就是由一个词法构造较为复杂的动词所充当。

（37）佢地去过晒北京。他们都去过北京。

粤语动词后缀的数量比较多，所形成的述语，大多数是词法构造比较复杂的附加式合成词，述语由多个语素融合而成，尤其是动词后缀的加入。粤语的述语呈现综合性（synthetic）的特点，更为明显。⑨ 相比之下，普通话的动词后缀比较贫

⑨ 不过，在框式结构的层面，粤语却呈现分析性的特点（见本书第十一章）。动词后缀和框式结构就分析性/综合性的差异，到底说明什么问题？值得日后研究。

乏，所形成的述语较为分析性（analytic）。述语综合性和分析性的特点，成为粤语和普通话语法的一个显著差异（Huang 2015）。

小句作为句子的核心部分，主谓结构作为小句的核心部分，而述语是构成谓语一个不可或缺的部分。换句话说，述语是句子核心之核心。作为句子核心之核心，粤语的述语较为综合性，而普通话的述语则较为分析性。粤语句子拥有一个综合性的核心，述语需要移位，改变了词序，也就成为“最强的SVO”语言。粤语述语移位的“后遗症”，包括形成与格句变体的差异、欠缺用“把”字形成的处置句、广泛用述宾结构形成差比句等。粤语和普通话这些语法差异的来源，主要跟述语综合性和分析性的特点有关。

此外，粤语的述语往往由多个语素结合而成（尤其是大量的动词后缀），这种具备综合性的特点，使得粤语述语所包含的语法内容和逻辑概念非常丰富。以上述（37）的“去过晒”为例，这个述语是一个合成词，已包含了表示词汇意义的词根“去”、表示体的后缀“过”，还有表示量化的后缀“晒”。粤语述语跟小句内各个成分（如主宾语）构成微妙的关系（即本书第七章所讲“句内的严谨关系”的现象），影响力甚至超越小句（即本书第七章所讲“句外的相连”的现象）。由此可见，粤语的述语在句内形成一个重要的网络，也承担了复杂的语法角色。由于具备综合性的特点，粤语动词的词法、述语的语法，成为粤语语法研究的核心内容，也是作为认识粤语句子最关键的门槛。通过这个门槛，我们就可以窥探粤语语法的奥秘，抓住粤语语法的特点。

十三、句子的边缘层次

13.1 边缘层次

粤语句子的核心部分由主谓结构组成，主谓结构以外的成分，尤其是位于主谓结构两侧的虚词，它们所处的层次，可称为“边缘层次”（periphery）。（1）的助词“先、喇、啩”，出现在句末，属于句子右边缘成分；（2）的“哗”（waa3）是感叹词，出现在句首，属于句子左边缘成分；（3）的“究竟……先”是疑问类框式结构，在句子的左右两侧出现。粤语有大量的虚词，分布在句子的边缘位置，成为研究句子边缘层次的最佳例子。

（1）佢食咗饭先喇啩。他先吃了饭了吧。

（2）哗，朵花好靓啊！哇，那朵花很漂亮啊！

（3）究竟边个最叻先？到底谁最聪明？

Rizzi（1997）、Cinque（1999）等人提出了“制图理论”（cartographic approach），认为句子边缘层次有较为复杂的结构，可以分解为多个层次，而研究的目的就是希望为句子结构绘制“地图”，把貌似复杂的结构，用树形图清晰准确地表达出来，并且通过不同语言的比较，找出句法结构的共通性，从而发现更多有趣的现象，对人类语言有更深入的认识。

粤语的助词丰富，正好可以配合制图理论，研究粤语句子的边缘层次。出现在粤语句子边缘位置的各个成分，各具独立意义，也可以作为分解边缘层次句法结构的证据。虚词在句子上有一定的影响，语义上的影响力有宽有窄。这种特定的语义范围，可称为“辖域”（scope）。以（4）为例，否定词“冇”（没有）和助词“先”都有特定的作用，“冇”否定谓语，“先”修饰谓语，表示事件的先后。把两者放在一起的话，就可以看到“冇”在（4）所否定的范围包括“先”，即否定“走先”，而“先”不能修饰“冇”，并没有“先没走”的意思。“冇”在（4）的辖域包含“先”，比“先”的辖域为宽。

（4）佢冇走先。他没先走。

跟助词“先”组成的框式结构“先……先”（见本书第十一章），它的分布，更能显示“冇”和“先”的关系，前置成分“先”可以在“冇”之后出现，如（5），却不能在“冇”之前出现，（6）是不能接受的。辖域较广的“冇”要在辖域较窄的“先……先”之前，说明了否定词的辖域比事件助词为宽：“否定词>事件”。

（5）佢冇先走先。他没先走。

（6）*佢先冇走先。他没先走。

否定词和疑问助词“先”的关系就很不一样。（7）的疑问助词“先”所问的辖域覆盖整个句子，包括否定词“唔”（不），而“唔”不能否定“先”。跟疑问助词“先”组成框式结构的“究竟”，必须在“唔”之前出现，如（8），却不能在“唔”之后出现，如（9）。辖域较广的“究竟”要在辖域较窄的“唔”之前，说明了疑问助词的辖域比否定词为宽：“疑问>否定词”。

(7) 边个唔叻先？到底谁不聪明？

(8) 究竟边个唔叻先？到底谁不聪明？

(9) ＊边个唔究竟叻先？到底谁不聪明？

既然疑问助词的辖域比否定词为宽，而否定词的辖域又比事件助词为宽，根据及物性的考虑，疑问助词的辖域应比事件助词为宽。换句话说，疑问助词“先”所问的内容，应该包含事件助词“先”所表达的先后意义。(10) 显示了两个“先”可以连用（邓思颖 2006b），而由这两个“先”构成的框式结构，也可以呈现套置现象，事件类的框式结构“先……先”套置在疑问类框式结构“究竟……先”之内，如(11) 所示。框式结构的里外之别，正就是辖域宽窄之别：在外的疑问类框式结构“究竟……先”，辖域较宽；在内的事件类的框式结构“先……先”，辖域较窄。

(10) 究竟边个先走先先？到底谁先走？

(11) 究竟　边个　先　走　先　先

前置成分和后置成分的词序和辖域，也构成镜像关系。本书第十一章根据助词组成的框式结构，总结出框式结构的分布，当中的“程度”包括情态、疑问、祈使三类的框式结构。(12) 左边的前置成分，表面的词序是“感情+程度+焦点+时间+事件”，它们的辖域关系也正好是“感情>程度>焦点>时间>事件”，即感情类的辖域最宽，事件类的辖域最窄；右边的后置成分（助词），表面的词序是“事件+时间+焦点+程度

+感情”，但辖域关系应跟前置成分一样，不能有变，即维持“感情>程度>焦点>时间>事件”。

（12）

感情 程度 焦点 时间 事件 谓语 事件 时间 焦点 程度 感情

句法学理论认为，辖域的宽窄跟句法层次的高低有密切的关系。辖域越宽的成分，所处的句法层次就越高；反过来说，辖域越窄的成分，所处的句法层次就越低。以（12）各类的框式结构为例，事件类框式结构的辖域最窄，处于句法层次最低的位置，最贴近谓语；相比之下，感情类的框式结构辖域最宽，应占据句子层次最高的位置；至于其他几类，则夹在两者之间。

框式结构的产生方法较为复杂，为了避免介绍不必要的细节，以下的讨论将主要集中在助词，以助词的语法特点作为边缘层次示例。① 上述提到助词的词序“事件+时间+焦点+程度+感情”，按照辖域的关系，应构成（13）这样的简化句法树形图。事件助词的辖域覆盖谓语，时间助词的辖域覆盖“谓语+事件”，焦点助词的辖域覆盖“谓语+事件+时间”，程度助词的辖域覆盖“谓语+事件+时间+焦点”，而位处最高的感情助词，辖域覆盖“谓语+事件+时间+焦点+程度”这个部分。

① 粤语框式结构的句法学分析，可参考 Tang（2009）和 Tang and Cheng（2014）的介绍。

（13）

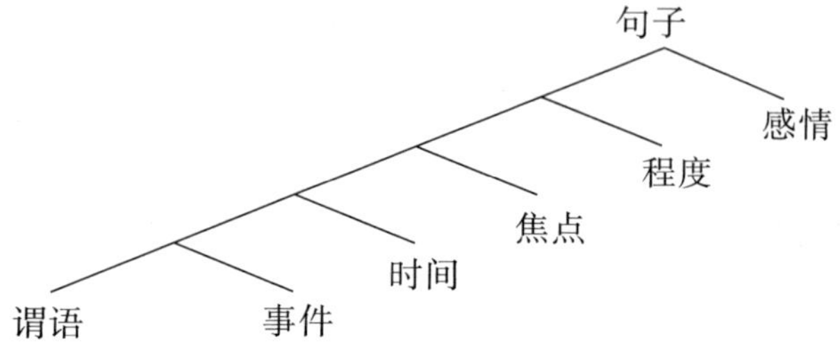

从层次的角度考虑，感情助词位处最高的位置，而事件助词位处最低的位置，表达了“感情>程度>焦点>时间>事件”这样的辖域关系；从词序的角度考虑，事件助词在前，贴近谓语，而感情助词最后，位于句末，远离谓语，反映了“事件+时间+焦点+程度+感情”这样的词序。把粤语句子的结构，按照助词的分布而划分为（13）的图样，正是本着句法学制图理论的基本精神，分解句子结构，为句子的句法结构绘制较为详尽的“地图”。

（13）的树形图可以套用到粤语助词的分析。以上述（1）的助词“先、喇、啩”为例，它们各自有独立的意义，“先”表示事件，“喇”表示时间，“啩”表示情态（即程度）。这三个助词的排列，先后次序固定，受句法的限制。这三个助词位于句子的边缘位置，分别代表三个不同的句法层次。表面上“先+喇+啩”的排列，反映了“事件+时间+程度”这三类助词的排列（见本书第十章的讨论）。这种排列，正好是“程度>时间>事件”辖域关系的体现。（1）可以简单描绘为（14）的树形图，“先”的层次最低，“啩”的层次最高，“喇”夹在中间。[②]（14）的分析符合（13）所描绘的层次结构，通过这样的分析，句法高低与词序前后的关系紧紧结合在一起。

（14）

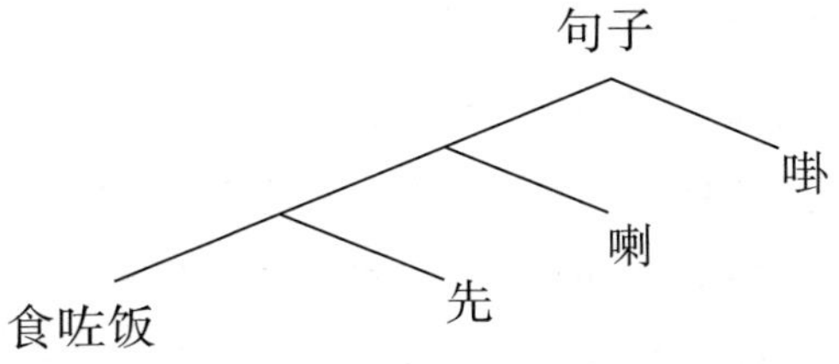

（14）的树形图也可以解释为什么（15）至（17）的例子都不合语法。这些助词连用的例子，无论是层次结构还是词序排列都不符合（14）的要求，违反了语法的限制，因此，都不可能为粤语所接受。

（15）＊佢食咗饭啩先喇。他先吃了饭了吧。

（16）＊佢食咗饭先啩喇。他先吃了饭了吧。

（17）＊佢食咗饭喇啩先。他先吃了饭了吧。

按照上述的分析，粤语助词连用不光是词序的问题，还是层次结构的问题。靠近谓语的助词层次最低，远离谓语的助词层次最高。助词连用其实是助词在句法结构叠加的表现，叠加形成句法上层次的高低。

② 在（14），谓语“食咗饭”分析为最低层。至于主语的位置，本应跟谓语在一起，之后移动到某个较高的位置。为了避免复杂的理论介绍，细节从略。

13.2 谓词性助词

粤语助词起码有四十多个，数量非常丰富。在这四十几个助词当中，有些跟谓词有密切关系，应有动词或形容词的来源，可称为“谓词性助词”③。这些谓词性助词包括“添、嚟、住、喇/啦/嗱/啰/噜/咧、啩、吗/咩、呀/啊、话、喎”，也包括一些所谓双音节的助词，如“乜滞、咁滞、得㗎、定啦、吓话、系啦、罢啦、好过、好喎”。

有些助词的历时来源不能确定，如“吖嘛、啦嘛、之嘛”的“嘛”（maa3），或许是“吗”（maa3）的非疑问用法，但不肯定，只好存疑；祈使助词“嚩”（bo3）可弱化为“喎”（wo3），或被“喎”（wo3）所取代（梁仲森 1992/2005，李新魁等 1995，Leung 2006），但“嚩”跟另一个祈使助词“喎”（wo5）却不一定有关；情态助词“嚊”（be6）目前不常用，来源又不太清楚；疑问助词“嘁”（he2）和“哦嗬”（o3 ho2）、祈使助词“啊嗄”（aa3 haa2）都以声门擦音“h”作为音节首，它们是否同源？这个声门擦音“h”会不会跟疑问助词“吓话”（haa6 waa5）的“吓”（haa6）有关？“吓话”是“系唔系啊”（hai6 m4 hai6 aa3）（是不是啊）的合音。假如“嘁、哦嗬、啊嗄”的声门擦音都跟“吓话”的“吓”有关，而“吓”来源自动词“系”（是），那么，“嘁、哦嗬、啊嗄”也有可能有个谓词的源头。不过，这些说法纯属猜测，

---

③ 或称为“谓词性语气词”（邓思颖 2014b）。

暂时不能肯定，只好暂时当作非谓词性助词来处理。

添（tim1）　“添”既可以用作事件助词，表示扩充范围，如（18），又可以用作情态助词，表示强调、夸张，如（19）。“添”是一个动词，没有争议，“添”在粤语仍有动词的用法，例如（20）。事件助词“添”的扩充范围义和情态助词“添”表示意想不到的新情况，正好继承了动词“添”的增加意义，并进一步虚化，成为虚词。

（18）食一碗添。多吃一碗。

（19）落雨添！居然下雨了！

（20）佢添咗碗饭。他加了一碗饭。

乜滞（mat1 zai6）/咁滞（gam3 zai6）　“乜滞”表示动作行为接近某种程度、状况，属于事件助词，如（21）。形式上跟“乜滞”相似的“咁滞”，说明快到写完的阶段，表示程度、状况的接近，跟体有关，属于时间助词，如（22）。这两个助词，都有个“滞”字。张洪年（2007：134）认为这个“滞”是形容词，原来的意思是“表示一种吃得过多而引起消化不良的病症”，而“滞”在“咁滞”的用法是“意义延伸，比喻动作达到极点，或者过分的意思”。假如他的推测是正确的话，“乜滞”和“咁滞”的“滞”都来源自谓词，同属于谓词性助词。

（21）佢冇去乜滞。他不怎么去。

（22）佢写完篇文咁滞。他快写完论文。

嚟（lei4）　“嚟”可以用作表示判断、类属等意义，属于事件助词，如（23），又可以指向刚发生的事件，属于时间助词，如（24）。助词“嚟”应该是动词“嚟”（来）的虚化，如（25），而粤语动词“嚟”应来源自汉语动词“来”，而“来”在近代汉语也有类似的用法，如（26），可以表示动作刚发生不久（张洪年 2007：201）。

（23）呢啲乜嘢嚟㗎？苹果嚟嘅。这是什么东西呀？是苹果呀。

（24）佢洗车嚟。他洗车来着。

（25）佢嚟咗喇。他来了。

（26）百丈一日问师：“什么处去来？”

曰：“大雄山下采菌子来。”　　（《景德传灯录》）

北方话的“来着”跟粤语时间助词“嚟”的用法相似，如（27）。“来着”来自动词“来”，也应该是定论（太田辰夫 1987 等），表示事件曾经发生过（曹广顺 1995）。即使北方话“来着”的用法可能受满语的影响（陈前瑞 2008），但仍无损“来着”与动词“来”的密切关系。

（27）下雨来着。

住（zyu6）　（28）的“住”表示情况暂时保持，强调动作或状态的暂时性，跟时间有关，属于时间助词。时间助词“住”的保持意义，应跟动词“住”有关，如（29）。动词“住”由居住意义引申出停住、静止的意思，普通话的“住”也有这样的用法，如（30）和（31）。粤语时间助词“住”与动词“住”的密切关系，也可见一斑。

（28）佢唔讲个答案住。他暂时不把答案说出来。

（29）佢住喺度。他住在这里。

（30）雨住了。

（31）一句话就把他问住了。

喇（laa3）　“喇”所表示的意义跟情况的变化有关，如（32），属于时间助词。（32）的“喇”跟普通话助词“了$_2$”的意义和用法都差不多，如（33），两者应该是同源。“了”明显来自动词“了”，争议不大（太田辰夫1987，曹广顺1995等）。“喇”还有不同的变体，不同声调的“啦”（laa1）、“嗱”（laa4），不同元音的“啰”（lo1）、“噜”（lu3）、“咧”（le5、le4）等，都应该同源，来自动词“了”。

（32）落雨喇。下雨了。

（33）下雨了。

啩（gwaa3）　（34）的“啩”有揣测的意思，表示说话者的判断，属于情态助词。梁仲森（2005：68）明确指出“啩”的作用是表示“说话人个人的猜想”。（34）的意思基本上跟（35）的一样，“啩”跟句首的“我估”（我猜）差不多，都表示说话人的猜想。如果把句首的“我”换成“佢”（他），例如（36），“啩”并非指向“佢估”（他猜），而是隐含了说话人的猜想，即表达了（37）的意思，是说话人猜想他猜测他去。如果把句首的动词换成“担保”等表示肯定的动词，如（38），接受度明显很差，证明了“啩”跟句首的动词有一定的搭配关系。

（34）佢去啩。他去吧。

（35）我估佢去啩。我猜他去吧。

（36）佢估佢去啩。（我猜）他猜他去吧。

（37）我估佢估佢去啩。我猜他猜他去吧。

（38）＊我担保/肯定/保证佢去啩。我担保/肯定/保证他去（＊吧）。

上述的例子说明了情态助词“啩”跟动词“估”（猜）有紧密的关系。从历时关系来考虑，“啩”应该来自动词“估”（猜）。Chao（1947：110，note 38）指出：“Kwah，fusion of kwux + ah ‘（I） guess，’ final particle expression tentativeness or doubt.”张洪年（2007：193）同意这种观点，并引述“赵元任先生认为这是‘估’和‘呀’连音的结果”。动词“估”粤语读作“gwu2”（或拼写作“gu2”），情态助词“啩”读作“gwaa3”，两者都有相同的圆唇软腭塞音“gw”作为音节首。由“估”变为“啩”，可能是元音的改变（即“u”变为“aa”），也可能如Chao（1947）的推测，是“估”和“啊”（aa3）合并的结果。

吗（maa3）　“吗”的声调是中平调（阴去声），用于问句，属于疑问助词。假若粤语的“吗”和普通话的“吗”是同源，普通话的“吗”来源自否定词“无”，如（40）。句末的否定词“无”后来写作“磨、摩、么”，到清代才写作“吗”（太田辰夫 1987）。古汉语的“无”作动词用，如（41），跟现代汉语的“没有”相似。“无”的性质跟“有”一样，都是谓词。

（39）你去吗？你去吗？

（40）秦川得及此间无？　（李白诗）

（41）位尊而无功，奉厚而无劳。（《战国策·赵策四》）

廉江粤语的助词“吗”［ma^{33}］也可以形成问句，林华勇（2014：66）认为廉江粤语的“吗”是“冇啊”［mou^{23} a^{33}］的合音。假如粤语疑问助词“吗”（maa3）来自否定词“冇”（mou5）和“啊”（aa3）的合音，而“冇”又可以分解为

“无”（mou4）和“有”（jau5）（P. Law 2014）。按照这样的历时传承关系，粤语疑问助词“吗”包含了谓词性的成分“无”和“有”，离不开谓词的源头。

至于（42）的疑问助词“咩”（me1），应该是“吗”的一种变体，也应包含否定词“无”这个部分，有谓词的历时源头。④

（42）你去咩？你去吗？

啊（aa3）　“啊”的声调是中平调（阴去声），可用于很多的语境，表示说话者的感情，属于感情助词，用途非常广泛，如（43）。低降调（阳平声）的“呀”（aa4）可以当作“啊”的变体，用于是非问句，属于疑问助词，如（44）。

（43）今日星期一啊。今天星期一啊。

（44）你去呀？你去吗？

“啊”的本源不容易考究，应有多个来源，其中一个可能性是来源自（45）的“好”，表示感叹或祈使的语气（孙锡信1999）。假若“啊”真的来源自“好”，而“好”在词类上是形容词，属于谓词，那么，“啊”也有一个以谓词为历时源头的可能。

（45）问：如何是客中主？师云：识取好。（《祖堂集》）

话（waa2）　高升调（阴上声）的“话”是用在回声问句（echo question）的疑问助词，如（46）。这个疑问助词，应来自动词“话”（waa6），如（47）。用作动词的“话”，声

---

④ 林华勇（2014：66）认为廉江粤语“咩”［$m\varepsilon^{33}$］是“冇”［mou^{23}］和“咧”［$l\varepsilon^{33}$］的合音，或许也适用于香港粤语“咩”的分析。

调是低平调（阳去声），跟助词“话”的声调不同。

（46）佢食咗乜嘢话？他吃了什么？

（47）佢话过会去。他说过会去。

粤语动词“话”的虚化，除了成为疑问助词外，还有一个较为特殊的用法，夹在言谈动词和小句之间，读作“waa6”，作为引领小句宾语的标记，有点像英语标句词（complementizer）“that”的作用（Hwang 1998，Yeung 2006）。（48）和（49）来自粤语语料库（Yeung 2006：37—38），“话”的作用就是用来引领小句“唔要”（不要）、“天文台报告气温跌到十度”（天文台报告气温下降到十度）。疑问助词“话”估计是标句词进一步虚化的结果，并在句末出现。

（48）佢一早提过话唔要。他一早提过不要。

（49）我呃佢话天文台报告气温跌到十度。我欺骗他说天文台报告气温下降到十度。

喎（wo5）　“喎”的声调是低升调（阳上声），包含听和讲的意思，即听说和告诉，构成了完整的转述过程，属于祈使助词，如（50）。从历时的角度来考虑，“喎”和说话有密切的关系，“喎”应该来源自动词“话”（waa6），如上述（47）的用例。Chao（1947：121，note 22）认为：“Woh<wah +oh ‘so he says，so they say，as the saying goes.’”张洪年（2007：191）同意这种观点，认同“赵元任先生认为这是‘话啊’复合的结果”。⑤

（50）佢会去喎。听说他会去。

⑤ 有关“喎”的历时来源，可以参考 Leung（2006）。

由动词“话”虚化为助词“㖞”，可能是元音的改变，由“aa”变为“o”韵母；也可能如 Chao（1947）的推测，是“话”和“喔”（o3）合音的结果。这里的“喔”，是一个表示值得注意（noteworthiness）的语气词（Sybesma and Li 2007：1764）。无论是元音的改变还是跟“喔”的合音结果，由“话”变为“㖞”的过程都说明了“㖞”来自动词，跟谓词有密切的关系。

除了低升调的“㖞”，还有一些变体，也应跟“话”有关，如中平调（阴去声）的“wo3”和低降调（阳平声）的“wo4”。

得㗎（dak1 gaa2）　（51）的情态助词“得㗎”包含两个部分：“得”和“㗎”。“㗎”是“嘅”（ge3）和“啊”（aa3）的合音，而“得”可用作动词，可谓这个双音节助词的“核心”部分，如（52）。作为动词的“得”，也可表示情态意义。“得”在（51）和（52）的相似性，要分辨“得”的词类，实在不容易。助词“得㗎”甚至可以受副词“至”（才）的修饰，如（53）。能受副词修饰，跟一般的助词有异。从这些例子所见，“得㗎”的“得”跟动词仍有密切的关系，保留了较多谓词特点，也许仍处于由动词迈向虚化过程之中。

（51）你同佢讲声得㗎。你本应跟他打个招呼。

（52）你同佢讲声得唔得？你跟他打个招呼行不行？

（53）你同佢讲声至得㗎。你跟他打个招呼才行啊。

定啦（ding2 laa1）　“定啦”表示对事态的推断，如（54），或对事态的确认，如（55），属于情态助词。“定啦”的“定”读作高升调（阴上声）。

（54）天都黑晒，落雨定啦。天全黑了，必定要下雨了。

（55）甲：你有冇去揾过佢？你找过他没有？

乙：有定啦！当然有。

除了用作助词外，“定”在粤语主要是动词，如（56），也可以是形容词，如（57）。动词和形容词“定”的声调是低平调（阳去声），是“定”字的本调；情态助词“定啦”的“定”读作高升调，是“定”的变调。

（56）个会定咗喺下昼。那个会议定在下午。

（57）架车好定。这辆车很稳。

吓话（haa6 waa5）　“吓话”属于是非问句助词，是“吓嘛”（haa6 maa5）的变体，如（58）。“吓嘛”应该是“系咪啊”（hai6 mai6 aa3）（是不是啊）的合音，如（59），而“系咪啊”的“咪”（mai6）也应该是“唔系”（m4 hai6）的合音，如（60）。若这样的分析是正确的话，“吓”来源自动词“系”（是），而“话/嘛”也包含了有谓词元素的“唔系啊”。

（58）你会去吓话/吓嘛？你会去，不是吗？

（59）你会去系咪啊？你会去，是不是啊？

（60）你会去系唔系啊？你会去，是不是吗？

系啦（hai2 laa1）　（61）的“系啦”可以表示说话者的坚持，也可以表示说话者的无奈。这两种用法都有建议的意思，属于祈使助词。

（61）佢去系啦。他去就是了。

“系啦”的“系”原本来自动词“系”（是），如（62）。张洪年（2007：208）指出：“我们怀疑它的来源可能就是

haih lā，不过因为习用已久，发生变调，而成为一个复合的助词，表示一种特别的涵义。”他所说的“haih lā”，用耶鲁拼音系统拼写，即粤拼的“hai6 laa1”，是“系啦”的本调，即动词“系”（是）加上“啦”。动词“系”（是）用作动词，读本调低平调（阳去声）“hai6”，而作为助词“系啦”的“系”，则读变调为高升调（阴上声）“hai2”，形式上有异。

（62）佢系一个学生。他是一个学生。

罢啦（baa2 laa1）　（63）的“罢啦”有建议的作用，属于祈使助词。

（63）你走罢啦。你离开吧。

“罢啦”包含了动词“罢”（算）。“罢”虽然在粤语里单独用作动词的机会不太多，但在特定的语境下，保持动词的特点，作为谓语，有一种提议的意思。在例子（64）里，“罢”是动词，扮演了谓语的角色。（65）的“罢就”跟（64）的“罢”基本上是等同的，表示“算了，拉倒”（饶秉才、欧阳觉亚、周无忌 2009：3）。不过，动词“罢”和祈使助词“罢啦”的“罢”，声调不一样，前者读本调低平调（阳去声）“baa6”，而后者变调，读作高升调（阴上声）“baa2”。

（64）去就去，唔去就罢。去就去，不去就算了。

（65）去就去，唔去就罢就。去就去，不去就算了。

好过（hou2 gwo3）　“好过”有表达提议、劝告的作用，属于祈使助词，如（66）。

（66）你去好过。你去好了。

祈使助词“好过”可以分解为两个部分：“好”和“过”。“好”明显来自形容词“好”，而“过”是动词，跟

“好”可组成述补式复合词，用于差比句，如（67）。在差比句，动词后缀可以黏附在“过”之后，如（68）的“晒”。虽然祈使助词“好过”跟差比句的谓语“好过”有关，但动词后缀不能黏附在祈使助词“好过”之后，（69）是不能说的。

（67）我好过佢地。我比他们更好。

（68）我好过晒佢地。我比他们都好。

（69）＊你地去好过晒。你们去好了。

好喎（hou2 wo3）　“好喎”表达一种建议，应属于祈使助词，如（70）。“好喎”由两部分组成：“好”和“喎”，前者明显跟形容词“好”有关，由形容词虚化而来，后者就是助词“喎”。

（70）除咗赔钱，重要系原区安置好喎。除了赔偿外，还是原区安置最好。

综合以上各个谓词性助词的历时来源，主要来自动词，如动作行为动词“添”（添）、“了”（喇/啦/嘞/啰/噜/咧）、“罢”（罢啦）、“估”（啩）、“话”（话、喎）、“来”（嚟）、“住”（住）；存在动词“无”（吗、咩）；判断动词“系”（吓话、系啦）；能愿动词“得”（得㗎）；也有的来自形容词，如“好”（呀/啊、好过、好喎）、“定”（定啦）、“滞”（乜滞、咁滞）等。

13.3　助词与声调的关系

谓词性助词的声调，主要集中在高平调（如阴平声）、中平调（如阴去声）、低降调（阳平声）三类，分布大致如表

（71）所示。

（71）谓词性助词的声调分布

调类		助词例子
1	高平调	添、啦、啰、咩、得
2	高升调	话、定、系、罢、好
3	中平调	喇、噜、啩、吗、啊、㖞
4	低降调	嚟、咧、嗱、呀、㖞
5	低升调	咧、㖞
6	低平调	住、滞

从这些例子可见，几乎所有助词都是非入声（即不以塞音作为音节尾），只有所谓双音节助词“得㗎”的“得”（dak1）才是入声（阴入声）。除了音节结构的考虑外，声调方面，高平调、中平调、低降调三类的助词较多，至于高升调（阴上声）的助词，除了“好”外，其他几个助词的高升调都属于变调，“话、定、系、罢”的本调都是低平调（阳去声），高升调只是变调。⑥

读作高升调的变调，是粤语较为显著的变调形式，也称为“高升变调”。麦耘（2000）根据文献的讨论，把粤语高升变调的语境总结如下：⑦ 一、名词性标志，如：“凿”（zok6-2）、

⑥ 胡永利（2010：68）没有发现任何阳去声（低平调）的助词，并认为粤语助词“独缺阳去声”。根据表（71）和表（91）所示，虽然低平调的助词不算多，但不能说完全没有。

⑦ 横线前的数字是本调的调类，横线后的数字是变调的调类。

“梨”（lei4－2）、“阿驼”（aa3 to4－2）（驼子）、“老麦”（mak6－2）、“滑牛”（waat6 ngau4－2）（滑溜牛肉片）；二、小称标志，如“人”（jan4－2）、“咁大”（gam3 daai6－2）、“慢慢”（maan6 maan6－2）、“妹妹”（mui4 mui4－2）；三、特指标志，大多数是名词，如“皮带”（pei4 daai3－2）、“头”（tau4－2）（首领）；四、风格标志，区分文白异读，如“鹿”（luk6－2）；五、虚词音节缩减标志，如“食”（sik6－2）（即“食咗”的省略）、“望望”（mong6－2 mong6）（即“望一望”的省略）。由此可见，粤语绝大多数的高升变调例子都是名词（体词）。

粤语名词高升变调的条件，显然不适用于助词“话、定、系、罢”的变调，这几个助词都来源自谓词，跟名词变调无关。虽然上述第五种高升变调的“虚词音节缩减标志”跟谓词有关，但助词“话、定、系、罢”的变调跟省略又毫无关系。

动词的高升变调又好像跟虚化无关。假如高升变调是谓词虚化的体现，粤语的谓词性助词应全读作高升调才是。然而，中平调和低降调的助词也不少，可见变调与虚化无关。又以动词后缀为例，虽然高升调的后缀数量不算少，但其他声调，如高平调、低降调、低平调的后缀，也有一定的例子，并没有读作高升调的倾向，详见表（72）的分布。

（72）动词后缀的声调分布

调类		动词后缀例子
1	高平调	生（晒）、得、开、翻、亲

（续表）

调类		动词后缀例子
2	高升调	咗、紧、吓、起（上嚟）、起、哋、噉、梗
3	中平调	过、到、晒
4	低降调	衡（晒）、嚟（……去）、（过）头、埋
5	低升调	吓、两
6	低平调	落、定、住、实、（得）滞、极、着、硬

跟动词关系最为密切的虚词，要算是介词。张洪年（2007：406—409）一共列举了31个介词，有些是双音节，大部分是单音节，罗列于表（73）。[⑧] 按词法分类，有些双音节介词属于联合式（如“依照”），组成双音节介词的两个语素，声调统计则分别计算。有些明显属于后缀（如“跟住”的“住”、“除咗、为咗”的“咗”），则不在计算之列。论数量，中平调和低降调占多，高升调只有三个“喺、响、畀”。显然，从介词的例子来看，把高升变调当作谓词虚化的体现，似乎没有什么根据。

（73）介词的声调分布

调类		介词例子
1	高平调	帮、关（于）、（关/对/至/由）于、跟（住）、依（照）、根（据）、将、械

⑧ 表中的“械”读作“kaai1”，表示“用”（张洪年 2007：409）。这个介词在当代粤语已经消失了，不再使用。至于这个词在早期粤语的用法，详见片冈新（2007）的讨论。

（续表）

调类		介词例子
2	高升调	喺、响、畀
3	中平调	趁、向、对/对（于）、至（于）、照（住）、（依）照、（根）据、靠、要
4	低降调	同、临、从、由/由（于）、（自）从、离、除（咗）、连
5	低升调	（好）似
6	低平调	为（咗）、自（从）、任、用

根据麦耘（2000）所总结的高升变调情况，有一类情况值得注意，那就是“特指标志”。虽然大多数特指标志这一类的例子是名词（如上述的“皮带”“头”等例），他也举了一个动词变调的例子：动词“撩”。“撩”本调读低降调（阳平声）“liu4”，变调读高升调“liu2”，高升变调属于“特指义”的特指标志，尤其是“方言词义”。以（74）为例，“撩”读作“liu4”的话，意思是撩逗、招惹；读作“liu2”的话，意思是搅、挠、拨弄，变调有区别词义的作用。

（74）你唔好撩佢。你不要撩逗/拨弄他。

麦耘（1990：68）还举了这两个谓词变调的例子：“大、搅”。⑨（75）的“大”本调是低平调“daai6”，表示大小的大，但变调后，“大”读“daai2”，强调只有之义，尤其是用

⑨ 麦耘（1990：68）还举了“长”，在“咁长”一例变调独成“coeng2”，表示“只有这么长”。不过，这种用法在目前香港粤语没有用。

于表示寿命不长了，命运堪虞，成为戏谑之言。（76）的“揽”本调是低升调“laam5”，用于文读，如“包揽、独揽”，变调后的“laam2”，是白读。

（75）咁大。这么大/只有这么大。

（76）揽实佢。搂住他。

麦耘（1995：255）补充了一例，就是“扬”。“扬”本调是低降调“joeng4”，用于文读，如“飘扬、扬帆”；变调“joeng2”用于白读，如（77）。（77）引自饶秉才等（2009：258），[⑩] 这里的用法表示抖、摇。

（77）扬干净张床单。把床单抖干净。

虽然动词靠高升变调来区别词义的例子非常少，但却是一个值得我们注意的现象。除了上述麦耘（1990，1995，2000）所举的“撩、大、揽、扬”外，我们注意到动词“嚟”的变调也有辨义作用。（78）的动词“嚟”，本调是低降调“lai4”或“lei4”，表示来的意思；读作高升调“lai2”（也可读作“lei2”），意思是发作，可指行为复发，往往指比较怪异或不为一般人所接受的行为。

（78）佢嚟喇。他来了/发作了。

高升变调的动词用法较为特殊，所受的限制也较多。加上否定词的“嚟”，如（79），只能读本调“lai4”，理解为来去的来，不能变调读“＊lai2”，不可以理解为发作；（80）的“嚟”加上“咗”（了）之后，也只能读本调，不能变调。

（79）佢冇嚟。他没来/＊没发作了。

⑩ “扬”在饶秉才等（2009）原写作“抰”。

（80）佢嚟咗喇。他来了/＊发作了。

除此之外，（81）的动词“赚”，本调读低平调“zaan6”，跟普通话“赚”的用法一样；读作高升调“zaan2”，意义不同，意思是徒找、只落得某种下场，如（82）。假如（82）的“赚”跟（81）的“赚”同源（饶秉才等1981/2009，麦耘、谭步云1997/2011，李荣主编1998，张励妍、倪列怀1999），（82）的“赚”就是靠变调来辨义的例子。

（81）佢赚咗好多钱。他赚了很多钱。

（82）你咁做赚畀人闹。你这样做只落得被人骂。

汉语的“由”本来是动词，古汉语例子（83）的“由”是动词，意思是做。（84）是粤语的例子，“由”读作低降调“jau4”，是“由”的本调，意思是听任、任凭、任由、随便（张励妍、倪列怀1999：162），属于动词。（84）的“由”也可以说成“由得”，如（85），意义基本一样。（84）的“由”现在一般读作高升调“jau2”，变调比较自然；至于（85）“由得”的“由”，既可以读本调“jau4 dak1”，又可以读变调“jau2 dak1”。当“由”用作介词后，如（86），只有一个读音，那就是读本调“jau4”，不能变调。由此看来，在“由”这个例子，高升变调成为区分词类的一个形式标准：动词允许高升变调，但介词不允许。

（83）君子不由也。（《孟子·公孙丑上》）

（84）你想去边度玩都由你。你想去哪玩都随便你。

（85）你想去边度玩都由得你。你想去哪玩都随便你。

（86）由呢度行。从这里走。

粤语能通过高升变调，辨别动词词义。虽然例子不多，但始终是个事实。疑问助词“话”、情态助词“定啦”的“定”、祈使助词“系啦”的“系”与“罢啦”的“罢”，本来是谓词，由本调低平调变调为高升调，应该跟上述以高升变调来辨义的情况相同。比如说，（47）读本调的动词“话”（waa6），表示一般的讲话，变调后，（46）的“话”（waa2）虽然仍保留说话的意思，但只用作疑问。此外，形容词“定”读本调“ding6”，而“定啦”的“定”变调，读成“ding2”。高升变调的作用，主要是辨义。以下这组例子的差异很有意思，（87）和（88）的“定”都是形容词，用作谓语，形成形容词谓语句。（87）的“定”读本调，表示安定、稳定，（88）的“定”既可以读本调，又可以变调，表示说话者的判断和推测，评价“佢去”（他去）的可能性，带有一种情态意义。这里的高升变调，作用就是区别词义，而变调后所表示的情态意义，也许跟情态助词“定啦”的“定”有相似之处，即这里的高升调赋予一种情态意义。

（87）佢成日都唔定（ding6/ * 2）。他整天都不安定。

（88）佢去都唔定（ding6/2）。他去也说不定。

顺带一提，通过高升变调来辨义的位置，只在谓语出现，不能附加在词内部的成分。饶秉才等（2009：142）认为（89）和（90）是一样的，“唔定”是“话唔定”的省略。不过，（89）的“定”既可读本调，又可变调，但（90）的“定”只能读本调，高升变调是不能接受的。由此可见，“唔定”并非“话唔定”表面上的省略，（89）的“唔定”和（90）的“话唔定”应属于两个不同的结构，前者的“唔定”是谓语，后者的“唔定”跟“话”组成述补式复合词，是复合词的一部分，当中的“定”不接受高升变调。

（89）今日落雨都唔定（ding6/2）。今天说不定下雨。

（90）今日落雨都话唔定（ding6/ *2）。今天说不定下雨。

综上所述，高升变调正好是用来辨别谓词词义的一种方法，也间接说明变调后的助词其实仍然没改变原来谓词的特点，甚至词类上仍可能保留谓词的性质。粤语这些所谓助词，其实是谓词的一个小类。上述（84）的动词和（86）的介词，两者相比，显示了词类改变、虚化为别的词类，反而不允许变调，只有保持谓词的性质，才是允许变调的条件。

如果把非谓词性助词的例子加进来，粤语助词声调的分布更为完整，请参考表（91）的例子。

（91）谓词性与非谓词性助词的声调分布

调类		助词例子
1	高平调	添、啦、啰、咩、得；先、呢、啫、之
2	高升调	话、定、系、罢、好；㗎、嘅、囖、嗬、嗄
3	中平调	喇、噜、啩、吖、啊、喎；法、咋、嘛、噃、喂
4	低降调	嚟、咧、噂、呀、喎
5	低升调	咧、喎；吓
6	低平调	住、滞；未、嗥

以入声字作为助词的例子始终是极少数，事件助词“法”（faat3）属于中入声，而加上“-k”的“啫”（zek1）也可当作入声字。

至于声调方面，高平调、中平调、低降调三类的助词仍然是最多。高升调的非谓词性助词较为特别，“㗎”（gaa2）是所谓双音节助词“得㗎”的一部分，可分解为“嘅”（ge）和“aa”。梁仲森（2005：62）记录了一个读作“aa2”的助词，表示“追查”，如（92）。表示情态的“得㗎”，“㗎”的高升调可能来自“aa2”，即“嘅”和“aa2”的合音。

（92）到底你有冇收埋到 aa2？到底你有没有藏起来呢？

读作高升调的“嘅”（ge2），用在疑问句，加强了疑问、反诘语气，如（93）。这个“嘅”应该由两个语素组成：中平调的“嘅”（ge3）和表示不肯定语气的高升调“H”，“嘅”（ge2）就是两者的合音，即“嘅（ge3）+H”（Law 1990，邓思颖 2008d）。严格来讲，“嘅”（ge2）并非真正的疑问助词，高升调“H”才是真正表示疑问语气的成分。

（93）你冇去嘅？为什么你没去？

这个高升调“H”也可能是（92）的“aa2”的组成部分，即“aa2”是由“啊”（aa3）和“H”的合音而来。如果这个推测是正确的话，“㗎”（gaa2）就应该分解为“嘅（ge3）+啊（aa3）+H”。

沿着这个思路去考虑，读作高升调的助词“嚱（he2）、嗬（ho2）、嗄（haa2）”，都有一定的疑问、征求对方意见的作用，如（94）、（95）、（96）三例。“嚱、嗬、嗄”的疑问作用，会不会是表示疑问语气的“H”起作用？如果这个推测是正确的话，“嚱、嗬、嗄”的本调不一定是高升调，高升调只是来自“H”。假如“嚱、嗬、嗄”的来源跟“系”（是）有关，那就等于把本调读低平调的“系”（hai6），通过附加疑问语气的“H”，变调读作“hai2”，表示疑问，并作为

“嚱、嗬、嗄”的源头。

（94）呢套戏几好睇嚱？这电影挺好看吧！

（95）我地去饮茶哦嗬？我们去饮茶吧？

（96）我摎走嗄？我拿走，嗄？

根据本节的讨论，粤语助词在声调上有以下的特点。

第一，绝大多数的助词都是非入声，即不以塞音作为音节尾。至于入声的助词，主要以软颚塞音“k”作为音节尾，例如“得喫”的“得”（dak1）、附加在音节上的“非音节性”助词“-k”，构成如“啫”（zek1）等例。“法”较为特殊，以齿龈塞音“t”作为音节尾。“法”是一个“名物化词头”（nominalizer）（Cheng 2011），把谓词性谓语变为一个体词性谓语，跟体词的关系较为密切，而跟一般的助词有异。除了塞音外，以鼻音作为音节尾的助词其实也不多，只有“先”（sin1）、“添”（tim1）、“定”（ding2）三例。

第二，大多数的高升调助词都通过变调或附加的方式产生。“好过、好喎”的“好”，本调就是高升调。除此以外，谓词性助词“话”、“定啦”的“定”、“系啦”的“系”、“罢啦”的“罢”，本调都是低平调，高升调只是变调，变调的前提是助词本属谓词性，而变调的作用是辨义。非谓词性的助词“嘅”，本调是中平调，“嘅”的高升调是由一个表示疑问语气的高升调成分“H”附加而成。“喫”的情况也差不多，“喫”可以分解为“嘅+啊+H”，核心部分由“嘅”组成，高升调来自“H”。如果表示疑问语气的高升调“H”可适用于“嚱、嗬、嗄”的话，这三个助词的高升调也可能是附加上去的。

第三，低升调似乎不太受助词欢迎。低升调的“喎”跟中平调和低降调的“咼”同源，应该是“话”的变体。换句话说，本调应该是低平调，低升调只是变调。高升变调的“话”、“定啦”的“定”、“系啦”的“系”、“罢啦”的“罢”或许可以“还原”为本调，它们原来都属于低平调。假如把读本调的这四个例子加进来，原属低平调的助词就比低升调的助词为多。

表（72）所收录的动词后缀例子更有意思，低平调后缀的数量比低升调后缀多得多。如果把（72）和（91）两个表的例子对比来看，低升调最不受助词和动词后缀欢迎。（73）的表显示了介词声调的分布，恰巧高升和低升两调类的介词，数量最少。三个平调（高平、中平、低平）和一个降调（低降调）是介词声调的主流。助词、介词、动词后缀都属于功能性的成分，都是较为“虚”的语素。假如把它们合起来考虑，三个平调和一个降调好像是粤语虚化成分常采用的调类，分布较多。⑪

综合这四个声调，中平调的助词数量较多。就语气轻重而言，高调比中调强，低调也比中调强，中调似乎是一个“标准调高”（张洪年 2009：151）。⑫ 至于高低二调，谁轻谁重，张洪年（2009）没有足够的资料，只能存疑。不过，根据上述表（91）的例子所示，低降调和低平调助词的数量都比高

---

⑪ 粤语低降调［21］也有一个平调的变体，读成［11］（Matthews and Yip 1994/2011）。假如考虑这个平调变体，粤语虚化成分的声调分布，都以平调为主。

⑫ 张洪年（2009）这个观察是根据 19 世纪早期粤语助词的分布现象总结得来的。

平调的为少。刚好低升调助词的数量也比高升调的为少，低调助词总比高调的少。从这些分布而言，假若高低声调跟轻重有关，那么，低调或许比高调为强。

至于升调，粤语的虚化成分似乎尽量回避低升调；高升调的动词后缀有一定的数量，但高升调的助词却比较特殊，要么是通过变调产生，要么是通过附加一个高升调的“H”所产生。根据上述的讨论，粤语助词声调的分布现象可简单总结如下：

（97）平/降>升

（98）中>高>低

（97）说明平调、降调的助词比升调的多，（98）说明了中平调的助词比高平调和低平调的多，也能涵盖高升调助词和低升调助词的关系，前者也比后者为多。假如中调是“标准调高”，偏离标准都是“别有意义”的（张洪年 2009：151）。同样道理，平调（包括降调）也可能是“标准调型”，偏离这个标准也应“别有意义”。声调和虚化成分的分布好像有一定的关系，这些现象是客观的事实，到底是偶然还是跟什么原因有关，则有待探索。⑬

---

⑬ 袁思惠（2015）沿着这个思路，对汉语方言助词的声调类型作了宏观的调查，并发现除轻声外，平调为主，而平调当中，以中调居多，高调次之，基本上跟粤语（97）和（98）的情况相似。

13.4 助词与元音的关系

粤语助词的韵基，绝大多数都是以单元音作为音节核，少数是复元音。复元音的例子如“嚟”（lei4 或 lai4）、“未”（mei6）、“好过、好喎”的“好”（hou2）、“系啦”的“系”（hai2）、“喇喂”的“喂”（wei3）、“乜滞、咁滞”的“滞”（zai6）。虽然粤语有十一个复元音，但只见“ai、ou、ei”，没有找到“aai、aau、au、eu、eoi、oi、ui、iu”这些复元音做助词的例子。“ai”的“系、喂、滞”、“ou”的“好”，都跟其他的助词连用，组成所谓复合助词或双音节助词，如“系啦、乜滞、咁滞”和“好过、好喎”，没有独用的例子，“ai”的“嚟”（lai4）是“lei4”的变体，作为助词，较常用的说法是“lei4”而不是“lai4”。⑭ 复元音而能独用的助词，只有“ei”，如“嚟、未”。

粤语助词绝大多数的例子都是以元音单独做韵基（即所谓“开尾韵”），只有个别的例子由辅音做音节尾，如鼻音“m”的“添”（tim1）、“n”的“先”（sin1）、“ng”的“定啦”的“定”（ding2）；塞音的“k”，属于“非音节性”助词，附加于其他助词，加强语气，“k”的“得”（dak1），跟“㗎”组成双音节助词“得㗎”（dak1 gaa2）；除此之外，“t”的“法”（faat3）算是比较特别。以辅音做音节尾的助词，一

---

⑭ 笔者曾向香港中文大学中国语言及文学系部分二、三年级的同学作简单的调查，大多数同学表示作为助词“lei4”比“lai4”自然。

种是非音节性助词（如“-k”），一种是双音节助词的一部分（如“定啦、得㗎”），一种是能独用的单音节助词（如“添、先、法”）。

至于做音节核的元音，除了“ei、ou、ai”这三个复元音，还有“i”和“a”。“i”只跟辅音组成韵基（如“添、先、定”）或组成双音节助词（如“之嘛”）。事实上，“之嘛”的“之”并非读成［tsi^{55}］，而是一个较为短促的元音［ɐ］，如读成［$tsɐ^{55}$ ma^{33}］、［$tsɐʔ^{55}$ ma^{33}］或［$tsɐm^{55}$ ma^{33}］。至于“a”（［ɐ］）也只能跟辅音组成韵基（如“得”），或出现在其他弱读的情况（如“之嘛”的“之”），不能单独做助词。此外，能构成助词的单元音有五个，包括“yu、u、e、o、aa”。助词元音的分布可总结如表（99）。

（99）助词的元音分布

音节核	助词例子
i［i］［I］	之、添、先、定
yu［y］	住
u［u］	噜
e［ɛ］［e］	咩、呢、啫、嘅、嚱、咧（le4/5）、嗅、zek1
o［ɔ］	啰、嗬、喎（wo3/4/5）、噃
a［ɐ］	得
aa［a］	啦、话、罢、㗎、嘎、喇、咁、吗、啊、咋、嘛、嗱、呀、吓（haa5/6）、法
ei［ei］	嚟、未

（续表）

音节核	助词例子
ou［ou］	好
ai［ɐi］	系、喂、（嚟）、滞

能组成韵基的单元音“yu、u、e、o、aa”，分布并不平均，“yu”只有一例“住”（zyu6），“u”的“噜”（lu3）是“喇”（laa3）的变体，剩下的就只有“e、o、aa”三个元音。粤语能单独做韵基的单元音有八个：“i、yu、u、eo、e、oe、o、aa”，当中的“i、eo、oe”没有组成助词的例子。至于常见的“e、o、aa”三组，从表（99）的分布来看，“aa”组的助词最多。根据这些事实，粤语助词单元音的分布可以描绘如下，左边的“aa”组数量最多，右边的“yu、u”组数量最少。

（100）aa>e/o>yu/u

（100）所描绘的元音排列，好像并不偶然。开元音（低元音）的数量最多，半开元音（属于中元音类）次之，闭元音（高元音）最少，刚好可用舌位图，把这些元音的关系，呈现如（101）。发开元音，舌位向下，口腔的空间较大；发闭元音，舌位抬高，口腔的空间较小。按照这样的分布，粤语助词总体上倾向用开元音，开口度大。由此看来，舌位的高低，跟助词的数量，构成微妙而有趣的关系。

(101)

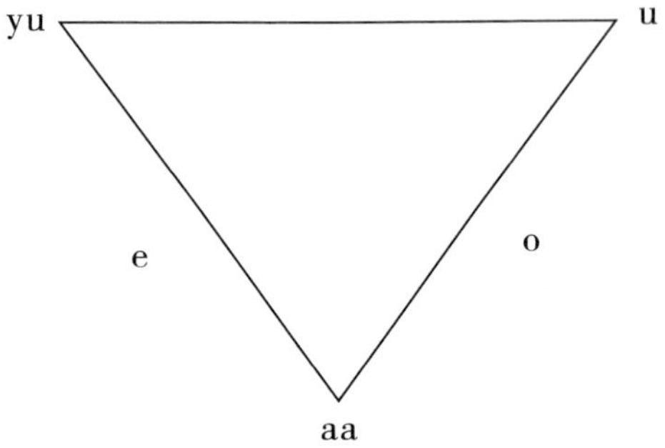

自19世纪以来，粤语助词元音的格局基本上差不多。张洪年（2009）所描绘的早期粤语助词，元音主要分布在“aa、e、o”三组。不过，当时的“嚊”（be6）在当代粤语已经丢失；至于“o”组的“个”（go3）、“啩”（zo2）、“么”（mo1）、“yo6”等助词，在当代粤语也丢失了。至于“i”组的“呢”（ni1），在当代粤语已经消失了，或许已经并入“呢”（ne1）。虽然当时“aa”组的助词也有丢失，如“吔”（jaa6），[15]但大多数的还是能够保留至今。从19世纪到现在的语言演变来看，粤语助词的元音系统始终朝向开口度较大的开元音发展，维持上述（101）的格局。至于这样的格局，在其他方言或其他有助词的语言是否一致，那就有待研究。

---

⑮ 张洪年（2009：156 fn3）认为当代粤语没有表示“emphatically demonstrative”的“那”（naa4）。然而，当代粤语“吖嗱”（aa1 laa4）的“嗱”跟早期粤语的“那”有关，只不过当代粤语有所谓“n/l”不分的现象。

13.5 助词与联合结构

本章曾提到，位于句末的助词，跟前面的谓语，构成如（13）那样的句法结构，重复于下。（102）的树形图所显示，每一类的助词都处于树形图的右边。

（102）

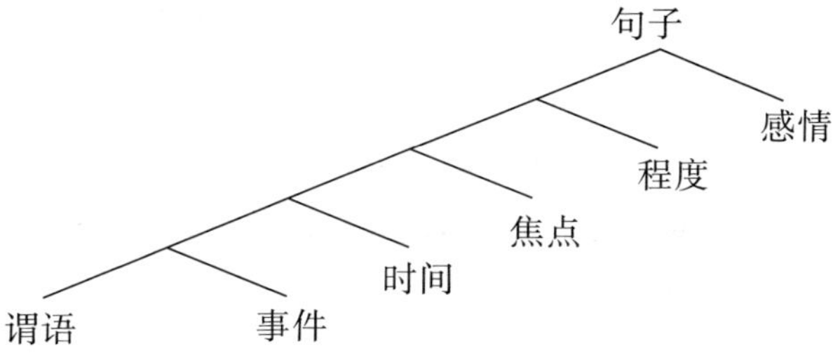

为什么助词都在树形图的右边呢？从句法学理论的考虑，有助词的小句有可能由联合结构（conjunction）所产生（Tang 2015b）。联合结构由连词作为核心，连词的作用就是连接并连语（conjunct）（也称为“并列成分”）。以联合结构（103）为例，“同”是粤语的连词（也可以说成“同埋”），作用是连接“咖啡”和“奶茶”，前者可称为“外并连语”（external conjunct），后者可称为“内并连语”（internal conjunct）。（104）也是联合结构，不过，跟（103）不同之处，就是（103）的“同”表示并列关系（coordination），而（104）的“或者”表示析取关系（disjunction）。至于（105）的“定”，是一个表示疑问的析取连词，跟普通话“还是”的功能相似，也可构成联合结构。

（103）咖啡同奶茶

（104）咖啡或者奶茶

（105）咖啡定奶茶

粤语助词跟前面的小句有可能组成联合结构，当中包含了一个没有声音的连词，连接着两个并连语：小句作为外并连语，而助词作为内并连语，有如以下（106）的框架。助词的句法地位就好像（103）至（105）的“奶茶”，在连词的右边。由于连词是没有声音的成分（也称为“空语类”），作为内并连语的助词好像紧贴着前面的小句，位于句末。

（106）［小句］+连词+［助词］

作为内并连语的助词，句法结构应该比表面看到的复杂。以谓词性助词为例，本章例句（53）的“得㗎”［重复于（107）］保留了较多动词特点，甚至可以被副词“至”（才）修饰，应保留某些谓语特点。按照（106）的框架，（107）可分析为（108）。“∅”代表没有声音的连词，表示并列关系。方括号的成分是并连语，在内并连语内的“____”可以视作一个被省略的成分，作为“得”的主语，并回指外并连语的小句“你同佢讲声”。（108）这样的结构，可以解读为“你跟他打个招呼，而你跟他打个招呼这样才行”。在内并连语重复的“你同佢讲声”，有强化的作用。由联合结构形成的重叠现象，就有加强语气的效果。

（107）你同佢讲声至得㗎。你跟他打个招呼才行啊。

（108）［你同佢讲声］+∅+［____至得㗎］

（63）的“罢啦”［重复于（109）］也是一个谓词性助词，有作罢的意思，仍有谓语的特点。按照（106）的框架，（109）应可分析为（110）。“∅”代表没有声音的连词，可理解为并列连词。内并连语的“____”是一个被省略的成分，作为“罢啦”的主语，指向外并连语的“你走”。根据这样的分析，（110）大致上可解读为“你走，而你走这个建议就这样做吧”。由重复“你走”而形成的重叠现象，就有加强语气的效果。

（109）你走罢啦。你离开吧。

（110）［你走］+∅+［____罢啦］

有些包含助词的联合结构，连词所表示的关系应为析取关系。（111）的“未”属于时间助词，能形成反复问句。事实上，粤语的“未”本来是个否定副词，用作时间助词只是一种“派生”的用法。（111）的反复问句，应有（112）这样的结构。“∅”是一个没有声音的析取连词，连接两个并连语，一个表示肯定，即外并连语“佢食咗饭”（他吃了饭），一个表示否定，即内并连语“未食饭”（还没吃饭），“未”的作用就是否定谓语“食饭”。从这样的结构所见，内外并连语也呈现重叠现象，即重复了谓语“食饭”。在内并连语内这个重复的部分，最终被省略，目的是避免跟外并连语内“食咗饭”重复，造成一种冗余的感觉。谓语被省略后，剩下“未”，形成表面上的词序：“佢食咗饭+未”。（112）所表示的意思，就等于说“他吃了饭还是还没吃饭”，没有声音的析取连词就好像普通话的“还是”或粤语的“定”。

（111）佢食咗饭未？他吃了饭没有？

（112）［佢食咗饭］+∅+［未~~食饭~~］

（111）的意思，大致上跟选择问句（113）差不多。当中的析取连词“定”连接正反两个并连语，即“佢食咗饭”（他吃了饭）和“未食饭”（还没吃饭），并且有（114）这样的结构。（112）和（114）的主要差别，是析取连词有没有声音，还有内并连语的谓语有没有被省略。如果这样的对比是合理的话，（113）这样的选择问句可以作为支持（111）由（112）所产生的间接证据。

（113）佢食咗饭定未食饭？他吃了饭还是没吃饭？

（114）［佢食咗饭］+定+［未食饭］

这样的分析，并非粤语独有，利用重叠作为加强语气的形式，在英语也找得到，而通过省略回避重叠现象，英语也有相似的情况（Tang 2015b）。英语有一种叫“陈述尾句”（tag statement）的现象（克里斯特尔 2000：354），例如（115）和（116），尾句（tag）紧跟前面的小句，用作加强肯定的语气。这两个例子，应分别由（117）和（118）产生，包含了一个没有声音的并列连词“∅”（有如“and”），负责连接两个并连语，而内并连语重复了外并连语，呈现重叠现象。最后，部分重复的成分被省略，剩下主语和助动词，成为尾句。[16] 如果这样的分析是正确的话，（115）就好像想说“That was a lovely drink and that was a lovely drink”，通过重叠现象，加强语气，但同时又作了适当的省略，避免冗余之感。英语的尾句就是权衡重叠与冗余的产物，而这种现象的产生方式，跟粤语助词的分析相似。

（115）That was a lovely drink，that was.

---

[16] 至于（118）主语和助动词倒置的现象（即“is John”），跟下文提及的疑问尾句相似，是英语的特殊现象。

（116）He's a nice man，is John.

（117）［that was a lovely drink］+∅+［that was ~~a lovely drink~~］

（118）［he's a nice man］+∅+［is John ~~a nice man~~］

英语的疑问尾句（tag question）更是典型的例子。（119）的尾句“isn't he”表示疑问，形成疑问句。（119）应由（120）所产生，当中包含一个没有声音的连词“∅”连接两个并连语，呈现重叠现象。为了避免冗余，重复的谓语“coming”被省略了，剩下主语和助动词“isn't he”，成为尾句。

（119）He is coming，isn't he?

（120）［he is coming］+∅+［isn't he ~~coming~~］

跟粤语的（112）更接近的英语例子，可能是像（121）这样的问句。在这个例子里，析取连词是个有声音的“or”，连接两个并连语，一正一反，表示否定的内并连语，重复的谓语被省略，余下否定词“not”，如（122）所示。这个否定词“not”，跟（112）的“未”，估计应有相同的句法地位。在内并连语的“剩余”成分，可成为粤语的助词，或成为英语的尾句。如果英语尾句这样的分析是正确的话，可作为粤语助词句法分析的一个间接佐证。

（121）Is he going or not?

（122）［is he going］+or+［not ~~going~~］

对于粤语助词的句末地位，不妨有这样的推测：助词的形成来自某种重叠现象，通过联合结构体现出来。重叠现象的功能，也许跟加强语气、强化某些意义有关。组成联合结构的连词，可以表示并列关系，也可表示析取关系。位于内并连语的成分，由于虚化程度的不一，形成不同类型的句末成分。例如较为“实”的选择问句（123）［即（113）］、倒装句的倒装成分（124）和（125），到较为“虚”的疑问尾句（126），再到虚化的助词。有些用法仍跟谓语相似，如（127）的“定啦”，有些稍为虚化，如（128）［即（111）］的“未”，有些已彻底虚化，如（129）的“嚹”。粤语句末成分，根据这样的排列，构成一个虚实的连续体。[17]

（123）佢食咗饭定未食饭？他吃了饭还是没吃饭？

（124）佢食咗饭喇，佢食咗。他吃了饭了（他吃了）。

（125）佢食咗饭喇，佢。他吃了饭了，他。

（126）佢食咗饭喇，系咪啊？他吃了饭了，是不是？

（127）佢食咗饭定啦！他一定吃了饭。

（128）佢食咗饭未？他吃了饭没有？

（129）佢食咗饭嚹。他吃了饭呢。

粤语的上升句调能形成是非问句，并且跟助词呈互补现象（邓思颖 2006b，也见本书第十章的讨论），例如（130）的上升句调（用“↗”来表示），也可以当作疑问助词，形成是非问句。如果句调也算是助词的一类（Chao 1968），在上述所讲的“连续体”当中，要算是最“虚化”的一类了。

（130）佢食咗饭↗？他吃了饭？

根据粤语助词的语音研究，助词和句调有密切的关系

[17] 就句末这种“虚实连续体”的理论分析，请详见 Tang（2015b）的讨论。

(Wakefield 2010，胡永利 2010，Zhang 2014，冯胜利 2015等)。从跨语言的角度来考虑，助词所表示的意义和功能，可能由句调所承担。如果这样，句调所占据的句法位置，也应该是联合结构的内并连语，并可解释助词和句调所构成的互补关系。就助词而言，粤语和普通话比较，前者的助词数量多，后者的助词数量少；汉语和英语比较，前者的助词是个特点，而后者几乎没有，有的话，为数也不多（Lam 2014，Kayne 2015，Tang 2015b)。就句调而言，粤语、普通话、英语等语言都有。句调似乎是“无标记”（unmarked）的现象，估计是人类语言一种较为常态的手段；助词并非所有语言都有，属于“有标记”（marked）的现象，是人类语言一种较为特殊的手段。粤语倾向用这种比较特殊的手段，到底说明什么道理？代表了什么深层的意义？显然这是一个跨语言研究的问题，从粤语出发，将会发现更多不为人知的事实。

13.6 小结

粤语助词数量丰富，分布在句子的边缘位置，成为研究句子边缘层次的最佳语言。通过粤语助词的研究，句子的边缘层次应蕴藏不少大道理。助词组成句子的边缘层次，一方面受音韵制约，声调倾向中平调，元音倾向开元音；另一方面受句法制约，助词跟前面的小句构成联合结构，并因应省略和虚化程度形成虚实的连续体。从联合结构的角度来继续分析粤语助词，更可跟更多的语言事实联系起来，甚至跟其他的方言、语言作比较，发现更多的有趣现象。

本书从词法、句法两方面，介绍粤语语法特点，并提出理论的分析，探讨粤语句子核心部分和边缘层次独特之处。本书的内容不可能穷尽粤语的特点，只能作为一个开头，介绍基本知识，总结一些发现和规律，方便参考，让有志者沿着语法学研究的道路，继续钻研，发现从来没发现过的事实，解释从来没解释过的现象，对粤语、其他汉语方言，甚至人类语言，都有新的体会。

附录　粤语的音

1. 粤语的音系

描述语音，学术上惯用“国际音标”（International Phonetic Alphabet），简称“IPA”。这是一套语言学家所用的符号，用来标示人类所能发出来的各种语音。大多数的符号都来自罗马字母，有些来自希腊字母。这套符号，适用于所有语言，并非英语、汉语或什么语言的专利。那些符号也不是“英文字母”或哪个语言的文字，而是真正通用于国际的音标。本书所用的国际音标根据 2005 年的版本，原版是英文，中文版的术语翻译根据“国际音标中文术语表”，刊载于 2008 年第 1 期的《南开语言学刊》。

粤语的音，可以先从“辅音”（consonant）和“元音”（vowel）说起。所谓“辅音”，发这种音时，“声道闭塞或变窄，气流或被完全阻塞或受阻到产生可闻摩擦的程度”（克里斯特尔 2000：78）。至于辅音的特征，可以从“发音部位”和“发音方法”来描述。“发音部位”（place of articulation）是指“语音在发音器官里产生的位置”（克里斯特尔 2000：272），利用舌和唇，产生各种各样的阻塞，改变口腔，形成不同的音。

根据 Zee（1999）对粤语音系的描述，略作简化，按照发音部位和发音方法，粤语的辅音可总结如下表（1）。在每个方格内，左边的符号代表清辅音（voiceless consonants），右边的符号代表浊辅音（voiced consonants），符号右上方的附加符号［^{h}］代表送气音（aspirated）。文献一般的习惯，把国际音标符号放在方括号“［］”内，以资识别。

（1）粤语辅音

	双唇音	唇齿音	齿龈音	硬腭音	软腭音	声门音
塞音	p p^h		t t^h		k k^h	
鼻音	m		n		ŋ	
擦音		f	s			h
通音				j		
边通音			l			

除了上述的辅音外，粤语还有几个辅音，列于（2）。符号右上方的附加符号［^{w}］代表圆唇化（labialized）。

（2）其他辅音

齿龈塞擦音	ts	ts^h
圆唇化软腭塞音	k^w	k^{wh}
浊圆唇软腭通音	w	

按照发音部位的划分，粤语辅音的例子列举于下。

（3）粤语辅音举例

双唇音	［p］爸　［p^h］趴　［m］妈
唇齿音	［f］花
齿龈音	［t］打　［t^h］他　［ts］渣　［ts^h］叉　［n］拿　［s］沙　［l］啦
硬腭音	［j］也
软腭音	［k］加　［k^h］卡　［ŋ］牙
圆唇化软腭音	［k^w］瓜　［k^{wh}］夸
圆唇软腭音	［w］娃
声门音	［h］哈

所谓“元音”，即“口腔内没有完全闭塞或收窄程度不足以产生可闻摩擦时发出的音”（克里斯特尔 2000：384）。描述元音的主要特征包括：舌位（tongue position）、圆唇（rounding）、复元音（dipthongs）。

舌位可以描述为前后高低等特征，按照舌位，粤语元音（单元音）可以有以下的分类（Zee 1999），罗列于表（4）。在每个方格内，左边的符号代表不圆唇元音（unrounded vowels），右边的符号代表圆唇元音（rounded vowels）。“闭元音”（close）也称为“高元音”，“开元音”（open）也称为“低元音”。在这两类之间的可细分为“次闭”（near-close）、“半闭”（close-mid）、“半开”（open-mid）、“次开”（near open）。在前元音和后元音之间的元音，称为“央元音”（central）。

（4）粤语单元音举例

	前	央	后
闭/高	[i] 思　[y] 书		[u] 夫
次闭	[I] 星		[ʊ] 松
半闭		[ɵ] 询	
半开	[ɛ] 些　[œ] 靴		[ɔ] 疏
次开		[ɐ] 身	
开/低	[a] 沙		

粤语元音有明显圆唇不圆唇的对立，就是这两组的例子：“伊”[ji] 和“于”[jy]；“嘅”[kɛ] 和“锯”[kœ]。[i] 和 [ɛ] 是不圆唇元音，[y] 和 [œ] 是圆唇元音。

粤语有十一个复元音（Zee 1999），如以下的例子。

（5）粤语复元音举例

[ai] 晒	[ɵy] 需
[ɐi] 细	[ɔi] 腮
[au] 筲	[ui] 灰
[ɐu] 收	[iu] 消
[ei] 四	[ou] 须
[ɛu] 掉（口语音）	

声调方面，粤语有六个“调类”，包括高平调、中平调、低平调、高升调、低升调、低降调。粤语这六种调类，用五度标记法，可以描绘为“55”（高平调）、“33”（中平调）、

“22”（低平调）、“35”（高升调）、“13”（低升调）、“21”（低降调）。至于传统的调类，跟这六种调类的对应关系为：“阴平、阴入”为“55”（高平调）；“阴上”为“35”（高升调）；“阴去、中入”为“33”（中平调）；“阳平”为“21”（低降调）；“阳上”为“13”（低升调）；“阳去、阳入”为“22”（低平调）。至于国际音标的表示方式，高平调既可以写成［^{55}］，又可以写成［˥］；高升调既可写成［^{35}］，又可写成［˧˥］。不过，为了打印方便，看起来比较清楚，一般常用数字表示。

网络流传了不少粤语声调的“口诀”，方便记忆。按“高平—高升—中平—低降—低升—低平”这样的次序排列，这些例子如“朝早去晨吓运、三碗细牛腩饭、番茄酱牛腩面、双丸拼鱼肚面、三九四零五二”等，也挺有意思。

在早期的粤语，阴平声还可以划分为高平调“55”和高降调“53”，而且有辨义的作用，如“方糖”和“荒唐”的声调是不同的，前者的“方”读［fɔŋ^{55}］，属高平调，后者的“荒”读［fɔŋ^{53}］，属高降调（张洪年 2007：6）。不过，高降调在当代的香港粤语基本上消失了，香港的年轻人已经很少使用。高降调即使偶有出现，也没有辨义作用。在当代的香港粤语里，“方糖”的“方”和“荒唐”的“荒”，声调是一样的，都是高平调“55”。

不过，在当代的粤语里，高平调和高降调的对立，仍然保留在少数的例子里，如名词“车”读成高平调［ts^{h}ɛ^{55}］，但感叹词“咔”只能读成高降调［ts^{h}ɛ^{53}］。此外，粤语有两个助词“先”，一个是（6）的事件助词，表示事件发生的先后，另一个是（7）的疑问助词，用于加强疑问语气。事件助词“先”读高平调，疑问助词只能读作高降调。当两个“先”连用，如（8），在前的事件助词和在后的疑问助词，声调明显不同，前者是高平调，后者是高降调。

（6）边个去先［sin^{55}］？谁先去？

（7）边个去先［sin^{53}］？到底谁去？

（8）边个去先［sin^{55}］先［sin^{53}］？到底谁先去？

2. 粤语的音节结构

粤语的元音、辅音、声调可以组合为“音节”（syllable）。所谓“音节”，就是一个发音的单位，音节结构就是上述的成分，按照一定的排列方式组合起来的结构。按照目前音系学的分析方法，音节可以划分为“音节首”（onset）和“韵基”（rime）两大部分，而韵基可以进一步划分为“音节核”（nucleus）和“音节尾”（coda）。音节首，又称为“声母”，是元音前的辅音，有些音节有音节首，有些没有。韵基，又称为“韵母”，是音节首后面的部分，由音节核和音节尾构成。音节核是组成韵基的重要成分，也是组成音节的重要成分，往往不能缺少，而通常由元音来组成。用传统汉语音韵学的术语来讲，音节核又称为“韵腹”。音节尾是音节核后面的辅音，是可有可无的部分，并非必要的部分。用传统汉语音韵学的术语来讲，音节尾又称为“韵尾”。粤语的音节结构可以用图（9）来表示。

(9)
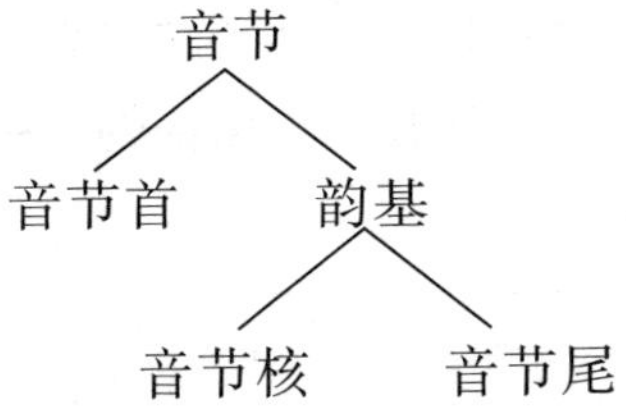

上述（3）所提到的辅音，都可以充当音节首，成为粤语的声母。单元音可以单独构成韵基而没有音节尾的例子，如（10）。至于复元音可做韵基的例子，可见（5）各例。

（10）思［i］，书［y］，些［ɛ］，靴［œ］，沙［a］，夫［u］，疏［ɔ］

不能单独组成韵基，往往后面紧接音节尾的单元音，如（11）。

（11）星［ɪŋ］，询［ɵn］，身［ɐn］，松［ʊŋ］

粤语还有几个元音，可组成复元音，如（12）。当中的［ɐ］、［e］、［ɵ］、［o］不能单独成为韵基，而［e］和［o］后面不能接辅音，跟［ɐ］和［ɵ］不同［见（11）］，［e］和［o］只能形成复元音［ei］和［ou］，作为韵基。

（12）细［ɐi］，收［ɐu］，四［ei］，需［ɵy］，须［ou］

能够用作音节尾的辅音，包括鼻音［m］、［n］、［ŋ］和塞音［p］、［t］、［k］，如（13）和（14）各例。这两套音节尾辅音，非常工整，即有相同发音部位的［m］和［p］（双唇音），［n］和［t］（齿龈音），［ŋ］和［k］（软腭音）。按照传统汉语音韵学的分析，以塞音作为音节尾的音节，称为“入声”。（14）的各个例子，也称为“入声字”。“□”表示所谓“有音无字”的情况，如“［ɛt^{55}］都唔敢［ɛt^{55}］”（连吭也不敢）的“［ɛt⁵⁵］”；睡觉时所发出的“［kœt²¹］［kœt³⁵］声”。至于［ɛn］，可见于作为外来词的“send”。

（13）以鼻音作为音节尾

［m］	［im］闪　［ɛm］舐　［ɐm］心　［am］三
［n］	［in］先　［yn］孙　［un］宽　［ɛn］send　［ɵn］询 ［ɔn］肝　［ɐn］身　［an］山
［ŋ］	［ɪŋ］星　［ʊŋ］松　［ɛŋ］腥　［œŋ］商 ［ɔŋ］桑　［ɐŋ］笙　［aŋ］坑

（14）以塞音作为音节尾

［p］	［ip］摄　［ɛp］夹　［ɐp］湿　［ap］飒
［t］	［it］舌　［yt］雪　［ut］阔　［ɛt］□　［ɵt］恤 ［œt］□　［ɔt］喝　［ɐt］失　［at］煞
［k］	［ɪk］式　［ʊk］叔　［ɛk］硕　［œk］削 ［ɔk］朔　［ɐk］塞　［ak］客

只有韵基，没有音节首的例子，在粤语是允许的，如（15）。

（15）啊［a］，安［ɔn］，鸭［ap］

粤语有两个辅音，可以单独成为音节，称为自成音节的辅音，如（16）所示的两例。国际音标的表示方式，就是在符号之下，加上代表成音节（syllabic）的下标［ˌ］。

（16）唔［m̩］，吴［ŋ̍］

以粤语“星”［sɪŋ⁵⁵］为例，这个音具备音节内各个部分，可以用（9）的图来描述，如（17）。这个图只表示音段的成分（segmental），声调属于超音段的成分（suprasegmental），不在这个图的范围内。

（17）

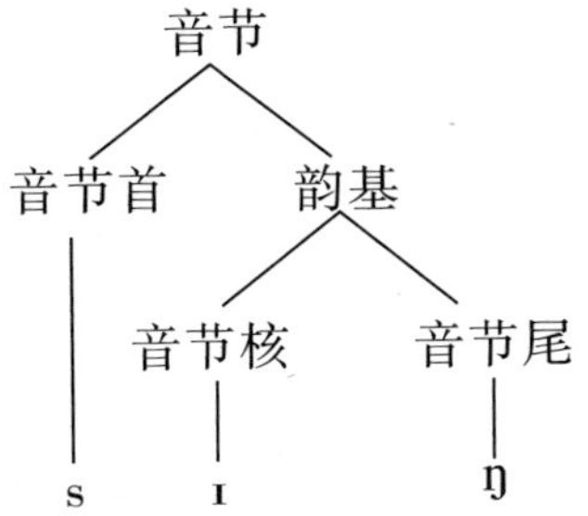

本书的名字《粤语语法讲义》，用国际音标来标示，可以写成（18）。

（18）［jyt^{22}jy^{13}jy^{13}fat^{33}kɔŋ^{35}ji^{22}］

3. 粤拼

上述所介绍的标音工具是国际音标，表示方式严谨，可作准确的记音工具，作为学术讨论之用，尤其是语音学和音系学的讨论。不过，国际音标在日常生活的应用，如语文教学、编写字典、拼音排序等，似乎不太方便，而且国际音标的不少特殊符号，在标准键盘找不到，不利于输入，也不利于资讯科技的交流。因此，为粤语设计一套简单易用的拼音系统，有实际的需要。

香港语言学学会设立专家小组，经过详细比较和讨论后，设计了一套名为“香港语言学学会粤语拼音方案”的拼音系统，简称“粤拼”，在1993年12月举行的“第四届国际粤方言研讨会”上正式公布。在英语的语境，这个拼音系统可称为“The Linguistic Society of Hong Kong Cantonese Romanization Scheme”或“LSHK Cantonese Romanization Scheme”。更常见的叫法，就是用粤拼来拼写“粤拼”二字“Jyutping”（来自粤拼的“jyut6 ping3”），直接用在英文里。

粤拼这个系统见于1997年出版的《粤语拼音字表》和2002年出版的《粤语拼音字表（第二版）》。粤拼的设计和推出，目的在于综合国际音标、香港社会通行的“通俗式”英译系统、汉语拼音这三个传统，统一社会各界在粤语拼音使用上的混乱情况。有关粤拼设计的背景和过程，可详见张群显（2002）一文的介绍。

自从1993年正式公布以来，粤拼已广泛使用，有一定的认受性。如已获国际学术界、香港教育界采用，香港多所大专院校以粤拼作为教授粤语拼音的工具，香港多所学校采用粤拼作为教授非华语学童学习中文的工具。国际学术论文（非语音学、音系学的论文，如语法学的论文），多数用粤拼为粤语语料标音。多个大型语料库，如“香港粤语儿童语资库”“香港双语儿童语料库”“香港二十世纪中期粤语语料库”等，都以粤拼记音，作为检索工具。香港特区政府教育局所出版的多本字典词典，如2007年的《香港小学学习字词表》、2012年的《常用字字形表——二零零七年重排本附粤普字音及英文解释》等，还有坊间出版的教科书、字典词典、语文专书等，都采用粤拼作为标音工具。按照粤拼的道理所设计的中文电脑输入法，发展相当成熟。粤拼已成为中文电脑的内置输入法，对资讯科技的发展，有一定的贡献。

根据粤语语音的分类方式，粤拼符号简介如下。

（19）粤拼辅音举例

双唇音	b 爸　p 趴　m 妈
唇齿音	f 花
齿龈音	d 打　t 他　z 渣　c 叉　n 拿　s 沙　l 啦
硬腭音	j 也
软腭音	g 加　k 卡　ng 牙
圆唇化软腭音	gw 瓜　kw 夸
圆唇软腭音	w 娃
声门音	h 哈

（20）粤拼单元音举例

	前	央	后
闭/高	i 思　yu 书		u 夫
次闭	i 星		u 松
半闭		eo 询	
半开	e 些　oe 靴		o 疏
次开		a 身	
开/低	aa 沙		

（21）粤拼复元音举例

aai 晒	eoi 需

aai 晒	eoi 需
ai 细	oi 腮
aau 筲	ui 灰
au 收	iu 消
ei 四	ou 须
eu 掉（口语音）	

（22）以鼻音作为音节尾

-m	im 闪　em 舐　am 心　aam 三
-n	in 先　yun 孙　un 宽　en send　eon 询　on 肝　an 身　aan 山
-ng	ing 星　ung 松　eng 腥　oeng 商　ong 桑　ang 笙　aang 坑

（23）以塞音作为音节尾

-p	ip 摄　ep 夹　ap 湿　aap 飒
-t	it 舌　yut 雪　ut 阔　et□　eot 恤　oet□　ot 喝　at 失　aat 煞
-k	ik 式　uk 叔　ek 硕　oek 削　ok 朔　ak 塞　aak 客

（24）自成音节：m 唔，ng 吴

（25）粤拼声调举例①

1	**高平调**	春天花开　江心孤舟　瑟缩哭泣　一曲祝福
2	**高升调**	港岛好景　井水可饮　纸厂火警　斗胆小子

① 同调词语例子引录自何文汇（1999：11—13）。

（续表）

3	**中平调**	唱个痛快　醉看世界　各国作客　设法节约
4	**低降调**	和平繁荣　闲来无聊　斜阳微红　钱塘狂潮
5	**低升调**	老妇买米　惹上蚂蚁　每晚有雨　满市美女
6	**低平调**	万事顺利　大路漫步　毒药勿服　弱鹿莫逐

粤拼的特点之一，是所有的符号都可以在标准的键盘上直接输入，即符合“美国信息交换标准码”（American Standard Code for Information Interchange，简称“ASCII”）。没有特殊符号、奇怪符号，没有附加符号，也没有上下标。表示声调的数字，放在音节之后，不必上标，不必小写，如“星”可写成“sing1”，标调的“1”不必上标，不必小写。

粤拼以两套不同的符号区分送气和不送气的分别，即送气的“p、t、k”和不送气的“b、d、g”。至于作为音节尾的辅音，虽然不存在送气的特征，但仍用“p、t、k”表示，照顾一般人的习惯。圆唇和不圆唇的分别，粤拼用“kw、gw”表示圆唇，如“kwaa1”（跨）、“gwaa1”（瓜），用“k、g”表示不圆唇，如“kaa1”（卡）、“gaa1”（加）。表示圆唇特征的“w”不必上标，也不必小写。

除此之外，粤拼还有以下几个特点。

以“j”表示［j］　粤拼用“j”代表硬腭通音［j］，这个符号，就是沿袭自国际音标的做法，向国际音标靠拢，如“ji1”（衣）、“jaa5”（也）、“jung4”（容）。粤拼用“j”而不用“y”来代表［j］，原因是“y”已借用为表示元音［y］。为了避免“一符多音”（即同一个符号代表不同的读音），［j］

用"j"来代表，而把"y"留给［y］。

以"z、c"表示［ts］［ts^h］ 粤拼用"z、c"分别代表这一组塞擦音的不送气音和送气音，参考汉语拼音的做法，可谓向汉语拼音靠拢，如"zi1"（知）、"zaa1"（渣）、"ci1"（雌）、"caa1"（叉）。有些粤语拼音系统，用"dz"代表不送气的［ts］（如黄锡凌的《粤音韵汇》），用"ch"代表送气的［ts^h］（如耶鲁拼音）。粤拼的"z"和"c"，也可以当作"dz"和"ch"的省略。

"aa"和"a"的对立 粤语的［a］和［ɐ］，理论上是两个不同的元音，前者是开元音，后者是次开元音，分别占据不同的舌位，但也可以理解为长短的不同（李行德 1985，Bauer and Benedict 1997，张群显、张凌 2010 等）。在不新增符号或附加符号的原则下，粤拼借用长短元音的概念，用双"aa"代表［a］，用单"a"代表［ɐ］，清晰体现粤语这两组元音的差异，如（26）的例子所示。

（26）"长短"对立

aai-ai	拜—闭，街—鸡，乖—龟，买—米，债—仔
aau-au	猫—贸，靠—扣，闹—钮，炒—臭，拗—呕
aam-am	蓝—林，参—侵，三—心，监—禁，咸—堪
aan-an	班—斌，摊—吞，餐—亲，山—新，间—斤
aang-ang	横—宏，争—增
aap-ap	腊—立，杂—集，霎—十
aat-at	八—不，达—突，察—七，刮—骨，挖—屈
aak-ak	百—北，窄—则，客—黑

粤语基本上只有［a］可以单独做韵基（即所谓“开尾韵”），而［ɐ］一般不行，如［ka^{55}］（加）。即使在单元音做韵基的情况下，［a］和［ɐ］没有对立，为了尽量维持“一音一符”（即一个音只由一个符号代表）的原则，粤拼仍采用双字符“aa”来代表单独做韵基的［a］，如“gaa1”（加）。

做开尾韵的［a］在粤语一律写成“aa”而不写成“a”，好处是粤拼的“a”只代表［ɐ］，不会兼顾［a］。事实上，在某些情况下，［ɐ］在粤语也可以做开尾韵，例如句末的“㗎啦”，一般读成［kɐ^{33}la^{55}］（或读成［kə^{33}la^{55}］），当中的“㗎”，是以［ɐ］做开尾韵，粤拼可以把“㗎啦”拼写成“ga3 laa1”，“ga3”和“gaa3”是不一样的，前者听起来较为短，后者听起来较为长（如“嫁”）。又例如连用助词“喇嚩”，一般读成［lɐ^{33}pɔ^{33}］（或读成［lə^{33}pɔ^{33}］），而不是读成［la^{33}pɔ^{33}］。粤拼就可以准确地拼写成“la3 bo3”，“la3”和“laa3”是有区别的。

“oe”和“eo”的对立　粤拼用双字符“oe”代表［œ］，主要是模仿国际音标［œ］的形式。“oe”虽然是双字符，但只是一个元音，并非两个元音或复元音。［ɵ］跟［œ］有点相似，都是位于中间的圆唇元音。由于音值接近，粤拼用相似的符号来代表。在不新增符号或附加符号的原则下，粤拼同样借用“oe”，只不过把这两个符号颠倒，写成“eo”，用以代表［ɵ］。

其他的粤语拼音系统，都把这两个元音当作一个“音位”（phoneme），处于互补分布，不认为它们有对立。在一般的情况下，［ɵ］只出现在齿龈音的前面，如［sɵn^{55}］（询）、

［sɵt^{55}］（恤），或构成复元音，如［sɵy^{55}］（需）；至于［œ］，则可以出现在其他的环境，分布较广。

事实上，这两个音并非真正互补，［œ］也可以在齿龈音前出现，例如用来形容睡觉时所发出的声音“［kœt^{21}］［kœt^{35}］声”的［œt］韵；又如“打［œt^{21}］”（打嗝）的［œt］韵。张洪年（2002：34）记录了［ŋœt］这个音，表示“猪叫声”。此外，张洪年（2002：35）还注意到粤语有［sœt］一音，象声表示快的意思，如“［sœt^{21}］［sœt^{35}］声”。虽然这些都是所谓“有音无字”的例子，但却是粤语存在的事实，属于粤语的语素，可以构成词，不能否认。既然［œ］和［ɵ］都可以在齿龈音前出现，形成［œt］和［ɵt］的对立，作为科学的拼音系统，应把这两个元音准确地区分开来。否则，［sœt］（象声）和［sɵt］（如“术”）则无法区分。基于这些考虑，粤拼分别用“oe”和“eo”来代表［œ］和［ɵ］这两个音，当作两个音位来处理。表示象声的［sœt］写作“soet”，而“术”写作“seot”，不会混淆。

粤拼这样的区分虽然好像有点复杂，不过，优点是可以准确记录粤语的音变，为描写新兴的读音提供一个方便。张洪年（2002：35）注意到目前香港粤语的位于音节尾的软腭音有读成齿龈音的趋势，如“江”［kɔŋ^{55}］读成［kɔn^{55}］，好像“肝”一样。这种音变，也出现在以［œ］作为音节核的韵，如把“梁”［lœŋ^{21}］读成［lœn^{21}］，把“略”［lœk^{22}］读成［lœt^{22}］。结果，“梁”和“轮”的音节尾都是齿龈鼻音，“略”和“律”的音节尾都是齿龈塞音。按照这样音变的趋势，将来势必出现大量［œn］和［œt］，并且跟原来的［ɵn］

和［ɵt］产生对立现象。粤拼把［œ］和［ɵ］当作两个音位来处理，可谓一种“未雨绸缪”的做法，可以照顾新兴的读音，例如“梁”可写作“loen4”，跟“轮”（leon4）有别；“略”可写作“loet6”，跟“律”（leot6）有别。

口语语音［ɛ］ 以元音［ɛ］组成的几个韵，一直被过往的文献所忽略，例如［$tɛu^{22}$］（口语化的“掉”）、［$lɛm^{35}$］（舔）、［$kɛp^{22}$］（口语化的“夹”）、［$fɛn^{55}$］（来自英语的“friend”）、［$pɛt^{22}$］（软）（张洪年 2002：34）。粤拼预留了“e”代表［ɛ］，也预留了“eu”代表复元音［ɛu］。上述这几个例子，在粤拼可以有很妥善的表示：“deu4、lem2、gep6、fen1、bet6”，而不会产生混淆。

以“yu”表示［y］ 粤拼用双字符“yu”来代表元音［y］，如“syu1”（书）、“gyun1”（捐）、“jyut6”（粤）。用“y”这个符号，就是沿袭自国际音标的做法，向国际音标靠拢。不过，对于不谙国际音标的普罗大众而言，很难理解“y”跟元音的关系；对认识英语或汉语拼音的人来说，“y”只能代表辅音。为了让一般人容易掌握，粤拼在“y”之后补加了一个“u”，成为一个双字符“yu”，用以突显元音的地位。粤拼的“u”本身是一个圆唇的闭元音（高元音）［u］，跟［y］的音质接近，作为［y］的补充符号，也有一定的道理。虽然“yu”这样的设计造成“一音多符”的现象，但为了让一般人容易理解（即张群显 2002 所说的“亲和性”），这也是一个折中的做法。

顺带一提，组成复元音［ɵy］的一个部分，本来跟这个［y］有关。已知粤拼用“eo”代表［ɵ］，用“yu”代表

［y］，按理来说，［ɵy］应该写成“eoyu”。显然，这样的拼写方法绝不会为一般人所接受。粤拼根据音位的考虑，用“i”来代表这里的［y］，写成“eoi”，如“keoi5”［kɵy^{13}］（佢）、“seoi1”［sɵy^{55}］（需）。尽管违反了“一音一符”的原则，但这样的设计应较容易为普罗大众所接受。

以“1”至“6”表示声调　粤拼用“1”至“6”分别代表粤语的六个调类。至于传统汉语音韵学所讲的“入声”，其实是音段层次的特征，即以塞音作为音节尾。有些粤语拼音系统，却用了“7、8、9”分别代表阴入、中入、阳入（如香港教育署语文教育学院中文系所设计的“教院式”）。粤拼不把入声作为独立的声调来处理，而把这三个调分别归为“1”（高平调）、“3”（中平调）、“6”（低平调），优点是处理所谓入声变调，更为方便。例如“手鈪”（镯子）的“鈪”，本调是阳入，变调后读成高升调。变调后的“鈪”属于哪种入声？粤拼用“1”至“6”的方式，就可以回避入声变调的问题，直接用“2”来代表变调后的高升调，写成“aak2”。

以上述表（25）为例，“瑟缩哭泣、一曲祝福”传统称为阴入声，调类跟阴平声的“春天花开、江心孤舟”一样，同属高平调，用“1”来代表；“各国作客、设法节约”传统称为中入声，调类跟阴去声的“唱个痛快、醉看世界”一样，同属中平调，用“3”来代表；“毒药勿服、弱鹿莫逐”传统称为阳入声，调类跟阳去声的“万事顺利、大路漫步”一样，同属低平调，用“6”来代表。粤拼清晰地显示了粤语的声调只有六类，入声并非独立的调类。

本书采用粤拼作为粤语（香港粤语）的标音工具。由于只是标音的辅助工具，而不是拼音文字，本书不考虑连写、专名的第一个字母大写等属于正词法的书写问题。本书所用的拼音，一律不连写，专名的第一个字母不大写。例如“香港”是一个词，属于专名，不考虑连写、大写的话，就写成“hoeng1 gong2”。

本书的名字《粤语语法讲义》，用粤拼来标示，可以写成（27）。

（27）jyut6 jyu5 jyu5 faat3 gong2 ji6

参考文献

蔡建华。1995a。广州话副词的辨别。收录于郑定欧主编、潘小洛副主编：《广州话研究与教学（第二辑）》。广州：中山大学学报编辑部，第28—31页。

蔡建华。1995b。广州话动词后的“先”。收录于郑定欧主编、潘小洛副主编：《广州话研究与教学（第二辑）》。广州：中山大学学报编辑部，第69—72页。

蔡维天。2005。谈汉语的蒙受结构。手稿，台湾清华大学语言学研究所。

曹广顺。1995。《近代汉语助词》。北京：语文出版社。

陈冠健。2014。粤语句首句末助词结构的一些语法特征及其所见之语法意义。香港中文大学中国语言及文学系专题研究论文。

陈慧英。1994。《实用广州话词典》，上海：汉语大词典出版社。

陈前瑞。2008。《汉语体貌研究的类型学视野》。北京：商务印书馆。

陈晓锦、林俐。2006。广州话的动态助词“过”。《暨南学报（哲学社会科学版）》第4期，第118—122页。

陈晓锦。2008。马、泰两国粤语中的“咗”。收录于邵敬敏主编：《21世纪汉语方言语法新探索——第三届汉语方言语法国际研讨会论文集》。广州：暨南大学出版社，第24—28页。
陈逸儿。2010。粤语祈使句“先”的一些语法特点。香港理工大学中国语言学文学硕士论文。
程祥徽、田小琳。2013。《现代汉语（修订版）》。香港：三联书店（香港）有限公司。
邓思颖。2000a。粤语量化词“得”的一些特点。收录于单周尧、陆镜光主编：《第七届国际粤方言研讨会论文集》。北京：商务印书馆，第425—433页。
邓思颖。2000b。粤语被动句施事者的省略和“原则与参数语法”。《中文学刊》第2期，第243—260页。
邓思颖。2001。粤语助词“翻”的应用条件。《中国语文通讯》第60期，第50—55页。
邓思颖。2002a。经济原则和汉语没有动词的句子。《现代外语》第1期，第1—13页。
邓思颖。2002b。粤语句末助词的不对称分布。《中国语文研究》第2期，第75—84页。
邓思颖。2003a。《汉语方言语法的参数理论》。北京：北京大学出版社。
邓思颖。2003b。粤语述语助词“嗽”的一些特点。收录于詹伯慧主编：《第八届国际粤方言研讨会论文集》。北京：中国社会科学出版社，第570—586页。
邓思颖。2004。作格化和汉语被动句。《中国语文》第4期，第291—301页。

邓思颖。2006a。粤语“得滞、乜滞、咁滞”是否属于同一个家族?《中国语文研究》第 1 期，第 1—11 页。
邓思颖。2006b。粤语疑问句“先”的句法特点。《中国语文》第 3 期，第 225—232 页。
邓思颖。2006c。粤语框式虚词结构的句法分析。《汉语学报》第 2 期，第 16—23 页。
邓思颖。2006d。汉语方言受事话题句类型的参数分析。《语言科学》第 6 期，第 3—11 页。
邓思颖。2007。粤语框式虚词的局部性和多重性。收录于张洪年、张双庆、陈雄根主编:《第十届国际粤方言研讨会论文集》。北京: 中国社会科学出版社，第 262—276 页。
邓思颖。2008a。汉语复合词的论元结构。《语言教学与研究》第 4 期，第 10—17 页。
邓思颖。2008b。轻动词在汉语句法和词法上的地位。《现代中国语研究》第 10 期，第 11—17 页。
邓思颖。2008c。汉语被动句句法分析的重新思考。《当代语言学》第 4 期，第 308—319 页。
邓思颖。2008d。为什么问“乜”?《中国语文研究》第 1 期，第 9—19 页。
邓思颖。2008e。粤语框式虚词“咪……啰”的句法特点。《中国语言学集刊》第 3 卷第 1 期，第 145—159 页。
邓思颖。2008f。“形义错配”与名物化的参数分析。《汉语学报》第 4 期，第 72—79 页。
邓思颖。2009a。粤语句末“住”和框式虚词结构。《中国语文》第 3 期，第 234—240 页。

邓思颖。2009b。“他的老师当得好”及汉语方言的名物化。《语言科学》第3期，第239—247页。

邓思颖。2009c。粤语句末助词“罢啦”及其框式结构。收录于钱志安、郭必之、李宝伦、邹嘉彦编：《粤语跨学科研究：第十三届国际粤方言研讨会论文集》。香港：香港城市大学语言资讯科学研究中心，第415—427页。

邓思颖。2009d。香港“潮语”构词的初探。《中国语文研究》第2期，第11—21页。

邓思颖。2009e。话题句的形成。收录于程工、刘丹青主编：《汉语的形式与功能研究》。北京：商务印书馆，第36—49页。

邓思颖。2010。《形式汉语句法学》。上海：上海教育出版社。

邓思颖。2011。粤语句法学研究的原因、方法、课题。《中国语文研究》第1—2期合刊，第45—50页。

邓思颖。2012。言域的句法分析——以粤语“先”为例。《语言科学》第1期，第9—14页。

邓思颖。2013a。方言语法研究问题的思考。《汉语学报》第2期，第9—15页。

邓思颖。2013b。再谈“了$_2$”的行、知、言三域——以粤语为例。《中国语文》第3期，第195—199页。

邓思颖。2014a。汉语复合词的不对称现象。《汉语学报》第1期，第69—77页。

邓思颖。2014b。粤语谓词性语气词。收录于何志华、冯胜利编：《继承与拓新：汉语语言文字学研究》（下册）。香港：商务印书馆，第427—444页。

丁思志。2006。粤语的“据由”助词初探。《澳门理工学报》第 4 期，第 105—113 页。

饭田真纪。2007。粤语句末助词的体系。收录于张洪年、张双庆、陈雄根主编：《第十届国际粤方言研讨会论文集》。北京：中国社会科学出版社，第 377—385 页。

方小燕。2003。《广州方言句末语气助词》。广州：暨南大学出版社。

方秀莹。2007。香港粤语“翻”的用法。收录于林亦、余瑾主编：《第十一届国际粤方言研讨会论文集》。南宁：广西人民出版社，第 283—291 页。

冯胜利。1997。《汉语的韵律、词法与句法》。北京：北京大学出版社。

冯胜利。2015。声调、语调与汉语的句末语气。将刊于《语言学论丛》第 51 辑。北京：商务印书馆，第 51—77 页。

甘于恩。1998。粤语判断句式与判断词初探。收录于郑定欧、蔡建华主编：《广州话研究与教学（第三辑）》。广州：中山大学出版社，第 139—146 页。

高华年。1980。《广州方言研究》。香港：商务印书馆。

顾阳。2008。时态、时制理论与汉语时间参照研究。收录于沈阳、冯胜利编：《当代语言学理论和汉语研究》。北京：商务印书馆，第 97—119 页。

何文汇。1999。《粤音平仄入门 · 粤语正音示例（合订本）》。香港：明窗出版社。

胡建华、石定栩。2005。完句条件与指称特征的允准。《语言科学》第 5 期，第 42—49 页。

胡明扬。1987。《北京话初探》。北京：商务印书馆。
胡明扬、劲松。1989。流水句初探。《语言教学与研究》第 4 期，第 42—54 页。
胡永利。2010。香港粤语句末语气词及语调的声学语音初探。《粤语研究》第 6—7 期，第 66—74 页。
胡裕树等。1995。《现代汉语》（重订本）。上海：上海教育出版社。
黄伯荣。1959。广州话补语宾语的词序。《中国语文》6 月号，第 275—276 页。
黄伯荣。1993。广州话后置成分较丰富。收录于郑定欧主编、周小兵副主编：《广州话研究与教学》。广州：中山大学出版社，第 45—50 页。
黄伯荣主编。1996。《汉语方言语法类编》。青岛：青岛出版社。
黄伯荣等。2001。《汉语方言语法调查手册》。广州：广东人民出版社。
黄伯荣、廖序东。2007a。《现代汉语·上册》（增订四版）。北京：高等教育出版社。
黄伯荣、廖序东。2007b。《现代汉语·下册》（增订四版）。北京：高等教育出版社。
黄诚杰。2015。粤语词尾“定”的语法特点。香港中文大学中国语言及文学系专题研究论文。
黄富荣。2009。“撞亲”与“摄亲”：补语还是词尾？——粤语词“亲”研究综论之一。收录于钱志安、郭必之、李宝伦、邹嘉彦编：《粤语跨学科研究：第十三届国际粤方言研讨会论文集》。香港：香港城市大学语言资讯科学研究中心，第 429—445 页。

黄海维。2007。早期粤语中的选择问句。收录于张洪年、张双庆、陈雄根主编：《第十届国际粤方言研讨会论文集》。北京：中国社会科学出版社，第 164—172 页。

黄丽丽、周澍民、钱莲琴。1990。《港台词语词典》。合肥：黄山书社。

黄正德。2007。汉语动词的题元结构与其句法表现。《语言科学》第 4 期，第 3—21 页。

黄卓琳。2007。粤语“实”的体貌功能。香港理工大学中文及双语学系毕业论文。

黄卓琳。2014。粤语复合助词的研究。香港中文大学哲学博士论文。

蒋旻正。2014。粤语“好”的一些特点。香港中文大学中国语言及文学系专题研究论文。

克里斯特尔。2000。《现代语言学词典》（沈家煊译）。北京：商务印书馆。

孔令达。1994。影响汉语句子自足的语言形式。《中国语文》第 6 期，第 434—440 页。

邝永辉。1998。试析粤语“过”——兼谈某些与“过”相关的句式。收录于郑定欧、蔡建华主编：《广州话研究与教学（第三辑）》。广州：中山大学出版社，第 158—170 页。

黎美凤。2003。粤语“添”的一些语言特点。香港理工大学文学硕士论文。

李宝伦。2012。修饰语量化词都对焦点敏感吗？《当代语言学》第 2 期，第 111—128 页。

李宝伦、潘海华。2007。广东话动词词缀“得”及其他量化词缀的语义研究。收录于林亦、余瑾主编：《第十一届国际粤方言研讨会论文集》。南宁：广西人民出版社，第 300—316 页。

李敬忠。1994。《语言演变论》。广州：广州出版社。

李荣。1989a。中国的语言和方言。《方言》第 3 期，第 161—167 页。

李荣。1989b。汉语方言的分区。《方言》第 4 期，第 241—259 页。

李荣主编。1998。《广州方言词典》。南京：江苏教育出版社。

李如龙。2007。《汉语方言学（第二版）》。北京：高等教育出版社。

李炜。1993。“将”字句与“把”字句。收录于郑定欧主编、周小兵副主编：《广州话研究与教学》。广州：中山大学出版社，第 51—63 页。

李小凡、项梦冰。2009。《汉语方言学基础教程》。北京：北京大学出版社。

李新魁、黄家教、施其生、麦耘、陈定方。1995。《广州方言研究》。广州：广东人民出版社。

李行德。1985。广州话元音的音值及长短对立。《方言》第 1 期，第 28—38 页。

李行德。1994。粤语“晒”的逻辑特点。收录于单周尧主编：《第一届国际粤方言研讨会论文集》。香港：现代教育研究社有限公司，第 131—138 页。

梁仲森。1992。《香港粤语语助词的研究》。香港理工学院哲学硕士论文。

梁仲森。2005。《当代香港粤语语助词的研究》。香港：香港城市大学语言资讯科学研究中心。

林华勇。2014。《廉江粤语语法研究》。北京：北京大学出版社。

林慧莎。2005。粤语句末“住”的一些特点。香港理工大学文学硕士论文。

刘扳盛。2008。《广州话普通话词典》。香港：商务印书馆。

刘丹青。2001。汉语方言的语序类型比较。收录于史有为编：《从语义信息到类型比较》。北京：北京语言文化大学出版社，第222—244页。

刘丹青。2003。《语序类型学与介词理论》。北京：商务印书馆。

刘丹青。2008。《语法调查研究手册》。上海：上海教育出版社。

刘丹青。2011。叹词的本质——代句词。《世界汉语教学》第2期，第147—158页。

刘倩。2007。关于粤语句末助词“嚟”的比较研究。收录于张洪年、张双庆、陈雄根主编：《第十届国际粤方言研讨会论文集》。北京：中国社会科学出版社，第370—376页。

刘叔新。2003。广州话的形态词及其类别。收录于邓景滨主编：《第六届国际粤方言研讨会论文集》。澳门：澳门中国语文学会，第116—126页。

陆俭明。1986。现代汉语里动词作谓语问题浅议。《语文论集》第 2 辑。北京：外语教学与研究出版社。
陆俭明。1993。《八十年代中国语法研究》。北京：商务印书馆。
陆镜光。1999。粤语“得”字的用法。《方言》第 3 期，第 215—220 页。
陆镜光。2002。广州话句末“先”的话语分析。《暨南学报（哲学社会科学）》第 2 期，第 41—44 页。
吕叔湘。1982。《语文常谈》。香港：三联书店。
吕叔湘主编。1980。《现代汉语八百词》。北京：商务印书馆。
吕叔湘、饶长溶。1981。试论非谓形容词。《中国语文》第 2 期，第 81—85 页。
马志刚。2008。局域非对称成分统制结构、题元角色和领主属宾句的跨语言差异。《语言科学》第 5 期，第 492—501 页。
麦耘。1990。广州话的特殊 35 调。收录于詹伯慧主编：《第二届国际粤方言研讨会论文集》。广州：暨南大学出版社，第 67—71 页。
麦耘。1993。广州话“先”的再分析。收录于郑定欧主编、周小兵副主编：《广州话研究与教学》。广州：中山大学出版社，第 63—73 页。
麦耘。1995。广州话的语素变调及其来源与嬗变。收录于麦耘：《音韵与方言研究》。广州：广东人民出版社，第 241—282 页。
麦耘。2000。广州话的声调系统与语素变调。《中国语学研究·开篇》第 20 卷。收录于《著名中年语言学家自选集·麦耘卷》。上海：上海教育出版社（2012），第 50—93 页。

麦耘。2008。广州话的句末语气词“来”。收录于邵敬敏主编：《21 世纪汉语方言语法新探索——第三届汉语方言语法国际研讨会论文集》。广州：暨南大学出版社，第 196—205 页。

麦耘、谭步云。1997。《实用广州话分类词典》。广州：广东人民出版社。

麦耘、谭步云。2011。《实用广州话分类词典》。香港：商务印书馆。

莫华。1993。试论“-晒”与“-埋”的异同。收录于郑定欧主编、周小兵副主编：《广州话研究与教学》。广州：中山大学出版社，第 74—84 页。

莫华。1995。粤语范围副词“晒”析。收录于郑定欧主编、潘小洛副主编：《广州话研究与教学（第二辑）》。广州：中山大学学报编辑部，第 60—68 页。

欧阳觉亚。1993。《普通话广州话的比较与学习》。北京：中国社会科学出版社。

欧阳伟豪。1998。也谈粤语“晒”的量化表现特征。《方言》第 1 期，第 58—62 页。

欧阳伟豪。2008。《粤讲粤法》。香港：明窗出版社。

欧阳伟豪。2012。《撑广东话》。香港：明窗出版社。

潘秋平。2007。粤方言给予义双宾语结构的来源。收录于张洪年、张双庆、陈雄根主编：《第十届国际粤方言研讨会论文集》。北京：中国社会科学出版社，第 214—229 页。

彭小川。1999。广州话的动态助词“翻”。《方言》第 1 期，第 64—69 页。

彭小川。2010。《广州话助词研究》。广州：暨南大学出版社。

彭小川、赵敏。2005。广州话“晒”与普通话相关成分的比较研究。收录于邓景滨、汤翠兰主编：《第九届国际粤方言研讨会论文集》。澳门：澳门中国语文学会，第333—342页。

片冈新。2007。19世纪的粤语处置句：“械”字句。收录于张洪年、张双庆、陈雄根主编：《第十届国际粤方言研讨会论文集》。北京：中国社会科学出版社，第191—200页。

乔砚农。1966。《广州话口语词的研究》。香港：华侨语文出版社。

桥本万太郎。1987。汉语被动式的历史·区域发展。《中国语文》第1期，第36—49页。

清水茂（Shigeru Shimizu）。1972。粤方言双宾语の词序。收录于《鸟居久靖先生华甲纪念论集——中国の言语と文字》。天理：天理大学，第193—208页。

丘宝怡。2007。谈早期粤语选择问句析取连词“嗬”“嗬系”。收录于张洪年、张双庆、陈雄根主编：《第十届国际粤方言研讨会论文集》。北京：中国社会科学出版社，第173—190页。

饶秉才、欧阳觉亚、周无忌。1981。《广州话方言词典》。香港：商务印书馆。

饶秉才、欧阳觉亚、周无忌。2009。《广州话方言词典（修订版）》。香港：商务印书馆。

单韵鸣。2012。广州话用作连接成分的“得嚟”——兼论后置连接成分的语言普遍性。《中国语文》第3期，第256—

263 页。

石定栩。2002。《乔姆斯基的形式句法——历史进程与最新理论》。北京：北京语言大学出版社。

石定栩。2005。“被”字句的归属。《汉语学报》第 1 期，第 38—48 页。

石定栩。2007。粤语句末助词“先”和“住”的句法地位。收录于张洪年、张双庆、陈雄根主编：《第十届国际粤方言研讨会论文集》。北京，中国社会科学出版社，第 347—358 页。

石定栩。2010。“晒”的语义及句法功能。《粤语研究》第 6，7 期，第 86—92 页。

石定栩、胡建华。2005。“被”的句法地位。《当代语言学》第 3 期，第 213—224 页。

石定栩、邵敬敏、朱志瑜。2014。《港式中文与标准中文（第二版）》。香港：香港教育图书公司。

施其生。1995。论广州方言虚成分的分类。《语言研究》第 1 期，第 114—123 页。

孙锡信。1999。《近代汉语语气词》。北京：语文出版社。

太田辰夫。1987。《中国语历史文法》。北京：北京大学出版社。

谭雨田。2013。香港粤语“V 落”的语法特点。收录于刘丹青主编：《汉语方言语法研究的新视角——第五届汉语方言语法国际学术研讨会论文集》。上海：上海教育出版社，第 248—261 页。

汤廷池。1989。《汉语词法句法续集》。台北：台湾学生书局。

汤廷池。1992。《汉语词法句法三集》。台北：台湾学生书局。
田小琳。2009。《香港社区词词典》。北京：商务印书馆。
王力。1985［1943/1944］。《中国现代语法》。北京：商务印书馆。
温欣瑜。2013。论粤语中的“区别词”。香港中文大学中国语言及文学系专题研究论文。
文映霞。2010。有关港式粤语“晒”的一些讨论。《粤语研究》第6—7期，第93—98页。
吴庚堂。1999。“被”字的特征与转换。《当代语言学》第4期，第25—37页。
吴庚堂。2000。汉语被动式与动词被动化。《现代外语》第3期，第249—260页。
吴开斌。1991。《简明香港方言词典》。广州：花城出版社。
吴开斌。1997。《香港话词典》。广州：花城出版社。
肖治野、沈家煊。2009。“了”的行、知、言三域。《中国语文》第6期，第518—527页。
熊仲儒。2007。现代汉语与方言中差比句的句法结构分析。《语言暨语言学》第8卷第4期，第1043—1063页。
徐丹。2004。《汉语句法引论》（张祖建译）。北京：北京语言大学出版社。
徐德宽。2007。基于最简方案框架的汉语被字结构研究。《外语学刊》第4期，第60—63页。
徐烈炯。2009。《生成语法理论：标准理论到最简方案》。上海：上海教育出版社。
徐芷仪。1999。《两文三语——语法系统比较》。台北：台湾学生书局。
严丽明。2009。广州话表示“修正”的助词“过”。《方言》第2期，第134—139页。
严秋燕。2001。粤语“住”字的研究。香港理工大学中文及双语学系文学硕士论文。
杨敬宇。2006。《清末粤方言语法及其发展研究》。广州：广东人民出版社。
游汝杰。2004。《汉语方言学教程》。上海：上海教育出版社。
余蔼芹。1991。粤语方言分区问题初探。《方言》第3期，第164—181页。
袁家骅等。1960。《汉语方言概要》。北京：文字改革出版社。
袁家骅等。2001。《汉语方言概要（第二版）》。北京：语文出版社。
袁思惠。2015。汉语句末助词的声调研究。香港中文大学中国语言及文学系专题研究论文。
袁毓林。1993。《现代汉语祈使句研究》。北京：北京大学出版社。
曾子凡。1989。《广州话·普通话口语词对译手册（增订本）》。香港：三联书店（香港）有限公司。
詹伯慧。1958。粤方言中的虚词“亲、住、翻、埋、添”。《中国语文》3月号，第119—122页。
詹伯慧。1985。《现代汉语方言》。武汉：湖北教育出版社。
詹伯慧等。1991。《汉语方言及方言调查》。武汉：湖北教育出版社。
詹伯慧主编。2002a。《广东粤方言概要》。广州：暨南大学出版社。
詹伯慧主编。2002b。《广州话正音字典》。广州：广东人民出版社。
张斌等。1988。《现代汉语》。北京：中央广播电视大学出版社。
张伯江。2009。《从施受关系到句式语义》。北京：商务印书馆。
张洪年。1972。《香港粤语语法的研究》。香港：香港中文大学。
张洪年。2002。21世纪的香港粤语：一个新语音系统的形成。《暨南学报（哲学社会科学）》第2期，第25—40页。
张洪年。2007。《香港粤语语法的研究（增订版）》。香港：香港中文大学出版社。
张洪年。2009。Cantonese Made Easy：早期粤语中的语气助词。《中国语言学集刊》第3卷，第2期。北京：中华书局，第131—167页。
张静等。1980。《新编现代汉语（上册）》。上海：上海教育出版社。
张励妍、倪列怀。1999。《港式广州话词典》。香港：万里书店。
张敏。2011。汉语方言双及物结构南北差异的成因：类型学研究引发的新问题。《中国语言学集刊》第4卷，第2期。北京：中华书局，第87—270页。
张庆文、邓思颖。2011。论现代汉语的两种不同保留宾语句。《外语教学与研究》第4期，第512—528页。

张群显。2002。香港语言学学会《粤语拼音方案》的缘起、设计原则和特点。收录于香港语言学学会粤语拼音字表编写小组编：《粤语拼音字表（第二版）》。香港：香港语言学学会，第 6—16 页。

张群显、张凌。2010。粤语音节延长对韵复韵尾时长的影响。收录于张洪年、张双庆编：《历史演变与语言接触——中国东南方言》（*Journal of Chinese Linguistics* Monograph Series Number 24），第 145—161 页。

张世涛。1998。广州话的体貌助词“紧”与“住”。收录于郑定欧、蔡建华主编：《广州话研究与教学（第三辑）》。广州：中山大学出版社，第 120—128 页。

张双庆。1989。说“啰”。《中国语文通讯》第 2 期，第 14—15 页。

张双庆。1996。香港粤语动词的体。收录于张双庆编：《动词的体》。香港：香港中文大学中国文化研究所吴多泰中国语文研究中心，第 143—160 页。

张双庆。1997。香港粤语的动词谓语句。收录于李如龙、张双庆主编：《动词谓语句》。广州：暨南大学出版社，第 247—262 页。

张双庆。2000。香港粤语的介词。收录于李如龙、张双庆主编：《介词》。广州：暨南大学出版社，第 236—244 页。

张双庆、郭必之。2005。香港粤语两种差比句的交替。《中国语文》第 3 期，第 232—238 页。

张振兴。2003a。广州话状语后置的现象。收录于詹伯慧主编：《第八届国际粤方言研讨会论文集》。北京：中国社会科学出版社，第 506—514 页。
张振兴。2003b。《方言》与方言语法的研究。收录于戴照铭主编：《汉语方言语法研究和探索——首届国际汉语方言语法学术研讨会论文集》。哈尔滨：黑龙江人民出版社，第 1—8 页。
赵伟钧。2014。粤语“X 嘛”的语用功能探析。香港中文大学中国语言及文学系专题研究论文。
赵元任。2002。《语言问题》。收录于《赵元任全集（第一卷）》。北京：商务印书馆。
郑定欧。1990。粤语“先”分析。收录于詹伯慧主编：《第二届国际粤方言研讨会论文集》。广州：暨南大学出版社，第 189—192 页。
郑定欧。1996。析广州话尝试体“动 i+两+动 i”式。收录于胡明扬主编：《汉语方言体貌论文集》。南京：江苏教育出版社，第 15—20 页。
郑定欧。1997。《香港粤语词典》。南京：江苏教育出版社。
郑定欧。1998a。语言变异——香港粤语与广州粤语比较研究。《中国语文》第 1 期，第 56—65 页。
郑定欧。1998b。析广州话动词述语右置成分“落”。收录于郑定欧、蔡建华主编：《广州话研究与教学（第三辑）》。广州：中山大学出版社，第 86—90 页。
植符兰。1994。广州方言的语缀。收录于单周尧主编：《第一届国际粤方言研讨会论文集》。香港：现代教育研究社有限公司，第 145—163 页。
周荐。2005。《汉语词汇结构论》。上海：上海辞书出版社。

周小兵。1995。广州话的进行体标志。收录于郑定欧主编、潘小洛副主编：《广州话研究与教学（第二辑）》。广州：中山大学学报编辑部，第 31—40 页。

朱德熙。1980。北京话、广州话、文水话和福州话里的“的”字。《方言》第 3 期，第 161—165 页。

朱德熙。1982。《语法讲义》。北京：商务印书馆。

朱广祁。1994。《当代港台用语辞典》。上海：上海辞书出版社。

朱彦。2004。《汉语复合词语义构词法研究》。北京：北京大学出版社。

Au Yeung, Ben(欧阳伟豪). 1997. A parametric analysis of Cantonese and Mandarin nominals. *Proceedings of Postgraduate Research Forum on Language and Linguistics*, 186-197. Hong Kong: Linguistic Society of Hong Kong.

Bach, Emmon, Eloise Jelinek, Angelika Kratzer, and Barbara H. Partee(eds.). 1995. *Quantification in Natural Languages*. Dordrecht: Kluwer Academic Publishers.

Bauer, Robert S., and Paul K. Benedict. 1997. *Modern Cantonese Phonology*. Berlin and New York: Mouton de Gruyter.

Bennett, Paul Anthony. 1978. Word order in Chinese. Doctoral dissertation, SOAS, University of London.

Bruche-Schulz, Gisela, and Alain Peyraube. 1993. Remarks on the double-object construction in Hong Kong Cantonese. Paper presented at the Fourth International Conference on Cantonese and

Other Yue Dialects. City Polytechnic of Hong Kong.

Chambers, Jack, and Peter Trudgill. 1998. *Dialectology*. Cambridge: Cambridge University Press.

Chao, Yuen Ren (赵元任). 1947. *Cantonese Primer*. New York: Greenwood Press, Publishers.

Chao, Yuen-Ren. 1968. *A Grammar of Spoken Chinese*. Berkeley and Los Angeles: University of California Press.

Cheng, Lisa L. -S. (郑礼珊), C. -T. James Huang(黄正德), Y. -H. Audrey Li(李艳惠), and C. -C. Jane Tang(汤志真). 1999. Hoo, hoo, hoo: syntax of the causative, dative, and passive constructions in Taiwanese. In Pang-hsin Ting, ed. , *Contemporary Studies on the Min Dialects, Journal of Chinese Linguistics Monograph* 14, 146–203.

Cheng, Lisa L. -S. , and Rint Sybesma. 1999. Bare and not-so-bare nouns and the structure of NP. *Linguistic Inquiry* 30, 509–542.

Cheng, Lisa L. -S. , and Rint Sybesma. 2004. Postverbal ' can' in Cantonese(and Hakka)and Agree. *Lingua* 114, 419–445.

Cheng, Siu-Pong(郑兆邦). 2011. Grammatical properties of"gam2/dim2…faat3"in Cantonese. Handout of talk presented at the Linguistic Society of Hong Kong Annual Research Forum.

Cheung, Lawrence Yam-Leung (张钦良). 2009. Negative *wh*-construction and its semantic properties. *Journal of East Asian Linguistics* 18, 297–321.

Chin, Andy C. (钱志安). 2009. The verb GIVE and the double-object construction in Cantonese in synchronic, diachronic and typological perspectives. Doctoral dissertation, University of Washington.

Chin, Andy C. 2010. Two types of indirect object markers in Chinese: their typological significance and development. *Journal of Chinese Linguistics* 38(1), 1–25.

Chin, Andy C. 2011. Grammaticalization of the Cantonese double object verb [pei^{35}] 畀 in typological and areal perspectives. *Language and Linguistics* 12(3), 529–563.

Chomsky, Noam. 1986. *Knowledge of Language: Its Nature, Origin, and Use*. New York: Praeger.

Chomsky, Noam. 1988. *Language and Problems of Knowledge: the Managua Lectures*. Cambridge, MA: The MIT Press.

Chomsky, Noam. 1995. *The Minimalist Program*. Cambridge, MA: The MIT Press.

Chu, Chauncey C. (屈承熹). 1973. The passive construction: Chinese and English. *Journal of Chinese Linguistics* 1, 437–470.

Chui, Ka-Wai(徐嘉慧). 1988. Topics in Hong Kong Cantonese syntax. MA thesis, Fu Jen Catholic University.

Cinque, Guglielmo. 1999. *Adverbs and Functional Heads: a Cross-Linguistic Perspective*. New York and Oxford: Oxford University Press.

Ernst, Thomas, and Chengchi Wang. 1995. Object preposing in Mandarin Chinese. *Journal of East Asian Linguistics* 4: 235–260.

Feng, Shengli(冯胜利). 1990. The passive construction in Chinese. Ms., University of Pennsylvania.

Feng, Shengli. 1995. Prosodic structure and prosodically constrained syntax in Chinese. Doctoral dissertation, University of Pennsylvania.

Fromkin, Victoria, Robert Rodman, and Nina Hyams. 2011. *An Introduction to Language (Ninth Edition)*. Wadsworth: Cengage Learning.

Fung, Roxana S.-Y. (冯淑仪). 2000. Final particles in standard Cantonese: semantic extension and pragmatic inference. Doctoral dissertation, The Ohio State University.

Gu, Yang(顾阳), and Jie Guo(郭洁). 2015. On the internal structure of comparative constructions: from Chinese and Japanese to English. In Audrey Li, Andrew Simpson, and Wei-tien Dylan Tsai, eds., *Chinese Syntax in a Cross-Linguistic Perspective*, 334–374. Oxford and New York: Oxford University Press.

Gu, Yang, and Virginia Yip(叶彩燕). 2004. On the Cantonese resultative predicate *V-can*. *Concentric: Studies in Linguistics* 30 (2), 35–67.

Haegeman, Liliane. 1994. *Introduction to Government and Binding Theory (Second Edition)*. Oxford and Cambridge, MA: Blackwell.

Hashimoto, Mantaro(桥本万太郎). 1969. Observations on the passive construction. *Unicorn* 5: 59–71.

Huang, C.-T. James(黄正德). 1982. Logical relations in Chinese and the theory of grammar. Doctoral dissertation, MIT.

Huang, C.-T. James. 1984. On the distribution and reference of empty pronouns. *Linguistics Inquiry* 15, 531–574.

Huang, C. -T. James. 1988. *Wo pao de kuai* and Chinese phrase structure. *Language* 64(2), 274–311.

Huang, C. -T. James. 1992. Complex predicates in control. In Richard K. Larson, Sabine Iatridou, Utpal Lahiri, and James Higginbotham, eds., *Control and Grammar*, 109–147. Dordrecht: Kluwer Academic Publishers.

Huang, C. -T. James. 1993. Reconstruction and the structure of VP: some theoretical consequences. *Linguistic Inquiry* 24: 103–138.

Huang, C. -T. James. 1997. On lexical structure and syntactic projection. In Feng-fu Tsao and H. Samuel Wang, eds., *Chinese Languages and Linguistics* 3, 45–89. Taipei: Academia Sinica.

Huang, C. -T. James. 1999. Chinese passives in comparative perspective. *Tsing Hua Journal of Chinese Studies* 29(4), 423–509.

Huang, C. -T. James. 2015. On syntactic analyticity and parametric theory. In Audrey Li, Andrew Simpson, and Wei-tien Dylan Tsai, eds., *Chinese Syntax in a Cross-Linguistic Perspective*, 1–48. Oxford and New York: Oxford University Press.

Huang, C. -T. James, Y. -H. Audrey Li(李艳惠), and Yafei Li(李亚非). 2009. *The Syntax of Chinese*. Cambridge: Cambridge University Press.

Hwang, Jya-Lin(黄嘉琳). 1998. A comparative study on the grammaticalization of saying verbs in Chinese. *Proceedings of the 10th North American Conference on Chinese Linguistics*, ed. Chaofen Sun. 574–584. Los Angeles: GSIL, University of Southern California.

Kayne, Richard S. 2015. The silence of heads. Ms., New York University.

Kwok, Helen (郭张凯伦). 1984. *Sentence Particles in Cantonese.* Hong Kong: Centre of Asian, University of Hong Kong.

Lai, Yin Yee(黎燕仪). 2014. Temporal modification in Cantonese: the semantic study of the sentence-final particle *lei*4 in simplex and bi-clausal sentences. Doctoral dissertation, City University of Hong Kong.

Lam, Zoe Wai-Man(林慧雯). 2014. A complex ForceP for speaker- and addressee-oriented discourse particles in Cantonese. *Studies in Chinese Linguistics* 35. 2: 61–80.

Larson, Richard K. 2010. *Grammar as Science.* Cambridge, MA: MIT Press.

Lasnik, Howard. 1995. Verbal morphology: Syntactic Structures meets the Minimalist Program. In Héctor Campos and Paula Kempchinsky, eds., *Evolution and Revolution in Linguistic Theory*, 251–275. Washington, D. C.: Georgetown University Press.

Lau, Sidney(刘锡祥). 1972. *Elementary Cantonese 1.* Hong Kong: Government Printer.

Law, Paul(罗振南). 2014. The negation *mou*5 in Guangdong Yue. *Journal of East Asian Linguistics* 23, 267–305.

Law, Sam-Po(罗心宝). 1990. The syntax and phonology of Cantonese sentence-final particles. Doctoral dissertation, Boston University.

Lee, Peppina Po-lun. 2012(李宝伦). *Cantonese Particles and Affix-*

al Quantification. Dordrecht: Springer.

Lee, Thomas Hun-tak (李行德). 1995. Postverbal quantifiers in Cantonese. Ms. , The Chinese University of Hong Kong.

Lee, Thomas Hun-tak, and Ann Law. 2001. Epistemic modality and the acquisition of Cantonese final particles. In Mineharu Nakayama ed. , *Issues in East Asian Language Acquisition*, 67–128. Tokyo: Kuroshio Publishers.

Lee, Thomas Hun-tak, and Patricia Man(文玉卿). 1997. Notes on an evidential conditional particle in Cantonese. Paper presented at the 1997 Y. -R. Chao Center Annual Seminar, City University of Hong Kong.

Lee, Thomas Hun-tak, and Carine Yiu(姚玉敏). 1998. Focus and aspect in the Cantonese final particle ' lei4' . Paper presented at the 5th Annual Research Forum, YR Chao Center for Chinese Linguistics, University of California, Berkeley.

Lee, Thomas Hun-tak, and Carine Yiu. 1999. Temporal marking, verbalization and nominalization in the Cantonese particles ' lei4' and ' ge3' . Paper presented at the Linguistic Society of Hong Kong Annual Research Forum 1999, Chinese University of Hong Kong.

Leung, Wai-mun(梁慧敏). 2006. On the synchrony and diachrony of sentence-final particles. Doctoral dissertation, The University of Hong Kong.

Li, Boya. 2006. *Chinese Final Particles and the Syntax of the Periphery*. Utrecht: LOT.

Li, Charles N. (李纳), and Sandra A. Thompson. 1981. *Mandarin Chinese: A Functional Reference Grammar*. Berkeley and Los Angeles: University of California Press.

Li, Yen-hui Audrey (李艳惠). 1990. *Order and Constituency in Mandarin Chinese*. Dordrecht: Kluwer Academic Publishers.

Li, Yen-hui Audrey. 2006. Chinese *ba*. In Martin Everaert and Henk van Riemsdijk, eds., *The Blackwell Companion to Syntax*, volume 1, 374–468. Oxford: Blackwell.

Lin, Jo-wang(林若望). 2009. Chinese comparatives and their implicational parameters. *Natural Language Semantics* 17(1), 1–27.

Lin, Tzong-hong Jonah(林宗宏). 2009. Licensing"gapless"*bei* passives. *Journal of East Asian Linguistics* 18, 167–177.

Liu, Chen-Sheng Luther(刘辰生). 2010. The Chinese *geng* clausal comparative. *Lingua* 120, 1579–1606.

Liu, Godfrey K. (廖国辉). 2002. The internal evidence of change in Cantonese comparative markers"bei"and"guo". In Godfrey K. Liu ed., *Studies in Cantonese Linguistics* (《粤语论文集》), 131–145. Hong Kong: Lo Tat Cultural Publishing Company.

Lu, Hui-chuan (卢慧娟). 1994. Preverbal NPs in Spanish and Chinese. Doctoral dissertation, University of California, Los Angeles.

Luke, Kang-Kwong (陆镜光). 1990. *Utterance Particles in Cantonese Conversation*. Amsterdam: John Benjamins Publishing Company.

Matthews, Stephen. 1998/2007. Evidentiality and mirativity in

Cantonese：*wo3*，*wo4*，*wo5*！Paper presented at the Sixth International Symposium on Chinese Languages and Linguistics, Academia Sinica.

Matthews, Stephen, and Virginia Yip（叶彩燕）. 1994. *Cantonese: A Comprehensive Grammar*. London and New York: Routledge.

Matthews, Stephen, and Virginia Yip. 2011. *Cantonese: A Comprehensive Grammar* (*Second Edition*). London and New York: Routledge.

Mok, Sui-Sang（莫瑞生）. 1998. Cantonese exceed comparatives. Doctoral dissertation, University of California, San Diego.

Mui, Evelynne（梅基美）, and Wynn Chao. 1999. The *bei* passive construction in Chinese. Handout of talk given at the International Association of Chinese Linguistics Eighth Annual Conference, University of Melbourne.

Partee, Barbara H., Emmon Bach, and Angelika Fratzer. 1987. Quantification: a cross linguistic investigation. University of Massachusetts, NSF Proposal.

Peyraube, Alain. 1981. The dative construction in Cantonese. *Computational Analyses of Asian and African Languages* 16, 29–65.

Peyraube, Alain. 1997. Cantonese post – verbal adverbs. In Anne O Yue and Mitsuki Endo, eds., *In Memory of Mantaro J. Hashimoto*, 303–313. Tokyo: Uchiyama Shoten.

Pollock, Jean-Yves. 1989. Verb movement, Universal Grammar, and the structure of IP. *Linguistic Inquiry* 20: 365–424.

Qu, Yanfeng (曲延风). 1994. Object noun phrase dislocation in Mandarin Chinese. Doctoral dissertation, The University of British Columbia.

Radford, Andrew. 2004. *Minimalist Syntax: Exploring the Structure of English*. Cambridge: Cambridge University Press.

Rizzi, Luigi. 1997. The fine structure of the left periphery. In Liliane Haegeman, ed., *Elements of Grammar*, 281 - 337. Dordrecht: Kluwer Academic Publishers.

Shi, Dingxu (石定栩). 1997. Issues on Chinese passives. *Journal of Chinese Linguistics* 25, 41-70.

Shi, Dingxu. 2001. The nature of Chinese comparatives. In Haihua Pan, ed., *Studies in Chinese Linguistics II*, 137-157. Hong Kong: Linguistic Society of Hong Kong.

Shyu, Shu-ing (徐淑瑛). 1995. The syntax of focus and topic in Mandarin Chinese. Doctoral dissertation, University of Southern California.

Sybesma, Rint, and Boya Li. 2007. The dissection and structural mapping of Cantonese sentence final particles. *Lingua* 117, 1739-1783.

Takashima, Ken-ichi (高岛谦一), and Anne O. Yue (余霭芹). 2000. Evidence of possible dialect mixture in oracle-bone inscriptions. In Anne Yue and Pang-Hsin Ting, eds. *In Memory of Li Fang-Kuei: Essays on Linguistic Change and the Chinese Dialects*, 1-52. Seattle and Taipei: University of Washington and Institute of Linguistics, Academia Sinica.

Tang, Sze-Wing (邓思颖). 1992. Classification of verbs and dative constructions in Cantonese. Paper presented at the Linguistic Society of Hong Kong Annual Research Forum. The Chinese University of Hong Kong.

Tang, Sze-Wing. 1996a. On lexical quantification: the case of saai in Cantonese. In Brian Agbayani, Kazue Takeda, and Sze-Wing Tang, eds., *UCI Working Papers in Linguistics 1*, 119-140. Irvine, CA: Irvine Linguistics Students Association, University of California, Irvine.

Tang, Sze-Wing. 1996b. A role of lexical quantifiers. *Studies in the Linguistic Sciences* 26 (1/2): 307-323.

Tang, Sze-Wing. 1998a. On the 'inverted' double object construction. In Stephen Matthews, ed., *Studies in Cantonese Linguistics*, 35-52. Hong Kong: The Linguistic Society of Hong Kong.

Tang, Sze-Wing. 1998b. Parametrization of features in syntax. Doctoral dissertation, University of California, Irvine.

Tang, Sze-Wing. 1999. The passive constructions in Cantonese and their agent argument. Ms., The Hong Kong Polytechnic University.

Tang, Sze-Wing. 2001a. A complementation approach to Chinese passives and its consequences. *Linguistics* 39, 257-295.

Tang, Sze-Wing. 2001b. The (non-) existence of gapping in Chinese and its implications for the theory of gapping. *Journal of East Asian Linguistics* 10: 201-224.

Tang, Sze-Wing. 2001c. Nominal predication and focus anchoring. In Gerhard Jäger, Anatoli Strigin, Chris Wilder, and Niina Zhang, eds., *ZAS Papers in Linguistics 22*, 159 - 172. Berlin: ZAS.

Tang, Sze-Wing. 2002. Focus and *dak* in Cantonese. *Journal of Chinese Linguistics* 30 (2), 266–309.

Tang, Sze-Wing. 2003. Properties of ngaang and the syntax of verbal particles in Cantonese. *Journal of Chinese Linguistics* 31 (2), 245 - 269.

Tang, Sze-Wing. 2006. A minimalist view on the syntax of BECOME. In Changguk Yim, ed., *Minimalist Views on Language Design*, 301 - 311. Seoul: Hankook Publishing Company/The Korean Generative Grammar Circle.

Tang, Sze-Wing. 2009. The syntax of two approximatives in Cantonese: discontinuous constructions formed with *zai6*. *Journal of Chinese Linguistics* 37 (2), 227–256.

Tang, Sze-Wing. 2011. A parametric approach to NP ellipsis in Mandarin and Cantonese. *Journal of East Asian Linguistics* 20, 107–115.

Tang, Sze-Wing. 2015a. Cartographic syntax of pragmatic projections. In Audrey Li, Andrew Simpson, and Wei-tien Dylan Tsai, eds., *Chinese Syntax in a Cross-Linguistic Perspective*, 429–441. Oxford and New York: Oxford University Press.

Tang, Sze-Wing. 2015b. A generalized syntactic schema for utterance particles in Chinese. *Lingua Sinica* 1: 3.

Tang, Sze-Wing, and Siu-Pong Cheng (郑兆邦). 2014. Aspects of Cantonese grammar. In C. -T. James Huang, Y. -H. Audrey Li, and Andrew Simpson, eds., *The Handbook of Chinese Linguistics*, 601 - 628. Malden, MA, and Oxford: John Wiley & Sons, Inc.

Tang, Sze-Wing, and Thomas Hun-tak Lee (李行德). 2000. Focus as an anchoring condition. Handout of talk presented at the International Symposium on Topic and Focus in Chinese, The Hong Kong Polytechnic University.

Ting, Jen (丁仁). 1995. A non-uniform analysis of the passive construction in Mandarin Chinese. Doctoral dissertation, University of Rochester.

Ting, Jen. 1998. Deriving the *bei*-construction in Mandarin Chinese. *Journal of East Asian Linguistics* 4, 319-354.

Ting, Jen. 2003. The nature of the particle *suo* in Mandarin Chinese. *Journal of East Asian Linguistics* 12, 121-139.

Ting, Jen. 2005. On the syntax of the *suo* construction in Classical Chinese. *Journal of Chinese Linguistics* 33 (2), 233-267.

Ting, Jen. 2008. The nature of the particle *suo* in the passive constructions in Classical Chinese. *Journal of Chinese Linguistics* 36 (1), 30-72.

Tsai, Wei-tien Dylan (蔡维天). 1993. Visibility, complement selection and the Case requirement of CP. In Jonathan D. Bobaljik and Colin Phillips, eds., *MIT Working Papers in Linguistics* 18, 215-242. Cambridge, MA: MITWPL.

Tsai, Wei-tien Dylan. 1994. On economizing the theory of A-bar dependencies. Doctoral dissertation, MIT.

Wakefield, John C. 2010. The English equivalents of Cantonese sentence-final particles: a contrastive analysis. Doctoral dissertation, The Hong Kong Polytechnic University.

Wong, Cheuk Lam Cherie (黄卓琳). 2009. Word order and subjectivity in Cantonese. MPhil thesis, The Hong Kong Polytechnic University.

Wong, Cheuk Lam Cherie. 2012. Word order and subjectivity in Cantonese: a study of *gang*. 收录于汤翠兰主编:《第十五届国际粤方言研讨会论文集》。澳门:澳门粤方言学会,第292—313页。

Wong, Colleen H (黄吴杏莲). 1994. The acquisition of *bei2* as a verb, coverb and preposition in a Cantonese speaking-child. In Jose Camacho and Lina Choueiri, eds., *Proceedings of the Sixth North American Conference on Chinese Linguistics*, Volume 2, 206-220. Los Angeles: GSIL, University of Southern California.

Xiang, Ming (向明). 2005. Some topics in comparative constructions. Doctoral dissertation, Michigan State University.

Xu, Liejiong (徐烈炯), and Alain Peyraube. 1997. On the double object construction and the oblique construction in Cantonese. *Studies in Language* 21: 105-127.

Yeung, Ka-wai (杨家慧). 2006. On the status of the complementizer *waa6* in Cantonese. *Taiwan Journal of Linguistics* 4.

1, 1-48.

Yip, Moira. 1988. Negation in Cantonese as a lexical rule. *Bulletin of the Institute of History and Philology* 59, 449-477.

Yip, Moira. 1992. Prosodic morphology in four Chinese dialects. *Journal of East Asian Linguistics* 1, 1-35.

Yiu, Carine Yuk-man (姚玉敏). 2001. Cantonese final particles 'LEI', 'ZYU' and 'LAA': an aspectual study. MPhil thesis, Hong Kong University of Science and Technology.

Yiu, Carine Yuk-man. 2014. *The Typology of Motion Events: an Empirical Study of Chinese Dialects.* Berlin and New York: Walter de Gruyter.

Yue-Hashimoto, Anne (余霭芹). 1971. Mandarin syntactic structures. *Unicorn* 8.

Yue-Hashimoto, Anne. 1993. *Comparative Chinese Dialectal Grammar.* Paris: CRLAO.

Yue-Hashimoto, Anne. 1997. Syntactic change in progress, Part I: the comparative construction in Hong Kong Cantonese. In Anne O. Yue and Mitsuaki Endo, eds., *In Memory of Mantaro J. Hashimoto*, 329-375. Tokyo: Uchiyama Shoten.

Zee, Eric (徐云扬). 1999. Chinese (Hong Kong Cantonese). *Handbook of the International Phonetic Association*, 58 - 60. Cambridge: Cambridge University Press.

Zhang, Ling (张凌). 2014. Segmentless sentence-final particles in Cantonese: an experimental study. *Studies in Chinese Linguistics* 35 (2), 47-60.

粤语用例索引

粤语例子按香港语言学学会粤语拼音方案（简称“粤拼”）排序，右边的数字为本书的页码。

后 记

当代语言学研究以语法学为重，语法学研究离不开句子的组成。要认识汉语句子的语法特点，最好先抓住一些较“虚”而肩负起语法功能的成分，以这些成分作为窗口，窥探组成汉语句子的道理。相对于普通话而言，粤语有大量表示语法作用的动词词缀和助词。粤语这些“虚”的成分，正好给我们提供了丰富的语言事实，作为语法学研究的上乘材料，也是认识粤语的最佳入门途径，从而比较粤语和普通话、其他汉语方言的语法异同，更准确地了解汉语语法的面貌。撰写拙著的念头，就是萌起于此。

自张洪年先生划时代巨著《香港粤语语法的研究》面世以来，学界已有多本描写粤语语法的专书，对粤语语法整体的面貌有充分的介绍。拙著跟以往粤语语法专书的主要不同之处，在于拙著以动词后缀和助词等较“虚”的成分为纲，详细描写它们分布的情况，突显粤语语法这方面的特点。在此基础上，进一步从理论的角度，把这些“虚”的成分联系到语言学宏观的层面，说明粤语能为人类语言研究补充丰富的语料，为语言学理论提供独特的佐证。

拙著定名为《粤语语法讲义》，一方面是仿效朱德熙先生的《语法讲义》，尝试以一个较为简约、明晰的语法框架，介绍粤语语法的特点，方便初学者、有志者掌握。对已接触过汉语语法学基本知识的读者而言，也应容易阅读；另一方面，拙著不少内容以笔者研究的成果和教学的讲义为基础，作了全盘整理和重新分析，希望以较连贯、有系统的方式，把粤语语法的特点呈现在读者面前，作为研究和教学的参考材料，尤其是把那些表面看来好像零零碎碎、不怎么显眼的成分，串联起来，找出规律，方便同行、同学参考，也希望由此能引起读者的兴趣，多观察粤语的特点、多注意有趣的语言现象、多思考语言比较的问题，从而有更多的发现，对人类语言有新的体会。

在粤语研究的学术生涯中，得到不少前辈、同行的指正、学生的协助。要感谢的人，实在太多，难以一一尽录。不过，以下几位对拙著的撰写帮忙至大，谨此表示谢忱。张洪年先生是粤语语法研究的巨擘，他的专著启发了笔者对粤语的兴趣，也引领笔者步入方言语法研究的殿堂。承蒙洪年先生慨允赐序，铭感无既。洪年先生提携之恩，念兹在兹。商务印书馆的叶佩珠女士、毛永波先生对笔者鼎力支持，感激万分。拙著付梓之前，得到陈冠健和叶家煇两位同学审阅全文，又蒙李雅婷和吴海欣两位同学细心校稿，减少不少舛误；黄诚杰同学为拙著设计封面，在此一并道谢。毋庸赘言，家人的爱，是研究动力的泉源，笔者满怀感恩之心。

拙著部分研究获香港特别行政区研究资助局优配研究金（General Research Fund）项目“On the Discontinuous Constructions in Cantonese”（编号：CUHK 5493/10H）的资助，特此致谢。

邓思颖

2015 年 6 月记于香港中文大学